【目的語説明型の応用文型】

❶ 知覚構文 (→ p.34) ／ ❷ 使役構文 (→ p.36) ／ ❸ 説明語句が to 不定詞の構文 (→ p.39)

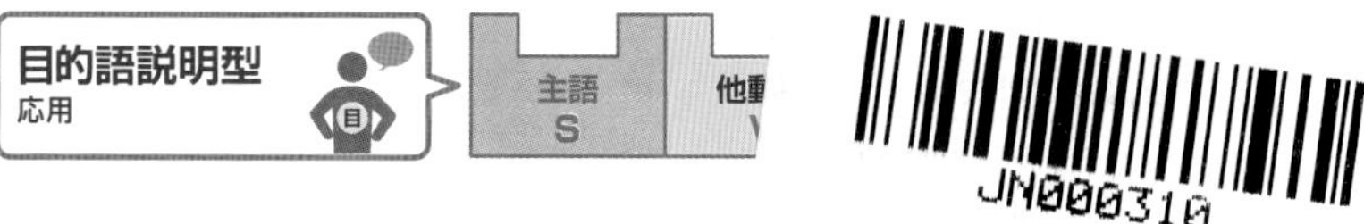

❶ 知覚構文

（私はメアリーが通りを渡るのを見た）

I saw Mary crossing the street.

（私はメアリーが通りを渡っているのを見た）

❷ 使役構文

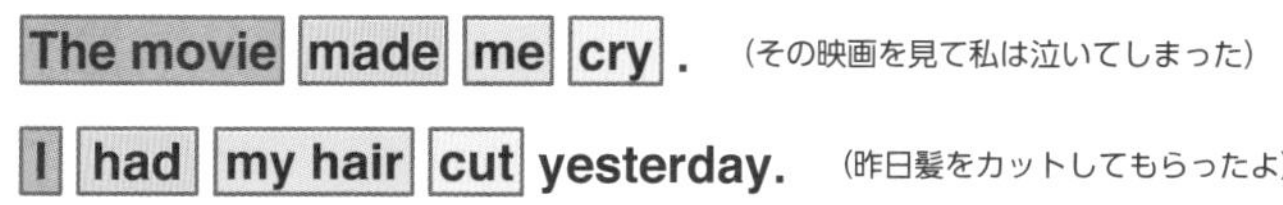

（その映画を見て私は泣いてしまった）

（昨日髪をカットしてもらったよ）

❸ 説明語句が to 不定詞の構文

I asked Helen to help me with my English.

（私はヘレンに英語を手伝ってくれるように頼んだ）

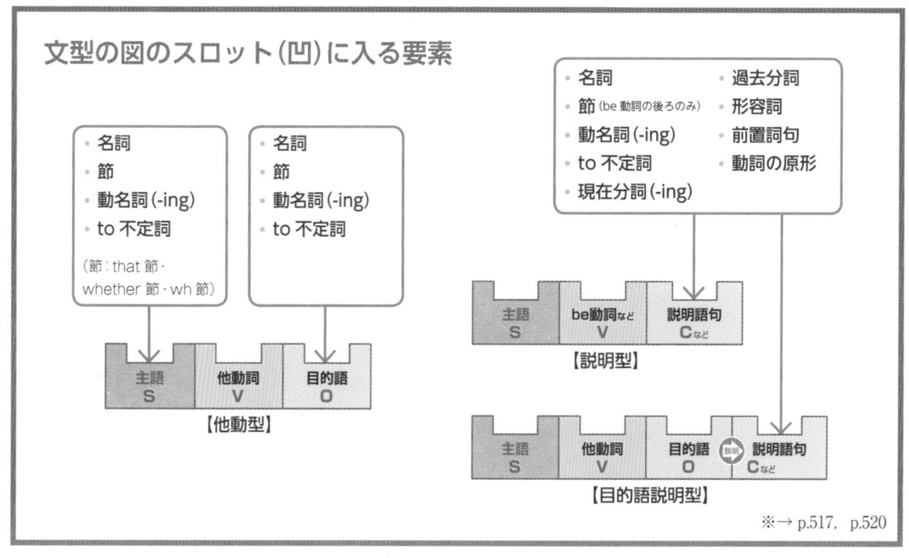

総合英語

[ファクトブック]

FACTBOOK

これからの英文法 NEW EDITION

大西泰斗／ポール・マクベイ 著

桐原書店

あたらしい時代の君に
英語を話すために

あたらしい時代がやってきました。

これまでの英語学習は，主に「読む」ことを目標としてきましたが，これからは違います。「読む」だけでなく「話す」という，より難易度の高い実践的な目標が加わったのです。

英語を話すためには文法の正しい理解が必要不可欠なのはもちろんですが，その文法学習の仕方も変わらねばなりません。会話で使えるほど単純で，そしてもちろん「読む」「聞く」「書く」ための強力なツールとなってくれる文法でなければ，これからは使いようがないのです。本書はまさにそのために用意されました。

本書は，英語の実践に欠かせない文法事項（FACT：事実）を，コンパクトに整理された形でお届けし，さらに背景や理由を可能な限り丁寧に解説しています。英文法はただむやみに暗記する科目ではありません。解説を通して細かな規則の「奥」にある，シンプルな体系に気がつけば，無用な暗記を避けることができるだけでなく，英語の実践に必要なコンパクトな知識を得ることができます。

さらに今回の改訂では，本書の QR コードから「Chapter 解説動画」「例文解説アニメーション」「例文音声」など，英語の感覚・イメージ理解を助けるデジタルコンテンツに直接アクセスすることができるようになります。

文法は英語学習の絶対の基礎です。文法は「読む」「聞く」「書く」「話す」に直接つながっています。みなさんが本書の内容を体得し，実用レベルの英語に向けて盤石の基礎を築くことを願っています。

大西泰斗
Paul C. McVay

Contents

FACTBOOK の構成と使い方

本書は英語ということばのシステムを理解するのに必要な文法事項を厳選し，それを実践で使いこなすための知識やコツをわかりやすく解説した文法参考書です。

中心となるのは 18 の chapter から成る文法解説です。その導入として巻頭には英語ということばの特徴を紹介した「**Introduction**」，巻末には学んだ知識を実践につなげるためのコラム「**Concluding Remarks**」を収録しました。

各 chapter の構成と特徴から紹介しましょう。

● chapter の構成と特徴

各 chapter は導入の「コア」ページと文法項目の「解説」ページで構成されています。

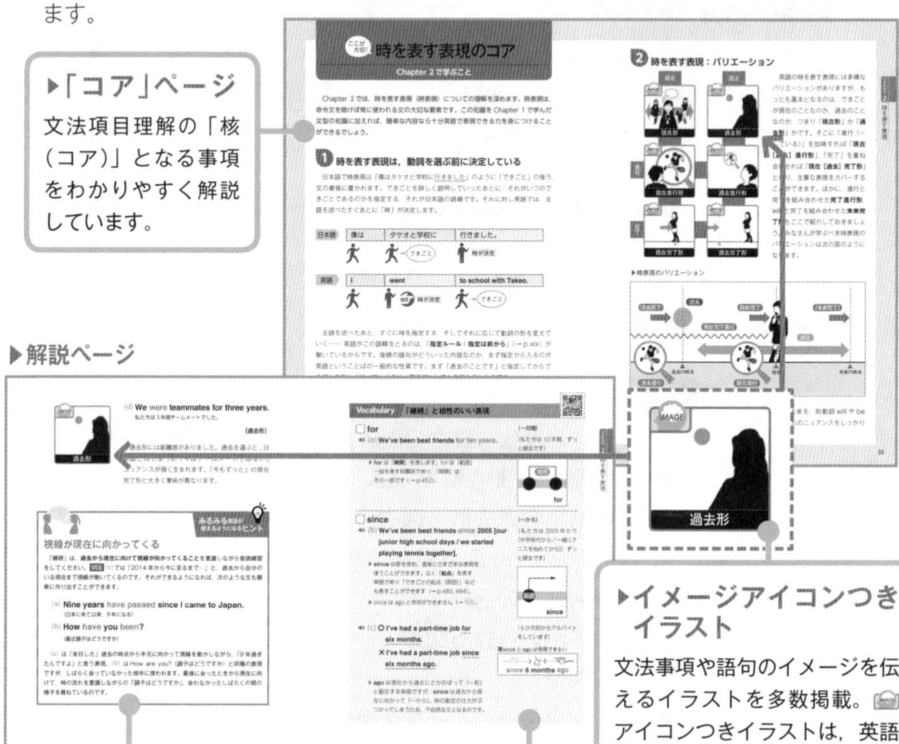

▶「コア」ページ
文法項目理解の「核（コア）」となる事項をわかりやすく解説しています。

▶解説ページ

▶イメージアイコンつきイラスト
文法事項や語句のイメージを伝えるイラストを多数掲載。IMAGE アイコンつきイラストは，英語の理解に特に重要で役立つもの。繰り返し解説の中に登場しますので，イメージの定着に役立ててください。

▶コラム
理解を深め，知識を増やすコラム（5種類）を数多く収録しています。

▶Vocabulary
例文に関連した語句や表現を多数掲載。使い方やニュアンスを丁寧に解説しています。

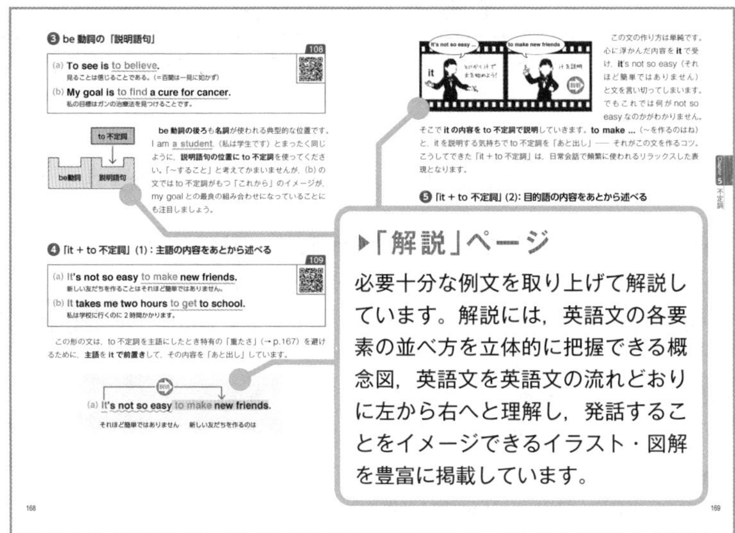

▶「解説」ページ
必要十分な例文を取り上げて解説しています。解説には，英語文の各要素の並べ方を立体的に把握できる概念図，英語文を英語文の流れどおりに左から右へと理解し，発話することをイメージできるイラスト・図解を豊富に掲載しています。

●学習の進め方

「コア」ページで文法事項の基礎的な内容やポイントをつかんでから「解説」ページに進んでください。そして本書で繰り返し述べているように，**最後には例文の「音読・暗唱」**です（例文音声は弊社ホームページ，および無料学習アプリ「きりはらの森」からダウンロードで提供）。

また chapter の最後に「EXERCISES」を収録しています。確認問題として活用してください。

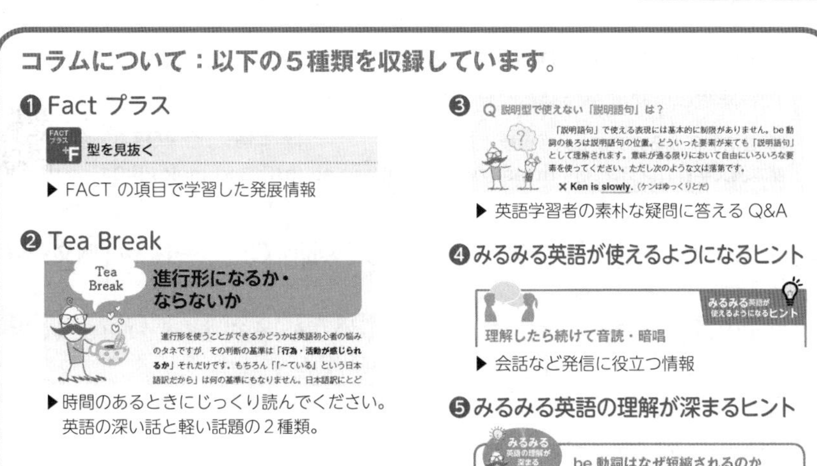

コラムについて：以下の５種類を収録しています。
❶ Fact プラス
型を見抜く
▶ FACT の項目で学習した発展情報
❷ Tea Break
進行形になるか・ならないか
▶時間のあるときにじっくり読んでください。英語の深い話と軽い話題の２種類。
❸ Q 説明型で使えない「説明語句」は？
▶ 英語学習者の素朴な疑問に答える Q&A
❹みるみる英語が使えるようになるヒント
理解したら続けて音読・暗唱
▶ 会話など発信に役立つ情報
❺みるみる英語の理解が深まるヒント
be 動詞はなぜ短縮されるのか
▶ 英語の本質的な理解が深まる情報

本書の QR コード

本書では，以下の 3 種類の QR コードから，本書の学習に役立つ各デジタルコンテンツにアクセスすることができます。スマートフォン，タブレット等を用いてご活用ください。

※インターネットへの接続が必要になります。ご利用の環境によっては，別途通信費がかかります。

●「Chapter 扉」QR コード ⇒ Chapter 解説動画

各文法項目の学習を始める際に，まず押さえていただきたい**最重要ポイント**を，著者が自ら動画で解説します。本書で英語を学習するみなさんへの，著者からのメッセージです。(「Introduction」，Chapter 1 ～ 18，「パッケージ表現としての節」，「Concluding Remarks」の計 22 動画，各回約 10 分)

※桐原書店 HP からのアクセスも可能です。
「Chapter 解説動画」: **https://www.kirihara.co.jp/topics_detail18/id=7833**

●「基本例文」QR コード ⇒ 基本例文学習コンテンツ

❶**例文解説アニメーション**：「基本例文」全番号に対応した**解説アニメーション動画**です。本書の各例文について，「ハートでわかる」著者解説にアニメーション動画を組み合わせ，**「英語のイメージ」を視覚的に理解**することができます。(計 322 動画，各回 1 ～ 3 分)

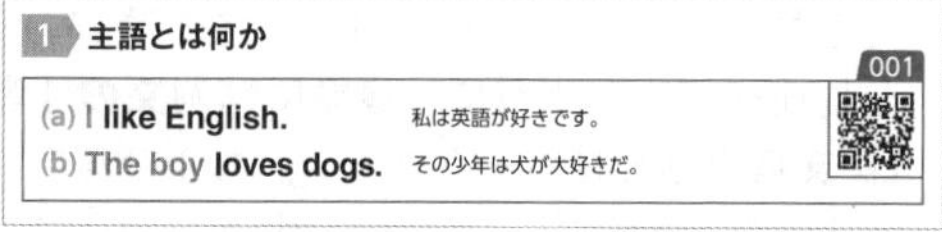

❷**基本例文音声** (001 ～ 322)：英語ネイティブによる**正しい発音**を聞くことができます。

❸ **Check 問題**：**和文英訳問題＋文法確認問題**があります。例文解説アニメーションの視聴後に，瞬間英作文と文法演習で確認しましょう。

※桐原書店 HP からのアクセスも可能です。　「基本例文」目次QRコード
「基本例文学習コンテンツ」: **https://www.kirihara.co.jp/fb2nd_mokuji#01**

●「Vocabulary」/「パッケージ表現としての節」QR コード ⇒ 例文音声

重要表現を集めた「Vocabulary」，および「パッケージ表現としての節」の，音声アイコン（🔊）で示された例文音声を聞くことができます。

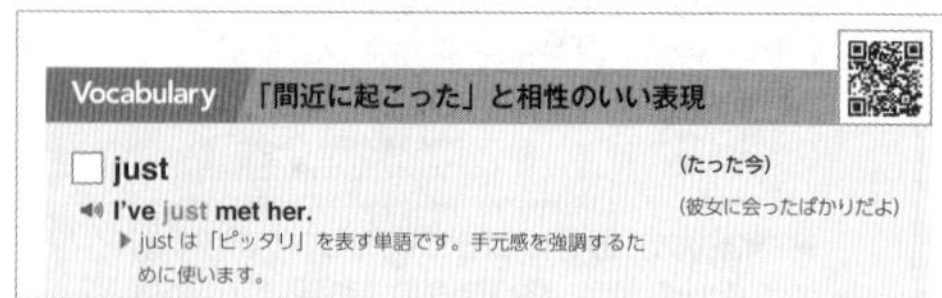

※桐原書店 HP からのアクセスも可能です。
「Vocabulary」例文音声：**https://www.kirihara.co.jp/fb2nd_mokuji#03**
「パッケージ表現としての節」例文音声：**https://www.kirihara.co.jp/fb2nd_mokuji#02**

Introduction

英語ということば・英語の語順

第**1**回

このページから，あなたが英語を「読めて・書けて・聞けて・話せる」ようになるための，新しい英語学習が始まります。まずは上のQRコードから「解説動画」（第1回）にアクセスしてください。みなさんが英語を使えるようになるために極めて重要な「語順」のお話をします。キーワードは「基本文型」「指定ルール」「説明ルール」ですよ。

ここが大切！ 英語ということば

Introduction

英語を使えるようになるための第一歩は，そもそも英語はどういったことばなのかを大づかみに理解することにあります。英語は日本語と大きく性質の異なることばであり，まず その特徴をつかむことが以降の学習の成否を大きく左右するのです。

このIntroductionでは，Chapter 1からの文法理解に役立つ，英語の「驚くべき」特徴を解説しておきましょう。

1 英語は配置のことば —— 語順が何よりも大切

英語を実用レベルで使うために何よりも大切なのは，英語が**配置のことば**であることを理解することです。文中のどこに要素を配置するかによって意味が決まることば，それが英語です。平たく言えば「**語順がだいじ**」。それが英語ということばです。

次の文を見てみましょう。

John gave Mary a present.
ジョンは　メアリーに　プレゼントを　あげた。

日本語は語順に大きな自由度があり，次のように語順を大きく変えても意味は通じます。

プレゼントを　ジョンは　メアリーに　あげた。
メアリーに　あげた　ジョンは　プレゼントを。

それは「は・に・を」などといった助詞などを通じて，文中での語句の役割が明確に示されるからです。「ジョンは」といえば主語とわかる，それが日本語です。一方，英語にはそうした自由はありません。**語順を変えれば意味が致命的に損なわれます**。

× **Mary John gave a present.**
× **A present John Mary gave.**

その理由は，英語では助詞ではなく「**語順（文中の配置）が意味を決定する**」からです。John gave Mary a present. で，John が「は」もついていないのに主語だとわかるのは，それが「主語の位置」にあるから。Mary が受け手だとわかるのは「受け手を表す位置」にあるからです。正しい位置に表現を置くことで意味を伝える語順のことば，それが英語なのです。

英語は日本語と大きく異なる語順のことばですが，だからといって学習が難しいわけではありません。実はその逆です。語順のことばであるため**基本語順を理解し，そこに語句を並べていくだけで意味の伝わる文ができあがる**——英語はたいへん学びやすいことばなのです。

2 英語と日本語は語順が逆転する

英語を使いこなすには，正しい語順で語句を並べることが重要という話をしましたが，私たち日本人にとってやっかいなのは，英語の語順は日本語と大きく異なることにあります。not（～ではない）の置かれる場所について見てみましょう。

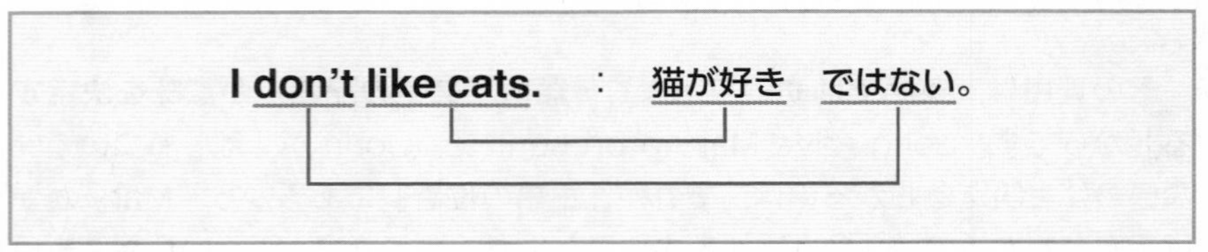

not は like cats の前。日本語では「猫が好き」の後ろに「ない」。ちょうど逆になっていますね。どちらのことばでも主語が文頭に置かれることを除けば，**多くの場合，英語の語順は日本語と反転します**。

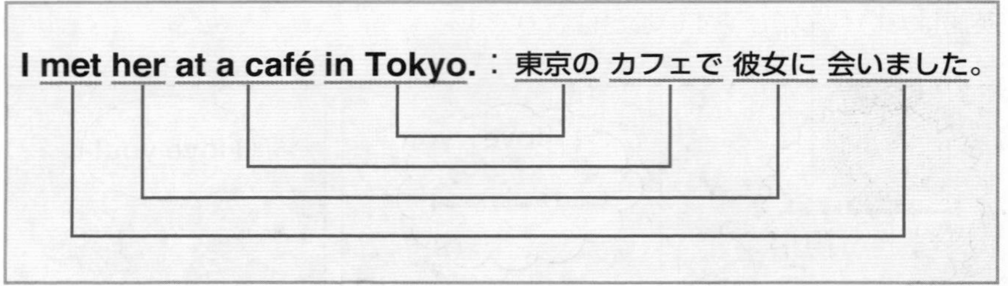

この語順の反転が，私たちが英語をマスターする上で大きな障害となることは容易に想像がつくはずです。**語順が意味を決定する英語を，日本語の語順を頼りに並べることはまったくできない**からです。実際「英語を訳すことはできるけれど話せない」学習者の多くは，ここで躓(つまず)いています。「語順の克服」こそが，実用英語を手にするもっとも重要なポイントなのです。

本書では，みなさんが英語を学習する日本人の最大の弱点ともいえる語順を自然に克服することができるように各文法項目を解説していますが，まず，大づかみに英語語順のルールを説明しておきましょう。その単純さに，みなさんは驚くと思います。

英語の語順

1 「主語—述語」は日本語と変わらない

英語文でもっとも基本的な語順は，主語の後ろに述語が来る**「主語→述語」の語順**です。日本語は「私は（主語）花子が好きです（述語）」と，主語を述語が説明するように展開しますが，この基本は英語でも変わりません。

2 文型には 5 通りのパターンがある

述語の中心である動詞句（動詞を中心とするフレーズ）にはわずか５種類の型しかありません。**英文の基本設計図となるこの５つの型を「基本文型」と呼びます**。基本文型にはどのような要素がどの位置に置かれるのかが指定されています（→ p.3）。

自動型（基本文型１）

説明型（基本文型２）

他動型（基本文型３）

授与型（基本文型４）

目的語説明型（基本文型５）

この５種類の型にはそれぞれ特徴的な意味が結びついています。型と意味とのつながりをまず理解する —— それが，英語を理解するための絶対の基準です。

たとえば他動型（主語＋動詞＋目的語）という文型は，「動作対象への働きかけ」を意味しています。I helped Mary.（メアリーを助けた）は目的語（動作対象）に「助ける」という行為が及んでいるということ。I love Mary.（メアリーが大好き）ならMaryに「大好き」の意識が及んでいます。一方自動型（主語＋動詞）なら「単なる動作」。I laughed.（笑った）は，単にそうした動作をしたということになります。

FACT B 修飾と２つのルール

「主語―述語」という最重要語順と基本文型をマスターしたみなさんが次に学ばなければならないのは修飾語順です。**修飾とは「ある語句について詳しく述べる」こと**。単に「男」ではなく「背の高い男」。ただ「学校に行く」ではなく「毎日学校に行く」や「学校に行かない」。修飾を通じて，文は豊富な情報量を伴ったものへと変わります。

修飾する語句と修飾される語句（被修飾語：修飾のターゲット）にはさまざまなコンビネーションがありますが，大変シンプルな語順ルールにまとめることができます。それが「**指定ルール**」「**説明ルール**」です。

指定ルール	**前に置かれた語句は後ろの語句の内容を「指定」します。**
説明ルール	**後ろに置かれた語句は前の語句の内容を「説明」します。**

1 指定ルール 指定

まずは**指定ルール**から例を挙げて説明しましょう。

(a) **He is very tall.**
彼はとても背が高い。

(b) **I bought a red sweater.**
赤いセーターを買ったよ。

みなさんが「そういうもの」として頭から覚えてきた語順も，このルールを知ればクリアに理解することができます。(a) で very が tall の前に置かれるのはなぜでしょうか。それは tall の指定をしているからです。単に「背が高い」ではなく「とても背が高い」と，その**レベルを指定**しているからです。(b) で red が sweater の前に置かれるのも，単なる「セーター」ではなく「赤いセーター」と，その**種類を指定**しているから。

それでは，限定詞（冠詞）a が red sweater の前に置かれるのはどうしてなのでしょう。やはり指定です。a(n) は「ほかにもある中の（不定の）1つ」の意味で，the（特定のもの）と対照的な意味をもつ単語です。単に「赤いセーター」ではなく，「(特定のものではなく，ほかにもある）赤いセーター」を買ったと指定している —— だから，red sweater の前に置かれているのです。

指定ルールは名詞に限らず，広く英語語順を支配する規則です。動詞句の例を眺めてみましょう。助動詞，not も修飾語と考えてくださいね。

(c) He may be ill.	彼は病気かもしれない。
(d) I don't like cats.	私は猫が好きではない。

(c) で助動詞 may（～かもしれない）が動詞句 be ill（病気だ）の前に置かれる理由は，**助動詞が指定**を行う表現だからです。助動詞 may は，動詞句の内容「病気だ」が事実ではなく，「～かもしれない」内容であることを指定しています。もちろん，ほかの助動詞にも常に同じ意識が働いています。must be ill なら「～にちがいない」内容であると指定することになります。また，**(d)** の例のように，like cats（猫が好き）を否定したいなら，not はその前。like cats を**否定的な内容**（そうではない）**に指定**するからです。

指定したいのなら前に置く，英語の修飾ルールはとても単純なのです。

2 説明ルール 説明

説明ルールは指定ルールの逆。**後ろに置く修飾**です。

(a) **The teacher in the classroom is Ms. Green.**
教室にいる先生はグリーン先生です。
(b) **Bolt runs fast.**
ボルトは走るのが速い。

(a) で，the teacher（先生）の後ろにin the classroomがある理由は，説明関係にあるからです。話し手は，the teacherだけでは足りない —— 誰を指しているのかをわかってもらえない —— と思っています。そこでin the classroomを並べ「教室にいる，ね」と説明をつけ加えているのです。(b) は動詞の修飾です。fast（速く）がこの位置にあるのは，「走る」を「速く，ね」と説明しているから。**後ろに置かれる修飾語句の働きはいつも「説明」**なのです。

参考

矢印の向き： 解説図の矢印の向きに注意しましょう。修飾語がターゲットを「修飾」するのですから，次のように修飾のターゲットに矢印を向けた表記の方が自然に感じられるかもしれません。

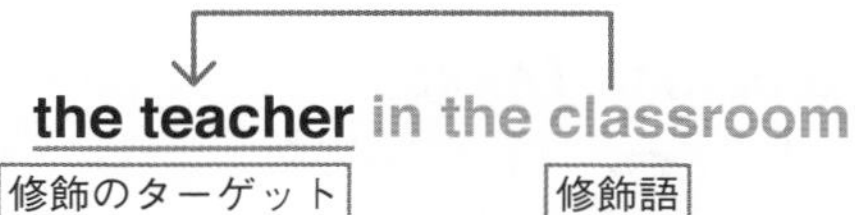

しかし，**本書が一貫して右向き矢印を使うのは，それがネイティブ・スピーカーの思考の順序だからです。**英語は左から右に順序よく文が展開していきます。in the classroomを考えてからthe teacherと言うわけではありません。常に the teacher —説明→ in the classroom の順。修飾に右向き矢印を使っているのは，常にこのネイティブの意識の流れに注目していただきたいからなのです。

次に時や場所を表す語句を見てみましょう。もっとも自然な位置は文末となります。これらの表現はできごと（文の内容）がいつ・どこで行われたのかを説明する語句。当然メインの文内容の後ろに置かれます。

(c) **I had a party yesterday.** 昨日パーティーをしました。
(d) **I met her at a café in Tokyo.** 東京のカフェで彼女に会いました。

(c) では,「パーティーをしました」と言ってから, いつしたのかを「昨日, ね」と説明しているのです。(d) の, 場所の説明が加わった文も同様に, I met her の説明を「東京のカフェで, ね」と説明しています。この文では at a café と in Tokyo にも注意しましょう。この順がもっとも自然な並びです。それは in Tokyo が a café を説明しているから。「カフェで, ね」と言ってから, どこのカフェなのかを in Tokyo とさらに説明しているのです。

メインのI met herをまず述べ，その説明のat a caféはあと回し。a caféだけでは説明が足りないと気になるなら，後ろにin Tokyo。英語は説明が後ろにどんどんつけ足されることば。右へ右へ伸びていくことばなのです。

説明ルールは，語順が英語とは逆の日本語を話す私たちにとって特に重要なルールです。日本語では説明修飾は常に前置きだからです。the teacher in the classroomは「教室にいる先生」，runs fastは「速く走る」と，日本語はこのケースで常に英語と逆の語順になります。「説明なら後ろに置く」という，日本語にない語順を体得することが，英語を自由に使いこなす重要な鍵となるのです。

英語は「語順のことば」，それが英語の本質です。Chapter 1からいよいよ英文法の詳しい解説を始めますが，それらの解説は英語をより正しく，より繊細に表現するためのテクニックにすぎません。最重要の「基本文型」と「修飾ルール」さえ頭に置いておけば，英語は（不完全ながらも）話すことができます。細かな規則はゆっくりと時間をかけて乗り越えていけばいいのですよ。

みるみる英語が使えるようになるヒント

英語の語順通り意識を動かす

ゆくゆくは英語を実践で使いたい。話したい。もしみなさんがそう考えるなら，必ずやるべきことがあります。それは「英語の語順通り」読み，書き，話す，ことです。

(a) **He may be ill.** 彼は病気かもしれない。
(b) **I had a party yesterday.** 昨日パーティーをしました。

英語が苦手な人は，こうした文を見ると反射的に日本語の語順で文を解釈しようとします。**(a)** では，be ill（病気です）と訳してからmay（かもしれない）。**(b)** では，yesterdayに目をやって「昨日」と理解してからI had a party。英語は「左から右に」文が進んでいるのに「右から左」に遡(さかのぼ)りながら読む —— よくないクセです。これではなかなか流暢(りゅうちょう)に英語を話せるようにはなりません。

英語を読むとき，話すときはHe may（彼はかもしれないんだな）→ be ill（病気）。I had a party（パーティーをしました）→ yesterday（昨日）といった具合に，語順通り意識を動かす習慣をつけてください。「前に置けば指定」，「後ろに置けば説明」がわかっていれば，すぐに英語語順に慣れることができます。そしてそれが英語を実践レベルに育てる最短のやり方なのです。

品詞

ここでは，以降の文法解説で用いられる「品詞」について説明しましょう。品詞とは，単語や複数語からなるフレーズ（句）をその働きによってグループ別に分けたものです。単語の品詞を（辞書や文法説明で）見れば，そのおおよその使い方がわかります。

❶名詞 （→ p.371）

「名詞」とは，人・モノ・コトなどを表す表現のこと。Taro（タロウ），dog（犬），peace（平和）などが名詞となります。名詞は主に主語や目的語，説明語句として使われます。

(a) **Taro is a student.**　タロウは学生です。
Taro：名詞（主語）　student：名詞（説明語句）

(b) **I love peace.**　私は平和を愛します。
peace：名詞（目的語）

(c) **I talked to Taro.**　私はタロウと話しました。
Taro：名詞（目的語）

(a) では，Taro は主語，a student は主語の説明として名詞が使われています。名詞は a student や the student のように「限定詞」が加えられることもしばしばあります。また，単数・複数の区別，可算・不可算（数えられる・数えられない）の区別があります。(b)(c) はそれぞれ動詞の目的語，前置詞の目的語です。

❷限定詞 （→ p.387）

「限定詞」は名詞の前に付け，その名詞が具体的にどのようなものを示しているのかを指定する単語です。

(a) **Mary is a pianist.**　メアリーはピアニストです。
a：限定詞　pianist：名詞

(b) **Mary is the pianist.**　メアリーはそのピアニストです。
the：限定詞　pianist：名詞

a(n)（母音の前では an となります）は，「（特定のものに決まらない）1つ」を表します。(a) の文は「他にも大勢いるピアニストのひとり」ということになります。一方 the は「（特定の）1つに決まる」。(b) の文は，あるピアニストについて話をした後，「メアリーがその」と特定のピアニストを意味しています。the には形容詞・副詞の最上級と共に使われ the tallest（もっとも背が高い）などとする使い方もありますが，名詞に使われる the からの類推です。「もっとも～」は「1つ・ひとグループ」を思い起こさせるからです。

❸代名詞 (→ p.408)

「代名詞」は，「名詞の代わり」をするもの。名詞を使わず「あれ」と指すことがありますね。that（あれ），this（これ），those（あれら），these（これら）と指す働きをする代名詞を「指示代名詞」と呼びます。また，Taro という代わりに he（彼）とすることもあります。こちらを「人称代名詞」と呼びます。人称代名詞は文内の位置によって形を変えることに注意しましょう。

(a) He is a student. 彼は学生です。
He：主語（主格）

(b) I love him. 私は彼を愛しています。
him：目的語（目的格）

(c) I talked to him. 私は彼と話しました。
him：目的語（目的格）

❹動詞 (→ p.10)

英語文は日本語と同じように，「～は…する・だ」と，「主語―述語」で文が作られますが，動詞は述語の中心です。「～する」といった行為や「～である・～を知っている」など，主語の行為や状態を表します。

(a) My father | painted the kitchen. 私の父はキッチンをペンキで塗りました。
主語 ← | → 述語
painted：動詞　the kitchen：目的語

(b) Can you give me your phone number?
give：動詞　me：目的語（～に）　your phone number：目的語（～を）
あなたの電話番号を教えてくれますか？

(c) My father is shy. 私の父は内気です。
is：動詞　shy：説明語句

動詞は，目的語・説明語句などそれ以降の要素と共に「基本文型」を作ります。**(a)** は目的語が１つの「他動型」。**(b)** は目的語を２つ取る「授与型」。**(c)** は説明語句が続く「説明型」となります。

動詞には be 動詞と，それ以外の一般動詞があり，疑問文・否定文などの形が異なることに注意してください。

❺助動詞 (→ p.97)

「助動詞」は動詞の前に置きます。助動詞には次の３種類があります。

(1) do …… 一般動詞の疑問文・否定文・文の強調などで使われます。
(2) have ……「have＋過去分詞」で完了形を作ります。
(3) その他の助動詞 …… can, must, may, will などの助動詞は話し手の心理を描写します。

話し手の心理を描く助動詞には，must の「～しなければならない」「～にちがいない」などいくつかの意味が対応しますが，それらはすべて大元の意味（イメージ）から生まれています。

❻形容詞（→ p.425）

「形容詞」は，名詞の修飾を行います。名詞の前後，あるいは説明語句として使われます。（網掛けとオレンジ色の文字は修飾関係にあることを示します。）

(a) **Look at the cute cat over there.** あそこにいる可愛らしいネコを見て。
形容詞　名詞

(b) **I've tried everything possible.** できることは全部やりました。
名詞　形容詞

(c) **Lucy is so kind.**
形容詞（説明語句）

名詞を前から修飾するのか，後ろからかは，「指定ルール」「説明ルール」に従います。

❼前置詞（→ p.455）

「前置詞」は基本的に位置関係を表す単語です。名詞の前に置かれ，フレーズ（句）を作ります。

(a) **I woke up at seven.** 私は７時に起きました。
前置詞　名詞

(b) **My mother usually sits on that chair.** 母は普段あの椅子に座ります。
前置詞　名詞

at は「点」。ここでは「７時」という時点を表しています。on は「～の上」。on that chair は「あの椅子の上」という位置関係を表しています。

❽副詞（→ p.439）

「副詞」は名詞以外を修飾する表現です。多くの種類があり文中の位置はさまざまですが，「説明ルール」「指定ルール」に従います。まず修飾語の副詞が「説明ルール」により後ろに置かれた例を見てみましょう。

(a) **Walk quietly.** 静かに歩きなさい。【様態】

(b) **I'll meet you there.** そこで会いましょう。【場所】

(c) **Let's do it tomorrow.** それは明日やりましょう。【時】

(a) で quietly は動作がどのように行われるのか ---「様態」の説明であるため，動詞 walk の後ろに置かれています。(b)(c) で there, tomorrow は，それぞれ出来事が起こる「場所」「時」の説明であるため，文末に置かれています。

(d) **He is very smart.** 彼はとても頭がよい。【程度】

(e) **He always supports me.** 彼はいつも私を支えてくれます。【頻度】

(f) **I don't love you.** 私はあなたを愛してはいません。【否定】

(d) の very は「程度」を表す表現です。後続の形容詞 smart の程度レベルを「とてもレベルで（頭がよい）」と指定するため前置きとなります。「頻度」を表す副詞も基本は動詞の前に置きます (e)。「いつもレベルで（支えます）」と行為の頻度レベルを指定するからです。否定表現も英語ではすべて前置きです (f)。後続が否定的な内容であることを指定するからです。

❾接続詞 （→ p.493）

「接続詞」は，文の要素をつなげる表現です。さまざまな表現をつなげることができます。

(a) **Jane and Nancy are best friends.** ジェーンとナンシーは親友です。
名詞 接続詞 名詞

(b) **Taro is funny and kind.** タロウはおもしろくて親切です。
形容詞 接続詞 形容詞

節（文の部品として使われる「小さな文」）を結ぶ場合，同じような重要度で結ばれる「等位接続」と，片方が補助的に働く「従位接続」があります。

(c) **My brother played the guitar, and I sang.** 兄がギターを弾いて私は歌った。
節 節

(d) **I get nervous when I talk to her.** 私は彼女と話すときには緊張します。
節 節

(a) は同じ強さで２つの節がつながれた等位接続の例です。一方，(d) の when 以下の節は I get nervous が起こる「時」を説明するための補助的な節であり，従位接続となります。

❿間投詞

喜びや悲しみ，驚きの感情などを表したり，相手の注意を引くときなどに発する表現です。oh（おお），ah（ああ），hi（やあ），hey（ねえ）などがあります。

IMAGE 「イメージ」の活用

本書の解説では「**イメージ**」を多用しています。イメージとは，日本語訳を超えた，単語のもつ本当の「意味」です。

英単語の意味はぴったりとした日本語訳に当てはまらないことがしばしばあります。たとえば「見る」と訳される単語。すぐに思い浮かぶのは look，see，watch ですが，この３つは大きく意味が異なります。

look は「**目を向ける**」という動作，see は「**目に入る（見える）**」，watch は「**じっと見る（注視する）**」。こうした「意味」を知らなくても，日本語に「訳す」ことはできます。ですがこうした本当の意味（イメージ）を知らずに英語を上手に「使う」ことはできません。look は look at her（彼女を見る）と対象を示す際に前置詞が必要になりますが，see や watch はそうではありません。単語の意味は使われる文の形にまで影響を与えるのです。

英単語の中には多様な意味の広がりをもち，日本語訳の理解だけではなぜそうした広がりをもつのか理解できないものが数多くあります。例を挙げましょう。make には「（ある状態に）する」「～させる」と訳されることがしばしばありますが，「make＝作る」と訳を覚えただけではその理由がわからないはずです。

(a) **I'll make you happy.**
君を幸せにしてあげるよ。

(b) **You can't make him do that.**
君は彼にそんなことをさせることはできないよ。

make のイメージは「**力を加えて何かを作り上げる**」。(a) の文には君が幸せな状況を「作り上げる」，(b) には（彼に力を行使して＝有無を言わさず）彼がそうしたことをする状況を「作り上げる」ニュアンスが感じられているのです。

日本語訳ではなくイメージをつかむ。このやり方で学べば，一見複雑そうな文法事項でもごく単純に理解することができます。

(c) That is my car.
あれが私の車です。

(d) I think that he is a fantastic player.
彼はすばらしい選手だと思います。

(e) The car that I want to get is eco-friendly.
私が買いたい車は環境に配慮したものです。

(c)～(e) はそれぞれ，指示表現，従属節を導く that，関係代名詞の that です。一見無関係に見える使い方ですがイメージは１つです――「**聞き手の関心を導く**」。(c) の「あれ」は指をさして離れた事物に相手の注目を「導く」使い方ですし，(d) は think と述べてから，その内容 he is a fantastic player に聞き手を正確に「導いて」います。(e) も同じです。the car がどんな車なのかを説明する I want to get にしっかりと「導いて」いるのです。

日本語訳ではなくイメージを使えば，英語は深く・実用レベルで身につけることができるのです。さあ，本書をどんどん読んでいきましょう。英語のもつ簡単でわかりやすい，本当の姿を理解できるようになるはずですよ。

Chapter 1

主語・動詞・基本文型

第2回

第3回

英語には，「基本文型」という5つの基本パターンがあり，これを覚えてしまえば，相手に伝わる文を作ることができるようになる，英文法の最重要項目です。ここでは上の解説動画（第2回：自動型，説明型，他動型，授与型，第3回：目的語説明型）を視聴して，5つの基本文型について，それぞれどんな気持ちと結びついているのか見てみましょう。

主語・動詞・基本文型のコア

Chapter 1 で学ぶこと

この chapter では「英語文の形」について学びます。英語文はどのような要素がどういった順で並んでいるのか —— 英語を使う上でもっとも基礎となる知識を身につけていきましょう。

主語と述語

日本語文と同じように，英語文も大きく２つのパートに分けることができます。それは**主語**と**述語**です。英語では「何が（主語）どうする（述語）」と，主語を述語が説明する形で文は作られています。

▶**文の構成**

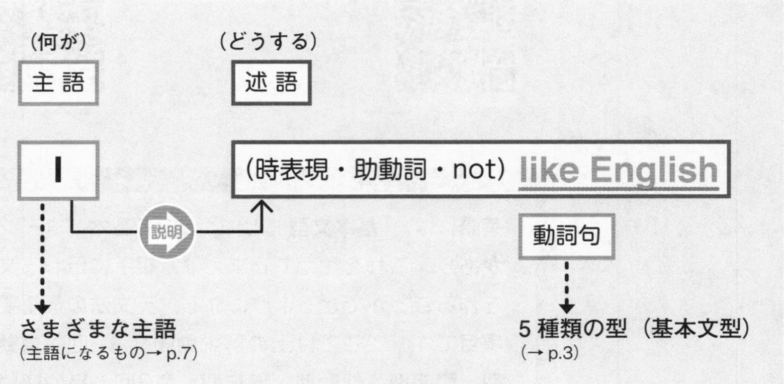

述語の中心プレーヤーは**動詞句**（動詞以降のフレーズ）です。そこに助動詞・（現在形・過去形などの）時の表現・否定の not などが加わって（加わらないこともあります）述語は構成されています。

英語の主語は日本語同様に豊かなバリエーションをもっています。日本語では「ケンは」「３匹の豚が」などといった単純な名詞だけでなく，「彼がウソをついたのが（許せない）」「授業中おしゃべりをするのは（悪いことだ）」など複雑な主語も使われます。英語でもその事情は変わりません。また，英語では「その看板は休みだと言っている」といった「**無生物**」を主語とする言い回しも好まれます。

2 基本文型

動詞句は大きく分けるとたった5種類の型しかありません。英語文の形を決定するこの基本的な型を**基本文型**と呼びます。

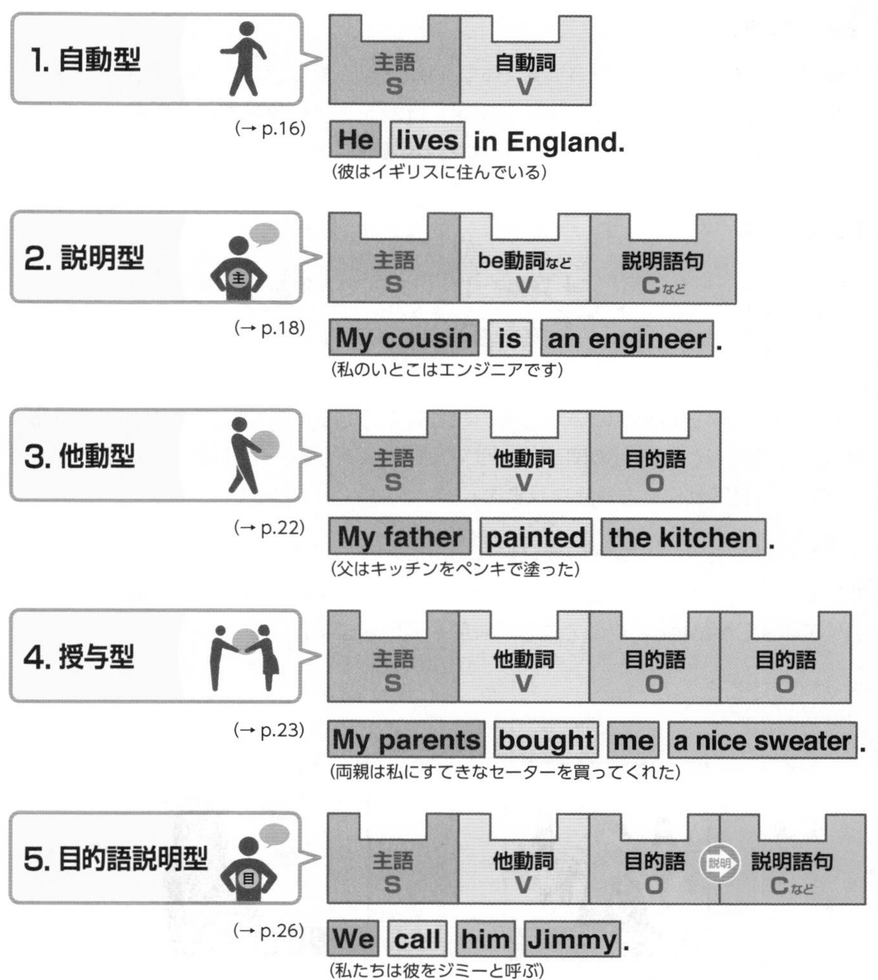
1. 自動型
主語 S
自動詞 V
(→ p.16)
He lives in England.
(彼はイギリスに住んでいる)
2. 説明型
主
主語 S
be動詞など V
説明語句 Cなど
(→ p.18)
My cousin is an engineer.
(私のいとこはエンジニアです)
3. 他動型
主語 S
他動詞 V
目的語 O
(→ p.22)
My father painted the kitchen.
(父はキッチンをペンキで塗った)
4. 授与型
主語 S
他動詞 V
目的語 O
目的語 O
(→ p.23)
My parents bought me a nice sweater.
(両親は私にすてきなセーターを買ってくれた)
5. 目的語説明型
目
主語 S
他動詞 V
目的語 O
説明
説明語句 Cなど
(→ p.26)
We call him Jimmy.
(私たちは彼をジミーと呼ぶ)

基本文型は文の設計図だと考えてください。英語文はこの設計図に従い，図のスロット（□）に適切な要素を入れていくことによって組み立てられていきます。基本文型は音読の繰り返しを通じて一刻も早く身につけることが必要です。なぜなら，設計図なしで文を作ることはできないからです。

基本文型から発展した「命令文」「there 文」「レポート文」などの応用文型もこの章で学んでおきましょう。これらは日常で頻繁に使われる形ですから，しっかりと理解・習熟してください。

3 動詞

動詞は動詞句の中心を担う要素です。動詞には大きく性質を異にする２種類があります。「住む」「走る」など主語の状態・行為を表す**一般動詞**と，主語と説明語句を「＝」の関係で連結するために使われる **be 動詞**です。

▶動詞の種類

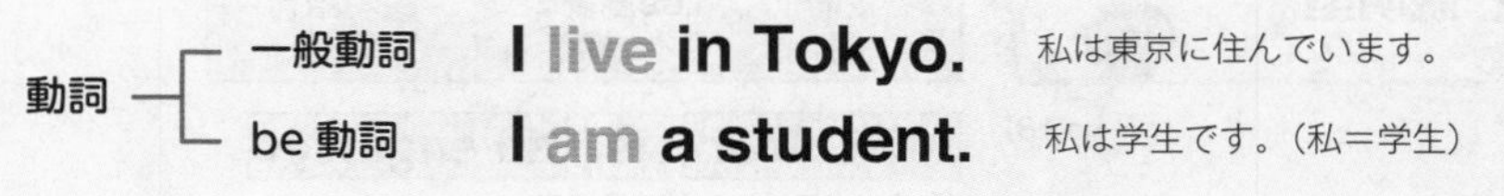
動詞
一般動詞
I live in Tokyo.
私は東京に住んでいます。
be 動詞
I am a student.
私は学生です。（私＝学生）

この２つは同じ動詞とはいえ別物と考えなくてはなりません。be 動詞は現在形・過去形でそれぞれ主語との関係によって大きく変化し（→ p.12），また疑問文・否定文も一般動詞と作り方が異なります。

動詞にはまた，いくつかの変化形（活用形）があります。中学校ですでに学習した内容について簡単に整理しておきましょう。それぞれの形の担う意味，使い方については，Chapter ２以降で詳しく説明していきます。

▶動詞の変化形

IMAGE
現在形

【現在形】（→ p.11）

IMAGE
過去形

【過去形】（→ p.13）

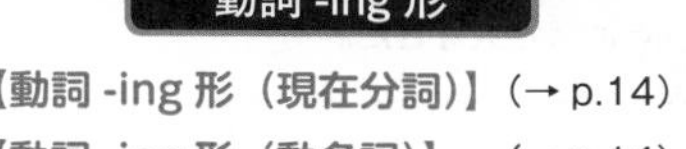

【動詞 -ing 形（現在分詞）】（→ p.14）　**【過去分詞（完了）】**（→ p.15）
【動詞 -ing 形（動名詞）】（→ p.14）　**【過去分詞（受動）】**（→ p.15）

本章を読み終われば，英語文の基本的な成り立ちと英語ということばの全体像が理解できます。それはみなさんが英文を訳し，英語で会話するために必須の貴重な知識となるでしょう。

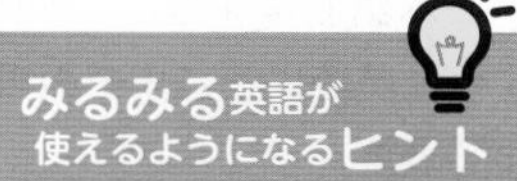

理解したら続けて音読・暗唱

文法を学ぶのは何のためでしょうか。それは英語を実践で使いこなすためです。各解説を理解するのはゴールではなく，スタートにすぎません。各解説に盛り込まれた単語，文法項目を「考えることなく」「反射的に」使えるようにならなければ習得したことにはなりません。そのための唯一の方法は「**音読・暗唱**」です。

各項目でポイントとなる例文を複数，自然に作ることができるようになるまで音読を繰り返してください。会話では文法を参照し，頭で考えている時間などありません。英語を実践で使う力を得るためには，音読を通じて学んだ文法事項を体に根づかせることが何よりも大切なのです。音読を数か月繰り返せば，英語力は驚くほど伸びていきます。

FACT 1 主語

1 主語とは何か

001

(a) I like English.　私は英語が好きです。
(b) The boy loves dogs.　その少年は犬が大好きだ。

主語は文の中心・主題（テーマ）です。I（私）や the boy（その少年）など，**名詞**が標準的に使われます。

英語文は，命令文など少数の例外を除いて，「**主語を述語が説明する**」形で展開します。**(a)** では「私は→英語が好き」と主語を述語が説明しています。

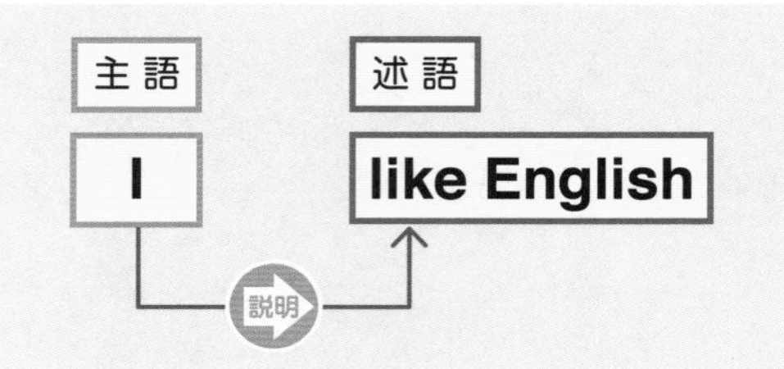

日本語では「昨日，映画に行ったんだよ」など，主語は非常に頻繁に省略されますが，英語にそこまでの自由はありません。

FACT プラス +F 主語の省略

英語では主語があることが標準ですが，日常会話やメールなどで前後関係から明らかな場合，主語は省略されることがあります。

(a) (Do you) Want some coffee?
（コーヒー飲みますか？）

(b) I heard you were sick. (I) Hope you get well soon!
（病気だって聞いたよ。早くよくなるといいね！）

ただ，こうした文はかなりくだけた響きがあり，いつでも使えるわけではないことに注意しておきましょう。

2 主語になるもの

002

(a) To make friends is not easy. 【to 不定詞】
友だちを作るのは簡単ではない。

(b) Making friends is not easy. 【動名詞】
友だちを作るのは簡単ではない。

(c) That he was nervous was clear to everyone. 【節】
彼が緊張していたのは誰の目にも明らかだった。

「学校に行くのは（楽しい）」「成功するかどうかが（問題だ）」など，日本語の主語に大きな自由度があるように，英語でも to 不定詞・動名詞・節などを使って，さまざまな主語を作ることができます。

(a) の to 不定詞と (b) の動名詞の文は日本語訳が重なりますが，微妙なニュアンスの差があります。不定詞は一般論的ですから，(a) は「友だちを作るということは（一般に）簡単ではない」と言っているニュアンス。一方，動名詞の (b) には具体的でリアルな状況が感じられます。友人ができず泣きながら帰ってきた子どもに母親が「友だちを作るのは…」と言っているなど，現実に起こっている状況が想起されます。このニュアンスの違いについては p.190 を参照してください。

また主語には，「節」（以下の 文法用語 参照）も使うことができます。この場合，(c) の That ... のように頭に接続詞が必要となることに注意しておきましょう。(→ p.288)

Q 主語になる要素をどう覚えるの？

「主語になるものは，名詞句・to 不定詞・動名詞・節…」と覚えるのは大変かもしれません。ちょっと考え方を変えてみましょう。日本語では「友だちを作るのは」と「～は・～が」がつく部分を主語として解釈します。一方，英語は位置のことば。文頭の主語の位置に置くことで主語と理解されるのです。基本的には「意味さえ合っていれば何でも主語になれる」と考えておけばいいのですよ。

文法用語 節と句

「節」とは文の一部として使われる「小さな文」のこと。主語・動詞を備えています。主語として使うことができる節には，(c) の that 節のほか，「～かどうか」を表す whether 節，what，where など疑問詞で始まる wh 節などがあります (→ p.281)。また，(a) の to 不定詞や (b) の動名詞のように，複数の語がまとまって働く場合，それを「句」と呼びます。この例での to 不定詞・動名詞・節は，通常，名詞が使われる主語の位置に置かれているため，「名詞句」「名詞節」と呼ばれることがあります。

3 どこまでが主語なのか

003

(a) My American friend **loves *natto*.**
アメリカ人の友人は，納豆が大好きです。

(b) The guy talking to the girls over there **must be Dan. He is very popular.**
あそこで女の子たちと話している男の人はダンに違いない。彼はとても人気があるんだよ。

英語の主語には「～は・～が」といった主語を示す語がついていないため，どこからどこまでが主語なのかを判断する必要があります。文は「主語＋述語」の順番に並んでいますから，**主語を判断する基準は「述語」の前**となります。

述語は動詞や助動詞の現在形・過去形など，時の表現から始まります。動詞の現在形・過去形・現在完了形の have・助動詞などを見つけたら要注意。その前までが主語だと考えてください。

4 無生物主語

004

(a) The news made us excited.
私たちはそのニュースを聞いてワクワクした。

(b) The sign says you can't swim in the lake.
標識には湖で泳いではいけないとあります。

(c) This road takes you to the stadium.
この道を行けばスタジアムに着きます。

(d) Global.com has more information.
グローバル・ドット・コムに行けばもっと情報がありますよ。

日本語の主語と大きく異なるのがこのポイントです。日本語では無生物（人や生物ではないもの：例えば (a) の news）を主語にすることを極力避ける傾向がありますが，英語では何も問題がありません。(a) の直訳「そのニュースは私たちをワクワクさせた」は日本語では不自然ですが，英語では 100% 自然な表現です。

FACTプラス 無生物主語はコンパクトな表現を可能にする

無生物主語には優れた特質があります。それは文をコンパクトにすることができるということ。無生物主語が許されなければ，(a) の文は When we heard the news, we became excited.（そのニュースを聞いたとき，私たちはワクワクした）と，長くならざるを得ません。無生物主語は，文をコンパクトに収めるための大変優れた方法なのです。みなさんも躊躇（ちゅうちょ）せずに無生物主語を使って，コンパクトな文作りを目指しましょう。

FACT 2 動詞

主語を離れ，述語に話を移しましょう。述語でもっとも重要なのは動詞です。動詞には大きく分けると２種類があり，それぞれ疑問文・否定文の作り方が違います。ここでは，動詞の変化形の基本的な意味や使い方も確認しておきましょう。

1 動詞には２種類ある

❶ be 動詞と一般動詞

005

(a) **We are happy.**　私たちは幸せです。　【be 動詞】
(b) **I like dogs.**　私は犬が好きです。　【一般動詞】

動詞には **be 動詞**と**一般動詞**の２種類があります。be 動詞（am，are，is など。原形は be）は主語とその説明語句の「つなぎ」として使われる特殊な動詞。「＝」を表すと考えてもいいでしょう。**(a)** の be 動詞 are は，主語 We と説明語句 happy を「we = happy」とつないでいます。be 動詞は主語と文の表す「時」によって am，are，is / was，were と大きく変化します。

be 動詞以外の動詞はすべて一般動詞です。一般動詞は like（好き），play（遊ぶ・［スポーツなどを］する）のように実質的な意味を伴っています。be 動詞と一般動詞とでは，疑問文・否定文の作り方が変わるため，その違いをしっかり意識しておく必要があります。

❷ 疑問文と否定文

006

(a) **Are you happy?**　あなたは幸せですか。　【be 動詞】
　　He isn't [is not] happy.　彼は幸せではない。　【be 動詞】
(b) **Do you like dogs?**　あなたは犬が好きですか。【一般動詞】
　　I don't [do not] like dogs.　私は犬が好きではない。　【一般動詞】

be 動詞の文は，主語の前に be 動詞を出して疑問文を，be 動詞の後ろに not を置いて否定文を作ります。一般動詞の文は助動詞 do を補助的に使います。主語の前に do を出して疑問文，主語の後ろに do not を置いて否定文となります。また**主語が三人称（I，you，we 以外）で単数，そして文が現在を示すとき**（＝**三単現**）は do ではなく does を使い，過去の文については主語に関係なく did を用います。

▶**疑問文・否定文の作り方**

	be 動詞	一般動詞
疑問文	be 動詞を主語の前に出す **Are you ____ happy?** (You are happy.)	do を補い，主語の 前に置く **Do you do like dogs?** (You like dogs.)
否定文	be 動詞の後ろに not を置く **He is not happy.** (He is happy.)	do を補い，その後ろに not を置く **I do not like dogs.** (I like dogs.)

疑問文（→ p.329）・否定文（→ p.311）参照

2 動詞の変化形

動詞には４つの変化形（現在形・過去形・過去分詞・動詞 -ing 形）があります。変化していない元の形は「原形」と呼ばれます。それぞれの使い方を復習しておきましょう。各変化形の作り方は巻末の動詞変化表（→ pp.526-527）を参照してください。

❶ 現在形

現在形は文字通り文の内容が「現在」であることを示す形です。典型的には「私は学生です」「私は毎日犬を散歩に連れて行きます（習慣）」など，ある程度の期間，安定して成り立つ内容を表します。

現在形は主語に対応して動詞の形が変わります。be 動詞の変化・一般動詞の「三単現の -s」には特に注意しましょう。

▶ be 動詞と主語との対応

007

(a) I am a student.	私は学生です。
(b) You are very kind.	君はとても親切だね。
(c) Ken is so smart!	ケンはとても頭がいい！
(d) Ken and Mary are in the schoolyard.	ケンとメアリーは校庭にいます。

主語が単数	主語が複数
I am	are
You are	
is	

be 動詞の原形は be。この動詞は主語との対応によって am，are，is と変化します。基本は，主語が単数（1つ）なら is，複数（2つ以上）なら are。ただし主語が単数でも I と you は特別で，それぞれ am，are と変化させます。

▶一般動詞の変化形

008

(a) I play soccer at school.	僕は学校でサッカーをやっています。
(b) My son jogs every morning.	息子は毎朝ジョギングします。
(c) They live in London.	彼らはロンドンに住んでいます。
(d) He has a nice car.	彼はいい車をもっている。

一般動詞の現在形は，be 動詞のように主語によって大きく変化することはありません。**原形と形が変わる唯一のケースが「三単現」**（→ p.11）。主語が三人称単数で，文が示す「時」が現在（三単現）のとき，動詞の語尾には -s がつきます。**(b)** では，主語は I でも you でもない my son（三人称）。sons ではないので単数。文は現在。三単現がそろうため jogs となっているのです。-s がつくのは「三単現」がすべてそろうときだけであることに注意しましょう。**(c)** の文で they（彼ら）は三人称ですが，複数の人々を表しているので -s はつきません。また，**(d)** の動詞 **have** は三単現の形が **has** となります。

文法用語 人称

話し手から見た距離を示す文法用語です。話し手は「一人称」，聞き手は「二人称」，それ以外は「三人称」。「三人称」は「I，you，we 以外」と理解しましょう。この用語に特に神経質になる必要はありません。「三単現の -s」でしか使われない概念ですから。

Q 動詞の変化形にはどのように向き合えばいいの？

動詞の変化形は，最初はわずらわしく感じるかもしれませんが，英語を使う以上，必ず覚える必要があります。be 動詞の変化は「考えなくても」正しい形を選択できるようにしてください。考えながら is, am, are を選んでいるネイティブ・スピーカーはひとりもいません。ネイティブ・スピーカーのように反射的に使えるまで，音読を繰り返してください。

三単現の -s は話すときに間違えたとしても誤解されることは一切ありません。聞き返されることすらないでしょう。意味に関わらない形骸化した習慣なのです。ただ，あまり頻繁に間違えると「きちんとしたことば遣いができないのかな」「あまり教養がないかも」といった印象を与えてしまいます。面倒でもキチンとつける，たとえ間違ってもクヨクヨしない —— それが三単現の -s とのつき合い方です。

❷ 過去形

過去形

過去形は文の内容が「過去」であることを示します。ただそれだけのことですが，現在完了形 (→ p.76) との使い分けを理解するには，過去形の「遠く離れた」「もう終わってしまった」といった，現在との距離感を意識するといいでしょう。

▶ be 動詞の過去形と主語との対応

009

(a) **I was really happy.**
私はとても幸せでした。

(b) **They were sad.**
彼らは悲しかった。

主語が単数	主語が複数
I was	were
You were	
was	

過去形においても be 動詞の形は変化します。you 以外の単数主語なら was，複数なら were。「am, is は was，are は were」と覚えてもいいでしょう。

▶一般動詞の過去形

010

(a) **I played soccer yesterday.**
僕は昨日，サッカーをした。

(b) **He played in a tennis tournament last week.**
彼は先週，テニス大会でプレーした。

一般動詞の過去形は「原形＋ -ed」が基本です（**規則変化**）。過去形は主語によって変化しません。現在形では三単現の -s がつく **(b)** のようなケースでも，主語が一人称・二人称の場合と同じく played となります。注意すべきは，多くの動詞が「原形＋ -ed」ではなく，**不規則変化**によって大きく形を変える点です。巻末の動詞の変化表（→ p.526-527）をしっかりマスターしてください。

❸ 動詞 -ing 形（現在分詞・動名詞）

011

(a) **He is playing golf at the moment.** 【現在分詞】
彼は今，ゴルフをしています。

(b) **The boy playing golf is Kaito.** 【現在分詞】
ゴルフをしている少年はカイトです。

(c) **Playing golf is a lot of fun.** 【動名詞】
ゴルフをするのはとても楽しい。

(d) **I like playing golf.** 【動名詞】
私はゴルフをするのが好きです。

動詞 -ing 形

動詞 -ing 形は**進行中の生き生きとした活動**が感じられる形です。このうち，説明語句および修飾語として使われるものは**現在分詞**（→ p.204）と呼ばれています。**(a)** の playing golf（ゴルフをしているところ）の playing は，主語を説明する語句であるため，現在分詞。**(b)** の playing golf の playing も「ゴルフをしている少年」と the boy を修飾しているため，現在分詞です。

動詞 -ing 形はまた，**主語**や**目的語**として用いることができます。主語や目的語の位置は名詞が現れる典型的な場所であり，この位置に置かれる動詞 -ing 形は**動名詞**（→ p.187）と呼ばれます。**(c)** は主語，**(d)** は目的語として動詞 -ing 形が使われているので動名詞となります。動名詞は「～すること」が定訳ですが，そこにある生き生きとした活動のニュアンスをつかんでみましょう。

Q 動詞 -ing 形の使い分けはどのように覚えたらいいの？

動詞 -ing 形に2種類あるわけではありません。現在分詞と動名詞。同じ形に2つの機能があるのは，英語が「配置のことば」だからです。「どんな要素も主語の位置に置けば主語になる」と述べましたが（→ p.7），動詞 -ing 形にも同じことが起こっています。動詞 -ing 形は「生き生きとした活動」を表しますが，この表現を be 動詞の後ろや名詞の後ろに置けば「～している」と説明の働きとなり，主語や目的語の位置に置けば，生き生きとした活動を表す「～すること」となる。ただそれだけのことなのです。

4 過去分詞

012

(a) **That was a great goal! He surely has played soccer before.**
すごいゴールだったね！ 彼は以前にサッカーをやったことがあるにちがいないよ。

(b) **Soccer is played by millions of children around the world.**
サッカーは世界中の何百万人もの子どもたちにプレーされています。

過去分詞は，規則変化をする動詞では過去形と同じ形です。不規則変化動詞では過去形・過去分詞ともに不規則に変化するので，しっかりと暗記する必要があります。

過去分詞は2通りの意味とつながっています。まずは完了。(a) のように「**have ＋ 過去分詞**」の形で，完了形（→ p.76）という重要な時を表す表現を作り出します。

もうひとつは受動（～される）。(b) では，主語の Soccer を過去分詞 played（プレーされる）が説明して，「サッカーはプレーされている」という受動態の文が作られています。動詞 -ing 形と違い，過去分詞は**主語や目的語としてそのまま使うことはできない**ことに注意しましょう。

FACT 3

基本文型

動詞を中心とする動詞句のパターンによって，英語文はいくつかの型に分かれます。あらゆる文の**基本設計図となるこの型を基本文型**と呼びます。設計図なしで文を作ることはできません。基本文型は英文法の最重要項目と言えるでしょう。

❶ 基本文型 1 ：自動型

013

(a) **My computer froze.** 私のコンピューターがフリーズした。
(b) **My father swims really well.** 私の父は泳ぐのが本当に上手だ。
(c) **He lives in England.** 彼はイングランドに住んでいる。
(d) **Don't look at me.** 私を見ないでください。

文の主要素が「**主語＋動詞**」である型が自動型。目的語（動作などの対象）を伴わないこの型は，**働きかける対象を含まない行為（単なる動作）**を表します。(a) では「フリーズした」という単なる動作になっていますね。(b) の really well（本当に上手に）は swim の修飾語。文型の判断に関わりません。この型で用いられる動詞は自動詞（→ p.31）です。

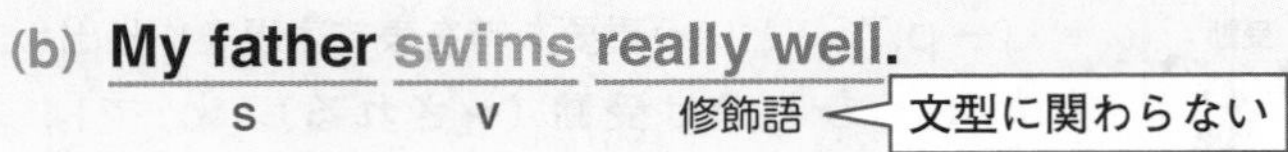

この型には (b)(c) のように，その行為がどこで，どのように起こったのかなど，修飾語句が頻繁に伴います。また，特定の前置詞と結びつき，まとまった意味をなすフレーズ（句動詞）を作ることも頻繁にあります。(d) では look（「目を向ける」という動作）と at（「点」を示します）が組み合わされ「～に目を向ける」となっています。

句動詞にはなぜそうした意味になるのかが一見しただけではわかりづらいものがありますが，動詞と前置詞のイメージを考えれば理解可能なものばかりです。look の例を取り上げてみましょう。

▶ look を用いた句動詞

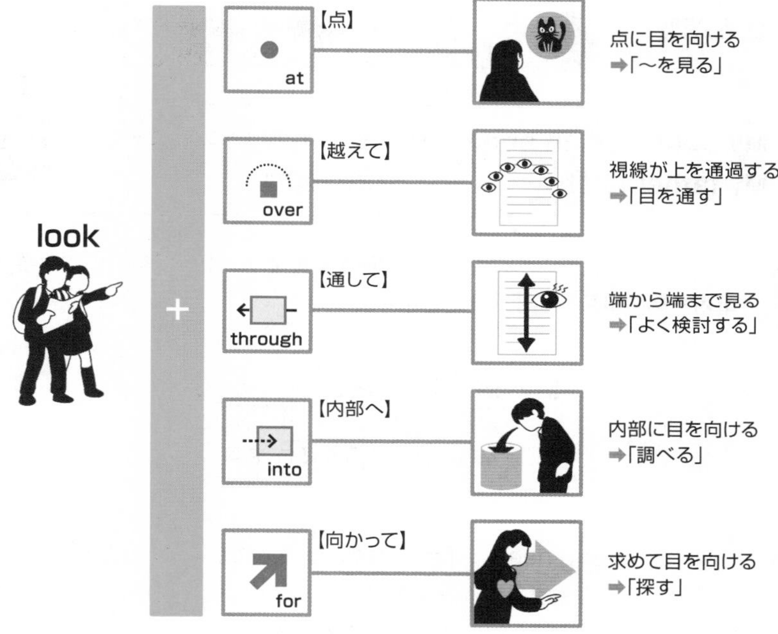

「調べる」「探す」など，その理由がすぐにはわからない組み合わせも，前置詞の意味を考えることによって理解することができるのです。

❷ 基本文型2：説明型

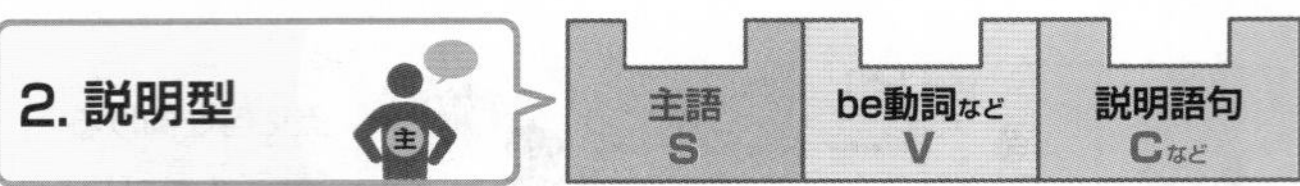

(a) **My cousin is an engineer.** 私のいとこはエンジニアです。
(b) **My father is shy.** 父は内気です。

説明型はbe動詞に代表される，**主語を説明する型**です。動詞の後ろに説明語句が置かれ「**主語＝説明語句**」の関係を表します。

(a) **My cousin is an engineer.**
S V C
説明語句（名詞）

my cousinとan engineerが「＝」で結ばれ，「私のいとこはエンジニアです」となっています。もっとも単純なケースでは，**(a)(b)** のようにan engineerなど名詞やshy（内気な）などといった形容詞が使われます。このように説明語句が名詞・形容詞である場合，特に**補語**（complement：C）と呼ばれています。

be動詞はなぜ短縮されるのか

be動詞は「＝」。主語と説明語句の「つなぎ」であり，強く意識されることがありません。そのため一般動詞 —— たとえばlove, play, look —— と異なり，「弱くすばやく発音」され「短縮形が頻用」されます。「省略」されることすら頻繁にあるのです。

しかし，過去のbe動詞は短縮されることはなく，×I was → I's などといった形は作ることができません。過去のbe動詞には「過去」という意味が加わり，しっかりと意識されているからです。

■ be動詞は短縮

I am ➡ I'm	That is ➡ That's
He is ➡ He's	We are ➡ We're

■ be動詞の発音

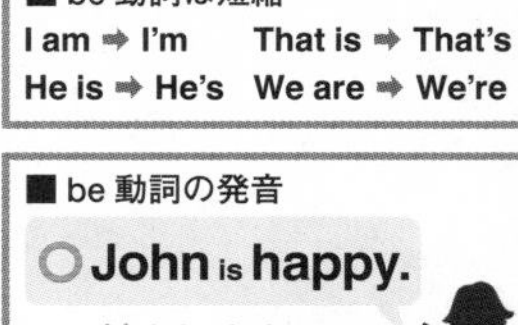

○ John is happy.
✕ John is happy.

■ be動詞の省略

~~Is~~ everything OK?
全部問題ない？
You ~~are a~~ liar!

みるみる英語が使えるようになるヒント

自由に並べて実用的に！

説明型で使われる説明語句は通常，補語とされている名詞・形容詞に限られません。be 動詞を単純な「＝」とみなせば，さまざまな説明語句を気軽に使いこなすことができます。

▶ **John is at the station.** （ジョンは駅にいるよ）

日本語訳では「いる」となっていますが，ネイティブ・スピーカーは「John ＝ at the station（駅の地点）」と単純に捉えています。次の文もすべて同じ「＝」の気持ちで説明語句が並べられています。

Gary was	(a) **angry.**	怒っていた	形容詞
	(b) **a chef.**	シェフだった	名詞句
	(c) **on duty.**	勤務中だった	前置詞句
	(d) **fishing.**	魚釣りをしていた	動詞 -ing 形（現在分詞）
	(e) **injured at school.**	学校でケガをした	過去分詞

(d) は「進行形」，(e) は「受動態」と呼ばれていますが，それぞれ現在分詞（～しているところ）と過去分詞（～される）を be 動詞でつないで並べているだけの形です。このほかにも「節」を説明語句として使うこともできます (→ p.289)。説明語句は気軽に並べる，それだけで大きな表現力が手に入ります。

Q 説明型で使えない「説明語句」は？

「説明語句」で使える表現には基本的に制限がありません。be 動詞の後ろは説明語句の位置。どういった要素が来ても「説明語句」として理解されます。意味が通る限りにおいて自由にいろいろな要素を使ってください。ただし次のような文は落第です。

✕ **Ken is slowly.** （ケンはゆっくりとだ）

slowly（副詞）は walk slowly（ゆっくりと歩く）など，一般動詞を修飾する語句です。Ken を説明することはできません。形容詞を使って，Ken is **slow**.（ケンはゆっくりだ）なら合格ですよ。

▶説明型で使われる一般動詞

015

(a) You look happy.
楽しそうですね。

(b) My mother became famous after she wrote the novel.
私の母はその小説を書いたあとで有名になった。

説明型で使われる動詞は be 動詞だけではありません。印象・変化などを表す一般動詞も頻繁にこの型を取ります。

be 動詞以外の動詞が使われても，「主語の説明」であることは変わりません。**(a)** も be 動詞の例と同じように「you=happy」と主語を説明しています。ただ，be 動詞ではなく実質的な意味をもつ動詞 look（～に見える）が使われているため，「you=happy［に見える］」と look の意味が加わるのです。**(b)** は become（～になる）という変化の意味が加わり，「my mother=famous［になる］」となります。

みるみる英語が使えるようになるヒント

「オーバーラッピング」をイメージしよう

上の形について，ネイティブ・スピーカーの理解は単純です。この型の基本は「説明」(A=B)。そこに動詞の意味を「オーバーラッピング（覆いをかける)」してください。**(a)** の You look happy. なら，右の図のように「you=happy」に look の意味がオーバーラップするようにイメージ！　これで「you=happy に見える」となりますね。

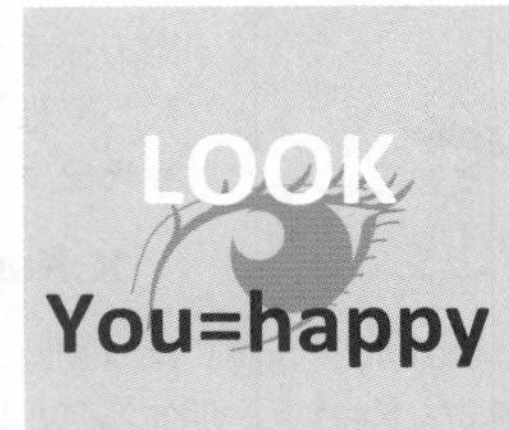

「説明型」で頻繁に使われる一般動詞をまとめておきましょう。

説明型でよく使われる動詞	2. 説明型 主語 S / be動詞など V / 説明語句 Cなど
A 変化を表す動詞	
(a) **All the food went bad.**	食べ物はみんな傷んじゃった。
(b) **My dream came true.**	私の夢が実現しました。
(c) **She fell ill.**	彼女は病気になった。
(d) **I'm getting hungry, Mom.**	お腹がすいてきたよ，お母さん。
▶ go, come がこの型で使われると「変化（～になる)」を表します。come はよい変化，go は悪い変化を表す強い傾向があります。fall（落ちる）も変化。下への動きですから悪い変化。get（得る）は「動き」を思い起こさせる動詞です。そこから変化の意味が生まれています。	
B ある状態にとどまることを表す動詞	
(a) **Please remain silent during the ceremony.**	式典の間は静粛にお願いします。
(b) **We stayed calm during the typhoon.**	台風の間，私たちは平静を保っていました。
▶ remain，stay は「とどまる」を表します。keep も同様に使われます。	
C 印象・判断を表す動詞	
(a) **That sounds interesting.**	それはおもしろそうだね。
(b) **Our teacher seems / appears tired.**	先生は疲れているようだ。
(c) **Her prediction turned out right.**	彼女の予言が正しいことが明らかになった。
▶ look（見える)・sound（聞こえる)・taste（味がする)・feel（感じる）など，知覚を表す動詞は頻繁にこの形をとります。seem・appear（思える・見える）もこの形の典型例。appear は「見える」に重点。seem は「思える」に重点があり，より深い印象を与えます。	

「変化，とどまる…」などと，その傾向を暗記する必要はありません。これらの動詞は「A → B（　)」の（ ）の部分に入る動詞たち。「A → B（になる・のままだ・に見える・に思える)」といった動詞がピッタリなのは当然のことなのです。

❸ 基本文型 3：他動型

016

(a) **My father painted the kitchen.** 父はキッチンをペンキで塗った。
(b) **He read an interesting book.** 彼は興味深い本を読んだ。
(c) **Ellie has beautiful eyes.** エリーは美しい目をしている。
(d) **Mary knows Paris very well.** メアリーはパリをよく知っている。

他動型は動詞の直後に目的語（名詞）を１つ置く型。**動詞による働きかけが，その対象である目的語**（object：O）**に加わる・及ぶこと**を意味します。**(a)(b)** では paint（塗る），read（読む）という行為が直接，対象物に及んでいます。

(b) **He read an interesting book.**
S V O
目的語 ＜ 動作などの対象

他動型に使われる動詞は**他動詞**（→ p.31）と呼ばれます。他動詞は「行為」を表す動詞に限りません。have（もっている），know（知っている）など「状態」を表す動詞（→ p.68）も含まれます。所有権，知識が目的語に「及んで」いることを表しています。

目的語の位置に人称代名詞（I, you, he, she, it, we, they）が来る場合，その**目的格を使う**ことに注意しましょう。

(e) **My parents love me.** （両親は私を愛しています）
S V O
目的語 ＜ 人称代名詞のときは目的格

みるみる英語が使えるようになるヒント

目的格の意識

目的格は「指す」意識で使われる形。他動型の目的語で常に目的格が使われるのは，動詞の働きかけが向かう先を「ここにだよ」と指しているからです。(e) の me は「私です」と自分を指す意識で使われています。

❹ 基本文型 4：授与型

017

(a) **Can you give me your phone number?**
あなたの電話番号を（教えて）くれませんか。

(b) **My parents bought me a nice sweater.**
両親は私にすてきなセーターを買ってくれた。

(c) **We wrote our teacher a thank-you letter.**
私たちは先生にお礼の手紙を書いた。

(a) **Can you give me your phone number?**

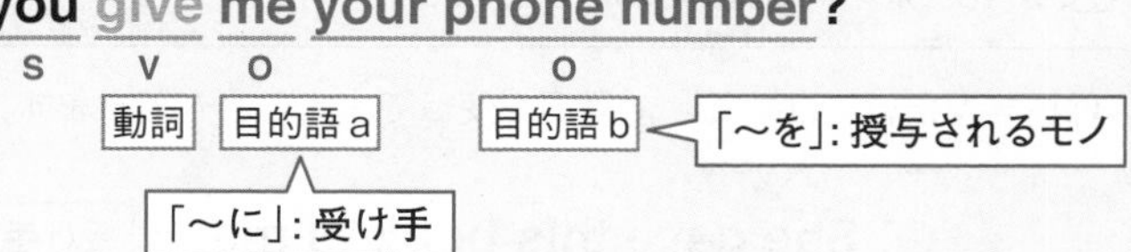

動詞の後ろに目的語２つを従えた**授与型**は，**「目的語a に 目的語b を授与する（あげる・くれる）」**を意味します。**目的語の順序**に注意しましょう。目的語a は受け手，目的語b は授与されるモノ。英語は配置のことば。順番を間違えると意味は通じません。

この型で使われる動詞は give だけではありません。どういった動詞でもこの型で使われる限り常に授与の意味が生じます。(c) は単に「書いた」だけでなく「書いて渡す」までが意味に含まれます。

またこの型で授与されるモノは，品物に限られません。

(d) Mika tells me all the school gossip.
ミカは私に学校のうわさ話を全部教えてくれるのよ。

(e) My grandma taught me French.
祖母が私にフランス語を教えてくれた。

▶ take / cost を使う授与型

018

(a) The science homework took me 3 hours.
私は理科の宿題に 3 時間もかかった。

(b) My smartphone costs me a lot of money.
私のスマートフォンはお金がすごくかかります。

授与型は「あげる，くれる」だけではなく，**take**，**cost**，**charge**（取る，〈お金などが〉かかる，請求する）などを使えば，誰かから何かを奪う関係も表すことができます。「マイナスの授与」というわけですね。

▶ to / for を使って表す授与

019

(a) She gave this book to me.
彼女はこの本を，私にくれました。

(b) She made some muffins for her volleyball club.
彼女はバレーボール部のみんなのために，マフィンを作った。

授与は授与型だけではなく，前置詞を使って表すこともできます。

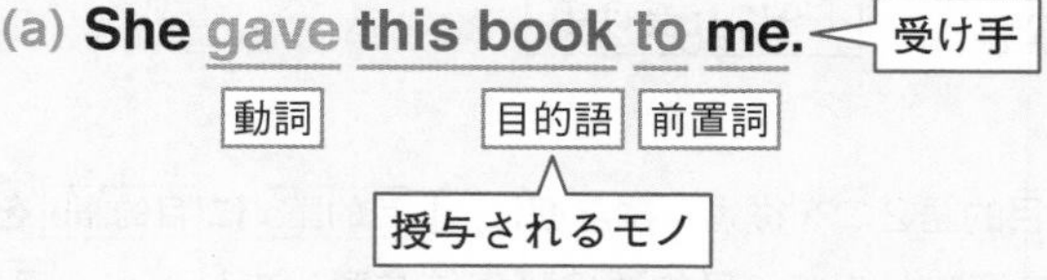

前置詞は「**到達点**（～に）」を表す **to**，または「**受益者**（～のために）」を表す **for** が使われます。give（あげる）など単に到達を表す動詞には to が，make（作る），buy（買う）など受益が強く意識される動詞には for が使われます。

▶授与で to / for が使われる動詞

to（～に）が使われる動詞
give, lend, pass, pay, send, show, teach, tell など。
for（～のために）が使われる動詞
buy, choose, cook, find, get, make, sing など。

授与で to / for どちらも選べるケース

to / for 両方の選択が可能な場合があります。

▶ **She brought this chair to / for me.**

もちろん **to / for** どちらを使うかで意味は変わります。to は「僕のところに持ってきた」と単に到達点を表し，for は「僕のために持ってきてくれた」と，相手に対する感謝の気持ちがこもります。

みるみる英語が使えるようになるヒント

授与型が標準

授与を表す場合，授与型を使うのが圧倒的に標準です。前置詞を使う場合には，受け手の強調が意図されています。典型的な例を見てみましょう。

▶ **Don't read that! She wrote the love letter for me!**
それ，読まないでよ！　そのラブレター，彼女は（君ではなく）僕に書いてくれたんだから！

授与型 She wrote me the love letter. に比べ，上の文は for me が「私のために」を示し，さらに for me 全体も目を引く文末に置かれています。「僕のためにだよ（君じゃない）」と，受け手に対比を含んだ強い光が当たっています。授与を表す２つの形。気持ちに応じて上手に使い分けてくださいね。

❺ 基本文型 5：目的語説明型

020

(a) We call him Jimmy.
私たちは彼をジミーと呼ぶ。

(b) Everyone believed him a genius.
みんな彼のことを天才だと思っていた。

(c) I'll make you happy.
君を幸せにしてあげるよ。

(d) I consider him honest.
私は，彼は正直だと思います。

「目的語説明型」は目的語の後ろにその説明が加えられた形。この形には**「説明ルール：説明は後ろに並べる」**(p.xxi) が使われています。目的語の後ろに説明語句を並べることによって，目的語を説明しているのです。この型はさまざまな説明語句が使われ大きな表現力をもちますが，まずは説明語句として名詞 **(a)(b)**・形容詞 **(c)(d)** を用いる基本的な例文から理解していきましょう。

(a) の call him は「彼を呼ぶ」ですが，この文ではさらに彼を何と呼ぶのかを，目的語 him の説明として Jimmy と添えることで「彼をジミーと呼ぶ」としています。**him と Jimmy の間に説明関係（＝）**が生じていることに注意しましょう。**(c)** の make はある状態を「作り上げる」という意味。「you=happy」という状態を作り上げる，つまり「君を幸せにしてあげるよ」となります。

みるみる英語が使えるようになるヒント

「コーヒーはブラックで」

目的語説明型は一見難しそうに見えますが，目的語に説明を加えていくだけの形です。

▶ **I'd like my coffee black, please.**

これはカフェでよく耳にする気軽な文。'd like(=would like) は want の丁寧表現。「私はコーヒーが欲しい」とまず言い切って，続けて「どんな状態で欲しいのか」を black で説明。これで「コーヒーはブラックでお願いします」となります。ほら，カンタン！　まずはこの文からしっかり音読を重ねて慣れていきましょう。

FACT プラス +F

型を見抜く

「目的語説明型」（主語＋動詞＋目的語＋説明語句）で説明語句に名詞が使われると，授与型（主語＋動詞＋目的語＋目的語）と表面上，文の形が同じになります。どちらの型なのかは，意味を手がかりに判断する必要があります。

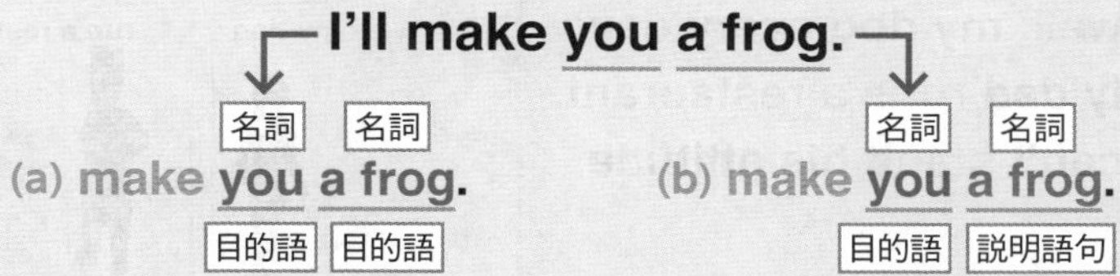

(a) 授与型と見れば「君にカエルを作ってあげるよ」となり，(b) 目的語説明型と考えれば「you=frog」の関係になり，「お前をカエルにしてやる」という魔女の発言となります。前後の文脈を考えれば，どちらの意味かはすぐにわかります。

目的語説明型で使われる説明語句の種類に制限はありません。

「a cat = in the kitchen で見た」と，目的語の説明が前置詞句で行われています。この型は説明語句のバリエーションを増やせば，強力な表現ツールとなります。

次の FACT 4 （→ p.34）では，説明語句として「動詞の原形」「現在分詞」「過去分詞」を使った「知覚構文」「使役構文」を詳しく学んでいきます。

文型と動詞の関係

基本文型を身につけたみなさんが，実際に文を作って会話をするときに必要となるのが，**文型と動詞の関係についての知識**です。動詞には思いがけず幅広い使い方がある一方，相性のいい文型・悪い文型があるからです。このコラムは時間のあるときに頭の中で整理しながら，ゆっくり読んでくださいね。

文の意味は文型で決まる

みなさんは動詞の意味をwalk（歩く）・run（走る）・stand（立つ）といった日本語訳を通して理解していることと思います。学習初期ではそれで十分ですが，日常頻繁に使われる動詞は，こうした訳に収まらない多様な意味をもっています。英語のレベルが上がるにつれて，みなさんは次のような例にも数多く出会うはずです。

(1) (a) I walk my dog every day.
(b) My dad runs a restaurant.
(c) I can't stand his attitude.

こんなとき思い出していただきたい原則は**「文の意味は最終的に文型で決まる」**です。**(1)** の例文はすべて目的語を伴った**他動型**ですから，「働きかけが対象（目的語）に加わる・及ぶ」意味となっているはずですね。これをヒントにすればどんな意味でそれぞれの動詞が使われているのか，それがわかるはずです。

(a) はwalkが働きかける動詞として使われているのですから「歩かせる＝**散歩させる**」だということが想像できます。同じように考えれば **(b)** は「(レストランを) 走らせる＝**経営・運営する**」。**(c)** は少しイマジネーションが必要です。「立てない」から，「(彼の態度を) 立って支えることができない＝**耐えられない**」という意味で使われているのです。文型

は動詞の意味を探る大きなヒントを与えてくれるのですよ。

次は**説明型**の例。動詞の後ろが説明語句（形容詞）です。

(2) (a) I hope all your dreams come true.
（あなたの夢がすべてかなうといいですね）

(b) Everything went wrong.
（何もかもうまくいかなかった）

説明型は主語の説明ですからここでの come，go は「来る」「行く」といった動作であるはずがありません。実は come，go は「変化（～になる）」を表すときによく使われる動詞。移動を表すこれらの動詞は「ある状態から別の状態への移動＝変化」に意味を広げているのです。**文型の意味は常に一定**。その意味に沿うように動詞は使われているのです。

最後は**授与型**。この型は**常に授与**を意味します。どういった動詞が使われても，そうした意味合いで使われることになります。

(3) My mom read me a story every night.
（私の母は毎晩，お話を読んでくれた）

「読む」と覚えていた動詞が「読んでくれる」という意味で使われていることがわかりますね。

文型から動詞の意味を類推する —— それができるようになれば，英文理解の実力が一段とアップするはずです。ただ，本書で学ぶみなさんのゴールは英文解釈だけにとどまりません。「英語を話すこと」。そのためには「こんな意味でこの動詞は使うことができるんだな」で学習をやめてはいけません。変わった使い方を見つけたら，すぐに音読・暗唱。run a restaurant, run a restaurant....。何度も繰り返せば，最初は奇妙に感じられた使い方が自然に感じられるようになります。それが話せる英語への大きな一歩となるのです。

動詞と文型の相性

動詞と文型には相性があります。動詞によって使える文型・使えない文型があるのです。たとえばlove（愛する）は授与型では使うことができません。

×I loved her a pencil.

動詞を正しく使うためには，**動詞の意味と文型の意味がマッチ**している必要があります。「愛する」を授与型（あげる・くれる）で使って「彼女に鉛筆を愛する」。これでは意味がまったく通りません。動詞と文型の相性について，もう少し難しい例を挙げてみましょう。

(4) (a) **He looked at me.** （彼は私を見た） 【自動型】
(b) **He saw me.** （彼は私を見た） 【他動型】

どちらも「見る」と訳される動詞ですが，この場合 (a) look は自動型で（×He looked me. とは言えません），一方，(b) saw は他動型しか取れません。その理由がわかりますか？

理由は単純。**look** の「見る」は目線をそちらに向けるだけの「単なる動作」です。そのため使われるのは**自動型**。働きかける他動型を取ることはできません。逆に **see** は視覚が対象に及び「見えている」ことを表すため**他動型**です。動詞がどういった文型を取るのか，それを見極めるには日本語訳を超えた動詞の理解が必要なこともあるのです。もう1つ例を挙げましょう。

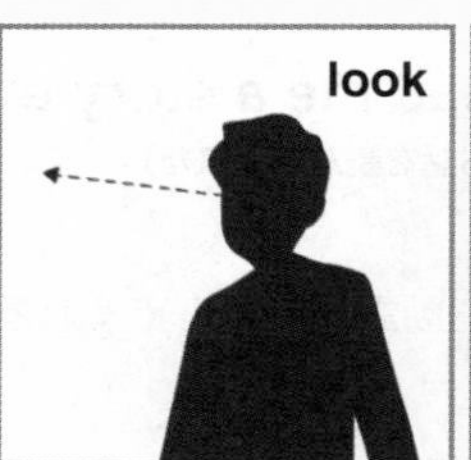

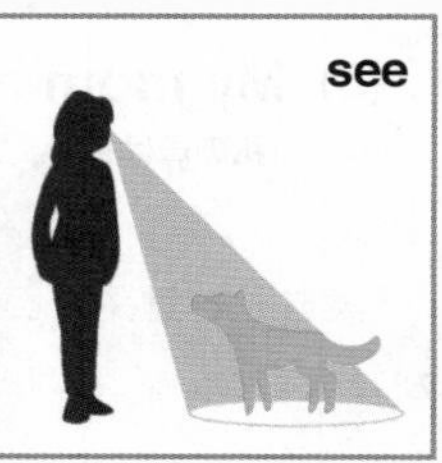

(5) (a) **I arrived in Houston.** （ヒューストンに到着した） 【自動型】
(b) **I reached Houston.** （ヒューストンに到着した） 【他動型】

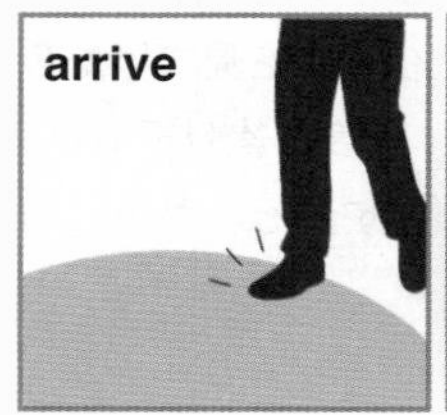

同じ「到着する」でもニュアンスは異なります。**arrive** はある場所に「足を踏み入れる」という単なる動作。どこでその動作が行われたのか，**in Houston** が必要です。一方 **reach** は「(何かに) 手が届く」。対象に働きかける行為なので，他動型となるのです。

文法用語 **自動詞 (vi)・他動詞 (vt)**

動詞がどの型で使われるかは文の自然さを決定づける重要な情報であるため，辞書には詳しく記載されています。look，arrive のように自動型をとる動詞は「自動詞(intransitive verb : vi)」，他動型をとる動詞は「他動詞（transitive verb : vt)」と呼ばれています。

文型の選択：自動詞と他動詞

文型判断で特に迷いやすく間違いが集中するのは，**自動詞と他動詞の区別**です。次の例に特に注意しておきましょう。

1 自動詞・他動詞両用

多くの動詞は自動詞としても他動詞としても使うことができます。

	自動詞	他動詞
(1)	(a) **The chair moved.** 椅子が動いた。	(b) **I moved the chair.** 私は椅子を動かした。
(2)	(a) **I flew to Singapore.** 私はシンガポールに飛行機で行った。	(b) **Kids love to fly kites.** 子どもたちは凧を飛ばすのが大好きだ。
(3)	(a) **The door opened.** ドアが開いた。	(b) **He opened the door.** 彼はドアを開けた。

2 自動詞専用・他動詞専用の動詞がある

「上がる（rise）・上げる（raise)」「横になる（lie）・横にする（lay)」は，似通った意味でありながら自動詞・他動詞専門の２つの動詞に分かれています。

	自動詞	他動詞
(1)	(a) **The sun rises in the east.** 太陽は東から上がる。	(b) **He raised his hand.** 彼は手を上げた。
(2)	(a) **I want to lie on the beach.** ビーチで横になりたいなあ。	(b) **He laid his hand on my shoulder.** 彼は手を私の肩に置いた。

rise / raise，lie / lay の活用は以下のようになります。

- rise [raiz] -rose [rouz] -risen [rizn]
- raise [reiz] -raised-raised
- lie [lai] -lay [lei] -lain [lein]
- lay [lei] -laid [leid] -laid

③ 他動詞専用

次の動詞はすべて他動詞として使い，**直後に目的語**をとります。自動詞のように前置詞をつけないように注意してください。

(6) (a) **We discussed (× about) the matter.**
(私たちはその問題について話し合った)

(b) **Don't mention (× about) it.**
(そのことには触れないでくれ)

(c) **I married (× with) Catherine.**
(僕はキャサリンと結婚した)

どの動詞にも**対象への直接の働きかけ**が感じられます。(a) **discuss**（議論する）に about を使ってしまう間違いが頻繁にありますが，discuss は「ターゲットになる話題に直接アタックを仕掛ける」ニュアンス。attack（襲う）が attack him と他動詞であるのと同様に，この単語も他動詞として使います。(b) **mention** は（本筋ではない話題を「ちなみに」「ところで」と）「取り出す」ニュアンス。(c) **marry** は相手を「ゲットする」。典型的な他動詞の動きですね。

(7) (a) **I entered (× into) the room.** (私はその部屋に入った)
(b) **He approached (× to) me.** (彼は私に近づいてきた)
(c) **I asked (× to) him.** (私は彼に質問した)
(d) **I told (× to) him.** (私は彼に言った)

enter と **approach** は単なる動作ではなく，「どこに入るのか」「何に近づくのか」といった動作対象が常に意識されています。**ask**，**tell** は単にことばを発する動作を行うわけではありません。対象に向かって質問をしたり伝達したり，働きかける動詞です。

(8) (a) I visited (× to) London. (私はロンドンを訪れた)
(b) My son resembles (× with) me. (息子は私に似ている)

この2つの動詞の使い方にもしばしば間違いが見受けられます。**visit** は go to とは違います。go to はその場所に行くという，単なる動きですが，visit は対象を覆い，中を動き回る感触。**resemble** は対象にピッタリ「重ね合わせる」感じです。どちらの動詞にも対象がしっかりと意識されているのです。

④ 自動詞専用

次の動詞はすべて自動詞。**主語の単なる動作**を表します。動作がどこに向かっているのかを示すには前置詞が必要となります。

(9) (a) I complained to (× complained) him. (私は彼に文句を言った)
(b) I apologized to (× apologized) him. (私は彼に謝罪した)
(c) I agreed with (× agreed) him. (私は彼に同意した)

「ぶつぶつ文句を言う」「『ごめん』と言ったり，頭を下げたり」「『うん』とうなずくなどして賛意を表す」――すべて単なる動作ですよ。

FACT 4 応用文型

英語には基本文型から派生した高頻度の応用パターンが数種類あり，「文型」として構文に習熟する必要があります。まずは目的語説明型の応用から始めましょう。

1 知覚構文・使役構文

❶ 目的語説明型(応用 1) 知覚構文

目的語に説明を加える目的語説明型の説明語句は，名詞・形容詞（補語）に限りません。**動詞の原形・現在分詞を説明語句としてとる形**は**知覚**（見る・聞く・感じるなど）**を表す動詞の好む形**です。

▶知覚動詞＋目的語＋動詞の原形／現在分詞

021

(a) **I saw Mary cross the street.**
私はメアリーが通りを渡るのを見た。

(b) **I saw Mary crossing the street.**
私はメアリーが通りを渡っているのを見た。

作り方は先の目的語説明型の文とまったく同じです。(a) はI saw Mary（メアリーを見た）に Mary についての説明 **cross** the street（通りを渡る）が加わり，「メアリーが通りを渡るのを見た」となっています。(b) の現在分詞（**crossing** the street）の場合は「渡っているところを」となり，その瞬間を写真のように切り取ったニュアンスとなります。

ほかの知覚動詞の例も挙げておきましょう。

(c) **Didn't you hear the phone ring?**
電話が鳴るのが聞こえなかった？

(d) **I listened to my favorite band talk about their new album.**
私はお気に入りのバンドが，ニューアルバムについて話すのに耳を傾けた。

(e) **Hey, watch me do a slam dunk, OK?**
ちょっと，僕がスラムダンクするところを見てて。

(f) **I felt the building shake.**
私はビルが揺れるのを感じた。

(c) は「電話が聞こえる」に説明 ring（鳴る）が加わり，「電話が鳴るのが聞こえる」となります。

IMAGE 知覚動詞のイメージ

hear は listen to とは意味が違います。**hear** は「聞こえる」―― 意識せずとも音が向こうからやってくる ―― ということ。一方 **listen to** は意識して耳を傾ける動作。また **watch** は集中が感じられる「（じいっと）見る」。動いているもの（テレビなど）によく使われる単語です。動いているものを見るときには集中しますからね。

過去分詞も使える

目的語説明型には過去分詞（～される）も使うことができます。次の文では「少年が叱られる」という意味関係から，過去分詞が使われています。

▶ **I saw a boy scolded by his father.**（私は少年が父親に叱られるのを見た）
過去分詞

説明語句に制限はありません。自由にさまざまな語句を使うことができるのです。

❷ 目的語説明型（応用 2） 使役構文

make, **have**, **let** などと動詞の原形が作る目的語説明型の文は,「**使役構文**」と呼ばれます。「～させる（＝使役）」と訳されることが多いためですが，非常に多用される形です。それぞれのもつ特有のニュアンスに慣れておきましょう。

▶使役動詞 make ＋ 目的語 ＋ 動詞の原形

022

(a) **The movie made me cry.**
その映画を見て私は泣いてしまった。

(b) **You can't make him do that.**
君は彼にそんなことをさせることはできないよ。

(a) **The movie made me cry.**
S V O 動詞の原形
説明

make は「作り上げる」。力を加えて作り上げる感触が伴う動詞です。この動詞が使われると「強制的に（有無を言わせず）～させる」ニュアンスとなります。**(a)** の文は，映画の力が私に加わって泣いてしまったという状況です。

みるみる英語が使えるようになるヒント

目的語説明のリズムはいつも同じ

説明語句に動詞の原形を使った形も，文作りのリズムは変わりません。I'll make you happy.（君を幸せにするよ）と形容詞を使った形と同じように，**(a)** の文も me の説明として cry を並べていきます。「私が泣く状況を作った」という感じですよ。

▶使役動詞 have ＋目的語＋動詞の原形

023

(a) **I'll have my sister call you back.**
私は妹に電話をかけ直させます。

(b) **I had the doctor look at my leg.**
私は医者に足を診てもらった。

have は「もっている」という，所有権が及んでいたり身近にあることを示す，動きが感じられない動詞です。make のような強制的な意味合いはまるでありません。単に「そうした状況を have する」ということ。(a) は「妹が電話をかけ直す」という状況を have する，ということです。「～させる」「～してもらう」などの日本語があてはまります。

have の目的語説明

have の目的語説明型は，動詞の原形以外にもさまざまな説明語句が多用されます。

(a) **Can we have the TV on the wall?** 【前置詞句】
テレビは壁に掛けられない？

(b) **I had my purse stolen on the train.** 【過去分詞】
列車で財布を盗まれた。

(c) **I had my hair cut yesterday.** 【過去分詞】
昨日髪をカットしてもらったよ。

(a) は「the TV=on the wall」という状況を have する。(b) は過去分詞ですから，my purse と stolen が受動（される）という関係になり，「財布が盗まれる」という状況を have した。(c) の cut も過去分詞。「髪を切られた」という状況を have した，つまり「（誰かに）髪を切ってもらった」ということになります。I cut my hair.（〈自分で〉髪を切った）としっかり区別してください。

▶使役動詞 let ＋目的語＋動詞の原形

024

(a) My daughter's unhappy because I don't let her go to concerts.
私がコンサートに行かせないから，娘は不満です。

(b) Let sleeping dogs lie. 寝た子を起こすな。（ことわざ）

let は「許す」。**allow**（許す）ほど堅い単語ではありません。とても軽いタッチの動詞。事態が起こるのを許す―― 手を出さないでおく，そうしたニュアンスで使います。この文は「彼女が go to concerts するのを許さない」ということです。**(b)** はことわざで「sleeping dogs（寝ている犬）を寝たままにしておけ」。そこから「わざわざ危ないことをする必要はないよ」という意味になっています。

みるみる英語が使えるようになるヒント

「～させる」で終わらない

使役構文を実践で使いこなしたいのなら，「させる」という日本語訳の理解だけでは不十分。make, have, let のもつ，それぞれのニュアンスを使い分けてください。ひとつだけ練習してみましょうか。次は先生の発言です。みなさんならどの動詞を使いますか？

▶**I ［made / had / let］ all my students write an essay about their family.** 学生全員に家族についての作文をさせましたよ。

もし **made** を選んだとすれば，先生は学生に「強制的に」書かせたことになります。いやがる学生に無理矢理…。あまり普通の状況ではありませんね。**let** は「許す」。学生が自主的に「家族の作文書きたいよ」と言っており，それを「許す」，そうした状況なら let が使えます。もっとも普通に使われるのは **had**。動きが感じられない **have** を使った使役文は，「教師―生徒」「お客さん―店員」「上司―部下」など，前者に権威・権利があり，望めばほぼ自動的に後者に「させる・してもらう」ことができる関係で典型的に用いられます。教師が生徒に課題をさせるのに強制や努力は要りません。だから **had** がもっとも自然な選択となるのです。

get で使役を表す

「～させる」を表す形には「**get** + 目的語 + to 不定詞」もあります。

▶ **I'll get my mom to pick us up.**
お母さんに車で私たちを迎えに来てもらいます。

get は「動き」を表す万能動詞です。「手に入れる」を意味する時にもそこには「(動いて行って) 手に入れる」ことが感じられています。(Let's get a pizza for lunch. 昼ごはんにピザを買ってこようよ。)

さて，このすぐあとに学習する「動詞 + 目的語 +to 不定詞」(→❸) は，目的語に働きかけて to 以下の行動に向かわせる形。この形に「動き」を表す **get** が使われると，「目的語に働きかけて to 以下の行為をしてもらう」という意味となります。上の文では，お母さんに電話をかけてお願いしたりするのでしょう。この状況では **have** を使うのは避けなくてはなりません。**have** は権威・権利がある者が「自動的に・当然させる」こと。子どもは親に対してそうした関係性にはないからです。

❸ 目的語説明型（応用 3） 説明語句が to 不定詞の構文

目的語説明型の最後のバリエーションは，**to 不定詞**（to ＋動詞の原形）を説明語句とする形です。

to のイメージは「指し示す（➡）」。I went to the park. は公園という目的地を指した表現ですが，to 不定詞もこの前置詞 to とまったく同じ➡のイメージです。

目的語を to で説明したこの形は，**「目的語が➡以下の行為に向かう」**を意味します。

▶ tell / ask / persuade ＋ 目的語 ＋ to 不定詞

025

(a) **My parents always tell me to study harder.**
両親はいつも，私にもっと一生懸命勉強をしなさいと言います。

(b) **Why don't you ask Helen to help you with your English?**
ヘレンに英語を手伝ってくれるように頼んでみたら？

(c) **I'll try to persuade my dad to give us a ride.**
私たちを車で送ってくれるように，父を説得してみます。

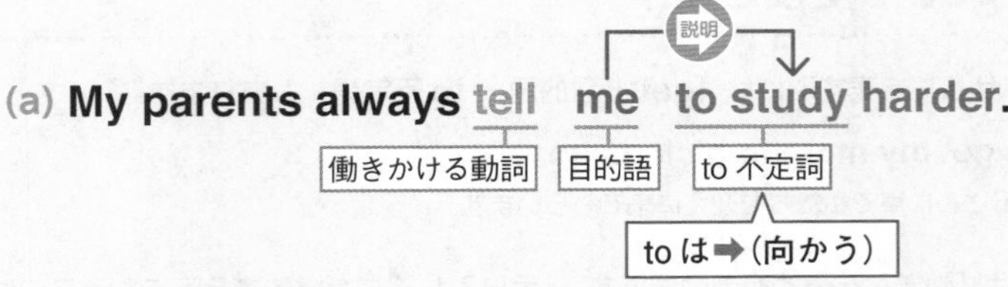

この形で重要なのが **tell**（告げる・指示する），**advise**（アドバイスする），**persuade**（説得する），**ask**（頼む），**order**（命令する），**force**（強制する）など，**相手に働きかけるタイプの動詞と to 不定詞のコンビネーション**です。この文は，まず tell me（私に言う［指示を出す］）ということを示し，そして me が「どこに向かうように」言ったのかを to 不定詞が説明しているのです。この見方で (b)(c) の文も眺めてください。(b) は ask することによってヘレンを to 以下に向かわせる，(c) は persuade することによって my dad を to 以下に向かわせるということになります。

▶ want / allow / expect+ 目的語 +to 不定詞

026

(a) **I want her to stay with us.**
私は彼女に私たちと一緒にいてほしい。

(b) **My parents won't allow me to stay out late.**
両親は私が遅くまで外出するのを許してくれません。

(c) **I didn't expect them to stay so long.**
私は彼らがこんなに長く滞在するとは思わなかった。

働きかける動詞以外とのコンビネーションでも，to の「向かう」というニュアンスは変わりません。want her to stay... は，her が to 以下に向かうことを欲している（want）ということです。この形はいつでも「➡」を強く意識することが大切なのです。ほかにも **permit**（許可する），**enable**（可能にする）などがこの形をとります。

みるみる英語が使えるようになるヒント

help に注意しよう

help（手助けをする）のとる形に注意しましょう。**help** はこの「動詞＋目的語＋to 不定詞」の形でも用いることができる動詞です。

▶ **I got a few of my buddies to help us (to) move house.**
（数人の友人に引っ越しを手伝ってもらいました）

「us（私たち）が to 以下の行動に向かうのを手伝う」ということですが，実は **help** は to を省略する強い傾向があるのです。help us move house になるということ。「to がない」と驚かないでくださいね。

2 命令文

❶ 命令文【基本】

027

(a) Study **hard.** 一生懸命勉強しなさい。
(b) Be **quiet.** 静かにしなさい。

(a) Study **hard.**
動詞の原形
be 動詞のときは be

命令文（～しなさい）は**動詞の原形**で文を始める特別な形を取ります (be 動詞の場合，動詞の原形 be を用います)。主語のない裸の動詞を「勉強する！」と相手にぶつける意識の文なのです。

相手の心情に配慮せず大きな圧力を加える表現だけに，いつでも使えるわけではありません。目上の者が目下に，あるいは大人が子ども相手に言う状況で用いるのが典型的です。ただし，相手にとって好ましいことを「命令」するケースはその限りではありません。

(c) **You haven't seen the YouTube video? Take a look at it. It's awesome.**
あのユーチューブのビデオまだ見ていないの？ ちょっと見てごらん，すごいから。

(d) **This apple pie is great. Try it!**
このアップルパイはおいしいわよ。食べてみて！

命令文の強さが，**強い勧め**になっており好感度の高い表現となっています。ちなみに，命令文と同種の強烈な圧力をもたらす助動詞 **must** にも，同じ「お勧め」の使い方があります (→ p.103)。

❷ 命令文：バリエーション

▶ Please ＋ 命令文～／命令文 ＋ , please.

028

(a) **Please fill in this form.**
この書類にご記入ください。

(b) **Be more careful next time, please.**
次回はもう少しお気をつけくださいね。

please は「乞い願う」。難しい表現を使わなくても，この単語だけですぐさま丁寧になる魔法のことばです。文頭，あるいは文末に気軽につけるだけで，命令文の刺激はとても弱くなり，「お願い」になります。

▶ Don't + 動詞の原形 ～／Never+ 動詞の原形 ～

029

(a) Don't talk during the test.
テスト中に話をするな。

(b) Don't be nervous. You'll be fine.
弱気になるな。だいじょうぶだから。

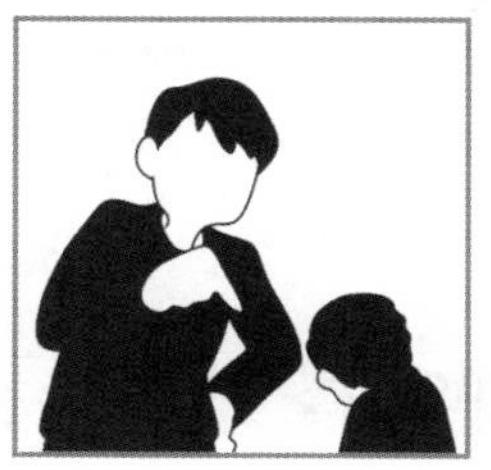

「～するな」という**禁止の命令**を表すときには文頭に **Don't ...** を置きます。**You mustn't ...** と助動詞 must を使っても同じ強さの禁止を表すことができます（→ p.103)。命令文と must はよく似た圧力表現なのです。禁止の意味を強調するために，以下のように **never**（決して～ない）が使われることもしばしばあります。

(c) Never do it again.　二度とするなよ。

(d) Never say never.　絶対にあきらめるな。(慣用表現)

▶ Let's+ 動詞の原形

030

(a) Let's order pizza tonight.
今晩，ピザを頼もうよ。

(b) No, let's not order pizza tonight.
いいや，今晩はピザは頼まないでおこう。

(c) Let's order pizza tonight, shall we?
今晩ピザ頼もうよ，そうしない？

Let's ～ は「～しようよ」。Shall we ...?（～しましょうか）（→ p.121）に比べ，**相手を強く勧誘する**勢いがあります。「～しないようにしようよ」は **Let's not ～**。(c) は Let's ... と shall we? のコンビネーションです。「ピザ頼もうよ！」と強く誘ったあと，「そうしない？」と相手の意向をソフトに尋ねる表現。よく使われる決まり文句です。

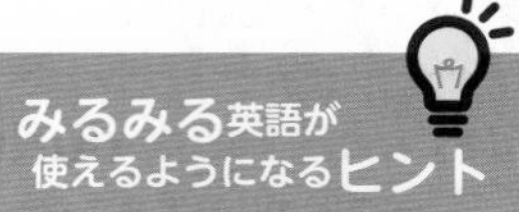

依頼表現のバリエーション

日常，相手に依頼・要望をすることはしばしばあります。もちろん刺激の強い命令文を使うことはできません。使い勝手のよい丁寧な依頼表現をいくつか覚えておきましょう。

■：丁寧度

(1) (a) **Open the window.**【命令文】 □□□□□
(窓を開けろ)

(b) Will [Can] you **open the window?** ■□□□□
(窓を開けてくれない？)

(c) Would [Could] you **open the window?** ■■■□□
(窓を開けていただけませんか)

(d) Would [Could] you **open the window, please?** ■■■■□
(窓を開けていただけませんでしょうか)

丁寧な印象

まずこれらの文が疑問文であることに注目しましょう。相手に命令するのではなく「お伺いを立てて意向を打診する」という態度が丁寧さを大きく引き上げます。

(b) で助動詞 will / can が使われているのは，直接的な表現を避けるため。本来「貸して」と言いたいところを「貸す意志（will）・能力（can）がありますか」とオブラートに包んだ言い方をしているのです。

(c)(d) では助動詞がさらに過去形となっています。過去形には「控えめ」を表す効果（→ p.127）があり，さらに丁寧度を引き上げているのです。幾重にも入念に表現を積み上げることによって，高い丁寧度が実現されるのです。

ここで注意すべきは，それぞれの表現が「どの程度丁寧に響くのか」ということ。(b) は「丁寧表現」と呼ばれますが「～してくれない？」程度の，命令文を少し弱めた表現であるに過ぎません。赤の他人にモノを頼むときは最低でも (c)，できれば please を加えた (d) を使う必要があります。

依頼表現をもう２つ紹介しましょう。どちらもよく使われます。

(2) (a) Won't you **open the window?** (窓を開けてくださいませんか)

(b) Would you mind **opening the window?**
(窓を開けていただけませんか)

(a) の Won't you ... ? は「お願い，お願い。だめそうなのはわかっていますが，そこを曲げてお願い」という嘆願のニュアンス。not がついて「だめかもしれない」が表現されているからです。ちょっとしつこい感じがします。(b) の Would you mind -ing? は **mind**（気にする）から，相手の心情に配慮していることが感じられる，非常に丁寧度の高い表現です。mind の後ろは**動詞 -ing** 形であることにも注意しましょう。ちなみにこの表現に対して「いいですよ」と言うときには **No, not at all.** などと答えます。「気にしますか」──「いいえ」という受け答えです。

3 there 文

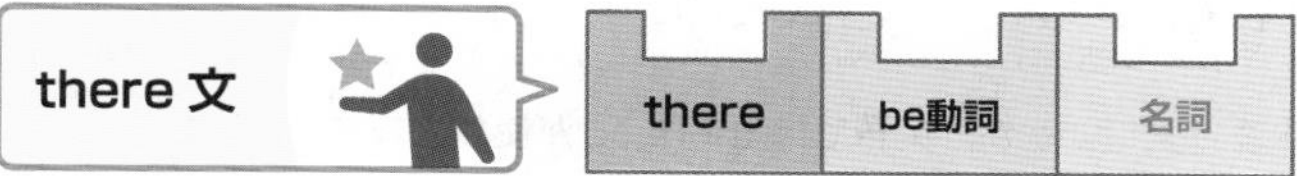

❶ there 文【基本】

031

(a) **Mommy, there is a dog at the door.**
ママ，犬がドアのところにいるよ。

(b) **There are dogs at the door.**
ドアのところに犬たちがいます。

「～がいる・ある」を意味する形ですが，実質的な主語（何がある・いるのか）は，**be 動詞の後ろの名詞**（dogs）であることに注意しましょう。be 動詞はこの名詞の数と一致します。単数なら **(a)** のように is，複数なら **(b)** のように are となります。

みるみる英語が使えるようになるヒント

話題に初めて上る事物に用いる

この形は「いる・ある」と訳されますが，その質感に注意しましょう。この表現は，相手が意識していない事物を「～がいてね」「～があってね」と，**話題に初めて引き込む**際に使われます。

ママとお話していたら，玄関で鳴き声が。子どもがそっとのぞいてみるとそこには…。**(a)** の文はこうした状況がピッタリなのです。それ以前には話題に上っていない a dog を「～がいるよ」と話に引っ張り込む。この意識が there 文を使わせているのです。

むかしむかしあるところに…

昔話の冒頭の決まり文句ですが，英語では there 文 が使われます。

▶ **A long time ago, there was a handsome young prince called Henry.**
(むかしむかしあるところに，ヘンリーと呼ばれたハンサムな若い王子様がいました)

その理由は，物語の冒頭にはまだ誰も登場人物が出てきていないから。登場人物を物語の中に「引っ張り込む」。冒頭の文に there が使われるのは当然のことですよね。

❷ 2通りの「～がいる・ある」

032

(a) **Tom is in the park.**
トムは公園にいます。　(✕ There is Tom in the park.)

(b) **Your son is in the schoolyard at the moment.**
息子さんは今，校庭にいますよ。　(✕ There is your son ...)

(c) **He was in the parking lot.**
彼は駐車場にいました。　(✕ There was he in the parking lot.)

there 文 は「話題に初めて引っ張り込む」ときに使うのでしたね。それでは，既出の（すでに話題に上っている・お互い知っている）ものについて「～がいる・ある」と述べるにはどうしたらよいのでしょうか。この場合，ただの **be 動詞文**を使っておけばいいのです。

上の Tom，your son，he あるいは the boy などの語（句）は，普通，there 文に使われません。それはこれらがすべて，**すでに聞き手がよく知っているものを指す表現**だからです。ただの be 動詞文と there 文。2通りの「いる・ある」を意識して使い分けてください。

4 レポート文

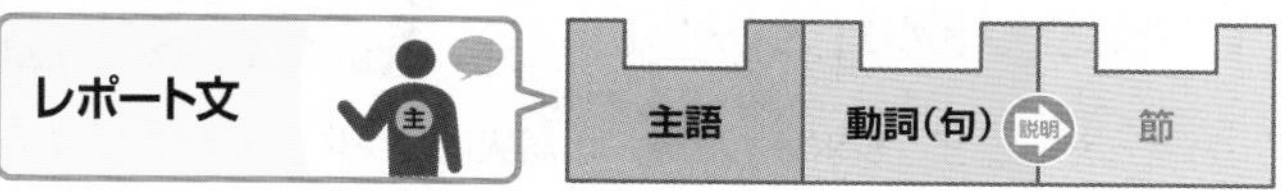

「レポート文」とは，「私は～だと思います」「彼は～だと言った」など，**主語の発言や思考・心理を文で展開する，**非常に使用頻度の高い形です。動詞句の内容を「説明ルール」を使って展開した形です。

① レポート文【基本】

033

(a) **I think (that) he's a fantastic player.**
彼はすばらしい選手だと私は思います。

(b) **My teacher always says (that) I'm too lazy.**
先生は私がなまけすぎだといつも言います。

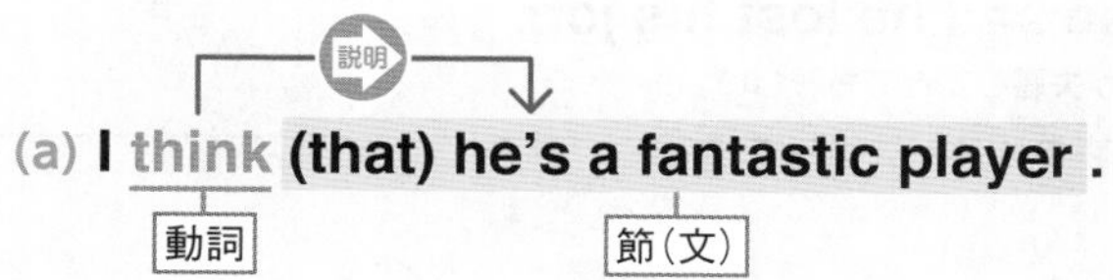

think（思う），say（言う）の後ろに節を並べて説明を展開しています。この節は that をしばしば伴うため，「that 節」と呼ばれます。

Q that はいつ使うの？

that を節に使うかどうかは，話し手の心理と密接に連動しています。that は「間違いなく・明確に」動詞と後続の節をつなぐからです。気楽な日常会話などで，I think と言ったあと，カジュアルにその内容を説明するならば that は必要ありません。ですが「どう考えているかというと…」と誤解のないようにしっかり内容をつなぎたいなら，that を使ってください。相手に「しっかりとした言い方をしようとしている」印象を与えます。that が会議などフォーマルな場で好まれるのは，それが理由なのです。（「that の多様性」については→ p.405 参照）

語順通り説明を展開する

みるみる英語が使えるようになるヒント

「～と思う」「～と言った」など，レポート文の日本語訳は簡単にできますが，話すためには語順通り「think → 節」と説明を展開する意識が大切です。まずI think（私は思います）と言い切って，thinkの内容を「開いて」いく要領ですよ。

❷ 動詞を中心としたフレーズを説明する文

034

(a) **Tom told me he loved me.**
トムは私に好きだと言った。

(b) **He promised me that he would try his best.**
彼はベストを尽くすと私に約束してくれたよ。

(c) **I'm afraid we don't have time right now.**
残念ながら私たちには今時間がありません。

(d) **I'm so sad he lost his job.**
私は彼が失職してとても悲しい。

レポート文に使われるのは単独の動詞だけではありません。動詞を中心としたフレーズも使えます。**(a)** ではtold me（私に言いました）を後続の節が説明。be afraid（残念に思う），be sad（悲しい）といった**「be+ 形容詞」**も頻繁に使われます。

Q (a)(b) の文で節の動詞が過去形なのはなぜ？

(a)(b) の文でloved, wouldと過去形が使われていることに気がついていただけましたね。日本語では「トムは私に好きだと言ってくれた」と，現在形となりますが，英語は過去形。これは「時制の一致」（→ p.89）と呼ばれる英語特有の現象です。

　レポート文は，「that 節」だけでなく「～かどうか」を表す「if / whether 節」，what・who など疑問詞を使った「wh 節」も使うことのできる大きな表現力のある形です。「パッケージ表現としての節」（→ p.281）で詳しく説明しましょう。

Chapter 1 ● EXERCISES

1 空所に語群から主語となる語句を補い，(1) ~ (3) の英文を完成させましょう。

▶ FACT 1

(1) [　　　　　　　　　　] is OK.　Just don't spill it.
(2) [　　　　　　　　　　] is impossible.　You can do anything.
(3) [　　　　　　　　　　] says there is no school next Friday.　Wow!　Let's go to a karate match.

【語群】 The calendar / Drinking water in class / Nothing

2 ①～④の空所に語群から動詞を補い，次の Hideki の自己紹介文を完成させましょう。

▶ FACT 2

Good morning. My name is Hideki.　I [　①　] to the baseball club. I really like [　②　] baseball.　I [　③　] every day at school and I read baseball magazines at night.　I [　④　] to a baseball game at Tokyo Dome last weekend.　It was a lot of fun.　It is nice to meet you all.

【語群】 went / belong / practice / playing

3 意味が通るように [　　] 内の語句を並べ替えて，(1) ~ (7) の英文を完成させましょう。ただし，文頭に来る語句も小文字で始まっています。

▶ FACT 3

(1) **A:** How can [to / get / the station / I]?
B: Go straight and you will see it on your left.
(2) **A:** I plan to go to the movies this weekend.　Do you want to come?
B: Sure. [interesting / pretty / that / sounds].
(3) **A:** Hey, look at that rainbow!
B: Oh, [it / I / see / can].　It's beautiful!
(4) **A:** Who is your English teacher this year?
B: [English / teaches / us / Mr. Sato].　His class is really enjoyable.
(5) **A:** Did you finish your homework?
B: Of course, but [four hours / took / it / me].
(6) **A:** Ann gave me some chocolate.
B: No way!　[me / gave / she / some chocolate], too!
(7) **A:** I'm Aki. What should I call you?
B: Just [Chris / call / me], please.

4 意味が通るように［　　］内の語句を並べ替えて，(1) ～ (7) の英文を完成させましょう。ただし，文頭に来る語句も小文字で始まっています。 ▶ FACT 4

(1) [a little child / saw / the street / I / cross]. It was dangerous.
(2) [the trumpet / someone / heard / playing / I]. It was so noisy!
(3) [laugh / makes / me / my teacher]. Her jokes are always funny.
(4) [lets / watch TV / my mother / me] for only one hour every day. She's very strict.
(5) I can't believe it. [had / stolen / I / my purse] yesterday.
(6) [to read books / often tells / our teacher / us]. I prefer reading online, though.
(7) [would / you / like / I / to pick me up] at the station. Is that OK?

5 空所に語群から動詞を補い，(1) ～ (3) の英文を完成させましょう。 ▶ FACT 4

(1) We finished the textbook, so our teacher [　　] us watch a DVD.
(2) Our P.E. teacher was not happy with our behavior, so he [　　] us run around the sports field ten times.
(3) I [　　] my hair cut the day before the class photograph.

【語群】	made / let / had

6 ①～④の空所に語群から動詞を補い，会話文を完成させましょう。同じ番号の空所には同じ動詞が入ります。 ▶ FACT 3 FACT 4

A : Can I ask a favor?
B : Sure, what can I do for you?
A : Can you [①] something to David tomorrow for me?
B : Sure, what is it?
A : My laptop computer. I [②] him use it last week and he found it very useful. He [③] very happy. His history teacher [④] him do a presentation in English in class, but he doesn't have a computer. So, I [②] him use mine. Anyway, he gave a great presentation. His teacher has asked him to give the same presentation at the *school assembly tomorrow.

*school assembly：学校集会

【語群】	looked / had / give / let

1 (1) Drinking water in class
(2) Nothing　(3) The calendar

訳 (1) 授業中に水を飲んでもかまいません。ただ，こぼさないようにしてください。
(2) 不可能なことは何もありません。あなたには何でもできるのです。
(3) カレンダーによると，来週の金曜日は授業がないね。わあ！　空手の試合を見に行こうよ。

2 ① belong　② playing　③ practice
④ went

訳 おはようございます。私の名前はヒデキです。野球部に所属しています。僕は本当に野球をするのが好きです。学校では毎日練習し，夜は野球の雑誌を読んでいます。先週末は東京ドームでの野球の試合を見に行きました。とても楽しかったです。みなさんにお会いできてうれしいです。

3 (1) I get to the station
(2) That sounds pretty interesting
(3) I can see it
(4) Mr. Sato teaches us English
(5) it took me four hours
(6) She gave me some chocolate
(7) call me Chris

訳 (1) A：駅へはどうやって行けばいいですか？
B：まっすぐに行ったら左側に見えますよ。
(2) A：今週末に映画を見に行くつもりなんだ。君も行きたい？
B：もちろん。すごく楽しそうだね。
(3) A：ねえ，あの虹を見て！
B：ああ，見えるよ。きれいだね！
(4) A：今年は誰があなたの英語の先生ですか。
B：佐藤先生が私たちに英語を教えてくれます。先生の授業はとても楽しいです。
(5) A：宿題は終わりましたか。
B：もちろん。だけど，4時間もかかりました。
(6) A：アンが僕にチョコレートをくれたよ。
B：なんだって！　彼女は僕にもくれたんだよ！
(7) A：私はアキです。あなたのことはなんて呼べばいい？
B：ただクリスと呼んでください。

4 (1) I saw a little child cross the street
(2) I heard someone playing the trumpet
(3) My teacher makes me laugh
(4) My mother lets me watch TV
(5) I had my purse stolen
(6) Our teacher often tells us to read books
(7) I would like you to pick me up

訳 (1) 小さな子どもが通りを渡るのを見たよ。危険だったよ。
(2) 誰かがトランペットを演奏しているのが聞こえた。とてもうるさかったよ！
(3) 私の先生は私を笑わせてくれます。先生の冗談はいつもおもしろいんです。
(4) 母は私に毎日わずか1時間だけテレビを見させてくれます。とても厳しいんです。
(5) 信じられない。昨日，財布を盗まれたんだ。
(6) 先生は私たちに本を読むようにとよく言います。私はネットで読むのが好きなんですけど。
(7) 車で駅まで迎えに来ていただきたいんです。かまいませんか。

5 (1) let　(2) made　(3) had

訳 (1) 教科書を学習し終えたので，先生は私たちにDVDを見させてくれました。
(2) 体育の先生は私たちの態度に満足していなかったので，私たちに運動場を10周走らせました。
(3) 私はクラスの写真撮影の前日に，髪を切ってもらいました。

6 ① give　② let　③ looked　④ had

訳 A：お願いがあるんだけど。
B：いいよ。僕は何をすればいいの？
A：明日，デイビッドに渡してもらいたいものがあるんだけど。
B：もちろん。それって何？
A：私のノートパソコン。先週，彼に使わせてあげたら，とても役に立つとわかったみたい。彼はとても喜んでいるようだったわ。歴史の先生が授業で彼に英語でプレゼンをさせたんだけど，彼はパソコンを持っていないの。だから私のパソコンを使わせてあげたのよ。とにかく，彼はすばらしいプレゼンをしたの。先生は明日の学校集会で同じプレゼンをするように，彼に頼んだのよ。

Chapter 2

時を表す表現

第4回

現在・過去・未来・完了…，「時を表す表現」は，ほとんどの文の中で使われる英語の最重要ポイントです。けれども，その形や「…しました」「…してしまった」といった日本語訳を覚えるだけでは，英語を話したり書いたりできるようにはなりません。「時を表す表現」がどういう気持ちや感覚と連動しているのか，解説動画（第4回）の「現在完了形」の例で見てみましょう。

ここが大切! 時を表す表現のコア

Chapter 2 で学ぶこと

Chapter 2 では，時を表す表現（時表現）についての理解を深めます。時表現は，命令文を除けば常に使われる文の大切な要素です。この知識を Chapter 1 で学んだ文型の知識に加えれば，簡単な内容なら十分英語で表現できる力を身につけることができるでしょう。

時を表す表現は，動詞を選ぶ前に決定している

日本語で時表現は「僕はタケオと学校に行きました」のように「できごと」の後ろ，文の最後に置かれます。できごとを詳しく説明していったあとに，それがいつのできごとであるのかを指定する，それが日本語の語順です。それに対し英語では，主語を述べたすぐあとに「時」が決定します。

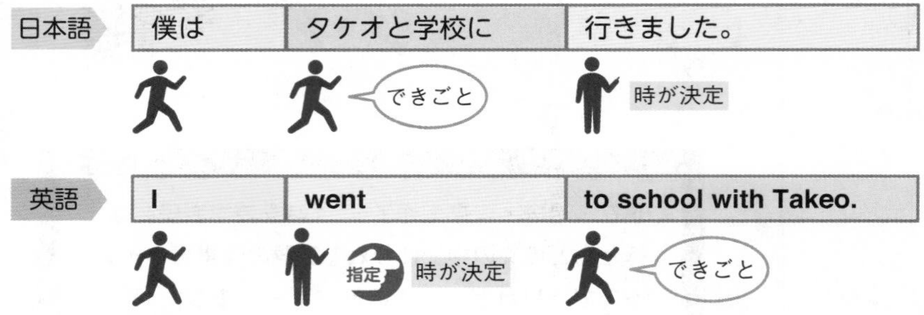

主語を述べたあと，すぐに時を指定する，そしてそれに応じて動詞の形を変えていく―― 英語がこの語順をとるのは，**「指定ルール：指定は前から」**（→ p.xix）が働いているからです。後続の語句がどういった内容なのか，まず指定から入るのが英語ということばの一般的な性質です。まず「過去のことです」と指定してからできごとを詳しく述べていくのは，英語ではとても自然なことなのです。

時を表す表現をマスターするためには，まずこの語順に慣れなくてはなりません。本章ではさまざまな時表現を学んでいきますが，例文の十分な音読・暗唱を通じて，その意識を身につけていってください。

2 時を表す表現：バリエーション

英語の時を表す表現には多様なバリエーションがありますが，もっとも基本となるのは，できごとが現在のことなのか，過去のことなのか，つまり「**現在形**」か「**過去形**」かです。そこに「進行（〜している）」を加味すれば「**現在［過去］進行形**」，「完了」を重ね合わせれば「**現在［過去］完了形**」となり，主要な表現をカバーすることができます。ほかに，進行と完了を組み合わせた**完了進行形**，willと完了を組み合わせた**未来完了形**もここで紹介しておきましょう。みなさんが学ぶべき時表現のバリエーションは次の図のようになります。

▶時表現のバリエーション

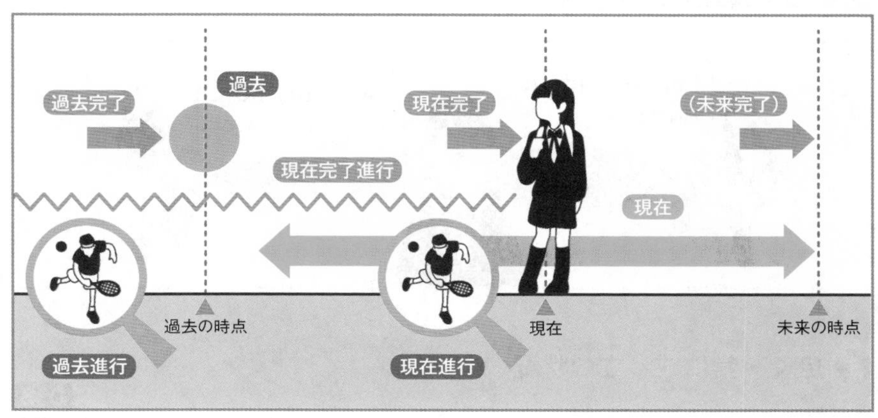

本章では未来を表す表現も取り上げます。英語では未来を，助動詞 will や be going to などさまざまな表現を使って表します。それぞれのニュアンスをしっかりとつかんでください。

FACT 1 現在形

動詞の現在形は**現在の状況**を表します。一般動詞の場合，主語が三人称で単数，時が現在の場合に -s がつくこと（三単現の -s）に注意します（→ p.11）。be 動詞は主語によって **am**，**are**，**is** と変化します。それぞれの疑問文・否定文も確認しておきましょう。

一般動詞【現在形】	be 動詞【現在形】
(a) **I like English.** ［三単現以外の場合］ ➡疑問文 **Do you like English?** ➡否定文 **I don't (= do not) like English.**	**You are happy.** └>主語に応じて am, are, is ➡疑問文 **Are you happy?** ➡否定文 **You aren't (=are not) happy.**
(b) **John likes English.** ［三単現の場合］ ➡疑問文 **Does John like English?** ➡否定文 **John doesn't (= does not) like English.**	

1 広く安定した状況を表す

I am a student.
私は学生です。
I walk my dog.
私は犬を散歩に連れて行きます。

❶ 広く・常に成り立つ状況

035

(a) **I am a student.** 私は学生です。
(b) **I know three languages.** 私は３つの言語を知っています。
(c) **The earth goes around the sun.** 地球は太陽の周りを回っている。

現在形は現在の状況を表しますが，この瞬間に行われている活動を「今～しているところです」と描写する表現ではありません（→現在進行形 p.65）。この表現が典型的に表すのは**広く安定した状況**。(a)(b) は「私は学生です」「私は３つの言語を知っています」であり，過去から将来に向け一定期間成り立つ状況を表しています。また，(c) のように**常に成り立つ内容**に関しても現在形を使うことができます。学術関連の文章では，現在形が特に多用されることも覚えておきましょう。学問とは常に成り立つ真理を追求するものだからです。

❷ 習慣

036

(a) My dad takes the first train every day.
私の父は毎日，始発電車に乗ります。

(b) I practice karate really hard.
私は本当に一生懸命，空手を練習しています。

現在形の示す「広く安定した状況」は**習慣**につながります。習慣とはある一定の期間，安定的に行われる行為だからです。次のような自己紹介文でも，「習慣」を表す現在形が多用されます。

(c) I'm a soccer player. I practice six hours a day, and I play two matches a week.
僕はサッカー選手です。１日６時間練習して，週に２回は試合をします。

2 思考・感情を表す

037

(a) I think it's a waste of time. それは時間のむだだと私は思います。

(b) Lucy loves Ken. ルーシーはケンを愛しています。

(c) We hate animal abuse. 私たちは動物虐待が大嫌いです。

「思う」「嫌い」など，現在抱いている思考・感情は現在形で表されます。「愛している」といった日本語訳に引っ張られて，現在進行形を選ばないように注意しましょう（→ p.68）。

3 宣言

038

(a) **I promise I won't be late again.**
私は二度と遅刻をしないと約束します。

(b) **I apologize for being late.**
遅刻してすみません。

(c) **I really appreciate your offer.**
私はお申し出に本当に感謝しています。

(d) **I propose we make posters for the school festival.**
私は学園祭用にポスターを作ることを提案します。

「約束します」「謝ります」「感謝します」などの「宣言」も，現在形で行われます。発言と同時に，約束や謝罪という行為をなす意識で使いましょう。(d) は，「提案します」に続く節に注意してください。

(d) **I propose we (should) make posters...**
動詞の原形

提案の内容はまだ実現していないため，後続の節には現在起こっていることを示す現在形を用いることはできません。**動詞の原形**あるいは「**should ＋動詞の原形**（すべきだ）」の形にします（→ p.119）。

みるみる英語が使えるようになるヒント

状況と同時に展開する現在形

「宣言」には発言と同時にできごとが展開していく強い感覚があります。I apologize. という発言と同時に「謝罪」というできごとが生まれ展開していく── そうしたダイナミックな感覚。次の使い方もその一例です。

(a) **I cut the carrot into small cubes like this.** ［料理の実演］
（ニンジンをこんなふうに小さくサイの目に切ります）

(b) **Watch carefully. First, I shuffle the cards like this. Then...** ［マジシャンの発言］
（よく見ていてくださいね。まず，カードをこんなふうに切っていきます。それから…）

(c) **Here comes the bus. Hurry!**
（バスが来た。急げ！）

どの使い方も，できごとが目の前で刻々と展開しています。(c) の形が使えるのはバスが見えているときだけ。現在形は目の前で展開するダイナミックさを要求するのです。

(d) **The Savoy Theatre? That's easy. You go straight down this street to the first traffic signal. Then turn right, and you'll see the theatre on your left.**
（サヴォイシアター？　それなら簡単ですよ。この道をまっすぐ，最初の信号のところまで行き，右に曲がるとシアターが左手に見えますよ）

(d) のような道案内にも現在形が使われます。案内は経路を実際に進んでいる様子を思い描きながらするもの。「まっすぐ行って，左に曲がって…」――できごとが目の前で展開していくのです。

4 現在形が使われるそのほかの場合

❶ 未来を表す副詞節で使われる現在形

039

(a) **Please give me a call when you arrive at the hotel.**
ホテルに着いたら，私にお電話ください。

(b) **If it rains tomorrow, I will cancel the picnic.**
明日雨が降ったら，私はピクニックを取りやめます。

文の形に注意しましょう。「**副詞節**」とは，**文を修飾し，そのできごとの「時」や「条件」を述べる節**のことです。(a) では give me a call（電話をかける）べきその「**時**」を，(b) では I will cancel the picnic（ピクニックを取りやめる）「**条件**」を指定しています。

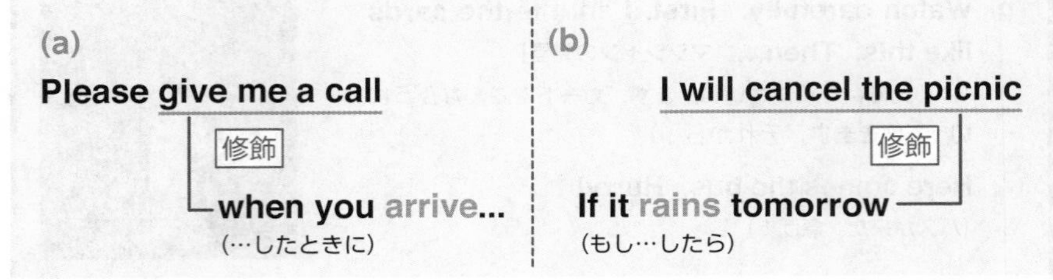
(a)
Please give me a call
修飾
when you arrive...
(…したときに)
(b)
I will cancel the picnic
修飾
If it rains tomorrow
(もし…したら)

when, if 以下の節で**動詞が現在形**であることに注意してください。(a) は「ホテルに着いたときに」であり，明らかに未来のことについて述べているにもかかわらず現在形が使われている，それがここでのポイントです。

現在形は話し手の心理を考えれば当然の選択です。「到着したら電話をください」では，話し手は**「到着」を前提にしている**からです。つまり「到着」が起こっているとみなして「電話をください」と述べているため，現在起こっていることを表す形（現在形）が使われているのです。(b) も同じように「明日雨が降る」ことを前提としているため現在形になります。

もし (a) で × when you will [are going to] arrive... と未来を表す表現を使ってしまうと，文は不自然になってしまいます。未来表現は単に未来を表す記号ではありません。will は「～だろう」，be going to は「～するつもりだ」という意味を加えます。ここでは「君がホテルに到着するだろうなら」「君がホテルに着くつもりなら」となり，単にホテルに着く「時」を表すには不自然な文となってしまうのです。

この現在形は when, if に限らず，**as soon as ～**（～するとすぐに），**after ～**（～したあとに），**before ～**（～する前に），**by the time ～**（～するときまでには），**unless ～**（～でない限り），**until ～**（～するまで）など，さまざまな表現とともに現れます。

(c) I'll call you as soon as I know my schedule.
予定がわかったらすぐに電話します。

(d) We can meet after I finish my class.
私の授業が終わったら会えます。

この形と混同しないこと

❶「未来を表す副詞節で使われる現在形」で解説した形は，「ホテルに着いたら→電話をください」「授業が終わったら→会えます」と，文全体がいつ起こるのかを指定する形です。次の形と混同しないようにしましょう。次の文では❶の例文と同じように節が使われていますが，ここでは単に tell me（私に教える）の内容を説明しているにすぎないため，未来を表す will を使ってかまいません。**何かを前提にしている文ではない**からですよ。

説明

▶ **Please tell me when you will be able to meet.**
（いつ会えるのか教えてください）

❷「確定した未来」を表す現在形

040

(a) **My first class begins at 8:30.**
私の最初の授業は 8 時 30 分に始まります。

(b) **My mother's birthday is next week.**
母の誕生日は来週です。

現在形は現在の時点ですでに事実と考えられる，**確定したゆるがぬ未来**を表すことができます。詳しくは未来を表す表現（→ p.74）で説明しましょう。

FACT 2
過去形

動詞の過去形は過去の状況を表します。一般動詞では不規則変化（→ p.14）する場合があるので注意します。be 動詞は主語が単数の場合は **was**，複数の場合は **were** と変化します。それぞれの疑問文・否定文の形も確認しておきましょう。

一般動詞【過去形】	be 動詞【過去形】
He played well. ➡疑問文 Did he play well? ➡否定文 He didn't (= did not) play well.	They were happy. └→主語が you 以外の単数ならwas ➡疑問文 Were they happy? ➡否定文 They weren't (=were not) happy.

過去形［基本］

041

(a) **It started raining.**
雨が降り始めた。

(b) **My father played golf when he was younger.**
私の父は今より若い頃，ゴルフをしていた。

過去形は**過去の状況**を表します。１回限りのできごとであっても，繰り返された習慣でもかまいません。日本語の「～した・だった」と同じように使うことができます。

過去形にネイティブ・スピーカーは「**距離感**」を感じることを覚えておきましょう。今と切り離されたすでに終わったできごと。そうした「遠さ」がほのかに感じられているのです。(a) の文は「(あの時) 雨が降り始めたよね」と，今と離れたできごととして感じられているのです。この「感じ方」が過去の特別な使い方をマスターする上で大変重要になります。

過去形の「距離感」と特別な使い方

過去形は覚えることも少なくてとっても単純！　そう思いましたか？　事実はまったく逆です。過去形はもっともイマジネーション豊かに使われる形なのです。過去形のもつ，一見不思議な使い方なしに日常会話は成り立ちません。過去形のもつ不思議な世界をここで少しだけのぞいてみましょう。キーワードは「**距離感**」です。

❶ 丁寧表現

▶ **I hoped you could lend me some money.** (↔ I hope you can ...)
（お金を貸していただけるとありがたいのですが）

日本語訳を眺めてみましょう。話し手は現在の希望について述べていますが，英語は **hoped**。**過去形**を使うことで**丁寧さ**が醸し出されているのです。こうした丁寧表現はネイティブ・スピーカーの間では珍しいものではありませんが，なぜ過去形を使うと丁寧になるのでしょうか。── そうです，「**距離感**」ですよ。

I hope...（私は望んでいます）と現在形が使われると，聞き手には大きなプレッシャーになります。何しろ「今望んでいるのですよ」と言われているのですから。その厚かましさを避けるため，話し手は距離感を伴う過去形を使って遠回しに表現しているのです。

❷ 助動詞の過去形の控え目なニュアンス

Oh, no! My camera is broken!
── (a) **Don't worry. Chris can fix it.**
── (b) **Mmm... Chris could fix it, I think.**

could はcanの過去形ですが，過去を表さない重要な使い方があります。p.63の **(a)(b)** の違いがわかりますか？ canは「できる」という意味ですから，**(a)** で話し手は「クリスならできるよ」と断言をしています。一方 **(b)** は「クリスならできるかもなあ」と断言を避け，あいまいで控え目な言い方をしています。助動詞の過去形は，「**現在形の控え目バージョン**」として使われることが極めて頻繁にあるのです。

さて，それではなぜ助動詞の過去形にはそうした意味が生じるのでしょうか。もうみなさんならピンとくるはずです。そう，丁寧表現と同じ単純な「遠近法」が働いているのです。canのもつ強い主張から過去形によって「距離」を取り，遠回しな言い方になっているというわけです。会話において，私たちはいつでも力強く断言できるわけではありません。言葉を和らげ，断言を避け，控え目に表現するのは，特に大人の会話では必須のテクニックです。さまざまな助動詞で同じことができるように練習しておきましょう（→ p.127）。

❸ 仮定法

過去形のもつ「距離感」を理解していただいたみなさんに，特大のプレゼントが1つあります。それは「仮定法」（→ p.295）。上級者でもなかなか使いこなせないこの形を征服する鍵は，「距離感」にあります。典型的な文を1つ眺めてみましょう。

▶ **I wish I had a sports car.** (スポーツカーをもっていたらなあ)

仮定法は「可能性が低い／事実と反している」ことを示す特別な時表現です。話し手は現実にはスポーツカーをもっておらず「(もってはいないが) もっていたらなあ」と述べています。「(今) もっていたらなあ」と現在について述べているのにもかかわらず，過去形hadが使われている —— それが仮定法の特徴です。仮定法がこんなに奇妙な時表現の選択をする理由はやはり，「**距離感**」にあるのです。

仮定法が表現するのは非現実的な内容です。ありえない，現実離れした内容を，距離を感じさせる過去形で表す —— 文の意味と形の一致 —— それが仮定法の基本にあるのです。仮定法は複雑な形ですが，その形はごくごく単純な遠近法から生まれているのですよ。

（現在・過去）進行形

進行形（「be 動詞 + 現在分詞（動詞 -ing 形）」）は，進行中の行為・活動を描写する形です。疑問文・否定文の作り方は通常の be 動詞文と同じです。

肯定文	疑問文	否定文
He is playing tennis. be動詞　動詞 -ing形（現在分詞）	Is he playing tennis?	He is not playing tennis.

1 進行形の形

042

(a) **I am planning a trip to London.** ［現在進行形］
私はロンドンへの旅行を計画しているところです。

(b) **They were chatting with Lucy at that time.** ［過去進行形］
そのとき，彼らはルーシーとおしゃべりしていました。

(a) **I am planning a trip to London.**
be 動詞　現在分詞

進行形は，現在分詞（～している）を使った be 動詞文です。現在・過去は be 動詞によって示され，be 動詞が (a) のように現在形なら「**～している**」（現在進行形），(b) のように過去形であれば「**～していた**」（過去進行形）となります。

みるみる英語が使えるようになるヒント

進行形は Ken is tall. と同じ形

進行形はただの be 動詞文。次の２つはまったく同じように作られています。

(a) **Ken is tall.**　（ケンは背が高い）

(b) **Ken is playing tennis.**　（ケンはテニスをしている）

(a) は「ケン＝背が高い」と，主語を tall で説明していますね。(b) でも同じように「ケン＝テニスをしているところ」と主語を説明しているだけ。気軽に作ることができる形ですよ。

2 進行形が表す意味

❶ 基本の意味と現在形との違い

043

(a) **Ken is playing tennis right now.** ケンなら今，テニスをしていますよ。
(b) **What are you doing?** あなたは何をしているのですか。

進行形が表す意味は「**～している（ところ）**」。進行中の行為・活動を描写する形です。(a) は今現在，テニスをしている最中。(b) は相手が今，何をしているところなのかを尋ねています。現在形との違いに注意しておきましょう。

▶ (c) **Ken plays tennis.**　(d) **What do you do?**　**［現在形］**

現在形はある瞬間を切り取る形ではなく「広く成り立つ状況」を表す形。(c) は「テニスをしているところ」ではなく「（ふだん）テニスをしています」。部活でテニスをしているのでしょう。(d) も今，していることを尋ねているのではなく，「（ふだんは）何をしているのですか」と相手の職業を尋ねているのです。

進行形で表される状況は比較的「短期間」であることも覚えておきましょう。進行中の行為・活動ですから，現在形で表されるような長期間安定して続くものではありません。

(e) **I'm living in New York at the moment.**　今，ニューヨークに住んでいます。

I live in New York. と現在形なら，長期間に渡って（そしておそらくこれからも）住んでいることになりますが，進行形にすると，そこに「短期間」のニュアンスが加わります。(e) は出張・留学など，短期間の滞在を意味します。

(f) **Many people are visiting our website these days.**
最近，多くの人が私たちのホームページを閲覧しています。

Many people visit our website. と現在形なら，ホームページの閲覧者が安定して多いことが感じられますが，(f) の場合，ここ最近の出来事として，閲覧者が多い状況であることを表わしています。これも「短期間」のニュアンスです。

② 移行を表す動詞の進行形

044

(a) **The bus was stopping.** そのバスは止まりかけていました。
(b) **I think my poor cat is dying.**
僕の猫，かわいそうに死にかけているみたいだ。

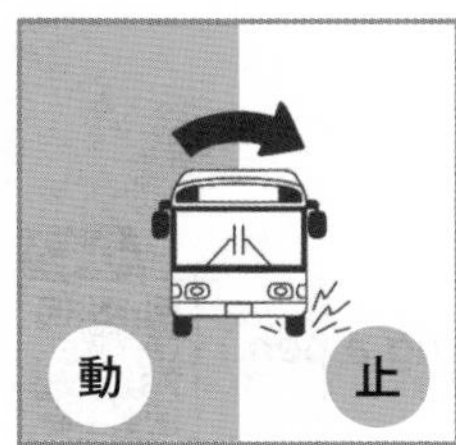

移行を表す動詞が進行形で使われた場合，意味に注意します。(a) の stop は「動→止」，(b) の die は「生→死」への移行を表す動詞。こうした動詞が進行形で使われると「**移行の進行中**」，すなわち「止まりかけている」「死にかけている」となります。

③ 瞬間的な動作を表す動詞の進行形

045

(a) **He was coughing.** 彼は咳(せき)をしていた。
(b) **They were all nodding.** みんなうなずいていた。

進行形は進行中を表し，短いながらも一定の期間，動作が続くことを意味しています。瞬間的で長さを持たない，cough（咳をする），nod（うなずく）といった動詞が進行形で使われた場合，その動作が一回限りではなく**ある程度の期間続き，その途中**であったことを示します。(a) は「咳を（何度も）していた」，(b) も「（何度も）うなずいていた」という意味です。

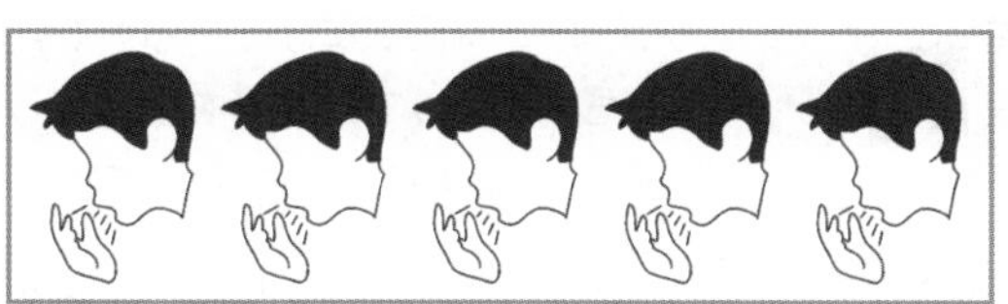

④ しつこく繰り返されるできごとを表す進行形

046

(a) **He is always taking breaks.** 彼はいつも休憩してばかりいる。
(b) **I'm constantly losing things.** 私はいつもモノをなくしてばかりいる。

日本語の「いつも〜している」にはしばしば，ウンザリした気持ちが強く感じられますが，英語の進行形にも同じ使い方があります。**always**（常に），**constantly**（絶えず）などを添えて使いましょう。

このほか，進行形には次のような未来の「予定」を表す使い方があります。未来表現（→ p.73）で説明しましょう。

▶「予定」を表す進行形

I'm playing golf with Ken on Sunday. ケンと日曜日，ゴルフをする予定です。

3 進行形が使える場合・使えない場合

047

(a) **I have a pen.** (× **I'm having a pen.**)
私はペンをもっています。

(b) **Bob knows London.** (× **Bob is knowing London.**)
ボブはロンドンを知っています。

(c) **My grandmother loves me.** (× **My grandmother is loving me.**)
祖母は私を愛してくれています。

進行形を「〜ている」という日本語訳だけで理解するのは危険です。have（もっている），know（知っている），love（愛している）は日本語訳に「ている」を含むため，誤って進行形を使ってしまうことが頻繁にあるからです。

進行形は進行中の行為・活動を表す形でした。この形は play tennis（テニスをする），do my homework（宿題をする）といった行為には相性のいい形ですが，継続的な状態を表す (a) have a pen，(b) know London に使うことはできません。「ペンを所有している」「ロンドンを知っている」には，**行為・活動が何もない**からです。(c) の My grandmother loves me. も行為ではありません。「そうした気持ちです」といった状態のこと。進行形を使うことはできません。

進行形になるか・ならないか

進行形を使うことができるかどうかは英語初心者の悩みのタネですが，その判断の基準は「**行為・活動が感じられるか**」それだけです。もちろん「『～ている』という日本語訳だから」は何の基準にもなりません。日本語訳にとどまらない表現理解が必要です。

❶ 行為を表さない動詞は進行形にできない

行為を表さない動詞を進行形で使うことはできません。典型的な例を挙げてみましょう。

どの動詞にも行為はまるで感じられません。**belong (to)** は「所属する」，ふさわしくピッタリくる場所があるというイメージです。行為ではありません。belong to the team（チームに属している）は，チームを指して（to）そこにピッタリしていることを示しています。**consist** は「立っている」がイメージ。「複数のパートから成り立っている」（consist of ～）・「～にある」（consist in ～）がよく使われますが，どちらにも動作は想起されません。また，**exist** は「存在する」ですから何も動いているわけではありませんし，**contain**（含んでいる）は単に「中にある」ということ，**resemble** は「似ている」という状態，など，どれも行為からは大きく離れています。

「思う」や「好き・嫌い」など**心理を表す動詞**の多くも，やはり行為とは言えず，進行形を使うことはできません。**believe**（信じる）は心に信念が，**like**（好き）・**hate**（大嫌い）・**want**（ほしい）はそうした感情や欲求が「ある」だけのこと。また **know**（知っている）・**remember**（覚えている）も頭の中に知識や記憶が「ある」ということであり，進行形にはなりません。

知覚を表す動詞には行為を表すものとそうでないものがあり，注意が必要です。

(1) (a) 海を見ているところです。
　　○ I'm looking at the sea.
　(b) 海が見えるよ。
　　× I'm seeing the sea.　(○ I can see the sea.)

(2) (a) 波の音を聞いています。
　　○ I'm listening to the waves.
　(b) 波の音が聞こえるよ。
　　× I'm hearing the waves.　(○ I can hear the waves.)

see（見える）・ hear（聞こえる）は映像・音が「向こうからやってくる」ことを示す動詞で「行為」とは感じられず，進行形は不可。一方，行為である look（目を向ける）・listen（耳を傾ける）なら，進行形を使うことができるのです。

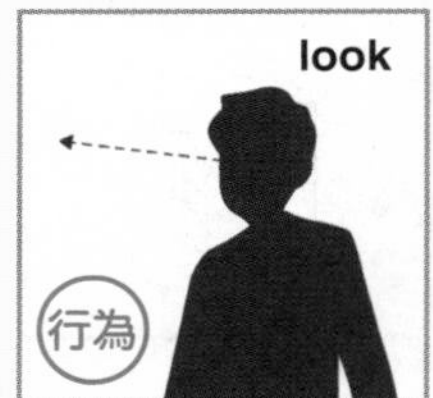

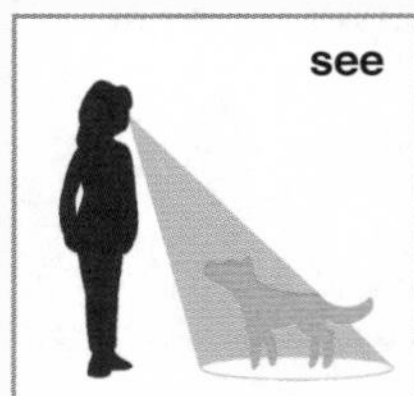

❷ 同じ動詞で２つの意味

動詞の中には，行為とそうではない意味を併せもっているものがあり，**進行形になるのは行為を表す場合だけ**になります。

(3) (a) 私は彼が正しいと思います。
　　○ I think he is right.　(× I'm thinking he is right.)
　(b) まだ考えているところです。
　　○ I'm still thinking.

think は幅広く思考を覆う動詞です。「思う」という意味では進行形は不可。心の中に考えが「ある」だけでは行為と捉えることはできません。ですが「考える」と思考をグルグル動かすといった意味合いでは，進行形で使うことができるのです。

smell（臭いがする・臭いをかぐ），**taste**（味がする・味見をする），**feel**（感触がする・触ってみる）もこうした動詞の例。**進行形になるのは行為を意味する後者**（下線部）**の意味だけ**です。

❸ have と be 動詞の進行形

通常は行為を表さない動詞でも，進行形が可能になる場合があります。

(4) (a) 私はペンをもっています。

○ **I have a pen.**　（× **I'm having a pen.**）

(b) 電話が鳴ったとき，私は朝食をとっているところでした。

○ **I was having breakfast when the phone rang.**

have は (a) のように，「**所有する**」という意味では行為を表さず進行形にはできませんが，(b) のように「**食べる・飲む**」という意味で使われる場合は進行形にすることができます。

(5) (a) 私は学生です。

○ **I'm a student.**

（× **I'm being a student.**）

(b) 彼は利己的にふるまっている。

○ **He is being selfish.**

みなさんが英語を実際に使い始めると，すぐにこの be 動詞が進行形で使われる例に出会うはずです。be 動詞は「＝」を表し，通常は **(5)** (a) のように進行形にはなりませんが，(b) では「彼＝利己的」という意味ではなく，進行形を使うことで「利己的にふるまう」と，**行為を表している**のです。

長らく説明してきましたが，覚えることは1つだけ。「**行為なら進行形になる**」ということだけです。動詞のもつ日本語訳を超えた意味合いや動詞のクセを知れば徐々に正しく使えるようになるはずですよ。がんばって。

FACT 4 未来を表す表現

英語の動詞には,「現在形」「過去形」に相当する単一の「未来形」がありません。未来は助動詞 will や be going to などでさまざまに表現され, それぞれが描く未来は微妙に異なります。

1 助動詞 will が描く未来

will は**予測**(～だろう)と**意志**(～しますよ)を表す助動詞。まだ見ぬ状況を思い描くこの助動詞は, もっとも基本的な未来表現です。未来は話し手にとって常に未知に属する事柄だからです。

048

(a) **Take an umbrella because it will rain later.**
傘をもっていきなさい。あとで雨になるから。

(b) **Don't worry. You'll get an A.**
だいじょうぶ。君は A が取れるよ。

(c) **OK, I'll phone her right away.**
わかった。すぐに彼女に電話を入れるよ。

(d) **I'll give you a hand with the dishes.**
皿洗いを手伝ってあげるよ。

(a)(b) は「**予測**」の使い方です。「～だろう」と日本語訳されることも多いのですが, 未来のできごとがクリアに見えている意識で使われています。話し手は「雨が降るよ」「A が取れるよ」と確信しています。

(c)(d) は「**意志**」。未来を思い描き,「やりますよ」と決心しています。心のスイッチが「その場で」入る感覚です。あらかじめ心づもりがある場合は **be going to** (～するつもり)が使われます。

2 be going to が描く未来

be going to は未来を表すフレーズですが, この形は基本的に go の進行形であり「to 以下に向かっている」ことを意味しています。

049

(a) **Look. He is going to do some magic.**
見て。彼，何か手品をやるよ。

(b) **It's going to rain soon.**
もうすぐ雨になるよ。

(c) **Hurry. We're going to be late for class.**
急げ。私たち，授業に遅れちゃうよ。

(d) **Are you going to have a party?**
あなたはパーティーをするつもりですか。

(e) **I was going to go to the new bookstore.**
私は新しい本屋に行くつもりだった。

(a)～(c)は「**目に見える原因がある**」場合です。(a)は舞台に向かうマジシャンを見て「手品やるよ」。(b)は雲に覆われた空を見ながら，「もうすぐ雨だよ」。いずれも現在すでに原因があり，to 以下の状況に向かっているのです。予測しているだけの will とは大きく異なることに注意しましょう。(d)(e)は「**意図**（～するつもりです）」。その場で決める will とは違い，あらかじめ心づもりがあり，to 以下の状況に向かっているのです。

3 be -ing（進行形）が描く未来

(a) **I'm seeing a movie with Keiko on Thursday.**
私は木曜日にケイコと映画を見る予定です。

(b) **She's flying to Singapore this Friday.**
彼女は今週金曜日，飛行機でシンガポールに行く予定です。

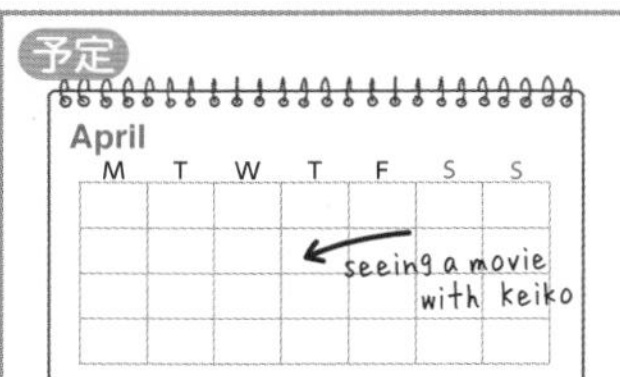

未来のある時点について「そのときには～しているよ」。ここから**進行形に「予定」の意味**が生じています。機会があればネイティブ・スピーカーの手帳を見せてもらってください。進行形がたくさんあるはずですよ。

みるみる英語が使えるようになるヒント

意図と予定

be going toの「意図」と進行形の「予定」の区別をしておきましょう。

(a) I'm going to leave for London on Monday.
（ロンドンへ月曜日に出発するつもりです）

(b) I'm leaving for London on Monday.
（ロンドンへ月曜日に出発する予定です）

(a) のbe going toは単なる心づもりですが，(b) の進行形なら旅程が具体的に決まり，チケットも入手していることでしょう。日本語の「つもり」と「予定」の違いとまったく同じです。

4 現在形が描く未来

現在形は現在の事実を表す形です。現在の事実として考えることができる，**確定したゆるがぬ未来**を表します。

051

(a) My birthday is next Tuesday.
私の誕生日は来週の火曜日です。

(b) What time does this train arrive at Tokyo Station?
この電車は何時に東京駅に到着しますか。

(c) The concert starts at four.
そのコンサートは4時に始まります。

どの例も厳密には未来のことではありますが，確定した事柄です。カレンダー・時刻表・プログラムなど決まっている事柄に使われます。

▶「確定した未来の予定」を表す現在形

I leave for London on Monday.
ロンドンへ月曜日に出発です。

p.73 の「予定」よりもより「ゆるがぬ」感じがあります。おそらく会社の出張予定に組み込まれていたりするのでしょう。

未来を表す主要表現は以上ですが，ネイティブ・スピーカーはあと 1 つバリエーションをもっています。簡単に紹介しましょう。

5 will be -ing が描く未来

052

(a) **I'll be playing tennis at three.**
私は 3 時にはテニスをすることになっています。

(b) **Don't worry. I'll be waiting for you at the exit.**
だいじょうぶですよ。私があなたを出口でお待ちしていますので。

複雑なフレーズですが，この形の基本は進行形による「予定」です。そこに「未来を思い描く」will が加わり，「～することになっている・～しているだろう」と，**事の成り行きを思い描き，やわらかく述べる文**となっています。will が入らない進行形 I'm playing tennis ...（テニスをする予定です）の断言と比べるとはるかにソフトに響きます。

みるみる英語が使えるようになるヒント

過度に神経質にならない

会話の中で反射的にもっとも適切な未来表現を選ぶのは，相当な上級者にとっても簡単なことではありません。みなさんがうまく選ぶことができなくても当然のことです。最初のうちは「will なのか be going to なのか」と神経質になる必要はまったくありません。まずは will にしっかりと慣れていく，次は be going to も使ってみようというように，少しずつ使える「未来」を増やしていけばいいのです。will だけでも会話は成り立ちます。未来表現の選択で口ごもったり，英語が憂鬱になったりしないでくださいね。

現在完了形

現在完了は「**have+過去分詞**」で表されます。haveは助動詞であり，疑問文・否定文の作り方はほかの助動詞を用いた文と同じです。ただし，主語が三人称単数の場合，（動詞のhaveと同じように）hasを用いることに注意しましょう。

	主語が三人称単数以外	主語が三人称単数
肯定文	I have finished it.（過去分詞） 私はそれを終えてしまった。	He has finished it. 彼はそれを終えてしまった。
疑問文	Have you finished it? * あなたはそれを終えてしまいましたか。	Has he finished it? 彼はそれを終えてしまいましたか。
否定文	I have not finished it. 私はそれを終えていない。	He has not finished it. 彼はそれを終えていない。

＊：通常の助動詞文（→p.100）と同じ作り方
短縮形： I have → I've，He has → He's，have not → haven't，has not → hasn't など

現在完了形は現在の状況について述べる形です。単に現在の状況について述べる現在形とは違い，「**過去を引き寄せて」現在を述べる**ところにその特徴があります。具体的には次の状況で使われます。

A 完了

B 経験

C 継続

D 結果

「**完了**」は間近に起こったできごとを表し，「あっ，雨がやんだよ」といった状況で使われます。話し手は遠い過去のできごとを述べているのではありません。「(今) やんでいるよ」と現在の状況に焦点を置いているのです。過去が現在に引き寄せられていますね。過去形にあった距離感はなく，できごとが「手元」で起こったように感じられるときに使います。「過去を現在に引き寄せて」述べているのです。

「**経験**」は「～したことがある」。過去のできごとを経験として現在もっていることを表しています。これも「過去を引き寄せて現在」となっていますね。

「**継続**」は，ある状況が過去から現在に至るまで，ずっと続いていることを表します。過去からの状況を現在まで引き寄せているのです。

「**結果**」は過去のできごとを述べることによって，「だから今は…」と現在の状況を暗示する使い方です。現在完了形は「過去に～が起こりました」を意味する形ではありません。現在に意識の中心を置き，そこに過去のできごとを引き寄せる形なのです。

現在完了形がこうした意味をもつのは，「完了形」全般が左の図のように「**ある時点まで（に完了）**」を表すからです。完了形には現在完了形のほか，過去完了形，未来完了形などがありますが，どの形にも「ある時点まで」という矢印の意識が共通しています。現在完了形は矢印が現在に向かってくる，そうした形なのです。

現在完了形に正確に対応する決まった表現の形は日本語にはありませんが，マスターすればその便利さにきっと感心していただけるはずです。さあそれでは，各用法の詳細に進みましょう。

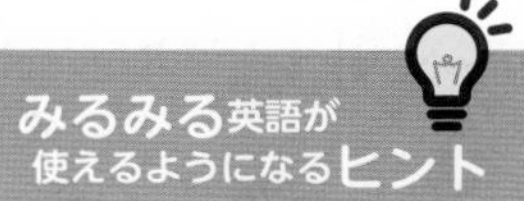

向かってくる意識で音読・暗唱

現在完了形に習熟するには，ほかの形と同様，音読・暗唱が鍵になります。現在完了は「過去を現在に引き寄せる」，つまり過去のできごとが現在に「向かってズームアップしてくる」感覚を伴っています。ここで挙げたすべての例文でこの意識と共に徹底した音読を行えば，すぐにその感覚がわかってきますよ。

1 完了

053

(a) **Look! It's stopped raining.** (It's=It has)
見て！　雨がやんだわ。

(b) **Yeah! I've finished my homework!**
やった！　宿題終わったよ！

(c) **Have you heard from David?**
デイビッドから連絡あった？

A 完了

「**完了**」は間近に起こったできごとを表します。(a) は窓を開けて「雨がやんだよ」，(b) は鉛筆を置いて「宿題終わった！」── 過去のできごとではなく「今そうした状態である」ことが意識されています。

(c) の疑問文も「あの時」と離れた時点のことを尋ねているのではありません。「最近連絡あったかな，それならアドレス，わかっているよね。メールを送りたいんだけど」など，話し手の意識は常に現在とつながっています。

(d) **It stopped raining.** [過去形]
雨がやみました。

過去形には距離感があります。(d) の文は「(あの時) 雨がやんだよね」といった，過ぎ去った過去を述べています。

みるみる英語が使えるようになるヒント

「完了」の音読

現在完了形は日本語にない感覚を表す形です。ちょっとわかりづらいかもしれません。でもそんなときには「音読」ですよ。晴れ上がった現在の空を見ているつもりで "It's stopped raining!"，宿題が終わって晴れ晴れした気持ちを想像しながら "I've finished my homework!" と何度も上の例文を読んでみましょう。現在完了のもつ「間近」と「現在を表す気持ち」がすぐに理解できるはずですよ。

Vocabulary 「間近に起こった」と相性のいい表現

□ **just** （たった今）

I've just met her. （彼女に会ったばかりだよ）

▶ just は「ピッタリ」を表す単語です。手元感を強調するために使います。

□ **already** （すでに・もう）

I've already done that. （それはもうやってしまいましたよ）

▶ できごとの「完結」を表します。

□ **yet** （もう・まだ）

Have you finished your homework yet? （宿題はもう終えましたか）

—— **No, not yet.** （—— いえ，まだです）

▶ yet は「未完」を表す単語です。文に「まだ終わっていない」という意味を添えます。「宿題は終えましたか（それともまだ？）」「いいえ，終わっていません（まだですよ）」という意味合いで文に添えられています。

次のような使い方はできません。

× **I've finished my homework yet.**

「宿題は終わりました（まだです）」では意味が通じないからです。

2 経験（～したことがある）

054

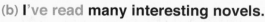

(a) **I've eaten wild deer.**
私は野生の鹿を食べたことがある。

(b) **I've read many interesting novels.**
私はたくさんのおもしろい小説を読んだことがある。

(c) **We've been to Universal Studios in Los Angeles.**
私たちはロサンゼルスのユニバーサルスタジオに行ったことがあります。

B 経験

現在完了形の際だった使い方に「**経験**」があります。経験とは，過去のできごとを現在のものとしてとり込んでいるということ。だからこそ「過去を現在に引き寄せる」現在完了形が使われます。過去形との大きな違いに注意しましょう。

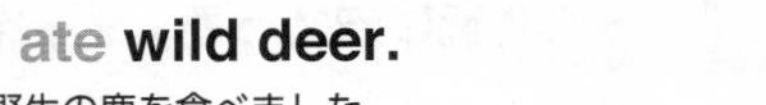

(d) **I ate wild deer.** ［過去形］

野生の鹿を食べました。

(d) の場合，単に過去のできごとについて述べているに過ぎません。(a) (d) どちらの場合も「鹿を食べた」ことに変わりはありませんが，それを過去のできごととして捉えるのか，それとも今時点での経験として捉えるのかによって時表現の選択は変わるのです。

(c) の have been to ～（been は be の過去分詞）は「～へ行ったことがある」という意味となることに注意しておきましょう。

「～に行ったことがある」には have been to ～

(a) **Colin's been to over 70 countries.**

（コリンは 70 を超える国々に行ったことがある）

「行ったことがある」には go ではなく be 動詞が使われますが，現在完了形になると突然 be 動詞が「行く」という意味になるわけではありません。

(b) **We need to be at the theater at seven, so please be here by six.**

（劇場に 7 時に行く必要があるから，6 時までにここに来てくださいね）

(b) の be 動詞はいつもの「＝」の意味ですが，「7 時にそこにいる」という文脈から「そこに行く」，「6 時までにここにいる」から「ここに来る」という意味になっています。さて (a) の be to は，ある場所を to（～へ）と指し示しながら「そこにいたことがある」，そこから「行ったことがある」が適訳になるだけのことです。be 動詞の意味はいつも「＝」，同じなのです。

ちなみに「行ったことがある（経験）」に have gone を使うと不自然です。go のイメージはその場所から「立ち去る」。have gone でそこから「（立ち去って）今はいない」（→結果を表す使い方）となってしまうためです。

Vocabulary 「経験」と相性のいい表現

□ **ever** （これまで・今まで）

(a) **Have you ever loved someone?** (誰かを愛したことがありますか)

▶ ever は「これまで，今までに」が定訳であり，そのように訳してもかまいませんが，正確な意味は at any time（いつの時点をとっても）です。

▶ (a) の文は「(いつのことでもいい —— 3年前でも3か月前のことでもいい —— のだけれど）誰かを愛したことがありますか」です。次の (b) のような平叙文では ever を使えないことに注意しましょう。

(b) ✕ **I have ever been abroad.**

「いつのことでもいいが外国に行ったことがある」では意味をなさないからです。

□ **never** （決して・一度も〜ない）

(a) **I've never played chess.** (チェスをやったことは一度もない)

▶ never は ever の否定です。「いつの時点をとっても（〜ない)」は「一度も〜ない」ですね。

3 継続（ずっと〜だ）

055

(a) **We've been teammates for three years.**
私たちは3年間ずっとチームメートです。

(b) **I've known him for a long time.**
私は長い間，彼のことを知っているよ。

(c) **I've lived in Tokyo since 2014.**
私は 2014 年から東京に住んでいます。

C 継続

「継続」は，**過去から現在に至るまで同じ状態がずっと続くこと**を表す使い方です。やはり「過去を現在に引き寄せる」，現在完了形の意味は同じです。

(a) では「3年間ずっと，そして今もチームメートである」ことが，(c) では「2014 年から，そして今も住んでいる」ことが示されています。過去形を使ってみましょう。

(d) **We were teammates for three years.**
私たちは３年間チームメートでした。

[過去形]

過去形には距離感がありました。過去を選ぶと，日本語と同じように「今はチームメートではない」ニュアンスが強く生まれます。「今もずっと」の現在完了形と大きく意味が異なります。

みるみる英語が使えるようになるヒント

視線が現在に向かってくる

「継続」は，**過去から現在に向けて視線が向かってくること**を意識しながら音読練習をしてください。055 (c) では「2014年から今に至るまで…」と，過去から自分のいる現在まで視線が動いてくるのです。それができるようになれば，次のような文も簡単に作り出すことができます。

(a) **Nine years have passed since I came to Japan.**
(日本に来て以来，９年になる)

(b) **How have you been?**
(最近調子はどうですか)

(a) は「来日した」過去の時点から手元に向かって視線を動かしながら，「９年過ぎたんですよ」と言う表現。(b) は How are you?（調子はどうですか）と同種の表現ですが，しばらく会っていなかった相手に使われます。最後に会ったときから現在に向けて，時の流れを意識しながらの「調子はどうですか」。会わなかったしばらくの間の様子を尋ねているのです。

Vocabulary 「継続」と相性のいい表現

□ for

(〜の間)

(a) **We've been best friends for ten years.**

(私たちは10年間ずっと親友です)

▶ **for** は「**期間**」を表します。for は「範囲」一般を表す前置詞であり，「期間」はその一部です（→ p.473）。

□ since

(〜から)

(b) **We've been best friends since 2005 [our junior high school days / we started playing tennis together].**

(私たちは2005年から［中学時代から／一緒にテニスを始めてから］ずっと親友です)

▶ **since** は節を含め，直後にさまざまな表現を使うことができます。広く「**起点**」を表す単語であり「できごとの起点（原因）」なども表すことができます（→ p.502, 506）。

▶ since は ago と併用ができません（→ (c)）。

(c) ○ **I've had a part-time job for six months.**

× **I've had a part-time job since six months ago.**

(6か月前からアルバイトをしています)

■since と ago は併用できない

▶ **ago** は現在から過去にさかのぼって「〜前」と勘定する単語ですが，**since** は過去から現在に向かって「〜から」。時の勘定の仕方がぶつかってしまうため，不自然な文となるのです。

4 結果（「…だから今～だ」の含み）

056

(a) ▶ お母さんにお客さんが訪ねて来ました…

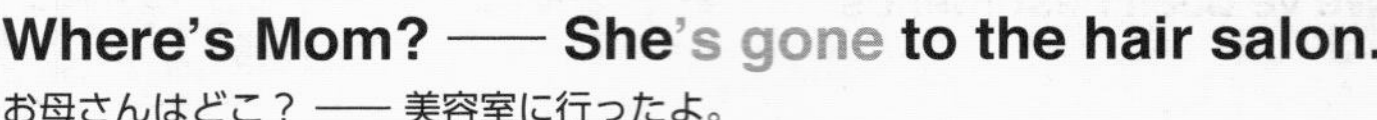

Where's Mom? —— She's gone to the hair salon.

お母さんはどこ？ —— 美容室に行ったよ。

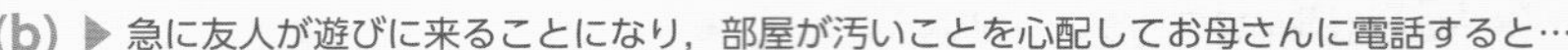

(b) ▶ 急に友人が遊びに来ることになり，部屋が汚いことを心配してお母さんに電話すると…

Don't worry. I've cleaned your room.

だいじょうぶ。あなたの部屋を掃除しておいたわよ。

(c) ▶ 夏休み，友人をプールに誘いに行ったら…

I've broken my leg, so I can't go with you.

私は足の骨を折ったから，君と一緒には行けないよ。

D 結果

「結果」は**過去の行為が現在に及ぼす結果を暗示する使い方**です。やはり「過去を現在に引き寄せ」ているのです。

(a) の文では，話し手は母親が「美容室に行った」過去のできごとだけを述べているのではありません。「出かけてしまって（今はいません）」と現在への含みをもたせています。(b) は単に「掃除しました」ではなく，「掃除して（今はきれいだよ，安心してね）」，(c) は単に「骨折した」ではなく「骨折して（今も悪いのです）」という，今現在どうなのかを暗示しています。

「結果」を表すこの使い方も，過去形とは大きく異なります。(c) の文を I broke my leg. と過去形にすれば，後続の so と滑らかに文が続きません。「骨折しました」と過去のできごとを述べるだけでは，過去形のもつ距離感から，「今悪い」ことにつながらないからです。一緒に行くことができない理由とするなら，(c) のようにしっかりと現在完了形で「今も悪い」と述べる必要があるのです。

過去を表す語句に注意

過去を表す語句と現在完了は同じ文に同居することができません。

(a) × I've eaten wild deer last year.
野生の鹿を食べたことがあります。＋去年

(b) × Don't worry, she has sent her application yesterday.
心配ありませんよ，彼女は申込書を送ってありますから。＋昨日

これは「規則」ではありません。何を言っているのかわからないため使うことができないのです。現在完了形は常に現在に焦点があることを思い出しましょう。(a) は「(今) その経験がある」と現在のことを表している文です。そこに突然「去年」という過去の時点がもち出されているため，いつのことを話しているのかがわからないのです。(b) も同じです。「(今はもう) 彼女は書類を送ってあるから心配しないで」という現在の話題に，突然「昨日」では意味がわかりません。when ～（～したとき）のような表現も同様です。もちろん次のような使い方なら過去を表す語句も OK です。

(c) ○ I've been ill since yesterday. （昨日から体調を崩しています）

過去のある時点からずっと今まで…と，スッキリと意味が通るからです。現在完了形はいつも現在に焦点。それがわかったみなさんには次の文の不自然さも理解できるでしょう。

(d) × What time [When] have you got home? （何時に家に帰りましたか）

帰宅した過去の時点を尋ねているのに，「今」に焦点がある現在完了が使われています。奇妙でしょう？

未来を表す副詞節で現在完了形が使われる場合

「未来を表す副詞節」では，「起こっている」ことが前提となっているため現在形が使われることはすでに学びましたが（→ p.59），現在完了形が使われる場合もあるのです。それは**「その時すでに起こっていた」ことが前提**である場合です。

▶ **The shop will give us a call when they've finished the repairs.**
（修理が終わったら，店が電話をくれますよ）

「修理がすでに終わっている→電話をくれますよ」となるので，すでに完了していることを表す現在完了形が使われるのです。

完了形のバリエーション

「ある時点まで」を示す完了が作り出す形は，現在完了形だけではありません。そのほかのさまざまな完了形をマスターしていきましょう。

1 過去完了形

過去完了形は「**had+過去分詞**」の形です。had（have の過去形）は助動詞であり，疑問文・否定文の作り方は，ほかの助動詞文と同じです。

肯定文	疑問文	否定文
I had finished it. had + 過去分詞	**Had you finished it?**	**I had not finished it.**

短縮形：I had → I'd，She had → She'd，had not → hadn't など

057

(a) **The game had already started when I got to the stadium.**
その試合は私がスタジアムに着いたときには，すでに始まっていました。

(b) **I had never used a smartphone before I bought one this year.**
今年買う前は，私はスマートフォンを使ったことがありませんでした。

(c) **They had known each other for seven years before they got married.**
彼らは結婚する前に７年間，知り合いだったんですよ。

(d) **I knew the ending of the movie because I had read the book.**
私は本を読んでいたから，映画のエンディングを知っていました。

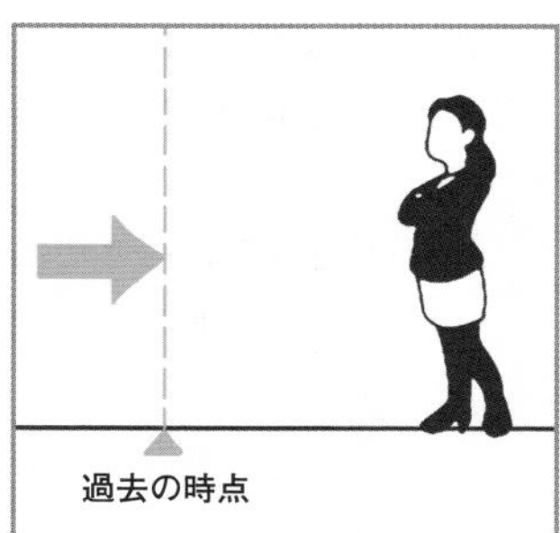

現在完了形が「現在」に焦点があったのに対し，過去完了形は**「ある過去の時点**（057 例文の下線部）**」が意識され，「そのときまでに」できごとが起こったこと**を示します。ある過去の時点からさかのぼる意識と言ってもいいでしょう。(a) **完了**，(b) **経験**，(c) **継続**など，現在完了形と同じように使うことができ，また (d) のように**「過去の時点」よりも単に前に起こったこと**を表すこともできます。

過去の時点　　そのときまでに

(d) I knew the ending of the movie because I had read the book.

映画のエンディングを知っていた　（そのときまでに）本を読んでいたから

みるみる英語が使えるようになるヒント

過去の時点がしっかり意識されていれば OK

過去完了形を使うには「過去の時点」がしっかりと意識されていなければなりませんが，必ずしも文中に示される必要はありません。話の流れの中で意識されているだけでも OK ですよ。

A: Why was Dave so nervous on the plane?
B: Because he had never flown before!

A: どうしてデーブは飛行機の中でそんなにビクビクしてたの？
B: だって，それまで飛行機に乗ったことがなかったんだもの。

デーブがビクビクしていたのが過去の時点。「そのときまでに」飛行機に乗ったことがなかったことを過去完了形は示しているのです。

2 未来完了形

058

(a) I will have finished my homework by ten.
私は 10 時までには宿題を終わらせていますよ。

(b) We will have arrived at the station by six-thirty.
私たちは 6 時半までには駅に着いていますよ。

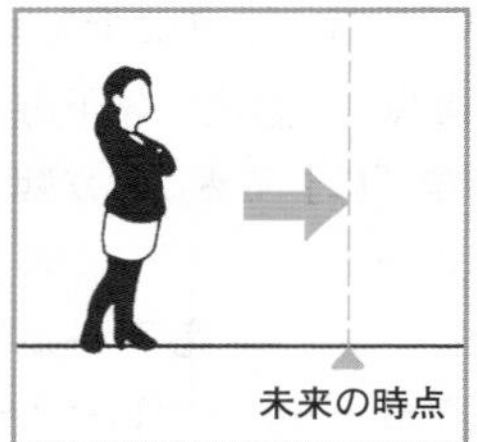

will と完了形のコンビネーションは「未来完了形」と呼ばれる大変重要な形です。完了の「そのときまでに」がここでも生きています。

未来のある時点を思い描き，「そのときまでにできごとが起こる（だろう）」。(a) は 10 時までに宿題を終えているということになります。

3 現在完了進行形

現在完了形と進行形の組み合わせが，現在完了進行形「**have been + -ing**」です。

059

(a) **My mother has been shopping all day.**
母は一日中，買い物をしているんです。

(b) **I've been cleaning my room since this morning.**
私は今朝からずっと自分の部屋を掃除し続けているんです。

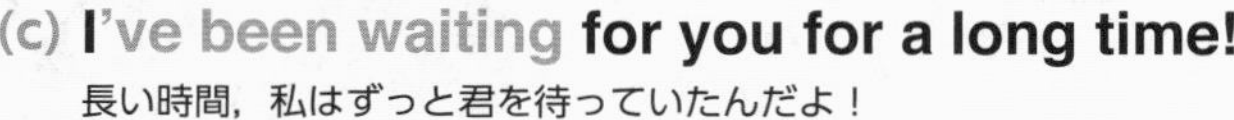

(c) **I've been waiting for you for a long time!**
長い時間，私はずっと君を待っていたんだよ！

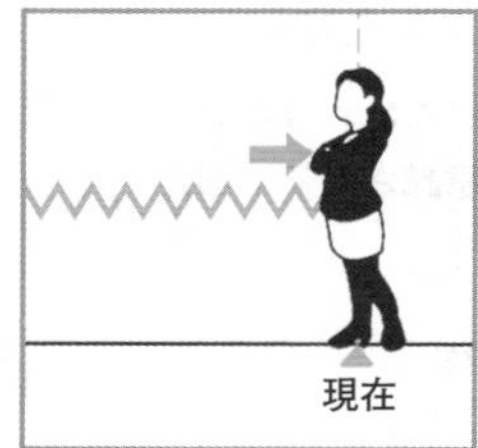

現在完了形（have+ 過去分詞）
(a) **My mother has been shopping all day.**
進行形（be 動詞 +-ing）

現在完了進行形（ずっと～している）の意味は，現在完了形と進行形のもつ「活動」の組み合わせです。過去から現在に向けてある活動（行為）がずっと続いていることを示します。「疲れた」「もうたくさん」「うんざり」。そうした感情が乗りやすい表現です。

過去完了進行形

過去完了形と進行形を組み合わせることもできますよ。

▶ **The volunteers had been working for three hours before they took a break.**
ボランティアたちは休憩をとる前に3時間働き続けていた。

ここまで作れるようになれば，ノンネイティブ・スピーカーとしては驚くべき英語力と言えるでしょう。何度も音読して自分のものにしてしまいましょう！

FACT 7
時制の一致

「時制の一致」とは，主にレポート文（→ p.47）に見られる英語特有のクセです。間違ったからといって意思疎通には問題はなく，コミュニケーションの質は落ちません。より自然な英語を話すための注意事項だと考えてください。

1 時制の一致

060

(a) **John said Steve loved Nancy.**
ジョンは，スティーブはナンシーのことが好きだと言った。

(b) **I thought Mary was really attractive.**
私はメアリーはとても魅力的だと思った。

(a) の日本語訳に注意しましょう。「スティーブはナンシーが好きだ」と，従属節は現在形になっています。ところが英語は loved と過去形。時制の一致とは，**主節の動詞が過去形なら，後続する節（従属節）も引きずられて過去になる**というクセのことなのです。

(a) **John said Steve loved Nancy.**

主節の動詞（過去） → 従属節の動詞（過去）

文法用語 主節と従属節

節は文の一部として使われる，主語と動詞を備えた「小さな文」でした（→ p.7）。このうち，文の中心を形作るものを「**主節**」，主節に組み込まれたり，修飾など補助的な働きをもつものを「**従属節**」と呼ぶことがあります。

(a) **I met my wife when I was thirty.**
主節 I met my wife ／ 従属節 when I was thirty
（30歳のときに妻に会った）

(b) **The guy that I met yesterday is rich.**
主節 The guy ... is rich ／ 従属節 that I met yesterday
（昨日会った男性はお金持ちです）

(a) の when 以降，(b) の that 以降 yesterday まではそれぞれ，I met my wife, the guy を修飾する補助的な節であるため，従属節となります。060 (a) の文でも，Steve 以降は said の内容を展開するための従属節ということになります。

現在完了では時制の一致はない

現在完了の視点は現在に置かれているため，時制の一致は原則起こりません。

▶ **I've always thought he is a good guy.**
（彼はいいヤツだと私は常々思っています）

時制の一致はなぜ起こるのか

レポート文に時制の一致と呼ばれる現象が起きるのは，**後続する節は主節の動詞の内容を説明する文**だからです。

John said Steve loved Nancy.

1996と表示されたワインを想像してください。中身は何年のワインですか？　もちろん1996年のワインです。時制の一致はそれと同じです。John **said**（ジョンが言った）が過去なら中身も過去（Steve **loved** Nancy）。ネイティブ・スピーカーにとって時制の一致は，規則ではなく大変自然な類推に基づいた自動的な反射に属します。

▶ **I'm Hiroto. —— Excuse me. What did you say your name was?**
僕はヒロトです。—— すみません。お名前は何とおっしゃいましたか？

相手の発言を反射的に聞き返すこの文にも時制の一致は行われます。難しいことは一切考えず，過去なら過去。反射的に一致させてください。

従属節が助動詞を含む場合は，その助動詞を過去形にします。

▶ 従属節に助動詞を含む場合の時制の一致

(c) **He promised me that he would never leave me.**
決して私から離れないと彼は約束してくれたわ。

(d) **My mom said I must be home by 11 p.m.**
母は私が午後11時までに帰宅するように言っていました。

助動詞に過去形がない場合

時制の一致が起こる場合，従属節の助動詞には can → could，may → might と過去形を使います。ただし must（→ (d)），should，ought to，used to などは変化しません。存在しない過去形を使うことはできないからです。

なお，「控え目な助動詞」（→ p.63）「仮定法」（→ p.64）は通常の時表現ではないので，時制の一致はありません。主節の動詞が過去形であることに引きずられて従属節の動詞が過去形になっている訳ではなく，従属節の動詞はもとのままの形で使われています。

▶ 助動詞の控え目表現や仮定法の場合

(e) **I said I wouldn't ask any tough questions.** ［控えめな助動詞］
私は，難しい質問はしないだろうなあと言いました。

(f) **She wished she had her own room.** ［仮定法］
彼女は，自分の部屋があればなあ，と願っていた。

(g) **He said he would buy me a diamond if he were rich.** ［仮定法］
彼，もし自分がお金持ちだったら，私にダイヤを買ってあげるのになって言ったの。

▶ 従属節に過去完了形を使う場合

061

(a) **I found out that she had lied to me.**
彼女がうそをついていたことが私にはわかった。

(b) **The police said they had searched everywhere.**
警察はあらゆる場所を捜索したと言った。

従属節の内容が主節（過去）よりも以前であることを明確にしたい場合，**(a)(b)** のように従属節に過去完了形を用います。ただし文脈など，常識の範囲で主節よりも以前であることがわかる場合は，わざわざ過去完了形を使う必要はありません。「ある過去の時点より前のできごとが過去完了形」，これは時制の一致に限られない通常の操作です。

2 時制の一致が起こらない場合

062

(a) **Our geography teacher taught us that Greenland is the world's largest island.**
地理の先生はグリーンランドが世界で一番大きな島だと私たちに教えてくれた。

(b) **Eri said her dad plays golf every Saturday.**
エリは彼女の父親が，毎週土曜日にゴルフをすると言った。

(c) **Brian wrote that he will reach Nepal on April 1st.**
ブライアンは4月1日にネパールに着くと手紙をくれた。

従属節の動詞が現在形のままという，時制の一致が適用されていない例は決して珍しくはありません。どういった場合にこのことが起こるのでしょうか。

時制の一致が「言ったこと（ワインのボトル）が過去ならその説明（中身）は過去」という単純な類推によって引き起こされていることを思い出しましょう（→ p.90）。時制の一致が起きないのは「ボトルの中身」以上のことが起こっているからです。

それは**「今でも成り立っている」という意識**です。今成り立つことは現在形で表す，だから現在形のまま「わざと」残しているのです。(a)「グリーンランドは今でも世界一大きな島」，(b)「そういえばエリの父親は今でも土曜日にはゴルフだよ」―― この「今でも」の意識が時制の一致をキャンセルさせているのです。(c) の文を話している人が手紙を受け取ったのは，4月1日以前です。この場合，話し手にとって4月1日は未来ですから，he will ... は今，そのまま成り立つということになります。

時制の一致は反射的になされます。「今でも成り立つ」という特別な意識が話者にない限り，常に適用されます。仮に上の文すべてに適用し，... Greenland was, ... her dad played, ... he would ... としても，まったく自然な英語です。さて難易度を上げてみましょう。

(d) 英語の先生が，君の成績には大変不満だと教えてくれたよ。

Your English teacher informed me that he was / is not at all happy with your performance.

was と is のニュアンスの差に気づいていただけましたか。時制が一致した was では，話し手は英語教師の発言をレポートしているにすぎません。単に「先生は…と知らせてくれました」ということ。一方 is には，「今そうなのだ」が強く意識されています。「彼は今，まったく満足していませんよ」という先生の不満を現在の問題として目の前に置き，「なんとかしなくてはならないよ」と言っているのです。

was / is の差は私たち日本人には些細なことに思われるかもしれません。ですがネイティブ・スピーカーはその違いを敏感に察知します。もしみなさんがこのレベルの繊細さを身につけたなら，教養あるネイティブ・スピーカーに匹敵するみなさんの英語力に，彼らも大きく心動かされることでしょう。

Chapter 2 ● EXERCISES

1 語群にある語句を必要に応じて適切な現在形に変えて空所に補い，会話文を完成させましょう。 ▶ FACT 1

A : What club are you thinking about joining?
B : I'm thinking about joining the International Cultural Club. My brother [①] that club and he [②] it [③] fun.
A : Do they [④] any special events?
B : Yeah, now they are preparing for the Halloween party.
A : That [⑤] interesting. I'd love to join it, too.

【語群】 be / belong to / have / sound / think

2 空所に語群から適切な語句を補い，会話文を完成させましょう。 ▶ FACT 1 FACT 4

A : Are you ready for the test?
B : Definitely. If I [①] well, my parents [②] me a new tablet computer. So, I studied hard.
A : Wow! That's great. Well, if you [③] well, what [④] ?
B : Yeah... well, I [⑤] the car for a year, if I [⑥]. I really don't want to do that.

【語群】 do / don't do / fail / will buy / will happen / will have to wash

3 語群にある語を過去形に変えて空所に補い，会話文を完成させましょう。 ▶ FACT 2

A : How was your day?
B : It [①] terrible. I [②] for the speaking test for two weeks but I [③] a bad score.
A : Oh, no. That's too bad.
B : I wish I [④] speak English as well as you. I [⑤] like you to teach me some English after school.
A : Sure, no problem. Practice makes perfect. You have to use it or lose it.

【語群】 be / can / get / study / will

4 語群にある語句を使って空所を補い，(1) ~ (4) の英文を完成させましょう。必要に応じて動詞の形を変えたり , be 動詞を加えてもかまいません。 ▶ FACT 1 FACT 3

(1) Our English teacher [ ] a lot about foreign countries. She used to work for a travel agency.
(2) Even my 10-year-old sister [ ] a mobile phone. It's common in Japan now.
(3) Where is Nick? —— He [ ] lunch in the school cafeteria.
(4) Kazu [ ] the soccer club. He's the captain of the team.

【語群】 belong to / have / have / know

5 空所に語群から適切な語句を補い，会話文を完成させましょう。 ▶ FACT 4

(1) A: I'm going to buy something to drink. When does the movie start?
B: It [ ] in ten minutes.
(2) A: I heard you'll have a chance to hold a koala.
B: Yes, we [ ] a zoo on our first day in Australia.
(3) A: We nearly failed the chemistry test.
B: Yeah. Next year [ ] very tough.
(4) A: Why didn't you email the picture to me?
B: Sorry, I [ ] it tonight.
(5) A: Do you have any plans for this weekend?
B: Yes, I [ ] futsal with some friends. Do you want to join us?
A: No, I think I'll just stay home.

【語群】 am playing / is going to be / starts / will be visiting / will do

6 空所に語群にある動詞を適切な形に変えて補い，(1) ~ (4) の英文を完成させましょう。 ▶ FACT 5

(1) Could you lend me your pen? I've [ ] mine.
(2) I've never [ ] to Australia. I'm looking forward to my school trip.
(3) I'll take you to some interesting places in Tokyo. I've [ ] here for many years and I know it very well.
(4) I haven't [ ] my homework, so I'll have to talk to the teacher.

【語群】 be / finish / live / lose

7 意味が通るように [ ] 内の語（句）を並べ替えて，(1) ~ (3) の英文を完成させましょう。 ▶ FACT 6

(1) Our parents [have / married / for / will / been] 25 years in July. We should buy them a nice present.
(2) Rob [I / had / lost / lent / the DVD] him. He has to buy a new one.
(3) Although [been / since / has / raining / ever / it] we arrived in Okinawa, the weather will be perfect tomorrow.

8 [ ] 内にある2つの語句のうち，適切なほうを選んで文を完成させましょう。 ▶ FACT 7

(1) I realized that I [didn't study / hadn't studied] enough when I saw the first question on the test.
(2) You knew that I [have wanted / wanted] to go to see that movie, too. Why did you go without me?

Chapter 2 ● EXERCISES ● Answers

1 ① belongs to ② thinks
③ is ④ have ⑤ sounds

訳 (1) A：何のクラブに入ろうと思ってる？
B：国際文化クラブに入ろうと思ってるよ。僕の兄が所属していて，楽しいんだって。
A：何か特別なイベントはあるの？
B：あるよ。今はハロウィンパーティーの準備をしているところさ。
A：それはおもしろそう。私も参加したいな。

2 ① do ② will buy ③ don't do
④ will happen ⑤ will have to wash
⑥ fail

訳 A：テストの準備はできてる？
B：もちろんさ。成績がよければ，両親が新しいタブレット PC を買ってくれるんだ。だから，一生懸命勉強したよ。
A：うわー！ それはいいわね。じゃあ，悪かったらどうなるの？
B：ああ…えっと，ダメだったら 1 年間，車洗いをすることになるんだ。それは本当にしたくないよ。

3 ① was ② studied ③ got ④ could
⑤ would

訳 A：今日はどんな 1 日だった？
B：最悪でした。2 週間もスピーキングテストのために勉強したのに，ひどい点数だったんです。
A：ああ，それは残念。
B：私もあなたのように英語が上手に話せたらいいのに。放課後に少し英語を教えてもらいたいんですけど。
A：もちろんいいよ。習うより慣れろだよ。使わないと忘れてしまうからね。

4 (1) knows (2) has (3) is having
(4) belongs to

訳 (1) 私たちの英語の先生は海外の国についていろいろなことを知っています。以前は旅行代理店に勤めていたから。
(2) 私の 10 歳の妹でさえ携帯電話を持っています。今の日本では普通のことです。
(3) ニックはどこ？ ―― 彼は学生食堂でお昼を食べているよ。
(4) カズはサッカー部に所属しています。彼はチームのキャプテンです。

5 (1) starts (2) will be visiting
(3) is going to be (4) will do
(5) am playing

訳 (1) A：何か飲み物を買いに行くけど。映画はいつ始まるのかな？
B：10 分後に始まるよ。
(2) A：君はコアラをだっこするんだって聞いたよ。
B：そうなの。オーストラリアでの最初の日に動物園に行くことになってるの。
(3) A：あやうく化学のテストに落ちるところだったね。
B：そうだね。来年は大変そうだね。
(4) A：なぜ写真をメールで送ってくれなかったの？
B：ごめん。今夜送るよ。
(5) A：今度の週末は何か予定がある？
B：うん。何人かの友だちとフットサルをすることにしているんだ。君も参加したい？
A：いや。僕は家にいようと思うよ。

6 (1) lost (2) been (3) lived
(4) finished

訳 (1) ペンを貸してくれる？ 自分のをなくしちゃったんだ。
(2) オーストラリアに行ったことが一度もないの。修学旅行が楽しみだわ。
(3) 東京のおもしろい所に連れて行ってあげるね。長く東京に住んでいて，よく知ってるから。
(4) 宿題が終わってないから，先生に話さなくちゃ。

7 (1) will have been married for
(2) lost the DVD I had lent
(3) it has been raining ever since

訳 (1) 今度の 7 月で，父さんと母さんが結婚してから 25 年になるね。私たち，素敵なプレゼントを買わなくちゃ。
(2) ロブは私が貸していた DVD をなくしたの。彼は新しいのを買う必要があるよ。
(3) 沖縄に着いてからずっと雨だったけど，明日の天気は申し分ないだろう。

8 (1) hadn't studied (2) wanted

訳 (1) テストの最初の設問を見たとき，自分が十分に勉強していなかったことがわかった。
(2) 私があの映画を見に行きたかったって知っていたはずよ。どうして私抜きで出かけたの？

Chapter 3

助動詞

第5回

「助動詞」には，２つの高いハードルがあります。1つ目は，「語順」。英語の助動詞は日本語とは異なり，動詞の前に置かれます。その理由は「指定ルール」が働いているから。2つ目は，助動詞には複数の意味があるという点。このハードルを乗り越える近道は，助動詞のイメージをつかむこと。「指定ルール」「イメージ」というキーワードに注目しながら解説動画（第5回）を視聴しましょう。

ここが大切！

助動詞のコア

Chapter 3 で学ぶこと

助動詞は may（〜かもしれない），must（〜にちがいない）など，話し手のモノの見方を表す要素です。文中での位置はもちろん，それぞれのもつ意味合いまでしっかりと理解していきましょう。

参考

助動詞にはこの chapter で取り上げるもの以外に，完了形を作る have（→ p.76），疑問文・否定文・強調などで使われる do（→ p.11）も含まれます。

1 助動詞は話し手のモノの見方を表す

数ある英単語の中でも，助動詞は**意味とニュアンス**を特にしっかりと理解することが求められます。それは，助動詞が話し手のモノの見方・心理を直接反映する表現であるためです。

(a) **She is late.**　　彼女は遅刻です。
(b) **She may be late.**　　彼女は遅刻かもしれない。

助動詞が使われていない (a) が単に**事実**を述べているのに対し，(b) では**話し手がどう考えているのか**が述べられています。助動詞は心を乗せる表現。使いこなすためには，それぞれの助動詞にどういった心理が通っているのかを理解しなければなりません。

2 助動詞は動詞の前に置く

日本語	彼女は	遅刻する	かもしれない。
英語	She	may	be late.

話し手の考えであると伝える

助動詞が使われる位置は日本語と大きく異なります。時を表す表現と同様，**英語の助動詞は動詞の前**に置かれます。その理由は，助動詞は**「指定」表現**だからです。「後続の内容は事実ではなく，話し手の考えなのだ」ということを指定するため，動詞の前に置かれるのです。英語の「彼女はかもしれない→遅刻だ」の語順にまず慣れること。それが助動詞をマスターする初めの一歩です。この chapter で学ぶ文すべてを語順通り音読・暗唱すれば，語順はすぐに身につきます。

3 助動詞のもつ複数の意味

助動詞学習の難しさは，助動詞がしばしば一見無関係ないくつかの意味をもっているところにあります。たとえば must には「～しなくてはならない」と「～にちがいない」が同居しています。

(a) **Six o'clock? I must start getting dinner ready.**
6時？　夕食の準備を始めなくちゃ。

(b) **You walked all the way here? You must be tired.**
ここまでずっと歩いてきたのですか？　お疲れにちがいありません。

実はこの２つの意味は無関係ではありません。must のもつごく単純なイメージが同じコインの裏表のように，２通りの意味を生み出しているのです。**大本にある基本的なイメージ**を理解すれば，複数の意味を厄介(やっかい)に思うことなく使い方を単純に，そしてその心理を深く理解することができます。イメージの力をフルに使って助動詞をマスターしていきましょう。

FACT 1 助動詞【基礎】

助動詞についての基本事項を確認しておきましょう。

助動詞は**動詞の前**に置きます。また助動詞のある文では，動詞は基本的に原形となることに注意しましょう。現在・過去などの文の「時」は助動詞によって示されるため，動詞は変化させる必要がないのです。

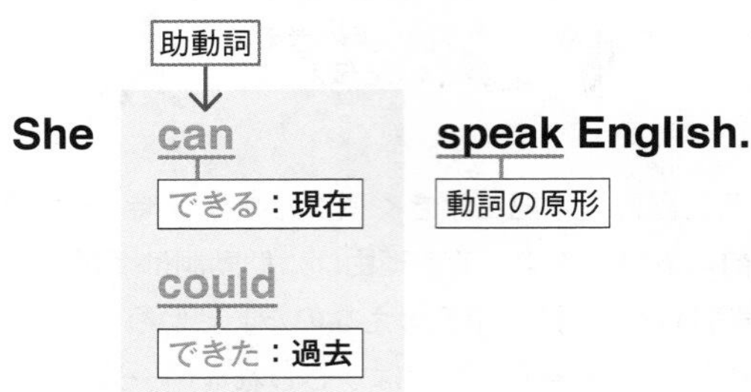

また，助動詞の形は主語によって変化しません。たとえば主語が一人称でも三人称単数でも，I can / She can... と同じ形を使います。

▶助動詞の疑問文と否定文

063

(a) **Can she speak English?** 【疑問文】
彼女は英語を話せますか。

(b) **She cannot speak English.** 【否定文】
彼女は英語を話せません。

英語の疑問文・否定文は，助動詞を中心に作ります。助動詞を主語の前に動かして疑問文を，助動詞の後ろに not を付けて否定文を作ります。

▶助動詞の疑問文と否定文の作り方

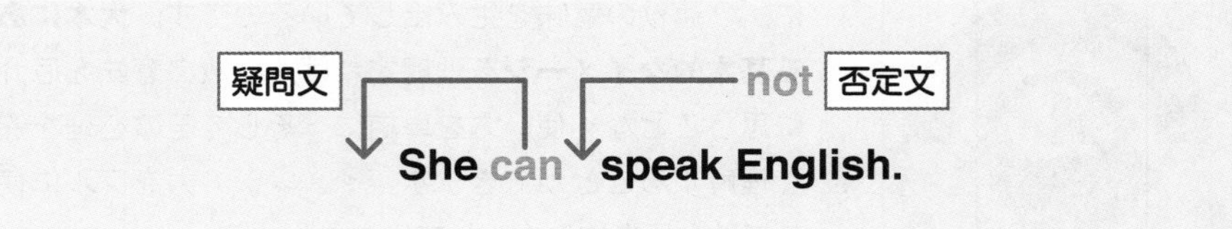

▶助動詞の代わりに類似の表現を使う場合

064

(a) **Next week I will** be able to **give you more information.** (× will can)
来週には，私はあなたにもっと詳しい情報を伝えることができるでしょう。

(b) **I want to** be able to **play tennis like Kei!** (× want to can)
私はケイのようにテニスができるようになりたい！

(c) **I enjoy** being able to **play sports again.** (× enjoy canning)
私はまたスポーツができることを楽しんでいます。

Chapter 3 助動詞

助動詞には現在形・過去形しかなく，通常の動詞がもつ原形・-ing 形・過去分詞はありません。そのため，原形が求められる「助動詞の後ろ＝(a)」「to 不定詞の後ろ＝(b)」，「-ing 形が求められる場所＝(c)」では助動詞を使うことができません。can → be able to（できる）など，**意味が類似した表現**を使いましょう。また，must が使えない場合には，**have to**（しなければならない）を使います。

(d) **We'll** have to **get permission from your mother.** (× will must)
私たちはあなたのお母さんの許可をもらわなくちゃならないでしょうね。

これで助動詞の基礎は終わりです。それでは早速，モノの見方を表す助動詞の興味深い世界に足を踏み入れて行きましょう。

FACT 2 主要助動詞の意味：MUST

□過去形：なし　□否定形：must not（短縮形：mustn't）

must のイメージは「**高い圧力**」です。このイメージが何らかの行動に駆り立てる高い圧力（**義務**）と，ある結論に強く導く圧力（**確信**）という，2つの意味を生み出しています。

❶ 義務（しなければならない）

065

(a) I must get back home by eight. My parents will be mad if I don't!
私は 8 時までに家に帰らなければいけません。そうしないと両親が怒るので！

(b) You must finish this report on time.
あなたたちはこのレポートを時間どおりに仕上げなければいけません。

must の「**義務**」は非常に強い圧力として受け取られます。どうしてもやらねばならないといったレベルの圧力で，相手に向けられた場合，命令文と同等の強さをもちます。**(b)** は Finish this report on time. という命令文と，ほぼ同じ強さだと考えてください。

❷ 禁止（してはならない）

066

You mustn't do that! You'll break the window.
それをやっちゃだめだ！ 窓を割ってしまうよ。

must に **not** が加わると「〜しないことが must だ」という，「**禁止**」を表す表現となります。「ダメ！」という強い圧力が感じられ，Don't 〜（〜するな）と同等の**強い禁止**を表します。

参考
mustn't の発音： mustn't は [mʌ́snt] と発音し，最初の t は読みません。

❸ 強い勧め（しないといけませんよ）

067

You must go and see Tokyo Skytree. It's amazing.
東京スカイツリーを見に行かないと。すごいですよ。

must の強い圧力は「**勧め**」にもつながります。相手にとってよいことを強く勧めることから，とても好感度の高い表現です。

❹ 強い確信（ちがいない）

068

(a) **The injury isn't serious? You must be relieved!**
ケガは大したことないの？ ホッとしたでしょう！

(b) **You passed the entrance exam? You must be very happy.**
あなた，入試に合格したんですって？ それはすごくうれしいでしょうね。

must の「**確信**（ちがいない）」にも，高い圧力が感じられます。間違えようのない結論に押し出す強い圧力。「A，B，C ときたら，次は D だ」と同様の，「それ以外は考えられない」という強い確信です。

must に過去形はない

must には過去形がありません。「しなければならなかった」と過去を表したいときには類似表現の **have to** の過去形 **had to** を選びます。

▶ **I had to call my parents every night.** (✕ must → ○ had to)
(私は両親に毎晩電話をかけなければなりませんでした)

最初は奇妙に思うかもしれませんが，ネイティブ・スピーカーはこのことをごく自然に受け入れています。その理由は must が「現在差し迫って感じられる圧力」だからです。行為や結論に「今」強烈に駆り立てる生々しい圧力，それが must のもつ質感なのです。

FACT 3 主要助動詞の意味：MAY

□過去形：might　□否定形：may not（短縮形 mayn't はほぼ使われません）

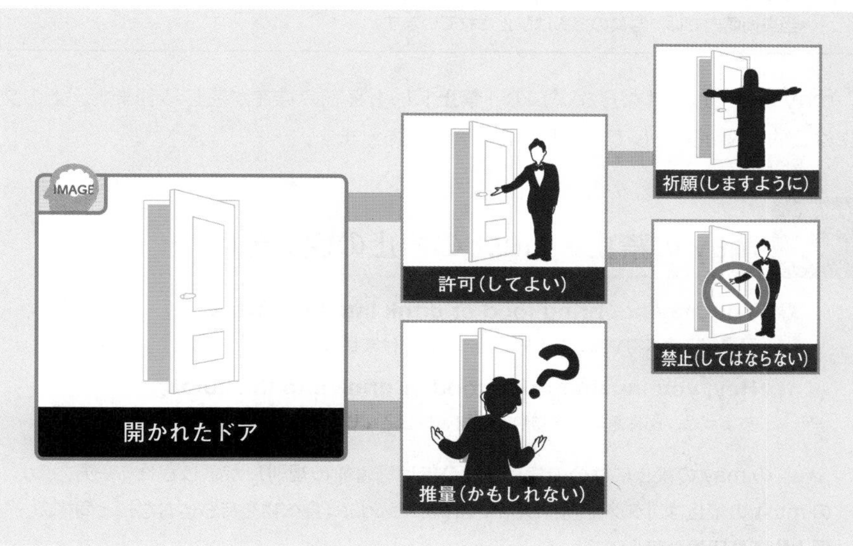

may のイメージは「**開かれたドア**」。このイメージから「**許可**」「**推量**」が生まれます。ドアを開けて「許可」する，可能性が閉ざされていないことから「かもしれない（推量）」というつながりです。

❶ 許可（してよい）

069

(a) You may use your dictionary during the test.
（教師が学生に）試験中は辞書を使ってもよろしい。

(b) May I come in?
入ってよろしいでしょうか。

may は「**許可を与える**」。目上の者が目下の者に与える堅苦しさを伴う許可を表します。権威ある者がドアを開き，相手に通行を許可しているところを想像するといいでしょう。**(a)** にはちょうどそうした雰囲気が感じられます。**(b)** の May I ～？は，逆に「下から目線」。相手に権威を認め，許可を請う感触で使われます。

❷ 禁止（してはならない）

070

(a) **You may not enter here.**
ここに入ってはいけません。

(b) **You may not take photographs inside the museum.**
当美術館内では，写真の撮影は禁止されています。

may not（してはならない）の「**禁止**」にも権威の存在が感じられます。上の文には公的機関が禁止しているといった響きがあります。

may の禁止・must の禁止の使い分け

(a) **You may not bring food or drink into the library.**
図書館に食べ物や飲み物をもち込んではいけません。

(b) **Hey, you mustn't bring food or drink into the library.**
ちょっと，図書館に食べ物や飲み物をもち込んじゃダメだよ。

(a) の may の禁止には**公の権威**（ここでは図書館の規則）が感じられる一方，(b) の must の禁止は「ダメだ」。Don't bring food...（食べ物を持ち込むな）と同様の，**個人的で高圧的な禁止**です。

❸ 祈願（しますように）

071

May all your dreams come true!
あなたの夢が全部かないますように！

「～しますように」と神に願いごとをするときに使う助動詞は may。この使い方は許可の延長線上にあります。圧倒的な権威者である神に「許しを請う」ニュアンスで発せられるからです。倒置（助動詞と主語の位置が逆転すること：→ p.354）を伴いますが，これは感情の高揚を示しています。

❹ 推量（かもしれない）

072

> **(a) We may go to Spain this summer.**
> 私たちは今年の夏，スペインに行くかもしれません。
>
> **(b) He may or may not be ill.**
> 彼は病気かもしれないし，そうではないかもしれない。

「**推量**」の may も「開かれたドア」というイメージから生まれています。may の「かもしれない」はそれほど大きな可能性を示しているわけではありません。「閉じられていない」程度の，だいたい 50% の可能性です。そうかもしれないし，そうではないかもしれない —— よくわかっていないのです。ネイティブ・スピーカーはよく，小首をかしげながら may を使っています。

Vocabulary　may を使ったさまざまな表現

☐ **may ～ but ...**　**（～かもしれないが…）**

He may be rich, but he is boring.
（彼はお金持ちかもしれないけど，退屈な人だ）

▶ 譲歩を表すフレーズです。日本語でもこうした言い方はたいへんポピュラーですね。話し手が主張したいのは but 以下。may の節は批判の前置きです。

☐ **may / might well ～**　**（たぶん～だろう，～するのももっともだ）**

(a) **Taro may well win the speech contest.**
（タロウはスピーチコンテストに優勝しそうだね）

(b) **Why isn't John here? — You may well ask.**
（どうしてジョンがいないの？ —— あなたが尋ねるのももっともですね）

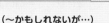

▶ well（十分）がつくことにより may の可能性が強調され「十分な可能性・理由がある」という意味になります。

□ may / might (just) as well ～ （～してもいい・仕方ない）

(a) **You may as well tell us.**
（話してくれてもいいんじゃないかな）

▶ほかの選択肢が頭をよぎっている表現です。as well（同じくらいよい）がついて「(ほかの選択肢を取ってもいいが同じくらい）～してもよい」。積極的に勧めているわけでも希望しているわけでもありません。「してもいいよ，しなくても別段かまわないけど」程度の気持ちです。

(b) **Do you want to go for a coffee?**
（コーヒー飲みに行かない?）

── Might as well. We can't do anything until John gets here.
（── 仕方ないね。ジョンが来るまで何もできないからね）

▶このフレーズの際立った使い方は「仕方ない」。ほかによい選択肢がない場合に使われます。「(よい選択肢がないから）してもいい」→「仕方ない」となるのです。

(c) **We might as well talk to a brick wall as talk to John. He never listens!**
（ジョンに話すなんて，レンガの壁に話すようなものだよ。言うことを少しも聞かないんだ！）

▶as ... を加えて「…するなら～したほうがいい，…するのは～するようなものだ」を表すことができます。

▶「いかに無理なことなのか」を表現する形です。**(c)** は「壁に話してもいいよ，ジョンに話すのと同じくらい（= as）にはね」。思い切り無意味な選択肢を出すことによって，talk to John がどれほど無意味なことなのかを表現しているのです。

主要助動詞の意味：WILL

□過去形：would　□否定形：will not（短縮形：won't）
□短縮形：I'll, We'll など

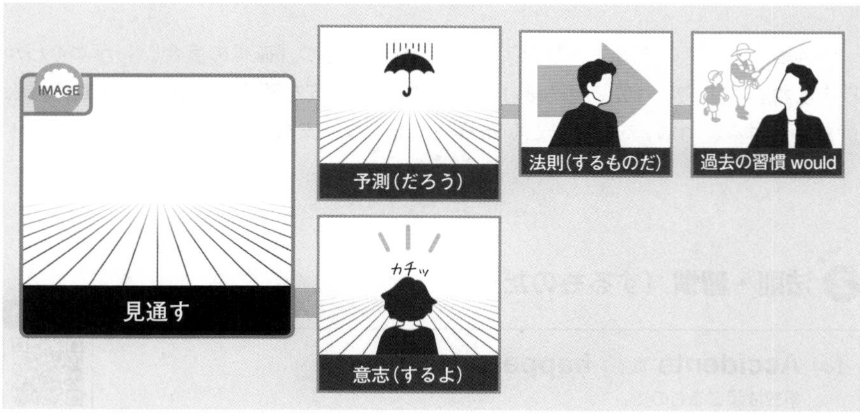

will のイメージは「**見通す**」。これからのできごと・まだ見ぬできごとを見通す意識がこの単語の意味の中心です。これからを見通せば予測（だろう），これからを見通し，何かを実現しようとすれば意志（するよ）となります。

❶ 予測（だろう）

073

(a) **It will rain tomorrow.**
明日は雨になるでしょう。

(b) **You'll feel much better tomorrow.**　(You'**ll**=You **will**)
明日はずいぶん気分がよくなりますよ。

will は「～だろう・～でしょう」と日本語に訳されることが多い単語ですが，実際には**未来をしっかりと見通す感覚**を伴っており，訳語よりもはるかに強い確信を示します。まだ見ぬ事態ですが，話し手には自信があり，確信があるのです。推量の may と比べてみましょう。

(c) **It may rain tomorrow.**　明日は雨になるかもしれない。　**【推量】**

こちらは雨になることについて半信半疑であり，よくわかってはいません。

Tea Break 新幹線のアナウンス

▶ **This train will arrive at the Tokyo terminal in a few minutes.**
（この電車はあと数分で終点・東京駅に到着します）

新幹線でよく耳にするアナウンスですが，will のもつ「確信の度合い」がよくわかりますね。この文に「だろうなあ」などといった不安な要素は一切ありません。もし will ではなく may を使ったとしたら…。そんな不安な電車，誰も使いませんよ！

❷ 法則・習慣（するものだ）

074

(a) **Accidents will happen.**
事故は起こるものだ。

(b) **She will play the piano for hours.**
彼女は（よく）何時間もピアノを弾きます。

(c) **My dad would often take us fishing.**
父はよく私たちを釣りに連れていってくれたものだった。

「**法則**」は予測の延長です。法則とは「必ず起こると予測できるもの」だからです。「事故→起こるものだ」といった強い流れが意識されています。**(a)** のように**一般的な法則**に使われるほか，**(b)** のような**習慣**についても使われます。習慣も人についての法則だからです。「**過去の習慣**（～したものだった）」は，過去形 **would** を使います。

❸ 意志（～するよ）

(a) I'll give you a hand.
私が手伝ってあげますよ。

(b) I've left my wallet at home.
— Don't worry. I'll lend you some money.
財布を家に置いてきちゃった。
— 大丈夫．私がいくらか貸してあげるよ。

「～するよ」は「**意志**」を表す使い方です。英文の理解にはそれだけで十分ですが，実用上は「『するよ』とその場で決断する」と考えてください。「ここは暑いね」と言われ「窓を開けるよ」と返す── そうしたタイミングで使われるのが意志の will なのです。

カチッと意志決定

意志の will を使うときの感覚は「カチッ」。頭の中でカチッと意志決定がなされる感覚です。相手が困っているのを見て「(カチッ) 手伝ってあげるよ」。「財布を忘れてきたんだ」と言われて「(カチッ) お金を貸してあげるよ」。いちいち「～するよ」「意志」といった日本語を思い出さなくても，「カチッ」で上手に使えます。

強い意志

will の表す意志は「貸してあげますよ」といった，気楽で弱いものばかりではありません。非常に強烈な「絶対～するんだ」も表すことができます。次の (a) は，父親に「わしは絶対あんなやつとの結婚は許さないからな」と言われた娘のひとこと。

(a) **I will marry him!**
（私は絶対，彼と結婚するからね！）

この will は非常に強く発音され，短縮されません。

また，次のような**擬人的な使い方**も覚えておきましょう。the door に強固な意志があり「開こうとしない」というニュアンス。「あれこれやっても一向に開こうとしない…何だこれは！」といった状況です。ここまで使いこなせれば，意志の will は卒業ですよ。

(b) **This door won't open.**
（このドア，開かないんですよ）

(c) **My car won't start.**
（私の車，エンジンがかかりません）

will は未来専用ではない

will は未来を表す代表的な語ですが「未来専用」というわけではありません。

(a) **That will be the pizza guy.** （ピザ屋さんだ）
(b) **They will be in Florida by now.** （彼らは今頃フロリダでしょうね）

ピザを頼んで 30 分後，ドアにノックが ―― 「あっ，ピザ屋さんだ」。空港から出発した友人のことを思いながら「今頃は…」。どちらも現在について述べていますね。まだ見ぬモノを「見通す」意識があるとき，未来でなくても will が使われます。

will が未来に使われるのは，未来について私たちは，「こうなるだろう」と予測したり，「～するよ」と意志を示すことが多いから。ただそれだけのことなのです。

FACT 5 主要助動詞の意味：CAN

□過去形：could　□否定形：cannot = can't（通常 can not とは綴りません）

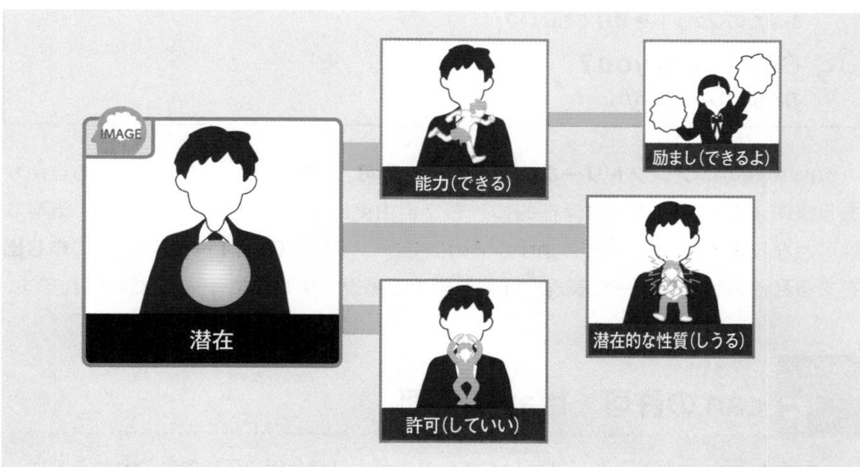

can は「**できる**」と考えてかまいません。ただ細かなニュアンスを知りたいなら，そこに「**潜在**」というイメージをもってください。やろうと思えばできる「**能力**」，そうした自由度がある「**許可**」など，can の持ち味がより実感として理解できるはずです。

❶ 能力（できる）

076

(a) **Kenji can run 100 meters in 11 seconds.**
ケンジは 100 メートルを 11 秒で走ることができます。

(b) **Come on! You can do it.**
がんばれ！　あなたならできます。

(a) はケンジの中に**潜在する**，やろうと思えばできる**能力**を表しています。can が「励まし」によく使われるのも潜在的な力に着目しているから。「君はそうした力を秘めているよ」―― それが励ましにつながっているのです。潜在的な力に及ぶ視線が can の持ち味なのです。

❷ 許可（していい）

077

(a) **You can use my eraser.**
私の消しゴムを使ってもいいよ。

(b) **Can I borrow your racket?**
あなたのラケットを借りてもいい？

(c) **Can I help you?**
お手伝いしましょうか。

canの許可は**フレンドリーな軽さをもった許可**。「やりたかったらそうする自由がありますよ」と，相手が（潜在的に）もつ自由度に焦点を当てているため，気軽な許可となります。(a) (b) のcanがその例です。(c) の **Can I ～ ?** は相手に**申し出**をするときのポピュラーな表現。許可を求める表現が申し出に── 自然な流れです。

canの許可・mayの許可

canとmayはどちらも「許可」を表しますが，日常会話で圧倒的に使われるのは「気軽な」許可を表すcan。まずはそちらに慣れてください。

(a) **May I take your order?**
（[レストランでウエイターが] ご注文よろしいでしょうか）

権威が感じられる堅苦しいmayは，「礼儀正しい雰囲気を文に加えておこう」「canだとなれなれしく響きそう」といった場面で，特別な配慮とともに使われます。

では，「トイレに行っていいでしょうか」と許可を求めるとき，みなさんならどちらを選びますか。

(b) **Can I go to the restroom?**
(c) **May I go to the restroom?**

もしみなさんが友人の家に招かれたり，将来，ビジネスで取引先を訪問したときには，(c) を選ぶと，とても丁寧に響いて好感度は上がります。教室で先生に許可を求めるときは (b) で十分でしょう。昔はmayを使わなければならない時代もあったのですよ。

❸ 潜在的な性質（しうる・ときに～することがある）

078

(a) **Ken can be so selfish.**
ケンはすごく自分勝手になることがあります。

(b) **Tokyo can be very cold in April.**
東京は４月にとても寒くなることがある。

内部に向かう視線，それが can を使いこなすコツです。**(a)** で話し手はケンに潜在する自己中心的な性質を見通しています。**(b)** も「東京は寒くなることがある」── そうした可能性を秘めているということです。

FACT プラス +F

can の「はずがない」「などということがありえるの?」

can の否定文・疑問文は，強い感情的色彩を帯びることがあります。

(a) **That can't be true.**（それは本当のはずがない）

(b) **Can that be possible?**
（そんなことがありえるのかい？　[ありえるわけがないだろう]）

(a) は That is not true.（それは本当ではない），**(b)** は Is that possible?（それは可能ですか）よりも，はるかに強い否定・疑念を表しています。can は内部に向かう視線でしたね。どう考えてもそんなことが起こる理由がない，そんな可能性は潜在してはいない。そうした内部を探る意識がこうした強い否定文・疑問文を生み出しているのです。

Vocabulary　can を使ったさまざまな表現

□ cannot ～ too…

(いくら…してもしすぎることはない)

You cannot be too careful when you ride a bicycle.

(自転車に乗るときはいくら注意しても注意しすぎることはない [=最大限の注意が必要だ])

□ cannot ～ enough

(十分～することはできない)

I cannot thank you enough.

(お礼の言いようもありません)

□ cannot help -ing

(～せずにはいられない)

She couldn't help crying.

(彼女は泣かずにはいられなかった)

▶ help はある状況から救い出すこと。それができないことから「(ある状況から) 逃れることができない・変えることができない」ことを意味します。

□ cannot (help) but ～

(～せずにはいられない)

I can't help but admire her artwork.

(彼女の作品は賞賛せずにはいられませんね)

▶ but は「～を除いて」。「～を除いてできない → ～せずにはいられない」という意味です。

主要助動詞の意味：SHOULD

□過去形：なし　□否定形：should not（短縮形：shouldn't）

助言／アドバイス（すべき）・確信（はず）

079

(a) **You should be more careful with your money.**
あなたはお金にもっと気をつけるべきです。

(b) **I should be able to get to the restaurant by seven.**
私はレストランには7時までには着けるはずですよ。

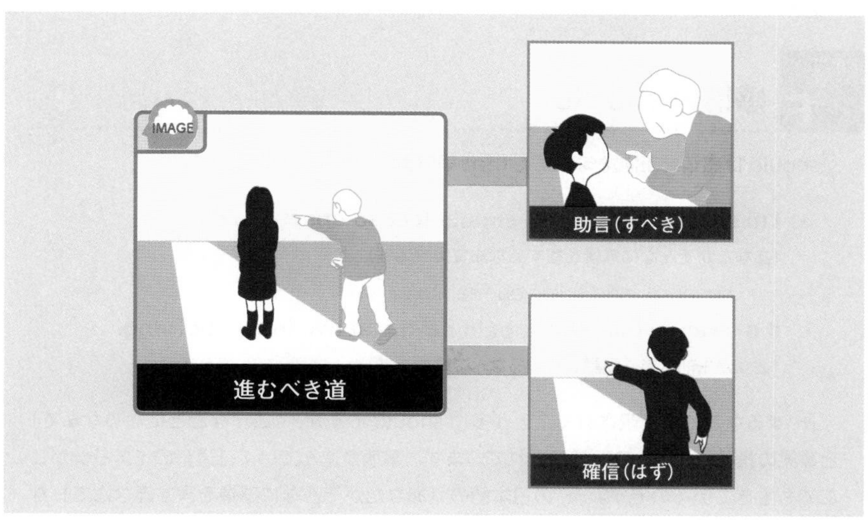

shouldは使用頻度が高く，重要な助動詞です。**mustのマイルドバージョン**だと考えてください。mustの「しなければならない」に対して「すべき（**助言・アドバイス**）」，「ちがいない」に対し「はず（**確信**）」のように，**mustの弱い意味合い**となっているのです。

shouldのこうした意味は，そのイメージ「進むべき道」から生まれています。「この道を行きなさい」から「すべき」，「事態はこの道に沿って進んで行く・進んでいる」から「はず」となっているのです。

頻度は大きく落ちますが，**ought to** も should とほぼ同じ意味で使われます。

(c) You ought to (= should) call the police. 【助言・アドバイス】
警察を呼ぶべきです。

(d) Our team ought to (= should) win the match. 【確信（～はず）】
私たちのチームがきっと勝ちますよ。

参考

ought to の用法：

① ought to は，ほかの助動詞と同様に主語によって変化しません。
You ought to... / He ought to...

② ought to の疑問文・否定文は以下のようになりますが，めったに使われません。
(a) Ought I to attend the meeting? （ミーティングに出るべきでしょうか？）
(b) You ought not to attend the meeting. （ミーティングに出るべきではない）

感情の should

should は**感情を表す**語句に続く **that 節**で使われることがあります。

(a) I'm surprised that you should feel so upset.
（あなたがそんなに感情を害するなんて驚きです）
参考 I'm surprised that you feel so upset.

(b) It's strange that she should call us at two in the morning.
（彼女が午前２時に電話してくるなんて奇妙です）

「～するなんて」と訳されることが多い should ですが，「こんなことになるなんて」と**事態の推移・プロセス**が感じられています。事態が進んでいく「道」のイメージがここでも生きているのです。(a) の日本語の「あなたがそんなに感情を害するなんて」などにも，できごとの成り行きが感じられますね。should がなければ，推移が感じられず，単に「あなたが感情を害しているのは驚きだ」となります。

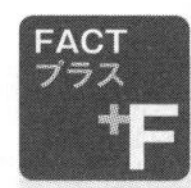

要求・提案・必要の should

insist・demand（要求する），**suggest・propose**（提案する），**it is important**（重要です）・**it is necessary**（必要です）など，要求・提案・必要を表す動詞（句）に後続する節では，should がしばしば使われます。

(a) **They are demanding that she should cancel the meeting.**
（彼女にミーティングをキャンセルするように彼らは要求している）

(b) **I propose that the students should do a volunteer activity.**
（学生がボランティア活動をすることを提案します）

(c) **It is important that you should do your best.**
（ベストを尽くすことが重要です）

要求・提案・必要についての発言は「そうするべきだ」という意識でなされるもの。should（すべき）が使われるのはそのためです。また，should を用いず**「動詞の原形」**を用いることも可能です。

(d) **I always insist that my students be on time for class.**
（私は自分の学生には，時間通り授業に出席することをいつでも求めている）

be 動詞の原形が使われていますね。原形を使うのはその内容が「実現していない」から。現在形を使うと my students are on time for class となり，「（実際に）時間通り出席している」という現在の事実を表してしまいます。**要求・提案・必要の内容はまだ実現していないので，動詞の原形が使われる**のは当然のことなのです。この場合 should を用いるよりも，少し「べき」のニュアンスが弱まります。

FACT 7 主要助動詞の意味：SHALL

❶ 束縛（しなければならない・必ず〜になる）

080

(a) You shall not steal. （モーゼの十戒）
盗んではならない。

(b) We shall never forget your kindness.
私たちはあなたの親切を決して忘れません。

進むべき道

shall は古めかしく，フォーマル。法律の条文などに用途が限られつつある，使用頻度の低い助動詞です。イメージは「進むべき道」。「それ以外に道はない」「必ずそうなる（そうした道をたどる）」と，一本の道に強く束縛します。法律の条文で使われるのは，「そうするしかない」と束縛するからです。**(a)** は not steal（盗まない）ようにするしかないということ。**(b)** は「必ずそうなる」という確信をもった使い方です。

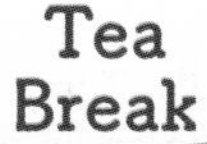

shall と should

shall のイメージが should と同じであることに気がついていただけましたか？　実は should は shall の過去形から独立した助動詞なのです。

助動詞の過去形は過去のできごとだけではなく，「控え目な表現」として使われることも頻繁にあります（→ p.63）。should（すべき・はず）は，shall（しなければならない・必ずそうなる）の意味が弱まったものなのです。

ただ現在では shall は極端に使用頻度が落ちるため，本来の should と shall の関係が薄れ，「should は must の弱い形」だとネイティブ・スピーカーは認識しているのですよ。

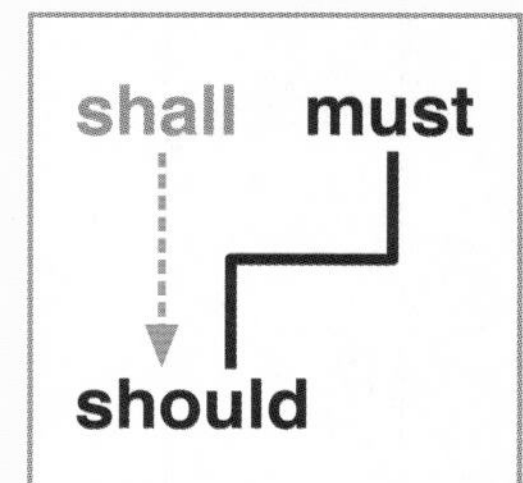

❷ 申し出・勧誘

081

(a) Shall I **help you?**	お手伝いしましょうか。
(b) Shall we **dance?**	ダンスしましょうよ。
(c) Let's **go to the party,** shall we**?**	パーティーに行きませんか。

使用頻度の低い shall であっても，この (a)(b) 2つのフレーズは日常生活で必須の表現です。どちらも手を差し伸べる温かさを伴っています。(a) の Shall I...?（[私が] ～しましょうか）は「**申し出**」。例えば大きな荷物をもったお年寄りに手を差し伸べる雰囲気です。(b) の Shall we...?（[一緒に] ～しましょう）は「**勧誘**」。相手の背中を押す勢いのある let's より柔らかく，手を差し伸べて誘うニュアンスです。

(c) はよく使われる let's とのコンビネーション。「パーティーに行こう」と勢いよく誘い，そのあと「そうしない？」と優しく誘っています。

そのほかの助動詞（need, dare）

need（必要とする）と dare（あえて・恐れずに～する）は，疑問文・否定文に限り，助動詞として使うことがまれにあります。

(1) (a) Need **you really play the music so loud?** (← Do you really need to play...?)
（ホントにそんなにうるさく音楽をかける必要があるの？）

(b) **She** need not [needn't] **put up with his behavior.** (← She doesn't need to put...)
（彼女は彼のふるまいをがまんする必要なんてないよ）

＊助動詞 need には過去形はありません。

(2) (a) Dare **you eat fried ants?** (← Do you dare to eat...?)
（アリのフライを食べる勇気がありますか）

(b) **He** dared not **say no to her.** (← He didn't dare to...)
（彼は彼女にノーと言う勇気がなかった）

現実問題として，この厳しい制約に従い，わざわざこの2つの動詞を助動詞として使う利点はありません。（ ）内のように，常に動詞として使えばいいのです。ちなみに dare には，怒り・驚きを表す決まり文句「**How dare A ＋ 動詞**」があります。時に使うこともある（ないことを願っていますが）ため，しっかり覚えておきましょう。

(c) How dare **you talk to me like that!**（よくもまあ私にそんなことが言えるね！）

助動詞相当のフレーズ

❶ have to（しなければならない・ちがいない）

□ have to の have は，動詞 have と同じように変化する（三単現：has，過去形：had，発音は have to[hǽftə]，has to[hǽstə]，had to[hǽttə] が一般的）。
□ 疑問文・否定文でも，動詞 have と同じ扱いをする。
疑問文：Do you have to go? ／否定文：He doesn't have to go.

082

(a) **You have to read this book.**
あなたはこの本を読まなければなりません。

(b) **She has to be a professional chef.**
彼女はプロの料理人にちがいない。

have to は「～しなければならない／～にちがいない」。 must とほぼ同じ意味をもつ表現です。must には過去形がないため，過去を表したいときは have to の過去形 **had to** を選びます（→ p.104）。

have to の必要性

実は，must と have to は微妙にニュアンスが違います。「～しなければならない」と自分の考えを主張するだけなら must で十分ですが，**客観的必要性**が強く感じられているなら，**have to 優先**です。

(a) **You must read this book — it's really interesting.**
(b) **You have to read this book — or you'll fail the English course!**

(a) は「読まなくちゃダメだよ，おもしろいから」と，話し手がそう思っているだけのこと。しかし (b) は，「読まなければ英語コースで不合格になってしまうから」という，その必要性が頭にあるのです。また，例文 082 (b) の「has to ＝ちがいない」にも，「素人にしてはおいしすぎる」「盛りつけがすばらしい」など，客観的な証拠が緻密に積み上がっている感触が強くします。

この must と have to の区別はネイティブ・スピーカーレベルの話し手が行っていることで，みなさんはそれほど神経質になる必要はありません。

基本的に must と have to の区別に神経質になる必要はありませんが，次の例では **have to** のもつ「**必要性**」をしっかりと意識する必要があります。

▶ not have to

083

You don't have to attend the class.
あなたはその授業に出る必要はありません。

must not は「してはならない」と禁止を表しますが，**not have to** は「必要性」が否定されて「**必要ではない**」となります。

Vocabulary have got to

やや口語的になりますが，have to と同様に使うことができるのが **have got to**。

(a) **I've got to go now.**（もう行かなくちゃ）
(b) **You've got to be joking.**（冗談だろう［冗談にちがいない］）

have got は完了形。「（過去に get した結果，今）持っている」ということですから **have got** = **have**。よって **have got to** = **have to** となるというわけですよ。

❷ be able to（できる）

□ be able to の be は通常の be 動詞。主語や「時」に応じて変化させる。

084

(a) **The new robot is able to greet people in seven languages.**
新型ロボットは 7 か国語で挨拶できます。

(b) **I was able to get an A in English.**
私は英語で A が取れました。

be able to は can とほぼ同じ「**できる**」という意味を表します。able（能力がある・できる）という具体的な単語を使っているため，「**能力**」の意味で使います。can のような多様な意味はありません。

can 優先

(a) **I can speak English.**
(b) **I am able to speak English.**

(a) (b) どちらが自然な言い方でしょう？　もちろん can を使った (a)。単に「できるよ」なら，圧倒的に短く，簡単な can が選ばれます。(b) の **be able to は，「できる」を強調したいとき**に使われます。例文 084 の (a) では，「(こんなにすごいことが) できるんだよ」と能力にハイライトが当たっているのです。

「実際にやった」のなら was / were able to

could と was / were able to。どちらも「できた」を表しますが，微妙に意味が異なります。

(a) **My grandfather could fix any kind of machine.**
(私の祖父はどんな機械でも直せました)

(b) **The washing machine is OK now.　My grandfather was able to fix it.**
(洗濯機はもうだいじょうぶ。祖父が直せましたから)

(a) は「やろうと思えば直すことができた」―― 実際にやったことを意味しません。can は「潜在」。やろうとすればできた，そうした力を持っていたことを表します。一方 (b) の was able to は，「実際に直すことができた (＝直した)」。実際にやったならば，(b) を選んでください。

❸ had better + 動詞の原形（したほうがいい）

□ I had better... は I'd better ... のように短縮できる。
□ 否定文「～しないほうがいい」は，not の位置に注意する。
He had better not go.（彼は行かないほうがいい）

085

You'd better call an ambulance!
救急車を呼んだほうがいいよ！

「救急車を呼んだほうがいいよ」。**緊迫感**あふれる日本語ですが，had better はこの「したほうがいい」と同じように使われます。そうしなければ大変だ。困ったことになる。「さもないと（or else）…」という声が聞こえてくる表現です。

❹ used to + 動詞の原形（以前は～だった）

□ 常に過去を表す。used to [júːstə] と発音される。
□ 疑問文・否定文はあまり使われない。使う際には used を一般動詞と同様に扱う。
疑問文：Did you use to...? ／ 否定文：I didn't use to...

086

(a) **There used to be a movie theater right here.**
以前はちょうどここに映画館がありました。

(b) **I used to live in Gunma.**
私は以前，群馬に住んでいました。

used to のイメージは「コントラスト」。「以前は～だった（今はそうではない）」のように，「過去の習慣や状態」と「現在」の対比を強調するフレーズです。過去の習慣を表す **would**（→ p.110）との違いを意識しましょう。

would は「(過去に）そうしたことをよくやった」であり，現在との対比は意識されていません。また would は，(a) のように単に状態が変わったことを示すこともできません。注意してください。

FACT 9 助動詞その他のポイント

❶ 助動詞は重ねて使えない

087

(a) **Jane** may be able to **babysit for us.** (✕ may can)
ジェーンが私たちのためにベビーシッターをできるかもしれないですよ。

(b) **We**'ll have to **cancel the meeting.** (✕ will must)
私たちはミーティングを中止しなくてはならないでしょう。

「できる・かもしれない」「しなくてはならない・だろう」など，助動詞を２つ以上重ねて使いたくなることがありますが，それはできません。FACT 8 で学んだ「助動詞相当のフレーズ」を使います。

Q 助動詞はなぜ重ねて使うことができないの？

「助動詞は重ねて使えない」ことは，ルールでそう決まっているわけではありません。助動詞の性質上，不可能なのです。

助動詞は，話し手のモノの見方・心理を表す表現でしたね。例文 087 (a) の may は「かもしれないなあ」，(b) の will では「だろうなあ」という見方を文に加えているのです。もし (a) で ✕ Jane may can... と使われたとしたら，「かもしれないなあ」という may の見方と，相手に潜在する能力を見抜く can の心理が「同時に」心をよぎっていることになります。人は２つの見方を同時にはできません。それはちょうど右の絵が「おばあさん」「お嬢さん」のどちらかにしか見えないのと同じことなのです。

can の代わりに使われる **be able to** や must の代わりに使われる **have to** は，助動詞と日本語訳は似ていても，**話し手の心理を示す語句ではありません**。He is able.（彼はできる人です）は He is happy.（彼は幸せです）と同じ。単に事実を述べているにすぎません。have to は「(～する) 必要がどうしてもあります」という事実を述べているだけ。must のようにせっぱ詰まった心理状態を表しているわけではない —— だからこそ助動詞と共存できるというわけなのです。

❷ 助動詞過去形の控え目表現

088

(a) **This would be my eighth trip to Kyoto.**
これで８回目の京都旅行になるのだろうな。

(b) **Bob could help you with that.**
ボブならそれを手伝うことができそうだよ。

(c) **I might go to the library on my way home.**
家に帰る途中，私はひょっとすると図書館に行くかもしれません。

助動詞 will，can，may の過去形（would，could，might）は，過去を表すのではなく「**控え目な表現**」として使われることがとても頻繁にあります。

Chapter 2 で説明したように（→ p.63），この使い方は過去形のもつ「距離感」にその起源があります。過去形の「離れた感じ」が，will，can，may のもつ断言の強さから離れることを可能にしているのです。

(a) で，もし This will be ... なら確信に満ちた予測「８回目ですよ」ですが，would を使うことで「８回目になるのでしょう（そうではないかもしれない）」という，弱く，控え目な表現となっています。

同じように，can の「できます」は could の「できるかもしれません」へ，may の「かもしれない」は might の「ひょっとして～かもしれない」へ，それぞれ過去形にすることによって意味が弱まります。may はおよそ 50% の可能性ですが，might なら 30% 程度でしょう。

これらの助動詞は，ほかにもさまざまな意味で使われますが，過去形にすることで一様に意味が控え目になります。

(d) **Bungee jumping looks like fun. I won't / wouldn't do it though.** **【意志】**
バンジージャンプはおもしろそうですね。だけど私は絶対にやりません／やらないでしょうね。

(e) **This area can / could be dangerous at night.** **【潜在的な性質】**
この地区は夜になると危ないこともある／あるかもしれません。

Tea Break

助動詞の過去形は「断言」を避ける

みなさんはいつも，自信たっぷりに断言していますか？　そんなことはないはずです。そもそも自信がなかったり，「ここで断言すればあとで責任を問われるかも」と考えて，断言を避けることは頻繁にあるはずです。助動詞の過去形が多用される理由はそこにあります。

(a) **What do you think about the plan? —— That would work.**
その計画，どう思う？ —— うまくいくかもね。

(b) **I hope my parents will let me go to Australia.**
—— Well, they might.
両親が，私がオーストラリアへ行くのを許してくれたらいいんだけど。
—— そうですね，ひょっとしてそうなるかもしれませんね。

計画を尋ねられて「うまくいくよ（That will work.）」と言えば，うまくいかなかったときに文句を言われそうですね。助動詞の過去形は，日常会話で不要な軋轢（あつれき）を避けるためにどうしても必要な技術なのです。しっかり練習しておいてくださいね！

❸ 依頼表現

089

(a) **Can [Will] you give me a hand?**
手伝ってくれる？

(b) **Could [Would] you open the window?**
窓を開けていただけますか。

can と **will** は依頼表現で使われます（→ p.44）。直接 Open the window. と命令するのではなく，相手に「できますか」「〜という意志はありますか」と間接的に問うことによって，柔らかく相手に依頼する表現になっています。

また，**Could [Would] you 〜 ?** と使えば，丁寧度は大きく増してきます。過去形を使うことによって距離を取り，現在形のもつ押し出しの強い厚かましさから離れることができるからです。

Tea Break

丁寧表現は「依頼」に限られない

英語の丁寧表現に助動詞の過去形は欠かせません。依頼表現のほかにも幅広く使われていますよ。

(a) **Would that be okay with you?** (← Is that okay...?)
それでよろしいでしょうか。

(b) **Could I see my son's home room teacher?** (← Can I see ...?)
息子の担任の先生に会えますでしょうか。

Is that ...? を **Would** that be ...? に，Can I ...? を **Could** I ...? と変えるだけで，グッと丁寧度は上がります。丁寧な言い回しは実践英語での最重要テクニックですよ。

❹ 助動詞＋完了形

助動詞は，しばしば完了形とのコンビネーションで使われます。Chapter 2 で学んだ未来完了形「**will have+ 過去分詞**」もその 1 つです。

未来完了形は will の予測（～だろう）と完了形（そのときまでには）を合わせて，ある未来の時点を思い描き，「そのときまでには」を表しました。同じようにほかの助動詞と完了形を組み合わせてみましょう。

▶ may [might] have ＋過去分詞 ／ must have ＋過去分詞

090

(a) **Something may [might] have happened to her.**
彼女に何かあったのかもしれない。

(b) **They must have lost their way.**
彼らは道に迷ったにちがいない。

「may **have ＋過去分詞**」はmay（かもしれない）と「そのときまでに」が組み合わされ，「～したかもしれない」という，**以前のできごとに対する推量**となります。

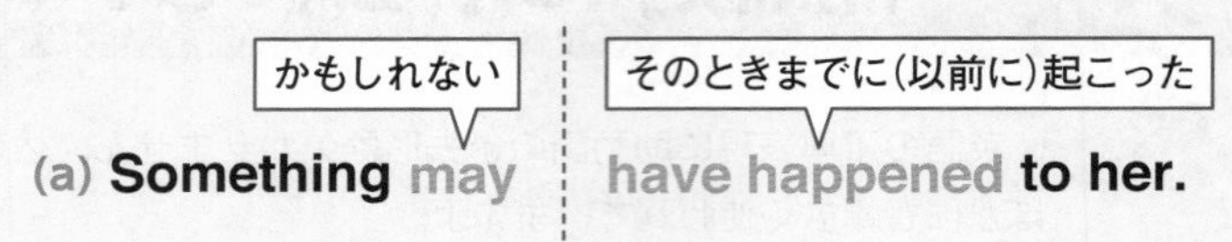
かもしれない
そのときまでに(以前に)起こった
(a) Something may have happened to her.

may haveはmayとは大きく意味が異なることに注意しましょう。Something may happen to her. は「起こるかもしれない」。こちらは**これからのことに対する推量**となります。

参考
may have ＋ 過去分詞：「may **have＋過去分詞**」では，mayの代わりにmightを使うこともできます。mightはmayの控え目な形。mayを使うより可能性が下がり，「ひょっとしてしたかもしれない」となります。

同じように「must **have ＋過去分詞**」は「～したにちがいない」。**以前のできごとに対する確信**となります。

▶ could / can't [couldn't] have ＋過去分詞

091

(a) **I could have left my smartphone at home.**
私は家にスマートフォンを忘れたかもしれない。

(b) **He can't [couldn't] have said that.**
彼がそんなことを言ったわけがない。

can（～しうる）と完了形（have＋過去分詞）のコンビネーションです。couldはcanの控え目バージョン。「～しうる」という断言が少し弱まっています。

「could **have+ 過去分詞**」は「～したかもしれない」。日本語訳はmayやmightと同じですが，may [might] haveは「かもしれないなあ」という当て推量であるのに対し，could haveは「そうした可能性がある」という，**過去に行った可能性に言及する表現**です。この表現ではcan haveは使われません。注意してください。

「can't **have ＋過去分詞**」は，すでに学習したcan't「～のはずがない」に完了形が加わった形。「～したはずがない」という意味になります。

▶ should [ought to] have ＋過去分詞

092

(a) **My mom should have arrived home by now.**
お母さんは今頃，家に着いているはずですよ。

(b) **I should have studied harder.**
私はもっと一生懸命勉強すべきだった。

should [ought to] には「～のはず」·「～すべき」の２つの意味がありました。そのそれぞれと完了形は結びつきます。(a) は「～したはず」。(b) は「～すべきだった（のに実際にはしなかった）」という，**「後悔」を表す頻出表現**です。必ず覚えてください。

また，「should not [ought not to] **have ＋過去分詞**」は「～すべきではなかったのに（した）」,「need not **have ＋過去分詞**」は「～する必要はなかったのに（した）」と過去にしてしまったことに対する「後悔」を表します。

(c) **We shouldn't [ought not to] have taken a taxi. We're stuck in traffic.**
タクシーに乗るべきではなかったなあ。交通渋滞につかまったよ。

(d) **You needn't have worried about the exam. It was easy, right?**
試験のことを心配する必要なんてなかったのに。簡単だったでしょ。

参考

should have, could have の発音：
ナチュラルスピードでは，should have や could have は h が弱音化し，「シュダヴ [ʃudəv]」「クダヴ [kudəv]」のように読まれます。

助動詞・意味の相関

助動詞の使い方をまとめておきましょう。似通った意味をもつ助動詞の差異にも注目してください。

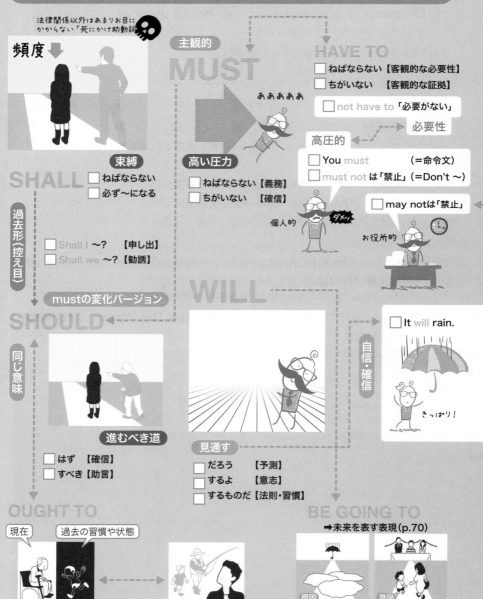

法律関係以外はあまりお目にかからない「死にかけ助動詞」

頻度

束縛

SHALL

- ねばならない
- 必ず～になる

過去形(控え目)

- Shall I ～? 【申し出】
- Shall we ～? 【勧誘】

主観的

MUST

ああああああ

高い圧力

- ねばならない 【義務】
- ちがいない 【確信】

HAVE TO

- ねばならない 【客観的な必要性】
- ちがいない 【客観的な証拠】
- not have to 「必要がない」

必要性

高圧的

- You must (＝命令文)
- must not は「禁止」(＝Don't ～)

個人的

ダメッ

- may notは「禁止」

お役所的

mustの変化バージョン

SHOULD

同じ意味

進むべき道

- はず 【確信】
- すべき 【助言】

WILL

見通す

- だろう 【予測】
- するよ 【意志】
- するものだ 【法則・習慣】

自信・確信

- It will rain.

きっぱり！

OUGHT TO

現在

過去の習慣や状態

USED TO

コントラスト

WOULD

- したものだ 【過去の習慣】

BE GOING TO

➡未来を表す表現(p.70)

原因

意図

MAY

- してよい【許可】
- かもしれない【推量】

大した可能性ではありません。50%くらい。

よくわかっていない

- It may rain.

助動詞過去形のもつ表現効果

can → COULD　may → MIGHT
will → WOULD

丁寧　控え目

助動詞過去形には2つの表現効果があり，どちらも遠近法によってもたらされています。

過去形のもつ「遠く離れた」イメージが，強い要求から一歩離れた「丁寧さ」，現在形のもつ強い主張から一歩引いた「控え目」につながっているのです。

CAN

- できる【能力】
- していい【許可】
- しうる【潜在的な性質】

能力の強調

- Can that be true?（強い疑念）
- That cannot be true.（強い否定）

BE ABLE TO

- できる

能力

実際に「できた（行った）」なら，couldでなくwas / were able to優先。

HAD BETTER

- したほうがいい

Chapter 3 ● EXERCISES

1 空所に語群から語句を補い，(1) ~ (3) の英文を完成させましょう。 ▶ FACT 2

(1) You [　　　] talk loudly in the library. People are reading or studying.
(2) You [　　　] go to bed now. If you don't, Santa Claus may not come.
(3) What? You slept only two hours? You [　　　] be really tired.

【語群】 must / mustn't

2 空所に語群から最も適切な語句を補い，(1) ~ (4) の英文を完成させましょう。ただし，文頭に来る語も小文字で始まっています。 ▶ FACT 3

(1) Excuse me, Mrs. Jones. [　　　] please use the restroom?
(2) According to the weather forecast, [　　　] snow tomorrow. School may be canceled!
(3) The sign says that [　　　] park your bike or motorcycle here.
(4) Happy birthday, Meg. [　　　] all your birthday wishes come true.

【語群】 may / may I / you may not / it may

3 空所に語群から語句を補い，次の会話文を完成させましょう。 ▶ FACT 3

A : Excuse me, Mr. Mills. Can we work in groups?
B : Sure, that's OK. You [①] talk quietly, but you [②] copy other people's answers.

【語群】 may / may not

4 空所に語群から語句を補い，(1) ~ (3) の英文を完成させましょう。 ▶ FACT 5

(1) Jesse is pretty amazing. He [　　　] five different musical instruments.
(2) Believe in yourself. I'm sure you [　　　] it.
(3) You [　　　] too careful when crossing the street.

【語群】 cannot be / will make / can play

5 空所に語群から語句を補い，次の会話文を完成させましょう。 ▶ FACT 4 FACT 6

A : You really [①] healthier food for lunch. If you only have soft drinks and junk food, your health [②] worse.
B : Don't worry about me. [③] all right. If I eat healthy food for dinner, [④] balance everything out.

【語群】 it should / I'll be / should eat / will get

6 [　　] 内の語句を並べ替えて，(1) ~ (2) の英文を意味が通るように完成させましょう。 ▶ FACT 6 FACT 8

(1) You [asleep / better / fall / had / not] in the train. You will miss your stop.

(2) You [a bicycle / not / ought / ride / to] without the light on at night.

7 [　　] 内の語句を並べ替えて，次の英文を意味が通るように完成させましょう。ただし，文頭に来る語句も小文字で始まっています。 ▶ FACT 8

A : Times have changed a lot. [to / to / used / go / I] the game center after school, but I don't have time to do that now.

B : I know. Me, too.

8 空所に語群から語句を補い，次の会話文を完成させましょう。 ▶ FACT 5 FACT 8

A : I [①] concentrate in class. The student behind me is always talking to his friend or making strange comments.

B : I think you [②] talk to your homeroom teacher about it. The student [③] understand that others are studying hard.

【語群】 has to / had better / can't

9 空所に語群から語句を補い，次の会話文を完成させましょう。 ▶ FACT 9

(1) A : Do you have to go to school this weekend?

B : If you are in a club, then you have to go in the morning. But, if not, you [　　] go.

(2) A : Why are you so late coming home?

B : Sorry. I forgot to do my homework, so I [　　] do it after school in the classroom. My teacher said it was really important.

(3) A : At the camp ground, you [　　] leave any food outside. If you do, animals may come to your tent at night.

B : Yeah, I know, Dad.

【語群】 must / mustn't / don't have to / had to

10 空所に語群から適切な語句を補い，次の留守番電話のメッセージを完成させましょう。 ▶ FACT 9

(On the telephone)

Hello, Mom. I am going to be late coming home tonight. I got on the wrong train and have just arrived at a different station. I [①] the timetable map carefully before getting on the train. Actually, I [②] a notice about this yesterday, but I didn't look at it. I should have kept it. So, I don't know what time I will be home. The other train times [③] as well.

【語群】 may have changed / may have received / should have checked

Chapter 3 ● EXERCISES ● Answers

1 (1) mustn't (2) must (3) must

訳 (1) 図書館では大きな声で話してはいけません。みんな本を読んだり，勉強したりしているのです。

(2) あなたは今すぐ寝ないと。じゃないと，サンタさんが来てくれないかもよ。

(3) え？ 2時間しか寝てないの？ それじゃすごく疲れているに違いないわね。

2 (1) May I (2) it may (3) you may not (4) May

訳 (1) すみません，ジョーンズ先生。トイレに行ってもいいですか？

(2) 天気予報によると，明日は雪が降るかもしれない。学校が休校になるかも！

(3) 掲示板に自転車やオートバイをここに止めてはいけないと書いてあるよ。

(4) お誕生日おめでとう，メグ。あなたの誕生日の願いごとがすべてかないますように。

3 ① may ② may not

訳 A: すみません，ミルズ先生。グループで取り組んでもいいですか？

B: もちろん，いいですよ。静かに話すのはいいですが，人の答えを書き写してはいけませんよ。

4 (1) can play (2) will make (3) cannot be

訳 (1) ジェシーはとてもすばらしい。5つの異なった楽器を演奏できるなんて。

(2) 自分を信じてください。君ならきっとできます。

(3) 道路の横断中は，どんなに注意してもし過ぎることはありません。

5 ① should eat ② will get ③ I'll be ④ it should

訳 A: お昼にもっと健康的なものを食べたほうがいいよ。ソフトドリンクとジャンクフードしかとっていなかったら，健康状態が悪くなるよ。

B: 私のことなら心配しないで。夕食に健康的な食事をとったら，バランスがとれるはずだから。

6 (1) had better not fall asleep (2) ought not to ride a bicycle

訳 (1) 電車の中で寝ないほうがいいよ。降りる駅を乗り過ごしてしまうから。

(2) 夜ライトをつけないまま自転車に乗るべきではありません。

7 I used to go to

訳 A: 時代はずいぶん変わったね。前は放課後にゲームセンターに行っていたものなのに，今じゃそんなことをする時間なんてないよ。

B: そうだね。僕もだよ。

8 ① can't ② had better ③ has to

訳 A: 授業中に集中できないんだ。後ろの座席の生徒がいつも友だちに話しかけたり，変なことを言ってばかりだし。

B: 担任の先生にそのことを言ったほうがいいよ。その生徒は周りの人がまじめに勉強していることを理解しなければいけないね。

9 (1) don't have to (2) had to (3) mustn't

訳 (1) A: 週末に学校に行かなければいけませんか？

B: 部活に入っているなら，午前中に行く必要があります。入っていないなら，行く必要はありません。

(2) A: なんでそんなに帰ってくるのが遅いの？

B: ごめんなさい。宿題を忘れたから，それを教室で放課後にやらなければいけなかったんだ。先生が宿題はとても大切だって言って。

(3) A: キャンプ場では，食べ物を外に置いたままにしてはいけないよ。そうすると，夜に動物が君のテントのところにやってきちゃうよ。

B: うん。わかってるよ，父さん。

10 ① should have checked ② may have received ③ may have changed

訳 (電話で) もしもし，お母さん。今夜は家に着くのが遅くなりそうなんだ。間違った電車に乗って，別の駅に着いちゃったんだ。電車に乗る前に時刻表をもっと注意深く確認すべきだった。実はね，昨日，通知を受け取っていたかもしれないんだけど，見てなくて。保存しておくべきだった。それで，何時に家に着くのかわからないんだ。ほかの電車の発車時刻も変わっていたかもしれない。

Chapter 4

受動態

第6回

主語が行為を「受ける」ことを表わす「受動態」の標準形は，主語＋be動詞＋過去分詞。実はこの形，主語の説明を（～される）という過去分詞が行う「be動詞文」と考えるとわかりやすくなります。これは「説明型」と呼ばれた形でしたね。解説動画（第6回）では，受動態の基本から応用まで一通りの解説をした上で，最後にみなさんが目指すべき目標をお伝えします。

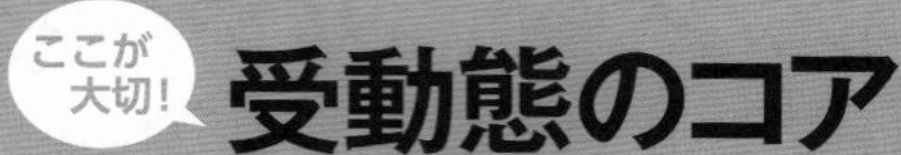

受動態のコア

Chapter 4 で学ぶこと

このChapterで取り上げる受動態は，**主語が積極的に行為を行う**（「～は（が）…する」）ことを示す能動態に対して，**主語が行為を「受ける」**（「～は（が）…される」）ことを意味する形です。受動態という文の形と表現の特徴をつかんでいきましょう。

まずは文の形から見ていきましょう。

日本語では「ダン・ブラウンがこの本を書いた」が**能動態**，「この本はダン・ブラウンによって書かれた」が**受動態**ということになりますね。

同じことを英語でやってみましょう。

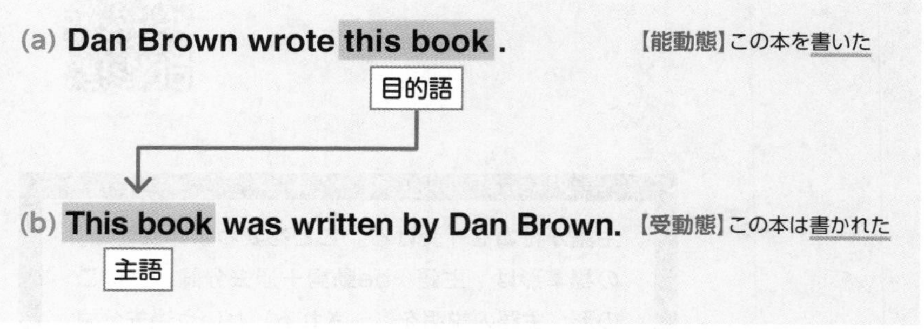

能動態との関係において，**受動態は能動態の行為対象である目的語を主語にした形**だと理解することができるでしょう。

この文は **We** are happy.（私たちは幸せです）（→ p.10）と何ら変わるところのない，ただの be 動詞の文です。happy の代わりに**過去分詞**（〜される）を使って，be 動詞でつないでいるにすぎません。**通常の be 動詞の文とまったく同じように，主語を過去分詞で説明していけばいい** —— 受動態の攻略はこの感覚が基本なのです。

Chapter 4 受動態

FACT 1 受動態【基礎】

❶ 受動態の基本形

093

(a) John was attacked by the dog.

ジョンはその犬に襲われた。

(b) English is spoken all over the world.

英語は世界中で話されている。

受動態で使われる動詞は be 動詞が基本です。この文は **We** are happy. と変わることのない be 動詞の文だと考えてください。主語の状況を過去分詞（attacked：襲われた）が説明しています。ふつうの be 動詞の文と同じように，主語や時（現在・過去）に応じて，be 動詞を変化させてください。

受動態にはしばしば **by** ～（～によって）が用いられますが，それほど頻繁ではありません。(a) のように誰（何）によってなされたのか，「行為者」を特につけ加えたいときに使われます。

Q 行為者はなぜ by ～で表すの？

行為者を表すときに **by** を使うのは，この前置詞のイメージが「**近く**」だから。できごとを引き起こす行為者を「近く」という距離で表現しているのです。日本語でも「犬によって襲われた」では，犬が「近く」に感じられていますね。

❷ be 動詞を用いる受動態は行為・状態のどちらにも使える

094

(a) **I wanted to return some books, but the library was closed.**
私は本を返したかったが，図書館は閉まっていた。

(b) **The library was closed at 5 p.m. as usual.**
図書館はいつものように午後５時に閉められた。

be 動詞を用いる受動態は「状態」・「行為」のどちらにも使えます。**(a)** は「閉められていた」―― ある**状態**がずっと続いています。一方 **(b)** は「閉められた」。ガラガラッと門や入口を閉める**行為**が行われています。

get による受動態

受動態は主語を過去分詞が説明する形。すなわち「説明型」(→ p.18) の文です。説明型では be 動詞以外の動詞も用いることができましたが，受動態で特に多用されるのが **get** です。

(a) **John got arrested for speeding.**
(ジョンはスピード違反で逮捕された)

get のイメージは「**動き**」。そのため get を用いた受動態には「予期せぬ」「突然」「驚き」といったニュアンスが加わります。したがって「急に事態が動いた」感触がまるでない次のような場合では，get を使うことができません。

(b) **French is spoken in Canada.** (✕ gets spoken)
(カナダではフランス語が話されている)

❸ 受動態の完了形・進行形

095

(a) **We have been invited to Hiro's New Year's party.**【完了形】
私たちはヒロの新年会に呼ばれています。

(b) **A new cafeteria is being built at our school.**【進行形】
私たちの学校では新しいカフェテリアが建てられているところです。

(a) は受動態の完了形, (b) は受動態の進行形です。完了形は「have / has / had+ 過去分詞」。「be 動詞 + 過去分詞」の受動態と組み合わせれば,「**have / has / had been + 過去分詞**」という受動態の完了形になります。受動態が単なる be 動詞の文であることを思い出しましょう。受動態の現在完了形は, be 動詞の現在完了形 I have been busy.（ずっと忙しかったよ）と基本的に同じ形です。

▶受動態の完了形

また受動態の進行形（～されている［ところ］）は, 進行形「be 動詞 + 動詞 -ing 形」に受動態「be 動詞 + 過去分詞」が組み込まれて,「**be 動詞 + being + 過去分詞**」となります。受動態は通常の進行形 John is running.（ジョンは走っている）の running の部分が「be 動詞 + 過去分詞」となるにすぎません。being に変えて過去分詞を続けましょう。

▶受動態の進行形

みるみる英語が使えるようになるヒント

音読を忘れない

受動態の完了形や進行形は少し複雑な形です。「とても覚えられない」と思ったらアレを試してください。そう，音読 (^^)！　英語は理屈ではありません。細かな理屈を忘れても口から出てくればよいのです。この Chapter の例文を覚えるまで何度も読むこと。それで簡単にマスターできますよ。

❹ 助動詞を使った受動態

096

(a) **Our school sports day will be held next Sunday.**
私たちの学校の運動会は来週の日曜日に開催されます。

(b) **Your report must be typed, OK?**
レポートはタイプされなくてはなりません，いいですか。

受動態はただの be 動詞の文です。be 動詞を使った助動詞の文 You will be fine soon.（すぐによくなりますよ）と同じように，動詞 (be) の前に助動詞を置いてください。助動詞の後ろですから be 動詞は原形の be となります。

FACT 2 受動態の疑問文・否定文

097

(a) Is French spoken in Canada?
カナダでフランス語は話されていますか。

(b) When was *Botchan* written by Natsume Soseki?
いつ『坊っちゃん』は夏目漱石によって書かれましたか。

(c) Some questions weren't answered by the teacher.
いくつかの質問は先生に答えてもらえなかった。

受動態の疑問文・否定文は，通常の be 動詞の文と同じように作ります。(a) のように be 動詞を主語の前に置いて疑問文，(c) のように be 動詞の後ろに not を置いて否定文にします。

疑問詞を使った疑問文 (b) の作り方にも慣れておきましょう。作り方はいつもどおり（→ p.332「疑問詞を使った疑問文」)。❶相手に尋ねる箇所を空所（　）にし→ ❷何を尋ねているかを疑問詞で指定→ ❸文全体は疑問文の形（「be 動詞＋主語＋過去分詞」）とします（主語を尋ねる場合以外)。

▶疑問詞を用いた受動態の疑問文の作り方

Botchan was written by Natsume Soseki in 1906.
『坊っちゃん』は 1906 年，夏目漱石によって書かれました。　【元の文（受動態）】

A いつ書かれたのかを尋ねる場合

B 誰に書かれたのかを尋ねる場合

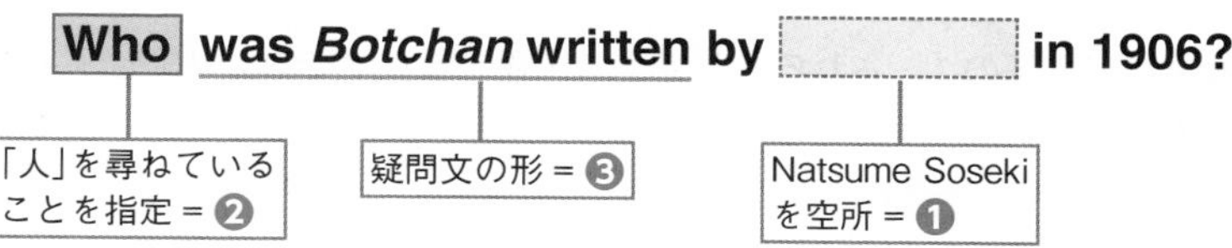

参考

whom を使った形：

この場合は by を単独で残さず，By whom was *Botchan* written in 1906? とすることも可能ですが，非常にフォーマルです。会話ではほぼ使われない，まれな形です。

C 何が書かれたのかを尋ねる場合（主語を尋ねる場合）

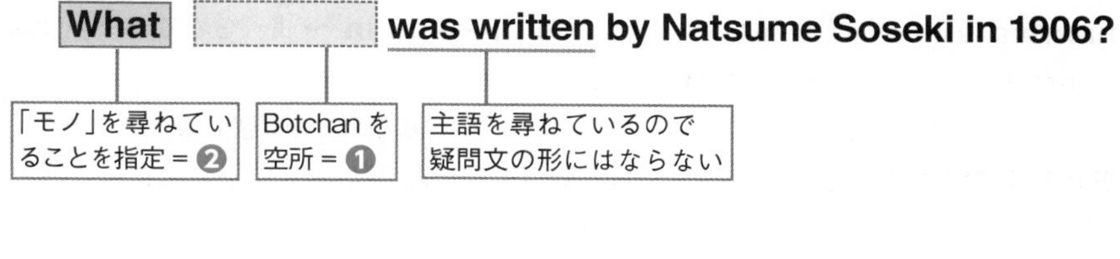

FACT 3 注意すべき受動態

英語の受動態は日本語の「〜される」と完全に一致するわけではありません。次の例に注意しましょう。

❶ 日本語の「〜される」と一致しない受動態

098

(a) I was born and raised in London.
私はロンドンで生まれ育ちました。

(b) We were surprised at the news.
私たちはそのニュースを聞いて驚いた。

「生まれる」は英語では be born となり，**(a)** のように受動態で表現されます。原形 bear の意味は「生を与える」。そこから過去分詞が「生を与えられる→生まれる」となっているのです。また raise は「育てる」。「育つ」を表すときには受動態で表します。このほか，日本語の表現と一致しない受動態で表す表現に，**be married to 〜**「〜と結婚している」，**be dressed in 〜**「〜を着ている」，**be seated**「着席する」，**be delayed**「遅れる」などがあります。

また英語では，**(b)** の「驚く」などといった主語の感情は受動態で表現されます。**感情を表す動詞は「驚かせる」といった他動詞**であり，受動態にすることにより「驚かされた→驚いた」となるためです。（→ p.213）

(c) The news surprised John.　そのニュースはジョンを驚かせた。【能動態】

感情を表す動詞には，**please** → be pleased（喜ばせる→喜ぶ），**disappoint** → be disappointed（落胆させる→落胆する），**satisfy** → be satisfied（満足させる→満足する），**excite** → be excited（わくわく［興奮］させる→わくわく［興奮］する，**bore** → be bored（退屈させる→退屈する）などがあります。

Q 主語の感情を受動態で表すのはなぜ？

日本語では感情を「すごく驚いたよ」など，心の中から自然に湧き出てくるような感触で使いますが，英語では「驚かされた」。英語で感情は，湧き出てくるものではなく**外からの原因によって触発され，生まれる**と感じられているのです。

② 受動態での前置詞の選択

(a) My brother was injured in a skiing accident.
私の兄はスキーの事故でけがをした。

(b) The mountains were covered with snow.
山々は雪で覆われていた。

受動態で使われる前置詞はbyに限られるわけではありません。前置詞の選択はそのイメージに応じて行われます。上のどちらの例もbyを使うことはできません。行為者を表しているわけではないからです。(a)は「スキーの事故で（＝中で）」けがをしたので**in**が適当です。**be hurt in**「～でけがをする」，**be killed in**「（事故など）で死ぬ」，**be caught in**「（雨や渋滞など）に巻き込まれる」も類似の表現です。(b)の「雪」は行為者ではなく「雪で」。「道具・材料」を表すwithとなります。withを使った類似表現に**be filled with**「～でいっぱいである」，**be crowded with**「～で混雑している」があります。

known（知られている）はさまざまな前置詞と組み合わされますが，意味を考えればいずれも自然な選択です。

(c) He is known to everybody in the town.
彼は町のみんなに知られている。

(d) Kyoto is known for its beautiful temples.
京都は美しい寺で知られている（＝有名だ）。

(e) A man is known by the company he keeps.
つき合う仲間を見ればその人がわかる。

(c)はeverybodyを指し示して**to**――「この人たちに知られている」ということ。(d)は「原因・理由」の**for**。(e)の**by**は行為者を表しているわけではありません。byには「how（どうやって＝手段）」を表す使い方があり，ここでは「つき合う仲間（を見るという手段）で」判断できると言っています。

このほか，be made from / be made of については「from と of の区別」（→ p.478）を参照してください。

感情を表す受動態と前置詞

098 の例文で be surprised at（〜に驚く）が出てきましたが，感情を表す受動態に使われる前置詞にはバリエーションがあります。もっともよく使われるコンビネーションを挙げておきましょう。

(a) **We** were surprised at [by] **the result.** （私たちはその結果に驚いた）
(b) **We** were pleased / satisfied with **the result.** （私たちはその結果に喜んだ／満足した）
(c) **We** were disappointed with [by] **the result.** （私たちはその結果に落胆した）
(d) **We** were excited by [at] **the result.** （私たちはその結果に興奮した）

すべてのバリエーションを暗記する必要はありません。好きなものをひとつ覚えれば十分です。ただバリエーションは機械的に決まっているわけではなく，前置詞のイメージによると知っておくことは重要です。at は「**点**」がイメージ。surprised at the result なら，その結果を「聞いた時点で」が意識されています。with は「**共に**」。satisfied with the result で「その結果と一緒に居ながら」満足しています。by は「**行為者**」。disappointed by the result で「結果によって」ガッカリさせられた感触を伴います。

ちなみに disappointed には in も可能です（We are disappointed in you.）が，「失望の深さ」が感じられます。in「**中に**」ですからね。失望が you の本質的なところにまで及んでいるのです。また，excited about もよく耳にする表現。about は「**まわり**」であることを考えれば I'm excited about going to New York.（ニューヨークに行くのでワクワクしています）が，そこで体験するさまざまなことまで含んだ表現だとわかりますね。 受動態の前置詞は，それがもつイメージによって選ばれているだけなのです。

受動態のバリエーション

これまで扱った受動態の文は「ジョンは犬に襲われた」といった単純な形でしたが，ここではそのバリエーションを広げていきます。初心者の段階で複雑な受動態を正確に作る際の助けになるのが「**能動態の文の目的語を主語の位置に置く**」という考え方。たとえば，受動態 John was attacked by the dog. は，次のように考えることができます。

▶受動態を作るときの考え方

▶ 受動態は能動態の attacked の目的語 John を主語の位置に置いて，文を始めます。能動態の attacked の後ろの目的語（John）が主語になったため，元の**目的語の位置は空所**（ ）になります。

もちろんネイティブ・スピーカーは，能動態を考えてから受動態を作るわけではなく，受動態を「そのまま直接」作ります。また，上記の考え方で作ることができない受動態もあります。あくまでも慣れるまでの指針と考えてください。

❶ 授与を表す受動態

100

(a) **Our science club was given an award.**
私たちの科学クラブが賞を与えられた。

(b) **An award was given to our science club.**
賞が私たちの科学クラブに与えられた。

「〜は…を与えられた」,「〜は…に与えられた」—— こうした文は対応する能動態を頭に思い浮かべれば，正確に作ることができます。

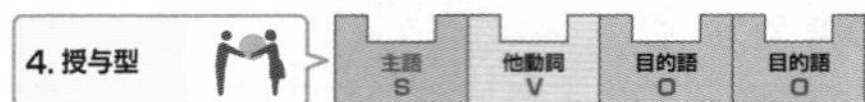

(a) は授与型（動詞＋目的語a＋目的語b：a に b をあげる）の受動態。目的語aを主語に置いた形です。

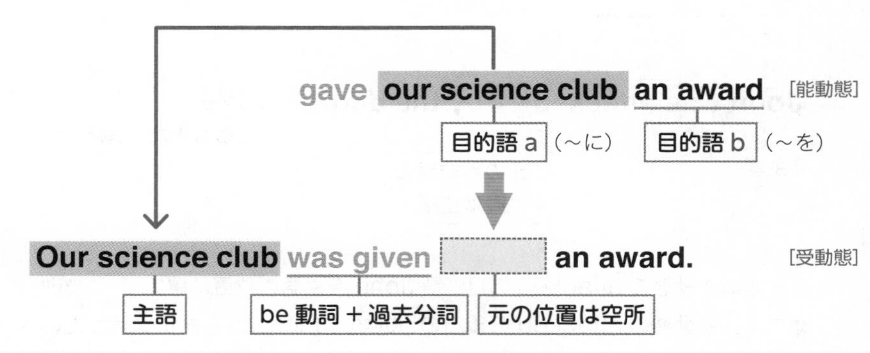

(b) は授与を表す前置詞を用いた形（→ p.24）に対応しています。

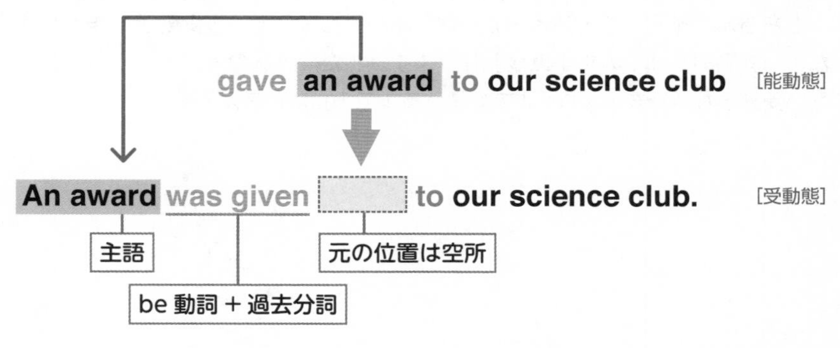

Q 「授与されたモノ」を主語にした受動態は前置詞つきだけ？

鋭いみなさんならもしかすると気がついたかもしれませんね。「授与されたモノ」を主語に置いた受動態は，論理的にはもうひとつ作ることができます。 授与型の 目的語 b を主語の位置に置く作り方です。

gave our science club an award

授与されたモノ

An award was given **our science club.**

この形は間違いとは言えませんが，めったに使われません。圧倒的に例文 100 (b) の**前置詞を用いる形が優先**されます。こうした文を作るとき，話し手は「(賞は) 誰に与えられたのか」を強く意識するため，to our science club と前置詞を置き，**はっきりと受け手を強調した形**が選ばれるのです。

授与型で使われる動詞は give だけではありません（→ p.23）。ほかの動詞でも同じように受動態を作ることができます。下の表の能動態を参考にして，受動態の形を確認しましょう。

授与型でよく使われる動詞の受動態

「受け手」が主語	「授与されるモノ」が主語	能動態
He was sent **the letter.** 彼に手紙が送られた。	**The letter** was sent to **him.** その手紙は彼に送られた。	← send him the letter
All students are taught **English.** すべての生徒は英語を教わっている。	**English** is taught to **all students.** 英語はすべての生徒に教えられている。	← teach all students English
Each student was handed **a test paper.** 生徒各自にテスト用紙が配られた。	**A test paper** was handed to **each student.** テスト用紙が生徒各自に配られた。	← hand each student a test paper

参考

for を使って表す授与型の受動態：授与型を作る動詞には make，buy，find など「利益」が強く感じられるものがありました。こうした動詞は前置詞を用いる際は for が使われました（→ p.24）。

▶ **My father made me a paper airplane.**（父は私に紙飛行機を作ってくれた）

(= My father made a paper airplane for me.)

このタイプの動詞では，「人を主語にする受動態」**(b)** は不自然に響くことを覚えておきましょう。

(a) ○ A paper airplane was made for me by my father.

(b) × I was made a paper airplane by my father.

❷ 目的語説明型（動詞＋目的語＋説明語句）の受動態 (1)

101

(a) **Christopher is called Chris by his friends.**
クリストファーは友人にクリスと呼ばれている。

(b) **The kids' faces were painted orange for Halloween.**
子どもたちの顔はハロウィーン用にオレンジに塗られた。

(c) **Emma was seen entering the room.**
エマはその部屋に入っていくところを見られた。

これらの受動態は，対応する目的語説明型（→ p.26）を思い浮かべ，その目的語を主語に置くことで作ることができます。

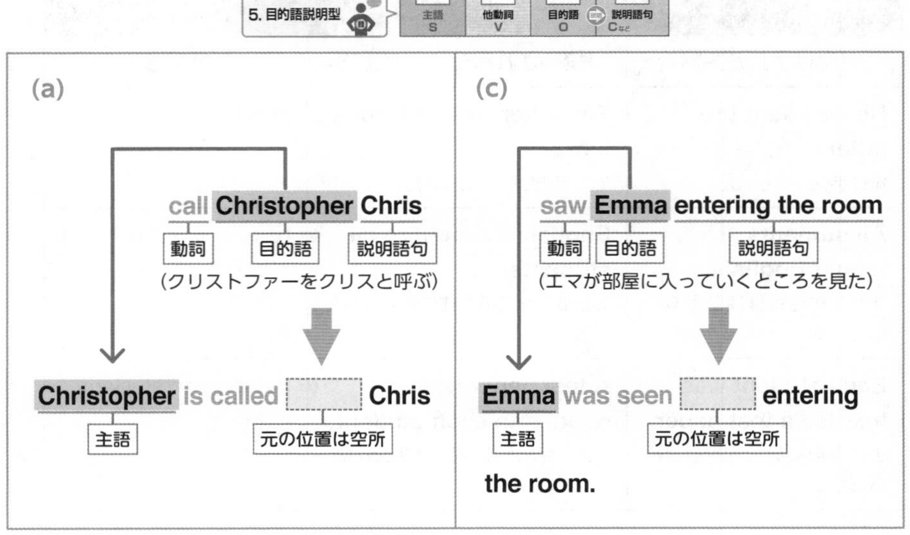

❸ 目的語説明型（動詞＋目的語＋説明語句）の受動態 (2)

▶説明語句が to 不定詞の場合の受動態

102

(a) I was asked to make a speech in English.
私は英語でスピーチをするように頼まれた。

(b) We were told to keep quiet in the library.
私たちは図書館では静かにしているよう言われた。

目的語説明型には**説明語句が to 不定詞**の場合がありました（→ p.39）。これらはその受動態です。これまでのように**目的語を主語の位置**に置きましょう。

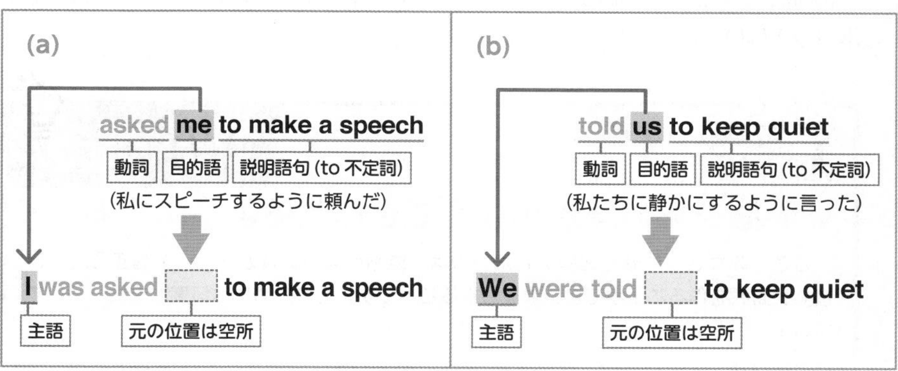

❹ 句動詞の受動態

103

(a) I was brought up in a big family.
私は大家族で育てられました。

(b) This concert will be talked about for years.
このコンサートは何年にも渡って語り継がれるでしょう。

(c) My grandma was taken care of by the hospital staff.
私の祖母は病院のスタッフのお世話になりました。

bring up ～（～を育てる），**talk about ～**（～について話す），**take care of ～**（～の面倒を見る・世話をする）など，動詞を中心に複数の語で作るまとまった表現を「句動詞」（→ p.461）と呼びますが，受動態でも句動詞はまとめて取り扱います。いつものように能動態の文から作ってみましょう。

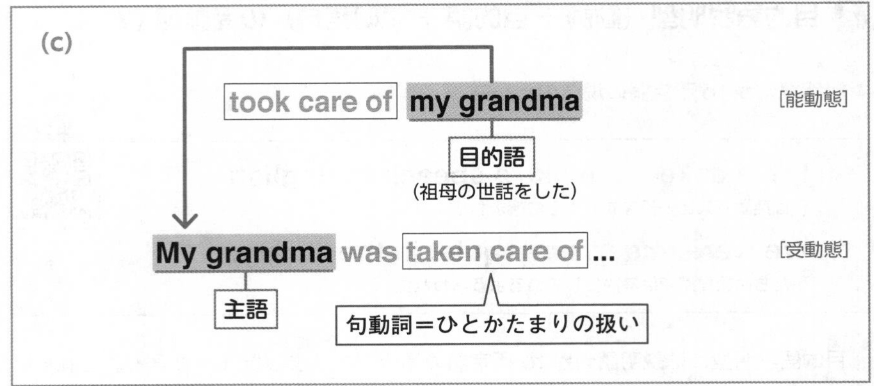

took care of の動詞 took を過去分詞とし，あとは１つの動詞のようにまとめて取り扱えばいいだけです。

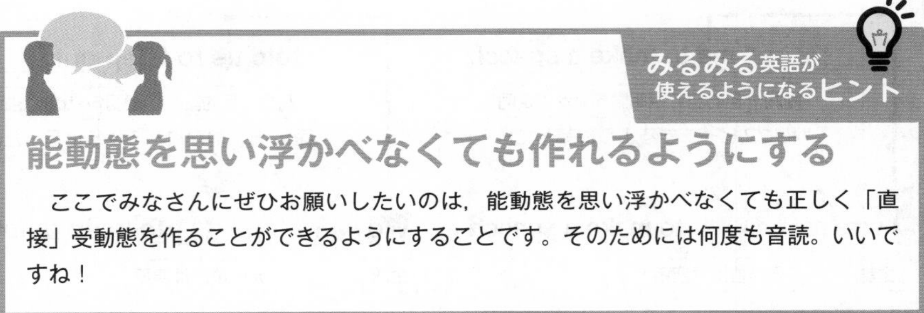

能動態を思い浮かべなくても作れるようにする

ここでみなさんにぜひお願いしたいのは，能動態を思い浮かべなくても正しく「直接」受動態を作ることができるようにすることです。そのためには何度も音読。いいですね！

⑤ 受動態を直接作ることが求められる文 (1)

▶「主語＋ be 動詞＋過去分詞＋ to 不定詞」の形の受動態

104

(a) **Jericho is said to be the oldest city in the world.**
ジェリコは世界で最も古い都市だと言われている。

例文104 と105 の (a) ～ (c) には，対応する能動態がありません。例えば (a) に対応する能動態 × say Jericho to be ～ は存在しないため，利用することができないのです。どの文も直接作らねばなりません。この形を完全に覚える必要があるのです。

(a) **Jericho is said to be the oldest city in the world.**

まず Jericho is said（ジェリコは言われている）と作ってください。そのあと is said（言われている）の内容を説明する意識で to be ～（～である）を続けます。「後ろに置けば説明（説明ルール）」の文なのです。

「～と言われている」のもうひとつの言い方

上と同じ内容は「it ～ that...」を用いて言うこともできます。

It is said (that) Jericho is the oldest city in the world.
（ジェリコは世界で最も古い都市だと言われている）

it is said（言われている）と述べてから，何が言われているのか，it の内容を展開するのが that 節（ジェリコがもっとも古い都市であること）です。

思考系・伝達系動詞の受動態

is said to ～に限らず，「思う・考える」「言う」など思考系・伝達系動詞の受動態と to 不定詞の組み合わせはよく使われます。

(a) **The sun is thought to be 4.6 billion years old.**
（太陽は誕生して 46 億年経っていると考えられている）

(b) **Our soccer team is expected to win the final.**
（我が校のサッカーチームは決勝戦で勝つと思われている）

(c) **The students' English level is reported to be improving.**
（学生の英語レベルは改善していると報じられている）

❻ 受動態を直接作ることが求められる文 (2)

▶使役構文・知覚構文の受動態

105

(b) **I wanted to watch TV, but I was made to do my homework.**
私はテレビを見たかったのに，宿題をやらされた。

(c) **Two students were seen to enter the library.**
2人の学生が図書館に入るのを見られていました。

(b) は使役構文，**(c)** は知覚構文の受動態。能動態なら動詞の原形が使われますが，**受動態には to 不定詞が使われる**ため，注意が必要です。

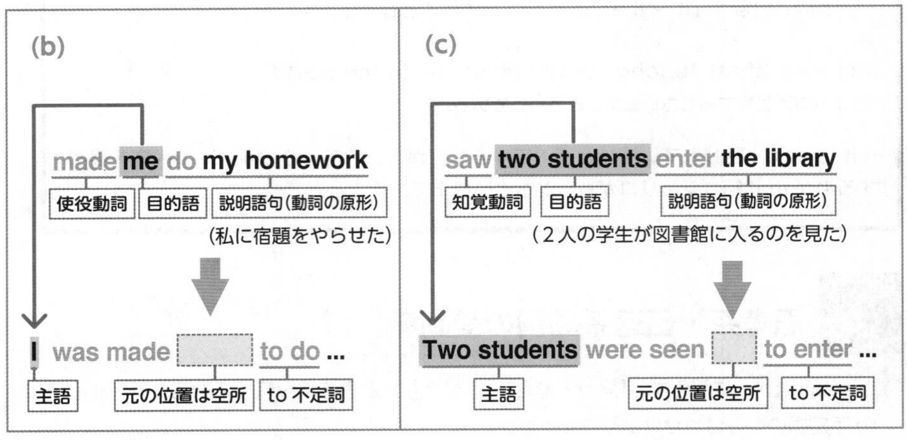

この to 不定詞も 104 と同じように，was made ／ were seen の説明を，その後ろに加えていくと理解しましょう。

(b) では was made（［強要］された）と言い切り，何を強要されたのかの説明を to do（～するのを）と続けます。同様に **(c)** では were seen（見られた）の説明が to enter（～に入るのを）となります。

受動態的な意味をもった能動態

次の形は，英語を実践で使い出すと，かなり頻繁に出会う形です。

(a) **This battery charges quickly.**
（このバッテリーは，すばやく充電し［でき］ます）

charge は「充電する」という他動詞。charge this battery（バッテリーを充電する）と使います。(a) は本来，行為の対象であったはずのものが主語。まるで受動態のようですね。

(b) **Does this pen write easily?**
（このペンは書きやすいですか）

(c) **His latest book is selling well.**
（彼の最新作はよく売れています）

こうした文は特に珍しいものではありません。頭の片隅に置いておくと，表現力の幅が広がりますよ！

Tea Break

受動態はいつ使うのか

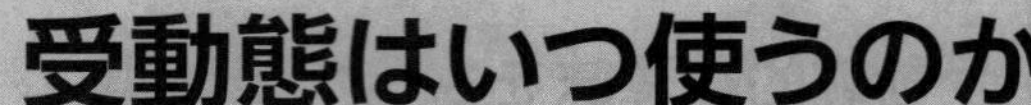

さあ，最後は受動態について一般的な話をしましょう。せっかく手に入れた「受動態」をいつ使うのかという話です。

まずは悲しいニュースから。受動態はそれほど多用される形ではありません。能動態に比べると圧倒的に頻度が落ちます。もちろん受動態が無力だと言っているわけではありません。**受動態しか使えない状況，受動態が優れた表現効果を発揮する場面が少なからずある**のです。

❶ 誰がやったのかわからない・興味がない場合

(a) **The Egyptian pyramids were built over 4,500 years ago.**
(エジプトのピラミッドは 4500 年以上前に建てられました)

(b) **English is spoken worldwide.**
(英語は世界中で話されています)

能動態が持つ表現上の「弱点」は，常に「誰がやったのか（=行為者)」を主語として示さねばならないことにあります。そのため，**(a)** のような**誰がやったのか不明な場合**には使いにくいのです。また **(b)** の文の主題は「英語」。話し手には誰が英語を話しているのかという，**行為者に対する興味はありません**。このような場合，受動態が最良の選択になります。

❷ 主語の大きな文を避ける

(a) **The wonderful experience of a homestay in Australia increased my self-confidence.** [能動態]
(オーストラリアのホームステイでのすばらしい経験で，自信が増した)

(b) **My self-confidence was increased by the wonderful experience of a homestay in Australia.** [受動態]
(オーストラリアのホームステイでのすばらしい経験で，自信が増した)

英語は右へ説明を展開していくことば。そのため，主語が小さく，述語が大きくなるのが通常なので，**(a)** のように主語が極端に大きく，述語が小さな文はバランスが悪いと感じられます。このようなケースで受動態を用いれば，能動態の主語を by 以下に押しやることができ，その結果，**(b)** のような**主語が短くて，バランスの良い文**にすることができます。

❸ 主題をずらさない

(a) This song is very popular. A lot of young people love it. ［能動態］
（この歌はすごい人気です。多くの若者がその歌を愛しています）

(b) This song is very popular. It is loved by a lot of young people. ［受動態］
（この歌はすごい人気です。［その歌は］多くの若者に愛されています）

(a) と **(b)** のうち，理解しやすいのは，2文目で受動態を使った **(b)** です。主語は文の主題です。**(a)** の文では「この歌は」→「多くの若者は」と主題が変わってしまうため，文意がつかみづらくなっています。受動態を使えば，主題が一貫したわかりやすい流れを作ることができます。

❹ 一般性を持たせる

It is often said that English is a difficult language.
（英語は難しい言葉だとしばしば言われる）

みなさんは友人から，「小山田助三郎君が君のこと嫌いだよ」と言われるのと，「君は嫌われているよ」と言われるのとでは，どちらがショックですか？　私は後者です。受動態は「誰が（行為者）」を必要としないため，「みんなが（多くの人が）そう言っている」という印象を受けるからです。上の文も同じです。**行為者を出さないことによって文に一般性を与える効果**が受動態にはあるのです。

受動態はそれほど頻繁に使われる形ではありません。ですが，みなさんがこの chapter で積み上げた知識はムダではありません。英語ができるようになればなるほど，その価値がわかってくる。それが英語の受動態なのです。

Chapter 4 ● EXERCISES

1 空所に語群から適切な動詞を受動態の形に変えて補い，(1) ~ (3) の英文を完成させましょう。 ▶ FACT 1

(1) The annual speech contest [①] by ABC University. If you want to apply for it, fill in this application form.
(2) Our school [②] in 1990. It [③] for its progressive education.
(3) If our school bus [④] by a traffic jam, you won't be recorded as being late.

【語群】 delay / found / know / organize

2 各文に与えられた指示（※）に従って，[ ] 内の動詞を受動態の形に変え，(1) ~ (3) の英文を完成させましょう。 ▶ FACT 1

(1) Our school festival [hold] this weekend. I hope the weather will be good. （※ will を用いて）
(2) I thought this pen was quite rare, but my friend told me it [find] in a lot of shops. （※ can を用いて）
(3) I have to catch the school bus today because my bicycle [fix]. A few of the spokes broke off. （※現在進行形で）

3 次の (1) ~ (4) の会話の意味が通るように [ ] 内の語句を並べ替えて正しい文を完成させましょう。ただし，文頭に来る語句も小文字で始まっています。 ▶ FACT 2

(1) **A :** Some of [closed / not / the windows / were] before the storm came.
B : Oh no! I suppose many of the rooms were damaged by the wind and rain.
(2) **A :** [and / born / raised / you / were] in Tokyo?
B : No, I was born in Okinawa but moved to Tokyo when I was ten.
(3) **A :** [bring / to / told / we / were] our P.E. clothes?
B : No. I think the teacher forgot to tell us yesterday.
(4) **A :** [built / station / this / was / when] ?
B : It was built in 1914, so it is over one hundred years old.

4 空所に語群から適切な前置詞を補い，(1) ~ (3) の英文を完成させましょう。 ▶ FACT 3

(1) I was really disappointed [ ] my results on the math test. I studied as hard as I could for it.
(2) Did you hear about Tony? He was injured [ ] the rugby game over the weekend and can't come to school for two weeks. I hope he is OK.
(3) I got a big surprise when I took a bite of the donut. It was filled [ ] jam, not custard cream.

【語群】 with / in

5 日本語の意味に合うように［　］内に適切な語を入れて，(1)～(6)の英文を完成させましょう。 ▶FACT 4

(1) 私がネットで注文した新しいパソコンが間違った住所に送られてしまいました。お店に返してくれるといいのですが。
The new computer I ordered online [　] [　] [　] the wrong address. I hope they return it to the shop.

(2) 私の弟のマシューは，友人にマット (Matt) と呼ばれていますが，私はマシューと呼んでいます。
My brother Matthew [　] [　] [　] [　] his friends, but I call him Matthew.

(3) 学校での保護者面談のあとで，私は両親にもっと勉強しなさいと言われました。
After the parent-teacher interview at school, I [　] [　] by my parents to study more.

(4) うちの犬は，私たちが休暇で出かけるときは祖父母が面倒を見てくれます。あそこの庭を走り回るのが好きなんです。
Our family dog [　] [　] [　] [　] by my grandparents when we go on vacation. He loves running around in their yard.

(5) あなたは，実はとても重要な授業を欠席したんです。次のテストについての詳細が時間をかけて話されました。
You missed a really important lesson actually. The details of the next test [　] [　] [　] for a long time.

(6) 学校の真ん中にある木が樹齢150年以上だと言われているって知ってた？ もしあの木が話せるなら，ずいぶんたくさんのおもしろい話をもっているでしょうね。
Did you know that the tree in the middle of the school [　] [　] [　] be more than 150 years old? If it could talk, it would have so many interesting stories to tell.

6 以下の語群の動詞を適切な形に変えて空所に入れ，会話文を完成させましょう。
▶FACT 1 FACT 2 FACT 3 FACT 4

A: This is a good photo. When [①] it [②] ?
B: On my birthday this week.
A: Really? Happy birthday! How was it?
B: It was great! A surprise party [③] [④] by my classmates. When I entered the classroom, so many messages [⑤] [⑥] on the blackboard. I [⑦] deeply [⑧] by the party.

【語群】 be / plan / be / take / be / move / be / write

Chapter 4 受動態

Chapter 4 ● EXERCISES ● Answers

1 ① is organized　② was founded
③ is known　④ is delayed

訳 (1) 毎年恒例のスピーチコンテストは，ABC 大学の主催で行われます。もし応募したかったら，この申込用紙に記入してください。
(2) 私たちの学校は 1990 年に創立されました。ここは先進的な教育で知られています。
(3) もしスクールバスが渋滞で遅れたら，あなたは遅刻したとは記録されません。

2 (1) will be held　(2) can be found
(3) is being fixed

訳 (1) 私たちの学園祭が週末に行われます。天気がよいといいと思います。
(2) このペンはとても珍しいと思っていたけれど，私の友だちは多くの店で見つけられると言っていた。
(3) 自転車が修理中なので，今日はスクールバスに乗らなくちゃ。自転車のスポークが何本か折れていたんだ。

3 (1) the windows were not closed
(2) Were you born and raised
(3) Were we told to bring
(4) When was this station built

訳 (1) A：嵐が来る前に，窓のいくつかが閉められてなかったんだ。
B：えっ，そんな！　多くの部屋が風と雨で被害を受けたと思うよ。
(2) A：あなたは東京で生まれ育ったの？
B：ううん。沖縄で生まれたんだけど，10 歳のときに東京に引っ越したの。
(3) A：私たち，体育着を持ってくるように言われてた？
B：いいえ。先生が昨日，伝えるのを忘れたんだと思います。
(4) A：この駅はいつ建てられたのですか？
B：1914 年に建てられたので，それは 100 年以上の古さです。

4 (1) with　(2) in　(3) with

訳 (1) 数学のテストの結果に本当にがっかりしました。そのためにできる限り一生懸命勉強したのに。
(2) トニーのこと聞いた？　週末のラグビーの試合でけがをして，２週間学校に来られないんだって。大丈夫だといいんだけど。
(3) ドーナツを一口食べたら，すごく驚いたよ。カスタードクリームじゃなくて，ジャムが詰まっていたんだ。

5 (1) was sent[delivered] to
(2) is called Matt by
(3) was told
(4) is taken care of
(5) were talked about
(6) is said to

6 ① was　② taken　③ was　④ planned
⑤ were　⑥ written　⑦ was　⑧ moved

訳 A：これはいい写真だね。いつ撮られたものなの？
B：今週の僕の誕生日にだよ。
A：そうなの？　誕生日おめでとう。で，どうだった？
B：すごくよかったよ。サプライズパーティーがクラスメートによって計画されていてね。教室に入ると，黒板にたくさんのメッセージが書かれていたんだ。僕はそのパーティーにすごく感動したんだ。

Chapter 5

不定詞

第7回

「不定詞」は，動詞を中心とした複数のフレーズを，パッケージ（小包）のように包み込んでまとめて使うことができる，大変便利な表現です。解説動画（第7回）では，不定詞は名詞の位置に置けば名詞，説明語句の位置に置けば説明語句，修飾語の位置に置けば修飾語になる，とても自由な表現であること，そしてto不定詞を理解する上で重要な「これから」というニュアンスについて解説します。

ここが大切！ 不定詞のコア

Chapter 5 で学ぶこと

このchapterではto不定詞を学びます。

to不定詞は**「to+ 動詞の原形」**という形。文の部品を作る**「パッケージ」**だと考えてください。文中での働きに注目して，使い方を身につけていきましょう。

to不定詞は動詞だけでなく，**動詞を中心とするフレーズがひとまとまりのパッケージ**となった形です。

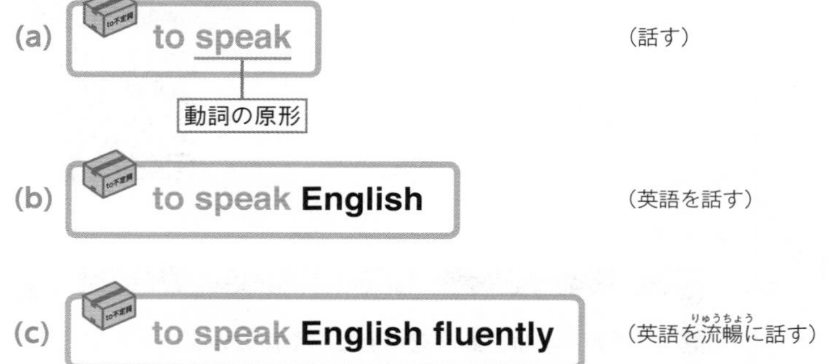

(a) to speak
動詞の原形
(話す)
(b) to speak English
(英語を話す)
(c) to speak English fluently
(英語を流暢に話す)

このパッケージの使い方に制限はありません。英語が「配置のことば」であることを思い出しましょう。表現を置く位置によってその働きが決定される，そうしたことばです。**to不定詞も文中の位置に従って機能が決まります**。あるときは**名詞**として。またあるときは名詞を修飾する**形容詞**として。さらに動詞句そのほかを修飾する**副詞**として。

to不定詞は正しい位置で使えば，非常に大きな表現力をもつ自由な要素です。この表現力を手に入れれば，みなさんの英語は実用に向けて，さらに大きく歩を進めることができるでしょう。

みるみる英語が
使えるようになるヒント

to 不定詞と「これから」

to 不定詞は文脈に応じてさまざまな意味で使われますが，しばしば現れる重要なニュアンスに「**これから**」があります。前置詞 to のイメージは「指し示す（➡）」（→ p.484）ですが，同じ to を用いる to 不定詞にもこのイメージが感じられています。「**指し示す**」から「これから」が連想されるのです。

▶ **Give me a call when you are ready to leave.**
（出発の準備ができたら電話をくださいね）

ready to ～（～する準備ができる）は ready と to 不定詞の強固なコンビネーション。この２つが結びつくのは，「準備」は常に「これから」することに対して行うものだからです。
to 不定詞は常に「これから」を表すわけではありませんが，このニュアンスを頭に置いておけば，なぜそこで to 不定詞が使われるのかを理解するための強力な手がかりとなります。

FACT 1 名詞的用法

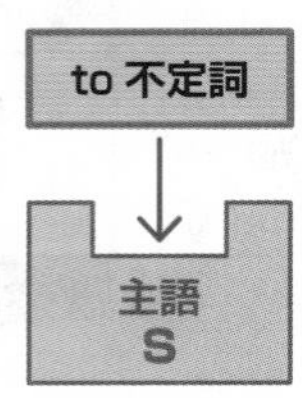

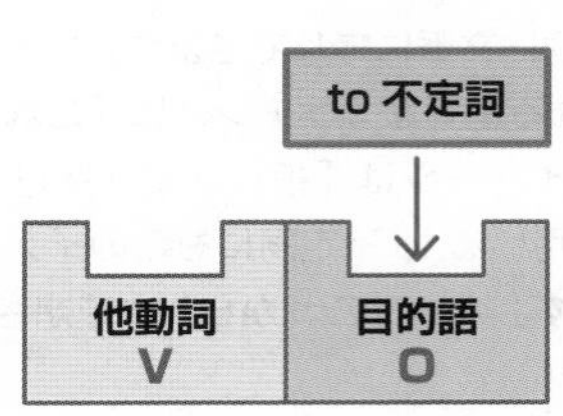

to 不定詞を文中の**主語・目的語の位置**に置けば，そのまま**主語・目的語**となります。主語や目的語の位置は，**名詞**が使われる典型的な位置。そこでこの使い方を「名詞的用法」と呼んでいます。

❶ 主語の位置

106

(a) To make **new friends is not so easy.**
新しい友だちを作ることはそれほど簡単ではありません。

(b) To ride **a bike without a helmet is dangerous.**
ヘルメットなしで自転車に乗るのは危険です。

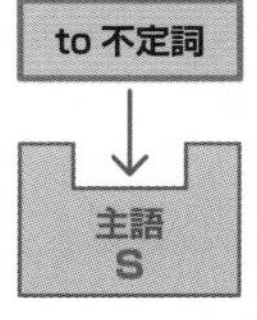

(a) の文は Baseball is not so easy.（野球はそれほど簡単ではない）と同じ形。**主語の位置に通常の名詞の代わりに to 不定詞を置けば，「～することは…」という文ができ上がります。** to 不定詞の主語は「単数」扱い。(a) (b) も動詞が is になっていますね。

to 不定詞を主語に置くこの形には，スピーチなど，かしこまった場面で好まれるフォーマルな（堅苦しい）ニュアンスがあります。「～ということはですね…」といった，**具体性を欠いた一般論**を述べる印象。(a) は教育評論家が「…簡単ではありません」と述べているように響きます。

「to 不定詞の主語」は日常あまり使われない

to 不定詞を主語とするこの形は，日常会話では多用されません。そのフォーマルな印象に加え，dogs・Ken など，通常の名詞と比べて語句が長く，内容も複雑になるため，主語として使うには「重たさ」が感じられるからです。日常会話では p.168 で紹介する「it ＋ to 不定詞」の形を優先してください。

Chapter 5 不定詞

❷ 目的語の位置

107

(a) I like to play video games with my friends.
私は友だちとテレビゲームをするのが好きです。

(b) I want to become fluent in English.
私は英語が流暢（りゅうちょう）になりたい。

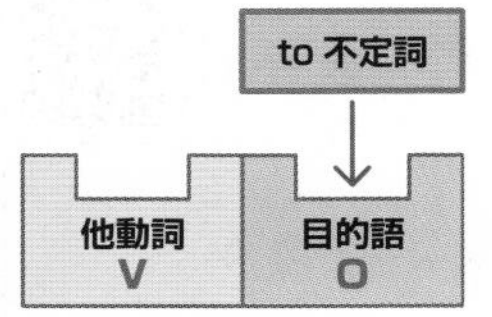

今度は to 不定詞を**目的語の位置**に置いてみましょう，**(a)** は I like dogs.（私は犬が好きです）と同じ形。dogs の代わりに to 不定詞を置けば，「～することが好きです」となります。**(b)** は want（欲しい）を使って，「～することを欲している＝したい」を表しています。

(b) の文には want と to の強いつながりを意識してください。「～したい」と言うとき，それは「(これから) したい」ということ。「これから」のイメージをもつ to 不定詞との組み合わせがピッタリなのです。

❸ be 動詞の「説明語句」

108

(a) **To see is to believe.**
見ることは信じることである。（＝百聞は一見に如かず）

(b) **My goal is to find a cure for cancer.**
私の目標はガンの治療法を見つけることです。

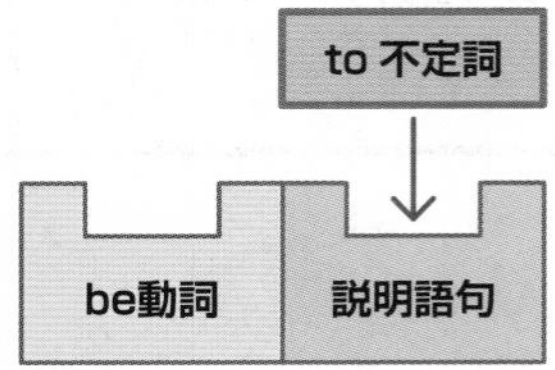
to 不定詞
be動詞
説明語句

be 動詞の後ろも**名詞**が使われる典型的な位置です。I am a student.（私は学生です）とまったく同じように，**説明語句の位置に to 不定詞**を使ってください。「～すること」と考えてかまいませんが，(b) の文では to 不定詞がもつ「これから」のイメージが，my goal との最良の組み合わせになっていることにも注目しましょう。

❹「it + to 不定詞」(1)：主語の内容をあとから述べる

109

(a) **It's not so easy to make new friends.**
新しい友だちを作ることはそれほど簡単ではありません。

(b) **It takes me two hours to get to school.**
私は学校に行くのに 2 時間かかります。

この形の文は，to 不定詞を主語にしたとき特有の「重たさ」（→ p.167）を避けるために，**主語**を **it で前置き**して，その内容を「あと出し」しています。

説明
(a) It's not so easy to make new friends.
それほど簡単ではありません
新しい友だちを作るのは

この文の作り方は単純です。心に浮かんだ内容を **it** で受け，**it**'s not so easy（それほど簡単ではありません）と文を言い切ってしまいます。でもこれでは何が not so easy なのかがわかりません。そこで **it の内容を to 不定詞で説明**していきます。**to make ...**（～を作るのはね）と，it を説明する気持ちで to 不定詞を「あと出し」―― それがこの文を作るコツ。こうしてできた「it + to 不定詞」は，日常会話で頻繁に使われるリラックスした表現となります。

Chapter 5 不定詞

❺「it + to 不定詞」(2): 目的語の内容をあとから述べる

110

(a) I think it strange to put pineapple on a pizza.
私はピザにパイナップルを載せるのは変だと思います。

(b) I make it a rule to exercise every day.
私は毎日，運動することにしています。

目的語でも **it を前置き**にして，to 不定詞の「あと出し」ができます。**(a)** は「～を strange（奇妙）だと思う」，**(b)** は「～を a rule（規則＝習慣）にする」という目的語説明型。

さて **(b)** の文で本来目的語にしたいのは「毎日運動すること（＝ to exercise every day)」ですが，これをそのまま目的語の位置に置くと，次のような大変理解しづらい文になってしまいます。

make と a rule の間が遠すぎて，「make ＋目的語＋ a rule」というまとまりが感じられなくなってしまうのです。そこで ❹ と同じ「あと出し」。

説明
(b) I make it a rule to exercise every day .
目的語
説明語句

目的語にしたい内容を **it** で受けて，make it a rule という「make ＋目的語＋ a rule」の形を作ってしまうのです。そしてitの内容を説明するto不定詞を後ろに置きます。これでスッキリ。わかりやすい文ができ上がります。

みるみる
英語の理解が
深まる
ヒント

不定詞の意味上の主語

to不定詞には，誰が行うのかを示す「主語」をつけ加えることができます。

(a) **For me to make friends is not so easy.**
(b) **It's not so easy for me to make friends.**
（私にとって友だちを作ることはそれほど簡単ではありません） 【名詞的用法】

(a)(b) の for me to make friends（私にとって友だちを作ることは）では，me が make の主語という意味関係になっています。この me は通常の主語と区別するために，**「意味上の主語」**と呼ばれています。意味上の主語は基本的に to不定詞の前に for ～を置いて表します。

意味上の主語は (a)(b) のような名詞的用法だけに使われるわけではありません。次のように，形容詞的用法や副詞的用法でも使われます。

(c) **This is an excellent program for learners of English to watch.**
（これは英語学習者が見るべき優れた番組です） 【形容詞的用法】

(d) **He spoke loudly for the people at the back to hear.**
（彼は後ろの人にも聞こえるように大声で話しました） 【副詞的用法】

なお，(b) とよく似ていますが，for ではなく of を使った〈It is ... of 人 to ～〉という型があり，注意が必要です（→ p.417）。

FACT 2 形容詞的用法

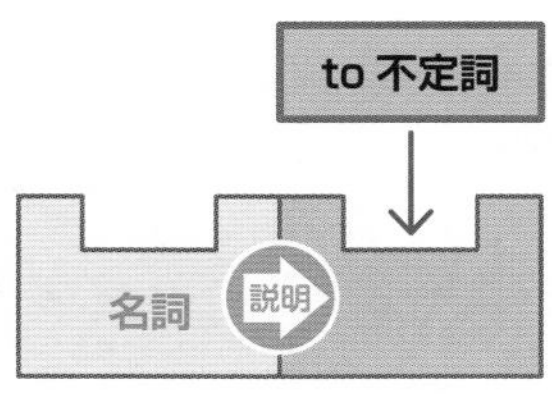

名詞の修飾に用いられる to 不定詞です。名詞を修飾するので,「形容詞的用法」と呼ばれます。「説明ルール」を思い出しましょう。配置のことばである英語では,語句の「後ろに並べる」だけで,その語句を説明することができます。to 不定詞もその例外ではありません。名詞の後ろに to 不定詞を並べれば,名詞の説明(修飾)となります。

❶ 修飾される名詞が「主語」「目的語」

111

(a) **I have many teachers to help me.**
私には手助けをしてくれる多くの先生がいる。

(b) **I have a lot of homework to do.**
私にはやるべき宿題がたくさんある。

(c) **I have two hamsters to look after.**
私には世話をすべき2匹のハムスターがいる。

to 不定詞が名詞の直後に置かれ,その名詞を説明しています。名詞と to 不定詞との意味関係はさまざまです。(a) は many teachers が「先生が私を助ける (many teachers help me)」という**主語**の働き,(b) では「たくさんの宿題をやる (do a lot of homework)」と**目的語**の意味関係となっています。

直前の名詞が to 不定詞の目的語となる場合,以下のように目的語の位置を空所(▭)にしておきます。この位置を空けておくことによって,名詞が目的語の働きをしていることが理解されるからです。

(b) **a lot of homework** to do ▭
名詞

(c) では to look after [ ] と，前置詞 after の目的語の位置が空いていることに注意しましょう。look after two hamsters（２匹のハムスターを世話する）という意味関係となっています。

(c) **two hamsters** to look after [ ]

名詞

FACT プラス +F

正確に空所を空けることが大切

111の形では，空所によって名詞と不定詞の意味関係が判断されるため，正しく使うには空所の位置を適切に意識することが大切です。

(a) ○ **I'm looking for someone to go with.**

× **I'm looking for someone to go.**

（私は誰か一緒に行ける人を探しています）

(a) の最初の文は，go with [ ] となっていることから go with someone（誰かと一緒に行く）という意味関係となっていることがわかります。一方，２番目の文は不自然。× go someone という形を作ることができないため，go [ ] とすることはできないのです。

(b) **I have nothing to write.**

（私は書くことが何もありません）

(c) **I have nothing to write with.**

（私は書くものを何も持っていません）

(b) の nothing は write の目的語（write nothing）であるため「書くことが何もない」。(c) の nothing は前置詞 with（～で：道具の with）の目的語（write with nothing）なので，「使って書くものがない」，つまりペンや鉛筆がないということになります。

❷ 名詞の内容を説明する

112

(a) **I don't have time to relax.**
私にはリラックスできる時間がありません。

(b) **I made a promise to improve my grades.**
私は成績を上げる約束をしました。

(c) **Everyone has the right to be happy.**
誰もが幸せになる権利をもっています。

ここで名詞は to 不定詞の主語でも目的語でもありません。「時間→リラックスする，ね」と，名詞の内容を説明しています。

みるみる英語が使えるようになるヒント

語順通りに作っていく

日本語と英語はしばしば語順が反転します。先行する名詞を to 不定詞が説明するこの形も，例外ではありません。

英語	many teachers	to help me
日本語	私を助けてくれる	多くの先生

英語を自然に理解し話すためには，英語の語順を意識しながら音読することが必要です。まず many teachers と言い切り，それを説明する意識で to help me。「説明ルール」をしっかりと思い出しながら，何度も練習してくださいね。

FACT 3 副詞的用法

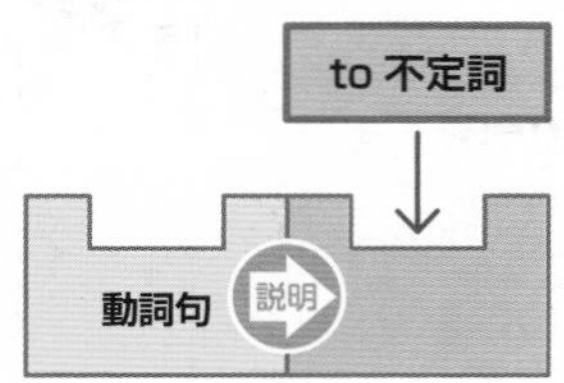

動詞句の後ろに配置され，動詞を中心とするフレーズの内容を説明する用法です。名詞以外を修飾するため，「副詞的用法」と呼ばれます。典型的には「目的」「感情の原因」「結果」「判断の根拠」の説明となりますが，どういった説明なのかは文脈から類推する必要があります。

❶ 目的・感情の原因

113

(a) **Many Japanese students go to Australia to practice English.**
多くの日本人学生は，英語を練習するためにオーストラリアに行きます。【目的：～するために】

(b) **My parents were delighted to hear about my excellent grades.**
両親は私のよい成績を聞いて大喜びした。【感情の原因：～して】

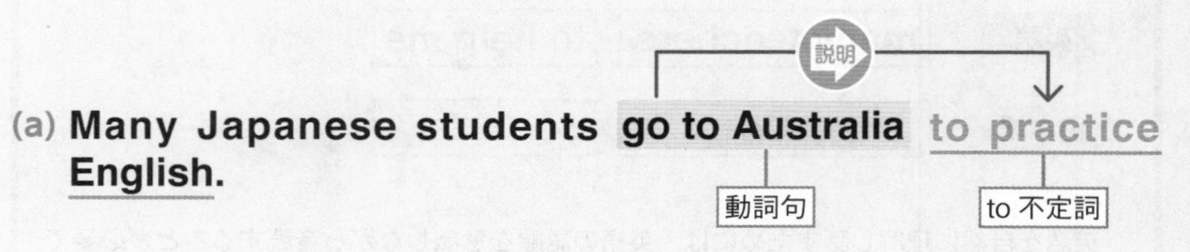

動詞句の後ろに to 不定詞が置かれ，説明を加えています。「オーストラリアに行く」と述べたあと，「英語を練習するためにね」という具合にです。

ここで to 不定詞は「目的（ために）」を表していますが，それは go to Australia という動詞句を説明しているからです。「多くの日本人学生がオーストラリアに行く」── これで文が終わったら「何のために行くのかな」と疑問が残るはずです。to 不定詞はその説明。だから「目的」の意味を帯びるのです。**(b)** でも「両親は大喜びをした」だけでは，なぜそうなったのか「原因」が気になるでしょう。to 不定詞による説明は，だからこそ「感情の原因」の意味となるのです。

to 不定詞は常に単なる「説明」です。どういった説明になるのかは，動詞句の意味次第ということになります。

❷ 結果・判断の根拠

114

(a) **He grew up to be a famous singer.**
彼は成長して有名な歌手になった。 【結果：その結果～】

(b) **She must be rich to buy such an expensive car.**
そんなに高い車を買うなんて，彼女はお金持ちにちがいない。 【判断の根拠：～するなんて】

「結果」「判断の根拠」も，to 不定詞が行う典型的な説明です。**(a)** では grew up（成長した）の説明に to 不定詞。当然「成長して何になったのか」，その結果の説明となります。また「結果」にはしばしば **find**（～を見つける＝～とわかる）が使われ，予期せぬ（しばしば悪い）できごとと出会うことが示されます。

(c) **I ran to the station to find that the last train was just leaving.**
私は駅に走って行ったが，最終列車がちょうど出て行くところだった。

(b) は「判断の根拠」の例。まず must be rich（お金持ちにちがいない）と判断しています。続く to 不定詞はその判断の「根拠」を説明しているのです。

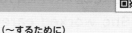

Vocabulary 「目的」「結果」を表す表現

☐ **in order to ～ / so as to ～** （～するために）

▶「目的」は to 不定詞だけでも表すことができますが，紛れなくしっかりと表したいときには，次の２つのフレーズを使います。

(a) **I had to fill out so many forms in order to get a visa.** （ビザを取得するために山ほど書類を書かなくてはならなかった）

(b) **We got to the concert hall very early so as to get good seats.** （私たちはよい席をとるために，かなり早くコンサートホールに行った）

☐ **only to ～** （～しただけ）

☐ **never to ～** （そして二度と～ない）

▶ only, never は「結果」にしばしば使われます。

(a) **We stood in line over two hours, only to discover that it was the wrong line!** （私たちは２時間以上並んでいたが，残念ながら間違った列だとわかっただけだった）

(b) **The two friends left school, never to meet again.** （２人の友人は学校を出て，そして二度と会うことはなかった）

▶ only to ～にはガッカリ感が強く漂います。only to ～と never to ～には，しばしば直前にカンマ(,) が使われます。「学校を出て…そして二度と～」と，時の経過が感じられるカンマです。

to 不定詞その他のポイント

to 不定詞は否定・完了形とのコンビネーションで使うことができます。また be 動詞など，さまざまな自動詞と結びつきます。

❶ to 不定詞の否定

115

(a) **Try not to think too much.**
考えすぎないようにしなさい。

(b) **It's OK not to be perfect!**
完璧でなくてもいいんだよ！

(c) **The students made a promise not to use their smartphones in class.**
生徒たちは，授業中にスマートフォンを使わない約束をした。

(d) **They were so happy not to lose this important match.**
彼らはこの重要な試合に負けなかったことで大変喜んでいた。

(e) **She worked carefully in order not to［so as not to］make any mistakes.**
彼女は間違いのないように慎重に作業した。

not は常に否定したい要素の前に置かれます。後続を「以下は否定される要素ですよ」と指定する単語だからです（＝指定ルール）。（「否定」について詳しくは p.313 参照）

不定詞を否定する場合もやはり，否定したい要素の前に not を置きます。(a) は「考えすぎないこと」を try，(c) は a promise を説明して「授業中に使わないという」約束，(d) は happy の理由を表して「この重要な試合に負けなかったため」となっています。

目的の否定を表す場合，not to ～は使われません。目的であることを明確に示す (e) **in order not to ～ / so as not to ～**の形を使うことに注意しましょう。

参考

not to～が使われる場合： Be careful **not to make mistakes**.（間違わないように気をつけて）という文では，目的の否定を表して not to ～が使われているように見えますが，この to 不定詞は目的を表しているわけではありません。「何について注意するのか」，careful の説明を to 不定詞が行っているにすぎません。

❷「be + to 不定詞」が表すさまざまな意味

116

(a) If we are to get to the show in time, we'd better leave right away.
もしショーに間に合うように行くつもりなら，私たちはすぐに出発したほうがいい。【意図】

(b) You are to be here by 7 a.m.
午前７時までにここに集合すること。【命令】

(c) The President is to visit Japan next week.
大統領は来週，訪日の予定です。【予定】

(d) Four kids from Liverpool were to form a famous rock band —— the Beatles.
リバプール出身の４人の若者は，有名なロックバンドを作ることになるのだった —— ビートルズだ。【運命】

to 不定詞が be 動詞の説明語句になる「be to ～」の形を紹介しました（→ p.168）が，実はこの形はそのほかにも大変多様な意味を表すことができます。

複雑に感じられるかもしれませんが，使い方を丸暗記する必要はありません。これらはすべて to 不定詞のイメージ「これから」から，自然に導かれる使い方だからです。

「意図」「命令」は「（これから）そうする・そうしなさい」ということであることに思い至れば，to が使われる理由が理解できるはず。「予定」を表すとき，短くキレのある表現である「be + to 不定詞」が新聞記事の見出しによく使われますが，これは日常会話でも使われます。もちろん「これから～する」から生まれた使い方。(d) の「運命」は…もう理解できますね。「（これから）そういうことになっていく」—— これも「これから」が自然に生み出す使い方なのです。

参考

「可能」の用法： be to 不定詞には，Not a star was to be seen in the sky.（空には星ひとつ見えなかった）といった「可能」の用法がありますが，これは文学的表現として残っている古風な表現であり，日常会話ではほぼ使われません。

❸ come / get + to 不定詞（～するようになる）

117

(a) **He** came to realize **the importance of teamwork.**
彼はチームワークの重要性を理解するようになった。

(b) **I** got to know **my host family very well.**
私はホストファミリーのことがよくわかってきた。

ある状態になるという意味の，「変化」を表す頻用表現です。これらの文は本質的に前置詞 to を使った He came to / got to Tokyo.（東京に来た・着いた）と同じです。to 不定詞以下の状況に「来る・着く」ということ。to の➡が生み出す使い方です。

❹ seem / appear + to 不定詞（～のように思える・見える）

118

(a) **She** seems [appears] to be **happy in her new school.**
彼女は新しい学校で楽しそうだ。

(b) **He** seems [appears] to know **a lot about Japanese history.**
彼は日本の歴史についてたくさん知っていると思う。

seem / **appear**（～のように思える・見える）の２つの動詞は，しばしば to 不定詞を伴います。しっかりとこの形を覚えておきましょう。同じ内容を「it … that ～」を使って表すこともできます。

(c) It seems [appears] that **she is happy in her new school.**

appear は「視界に入ってくる」を原義とする動詞のため，「見える」に焦点があります。やや表層的な印象です。seem のほうが「思う」寄りであり，深みがあります。同じ形を取る動詞には，**turn out**（～だとわかる）や **happen**（たまたま～する）などもあります。

(d) **Her prediction** turned out to be **right.**
(e) It turned out that **her prediction was right.**
彼女の予想が正しいことがわかった。

(f) **We** happened to be **wearing the same dress!**
(g) It happened that **we were wearing the same dress!**
私たち，偶然同じ服を着ていたのよ！

❺ 完了形の不定詞（to have ＋過去分詞）

119

(a) **I'm glad to have made so many new friends here.**
私はここでたくさんの人と新しく友だちになれて，うれしく思っています。

(b) **Lucy seems to have been sick.**
ルーシーは体調が悪かったみたいですね。

(c) **I'm sorry to have missed your birthday party.**
あなたの誕生日パーティーに行けなくてすみません。

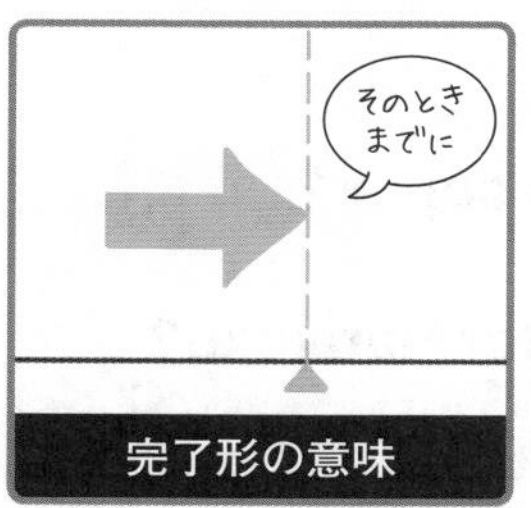

完了形の意味

完了形（have ＋過去分詞）は「そのときまで」の意識で使われる形でした（→ p.76）。「**to have ＋過去分詞**」は，文が示す時点以前に to 不定詞の内容が行われたことを示します。**(a)** は「(そのときまでに) 友だちになれたことが（今）うれしい」ということになります。

(b) と次の **(d)** を比べてみましょう。

(d) **Lucy seems to be sick.**
ルーシーは体調が悪いみたいですね。

日本語訳に注意しましょう。**(d)** の「体調が悪いみたいですね」に対して，**(b)** は「体調が悪かったみたいですね」。seems（見える）よりも以前に，to 不定詞の内容が起きています。

進行形の不定詞・受動態の不定詞

進行形の内容を不定詞で表すときは，「**to be ＋ -ing**」の形にします。p.178 の **(f)** のように，happened to ～「偶然～だった」に be wearing「着ている」を続け，「偶然着ていた」となります。

(f) **We happened to be wearing the same dress!**
（私たち，偶然同じ服を着ていたのよ！）

また，「～されること」を不定詞で表すときは，「**to be ＋過去分詞**」の形にします。

▶ **Nobody likes to be scolded.**
（誰も怒られるのは好きではない）

Chapter 5 不定詞

FACT 5 to 不定詞を伴う重要表現

最後に to 不定詞を含む重要な表現を学んでいきましょう。

❶ 疑問詞 ＋ to 不定詞

120

(a) **I don't know what to say.** なんて言っていいのか私はわかりません。

(b) **Tell me when to start.** いつスタートすればいいのか私に教えてね。

(c) **I know where to find them.**
私はどこで彼らが見つかるのか知っています。

(d) **Can anybody tell me how to work this copier?**
誰か私にこのコピー機の使い方を教えてくれませんか。

(e) **Could you tell me which train to take for Harajuku?**
原宿に行くにはどの電車に乗ればいいのか教えていただけますか。

これから

to 不定詞のもつ「これから」のニュアンスが強く感じられる表現です。**what to ~**（何を～すべきか），**when to ~**（いつ～すべきか），**where to ~**（どこに～すべきか），**how to ~**（どのように～すべきか［～のやり方］），**which to ~**（どちらを～すべきか）と，どれも「これから」が強く意識されています。which train（どの電車を），what subject（どんな教科を）など，ほかの単語と複合的に使うこともできます。

❷ 可能性／難易度を表す「形容詞 ＋ to 不定詞」

121

(a) **She is sure [certain / likely / unlikely] to win.**
彼女は必ず勝つ［必ず勝つ／勝ちそうだ／勝ちそうにない］。

(b) **He is easy [hard / difficult / impossible] to please.**
彼を喜ばせるのは簡単［難しい／難しい／不可能］です。

(a)
説明
She is sure to win .

to 不定詞と特別に相性のよい形容詞を紹介しましょう。まずは可能性を表す形容詞から。**(a)** では形容詞の後ろに to 不定詞がありますね。ここは説明語句の位置。「彼女は sure（確実だ）」と述べてから，何が sure なのか，その説明を加えています。

(b)
説明
He is easy to please .

難易度を表す語も基本は同じです。(b) では，何が easy なのかを「喜ばせるのがね」と，to 以下で説明しています。ただ 1 つ異なるのは，この種の形容詞は左の図の形で使うことです。主語が please（喜ばせる）の目的語となる意味関係になります。でも，これは日本語でも同じです。「彼は喜ばせるのが簡単だ」で，誰を喜ばせるのかと言えば「彼」ですから。主語が入る空所（　）を意識して，to 不定詞を作りましょう。

これから

さて，ここで取り上げた 2 つの形にも「これから」が感じられています。「勝ちそうだ」はもちろんこれから起こる可能性であり，「喜ばせるのが簡単です」は「喜ばせるのなら」という，これからについての意図が感じられています。

Chapter 5 不定詞

❸ そのほかの「形容詞 + to 不定詞」

122

(a) **Are your students eager to learn English?**
あなたの生徒たちは英語を勉強したがっていますか。

(b) **OK. I'm ready to go.** オーケー。出発の準備ができました。

(c) **I'm happy to lend you my tennis racket.**
私のテニスラケットなら，喜んであなたに貸してあげますよ。

(d) **I'm sorry to hear that.** 私はそれを伺(うかが)って気の毒に思います。

(e) **Be careful to check the bill before paying.**
支払いの前に請求書をチェックするように気をつけて。

(f) **I have enough money to buy a new smartphone.**
私は新しいスマートフォンを買うのに十分なお金をもっています。

to 不定詞はさまざまな**形容詞とのコンビネーション**で使われます。to 不定詞がどのような意味を担うかは，形容詞の意味によります。(a) **eager**（したがっている・欲しがっている）や (b) **ready**（準備ができた）なら，「これから～する」という意味合い。(c) **happy** は「今～でうれしい」あるいは「喜んで～する」。(d) **sorry** なら「～したことで気の毒に思う［残念に思う］」。(e) **careful** なら「～するように気をつける」。多彩な意味関係が生まれますが，形容詞の意味から常識的に判断ができるものばかりです。当たり前ですね。ネイティブ・スピーカーもそうやって意味を類推しているのですから。

(f) の enough（十分な）も,「～するのに十分な」という意味を作ることは明らかです。**(f)** のように「**enough ＋名詞＋ to 不定詞**」のほか，次の **(g)** のように**単独**で使うことも，**(h)** のように**形容詞と組み合わせる**こともできます。

(g) I have enough to worry about already.

僕にはすでに十分悩みごとがあるんです。＝もう面倒かけないでくれ。

(h) Are you old enough to drive a car?

あなたは運転できる年齢ですか。

old enough to ～（～するのに十分な年齢）のほか，**kind enough to ～**（～するのに十分なくらい親切＝親切にも～する）などもよく使われます。

Q なぜ enough はこの語順になるの？

enough のとる語順が複雑に感じられますか？　ネイティブ・スピーカーは「指定ルール」「説明ルール」をそのまま使っているだけですよ。まずは「**enough ＋名詞＋ to 不定詞**」の形から。

指定

▶ **I have enough time to finish my homework.**

説明

（宿題を終えるのに十分な時間があります）

話し手はまず I have enough time（十分な時間がある）と述べています。ここで enough が time の前にあるのは，単なる「時間がある」ではなく「十分な時間がある」と time の指定をするから（指定ルール）。そして何をする enough time（十分な時間）なのかを to 以下で説明しています──「宿題を終える，ね」。例文 **(f)** はこのパターン。**(g)** の enough は名詞です。I have enough（十分もっている）としてから，何が十分なのかを to 以下で説明しています。

次は**形容詞と組み合わせたパターン**。

▶ **He's talented enough to play for the prefecture.**

（彼は県の代表として十分プレーできる才能がある）

話し手はまず He is talented（彼は才能がある）と言い切っています。そしてどのくらい才能があるのかを enough to play ...（…プレーするのに十分なほど，ね）と説明。これは **(h)** のパターン。enough がとる語順，もうそれほど奇妙ではありませんね？

❹ too ... to ～（…すぎて～できない）

123

I was too sad to speak.
私は悲しすぎて口がきけなかった。

よく使われるフレーズです。「**too ＋形容詞**（too sad ＝悲しすぎる）」について，何をするのに「すぎる」のか，その説明が to 不定詞で展開されます（話すには，ね）。さて，この文には not もないのに「できない」と，否定の意味が加わるのは，too「すぎる」には常に「できない」の意味を含むからです。

A: Can Johnny ride on this attraction?
ジョニーはこのアトラクションに乗れますか。

B: I'm sorry, he is too small.
すみません。彼は小さすぎます。

B の発言は「乗ることができない」を含んでいますね。

❺ to 不定詞を含む前置き表現（独立不定詞）

124

(a) To tell the truth, I didn't study for the test.
実を言うと（本当のことを言うと），私はテストのための勉強をしませんでした。

(b) To be honest, I don't like pizza.
正直に言って，私はピザが好きではありません。

本題を始める前の前置き表現の中には，to 不定詞を使うものが数多くあります。truth（真実），honest（うそ偽りのない）を使った表現が例文 124 です。本題がどういった種類のことなのかを指定する表現のため，文頭が定位置となります。

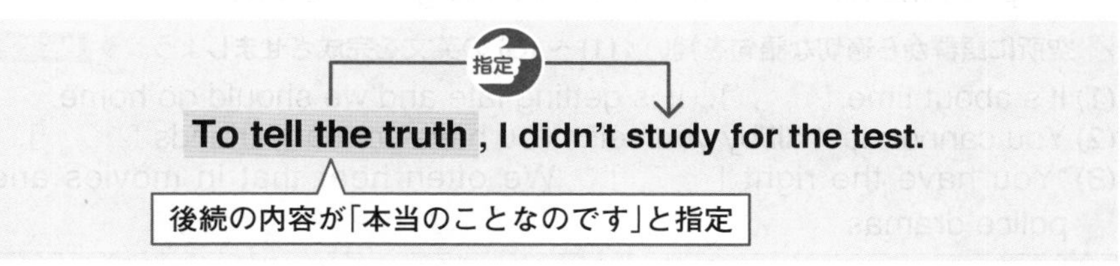

同種の表現に **needless to say**（言うまでもなく），**to begin with**（まず最初に），**to make matters worse**（さらに悪いことには）などがあります。

文を修飾するこのような表現に関しては，p.451 を参考にしてください。

Chapter 5 ● EXERCISES

1 空所に語群から適切な語句を補い，(1) ~ (5) の英文を完成させましょう。ただし，文頭に来る語句も小文字で始まっています。 ▶ FACT 1

(1) I'd like [ ] this year. It looks difficult but I think it is very cool.
(2) We are aiming [ ] this season. Last season was our worst performance ever.
(3) [ ] is not good. You should take your time and chew your food well.
(4) To live in another country is [ ]. My grandmother told me that many times when I was younger.
(5) Takeshi hopes [ ] when he goes to Australia. It has been five years since they last saw each other.

【語群】 to see his host family again / to win the tournament / to eat quickly / to try calligraphy / to know it better

2 意味が通るように [ ] 内の語句を並べ替えて，(1) ~ (5) の英文を完成させましょう。ただし，文頭に来る語句も小文字で始まっています。 ▶ FACT 1

(1) A : Who lives the farthest away from school in our class?
B : Well, [two hours / it / me / takes / to get] to school. So, I think it's me.
(2) A : You know, [your hands / important / to wash / is / it] before eating.
B : Sorry. I was in a hurry, so I just forgot this time.
(3) A : Do you play games at night on weekdays?
B : No, [a rule / I / it / make / to play] only on weekends.
(4) A : [difficult / found / I / it / to see] the blackboard during the last lesson.
B : Really? You might be just tired, but I also think you should get your eyes checked.
(5) A : What is your most important advice for us before going to Australia on the school trip?
B : [for everyone / is / it / necessary / to use] sunscreen when you go to the beach. You do not want to get sunburned.

3 空所に語群から適切な語句を補い，(1) ~ (3) の英文を完成させましょう。 ▶ FACT 2

(1) It's about time [ ]. It is getting late and we should go home.
(2) You cannot do it all by yourself. You have so many friends [ ].
(3) "You have the right [ ]." We often hear that in movies and police dramas.

【語群】 to remain silent / to help you / to finish now

4 空所に語群から適切な語句を補い，(1) ~ (3) の英文を完成させましょう。 ▶ FACT 2

(1) That is such a good idea! Can you please give me something [ ]? I only have a pen.

(2) If you don't know the name of the person [ ], just start with "Dear Sir or Madam."
(3) My teacher asked us to do a report on our holidays, but I had influenza the entire time, so I have nothing [ ].

【語群】 to write about / to write on / to write to

5 空所に語群から適切な語句を補い，(1) ~ (4) の英文を完成させましょう。 ▶ FACT 3

(1) I'm happy [ ]. I am glad your injury has healed.
(2) I was shocked [ ]. When did it disappear?
(3) I was disappointed [ ]. I think my parents will be more disappointed though.
(4) I am honored [ ]. I have always wanted it.

【語群】 to be getting this award from the school / to get such a low score on the test / to see no grass left on the school field / to see you coming to training every day now

6 空所に語群から適切な語句を補い，(1) ~ (4) の英文を完成させましょう。 ▶ FACT 3

(1) It is hard to believe, but the really quiet boy from elementary school grew up [ ] a comedian.
(2) You must be brave [ ] bungee jumping off that bridge. It looks really old and unsafe.
(3) Our club leader put up lots of posters around the school so as [ ] when and where we will perform the play.
(4) The teacher made these extra worksheets only [ ] you. She is always trying to make you do your best.

【語群】 to advertise / to be / to do / to help

7 意味が通るように [ ] 内の語句を並べ替えて，(1) ~ (4) の会話文を完成させましょう。ただし，文頭に来る語句も小文字で始まっています。 ▶ FACT 3 FACT 4

(1) A: What's the matter? Why are you looking so sad?
B: I spent the last three hours making all of these posters, [find / only / that / to] someone had already made a lot of them.
(2) A: [use / care / not / take / to] flash when taking pictures in the museum.
B: Yeah, we know. We've read the notice at the front.
(3) A: Should we bring anything special to art class?
B: Bring your paints, a brush, and an old shirt [as / get / not / so / to] paint on your clothes.
(4) A: My father puts cushions beside my little brother's bed [to / not / hurt / him / for] himself if he falls off.
B: What a great idea! So, it would be a soft landing if he fell off.

Chapter 5 ● EXERCISES ● Answers

1 (1) to try calligraphy
(2) to win the tournament
(3) To eat quickly　(4) to know it better
(5) to see his host family again

訳 (1) 今年は書道に挑戦したいな。難しそうに見えるけど，とてもかっこいいと思う。
(2) 今シーズン私たちはトーナメントで優勝することを目標にしています。昨シーズンは今までで最悪の成績だったので。
(3) 急いで食べるのはよいことではありません。時間をかけて，食べ物をよく噛みましょう。
(4) 他の国で暮らすと，その国をよく知ることができる。私が若い頃，祖母が私に何度も言っていました。
(5) タケシはオーストラリアに行ったら，またホストファミリーに会いたいと思っている。彼らが最後に会ってから5年になる。

2 (1) it takes me two hours to get
(2) it is important to wash your hands
(3) I make it a rule to play
(4) I found it difficult to see
(5) It is necessary for everyone to use

訳 (1) A：誰がうちのクラスで学校から一番遠くに住んでるのかな？
B：えっと，私が学校に来るのに2時間かかるんです。だから，それは私だと思います。
(2) A：食事の前に手を洗うのが大事だよね。
B：ごめんなさい。急いでいたから，今はすっかり忘れてしまいました。
(3) A：平日の夜にゲームをしますか？
B：いいえ。ゲームをするのは週末だけにしています。
(4) A：前の授業中に黒板が見えづらかったんだ。
B：本当？　ただ疲れているだけかもしれないけれど，目を検査してもらったほうがよいと思うよ。
(5) A：修学旅行でオーストラリアに行く前に，一番大切なアドバイスは何ですか？
B：海岸に行くときはみんな日焼け止めを使うことが必要です。日焼けしたくなかったらね。

3 (1) to finish now　(2) to help you
(3) to remain silent

訳 (1) もうそろそろ作業を終える時間だ。遅くなってきたし，家に帰らなくちゃ。
(2) 自分一人ですべてやることはないんだよ。君には助けてくれるたくさんの友だちがいるんだから。
(3)「君には黙秘権がある」。このことばをよく映画や刑事ドラマで耳にする。

4 (1) to write on　(2) to write to
(3) to write about

訳 (1) それはとてもよい考えだね。何か書くもの（紙など）をくれる？　ペンしか持ってないんだ。
(2) 手紙を書く相手の名前がわからなければ，ただ Dear Sir or Madam で始めてください。
(3) 先生は休日についてレポートを書きなさいと言ったけど，ずっとインフルエンザだったので，何も書くことがない。

5 (1) to see you coming to training every day now
(2) to see no grass left on the school field
(3) to get such a low score on the test
(4) to be getting this award from the school

訳 (1) 毎日あなたがトレーニングに来るのを見ることができてうれしい。あなたのケガが治ってよかった。
(2) 校庭の芝生が残っていなかったのを見て驚いた。いつなくなったの？
(3) テストでこんなに低い点を取ってがっかりしました。親はもっとがっかりすると思うけど。
(4) 学校からこの賞をもらえるなんて光栄です。私はこの賞がずっと欲しかったんです。

6 (1) to be　(2) to do　(3) to advertise
(4) to help

訳 (1) 信じがたいことですが，小学校のときにとても静かだったあの男の子が大人になってコメディアンになったんです。
(2) あの橋からバンジージャンプをするなんて勇気がありますね。すごく古くて危険そうです。
(3) 部長が，私たちがいつどこで劇をするのかを知らせるために学校中にたくさんのポスターを貼りました。
(4) 先生はあなたの役に立つようにとさらに追加の問題用紙を作ってくれました。彼女はいつもあなたに全力を尽くさせようとしているんですよ。

7 (1) only to find that　(2) Take care not to use
(3) so as not to get　(4) for him not to hurt

訳 (1) A：どうしたの？　なぜそんなに悲しそうな顔をしているの？
B：この3時間を費やしてこれらすべてのポスターを作ったんだけど，誰かがすでにたくさん作っていたことがわかったんだ。
(2) A：博物館の中で写真を撮るときはフラッシュを使わないように気をつけてくださいね。
B：はい，わかっています。正面にあった掲示を読んでいましたから。
(3) A：美術の授業に何か特別なものをもってくるべきですか？
B：絵の具と筆，そして服が汚れないように古いシャツを持ってきてください。
(4) A：私の父は弟がベッドから落ちてもケガをしないように，その横にクッションを置くんです。
B：すごくよい考えだね！　それじゃ，落ちても軟着陸だね。

Chapter 6

動名詞

第8回

「動名詞」は名詞の働きをする「動詞-ing形」で，不定詞と同様，動詞を中心としたパッケージ表現です。主語の位置に置けば主語，目的語の位置に置けば目的語の働きをするのも不定詞と同じです。それでは動名詞と不定詞の違いは何でしょうか。解説動画（第8回）では，動名詞を理解する上で重要な「現実の・リアルな」というニュアンスについてお話しします。

Chapter 6 で学ぶこと

Chapter 6 のトピックは「動名詞」です。

動名詞とは，**動詞 -ing 形を主語・目的語・be 動詞の説明語句（補語）の位置に置き，名詞として使う用法**です。to 不定詞の名詞的用法（→ p.166）に対応します。to 不定詞との違いにも注意して，使い方を学んでいきましょう。

動名詞は to 不定詞と同様に文の部品を作る「**パッケージ**」です。動詞だけでなく，**動詞を中心とするフレーズがひとまとまりのパッケージ**となった形です。

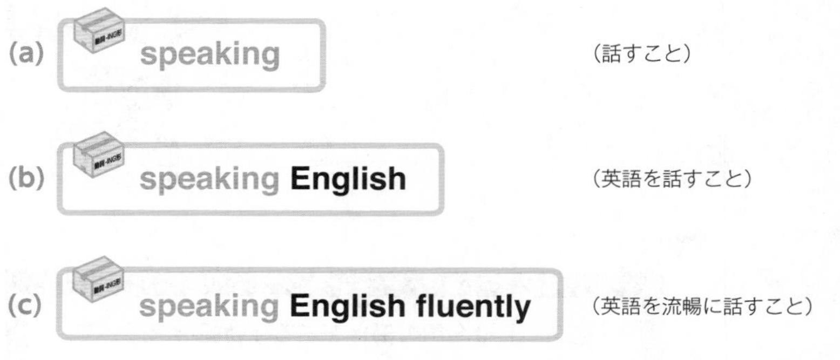

(a) speaking （話すこと）
(b) speaking English （英語を話すこと）
(c) speaking English fluently （英語を流暢に話すこと）

動名詞の攻略は単純です。動詞 -ing 形を気軽に名詞の位置（主語・目的語・be 動詞の説明語句＜補語＞）で使いこなすことに慣れるだけ。さあ，始めましょう！

動詞 -ing 形のイメージ

動詞 -ing 形

動詞 -ing 形のイメージは「**躍動感**」。生き生きとした行為を描写します。名詞として使われる動名詞は日本語で「～すること」が定訳ですが，ネイティブ・スピーカーはそこに「動き」を感じ取っていることに注意しましょう。この「動き」の感覚が，同じように訳される to 不定詞の「～すること」（一般的内容：→ p.166）と動詞 -ing 形を分けているのです。

主語・目的語・説明語句として

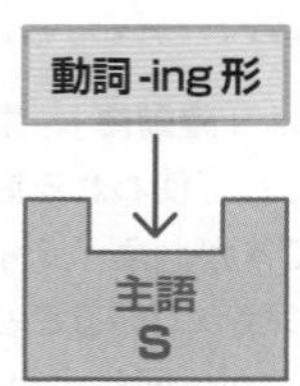

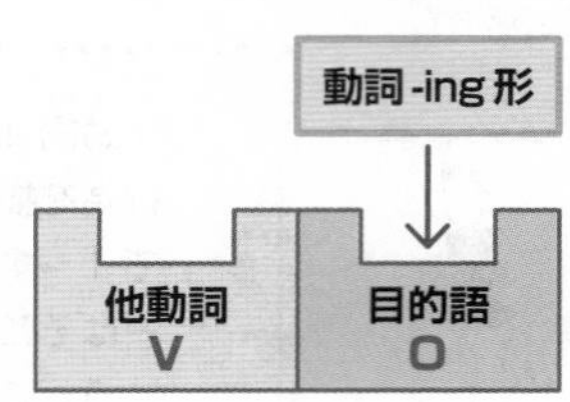

動詞 -ing 形を文中の**主語・目的語の位置**に置けば，そのまま**主語・目的語**になります。主語や目的語は名詞が使われる典型的な位置であり，これらの位置で名詞として使われる動詞 -ing 形を「動名詞」と呼びます。

❶ 主語の位置

125

(a) **Making new friends is not so easy.**
新しい友だちを作ることはそれほど簡単ではありません。

(b) **Riding a bike without a helmet is dangerous.**
ヘルメットなしで自転車に乗るのは危険です。

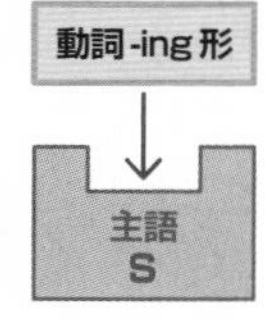

動名詞を**主語の位置**に置くと，**「～することは」を表す主語**になります。これは to 不定詞の名詞的用法（→ p.166）と同じ使い方ですが，動名詞と to 不定詞では，使ったときのニュアンスは異なります。to 不定詞が具体性のない一般論的な発言であるのに対し，動名詞は**具体的なできごとが起こっているような感覚**を伴っています。具体的にできごとが起こっている・できごとをありありと想像している，そうしたときに好んで使われる形です。

(a) の発言は，転校生が家に帰って「新しい友だちを作るのは…」と家族に言っているような感触。ここには不定詞 to make new friends ...（新しい友だちを作るということはですね…）にあった一般論のニュアンス（→ p.166）はありません。動名詞も to 不定詞も「～すること」で日本語訳は十分ですが，上手に使い分けて話したいのなら，この違いは知っておくべき強い傾向です。

❷ 目的語の位置

126

(a) **I like playing video games with my friends.**
私は友だちとテレビゲームをするのが好きです。

(b) **I finished doing my homework.**
私は宿題を終えました。

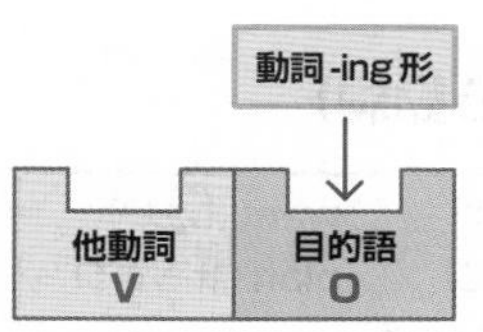

今度は**目的語の位置**に動名詞が置かれました。**(a)** は to 不定詞を使ったときと同じように「テレビゲームをすることが好き」を表しますが，話者は to 不定詞を使ったときよりも，友人とゲームしている様子をありありと想像していることが感じられます。

(b) は「宿題（をするの）を終えた」ですが，ここで動名詞の代わりに to 不定詞を使って ×finished to do my homework とは言えません。なぜなら，「動詞と to 不定詞」「動詞と動名詞」にはそれぞれ「相性」があり，finish（終える）は「目的語として動名詞しかとれない」動詞だからです（→ p.192）。

Chapter 6 動名詞

みるみる英語が使えるようになるヒント

(It's) nice to meet you. と (It was) nice meeting you.

(It's) nice to meet you. と **(It was) nice meeting you.** は，初対面の方へ「お目にかかれてうれしい」と言う際の定番フレーズですが，**to 不定詞**は**最初の挨拶**で，**動詞 -ing 形**はその場で交流を深め，**別れるとき**に使われます。ここにも「これから」を指し示す to 不定詞，具体的なできごとを想起させる -ing 形の使い分けが生きていますね。

Q to 不定詞と動名詞：動詞との相性は？

動詞の多くは like（好む）· love（好む）· hate（ひどく嫌う）· start（始める）· begin（始める）· continue（続ける）などのように，to 不定詞・動名詞のどちらも目的語として使うことができますが，中には❶ to 不定詞しか使えない動詞・❷動名詞しか使えない動詞・❸どちらを選ぶかによって意味が大きく変わる動詞があります。自然な英語を目指すなら，ぜひ覚えておきたい区別です。

❶ to 不定詞しか使えない主な動詞（これから動詞）

□ **agree**（同意する）	□ **decide**（決める）	□ **expect**（予期する）	□ **want**（したい）
□ **wish**（したい）	□ **hope**（望む）	□ **promise**（約束する）	□ **plan**（計画する）
□ **offer**（申し出る）	□ **refuse**（拒否する）	□ **mean**（本気で～するつもり）	
□ **manage**（なんとか～する）			

このグループに属する動詞の共通点は「**これから**」。「（これから～することに）同意する」「（これから～することを）約束する」のように，どの動詞にも「これから」が強く意識されます。「これから（➡）」のイメージをもつ to 不定詞は，これらの動詞にピッタリなのです。

(1) (a) I promise not to tell a lie.（私はうそをつかないと約束します）

(b) I hope to see you again.（またお目にかかりたく存じます）

❷ 動名詞しか使えない主な動詞（リアリティ動詞）

□ **admit**（認める）	□ **deny**（否認する）	□ **consider**（よく考える）	□ **enjoy**（楽しむ）
□ **imagine**（想像する）	□ **finish**（終える）	□ **stop**（やめる）	□ **avoid**（避ける）
□ **suggest**（提案する）	□ **practice**（練習する）	□ **mind**（気にする・嫌がる）	

このグループの動詞はどれも強く具体性を要求します。具体的な状況が想定されて初めて「認める」「楽しむ」「終える」「やめる」「避ける」「嫌がる」ことができるからです。「よく考える」「想像する」「提案する」も同じ。具体的な状況に思いを巡らせています。

(2) (c) Just stop calling me.（とにかく私に電話するのをやめてよ）

(d) Would you mind opening the window?（窓を開けていただけますか）

mind（嫌だと思う）を使った **(d)** の直訳は「～するのは嫌ですか」という意味。そこから相手の心情に配慮したニュアンスが生まれます。とても丁寧な表現です。

❸ to 不定詞と動名詞で意味が異なる主な表現

□ **remember**（覚えている） □ **try**（試みる） □ **regret**（残念に思う） □ **forget**（忘れる）

これらの動詞はto 不定詞・動名詞のどちらを使うかで意味が変わります。**to 不定詞は「これから」のこと，動名詞は具体的な状況を示して「実際した」こと**を表します。

(3) (e) Remember to lock **the door when you go out.**
（外出するときにはドアに鍵をかけるのを忘れないように）

(f) **I** remember meeting **her at a party.**
（私は彼女とパーティーで会ったことを覚えています）

remember to は「これからすることを覚えている（＝忘れないでいる）」，**remember -ing** は「したことを覚えている」を表します。

(4) (g) **He** tried to carry **the heavy box, but he couldn't.**
（彼はその重い箱を運ぼうとしましたが，できませんでした）

(h) **He** tried carrying **the heavy box, and he got very tired.**
（彼はその重い箱を運んでみて，とても疲れました）

to 不定詞を使った (g) は「～しようとした」という意味で，実際には，まだやっていません。一方，動名詞を使った (h) は，「（実際に）やってみた」という意味です。

(5) (i) **I** regret to say **that the concert was canceled.**
（残念ながらコンサートの中止をお知らせしなければなりません）

(j) **He** regrets saying **that to her.**
（彼は彼女にそう言ったことを後悔している）

regret to は「これからすることを残念に思う」，**regret -ing** は「したことを残念に思う（後悔する）」を表します。forget も同じパターン。**forget to**「することを忘れる」，**forget -ing**「したことを忘れる」となります。to 不定詞の「これから」と動名詞の「リアリティ」さえ身についていれば，区別に手間取ることもないでしょう。

最後にクイズ。次の文の意味を考えてください。

(k) **He** stopped to look **at the map.**

「地図を見るのをやめる」という意味にはなりません。動詞 stop はto 不定詞を目的語にはできないからです。答えは「地図を見るために立ち止まった」。不定詞の副詞的用法（～するために）の使い方となります。できましたか？

Chapter 6 動名詞

❸ be 動詞の「説明語句」

127

(a) My hobby is collecting stamps.
私の趣味は切手を集めることです。

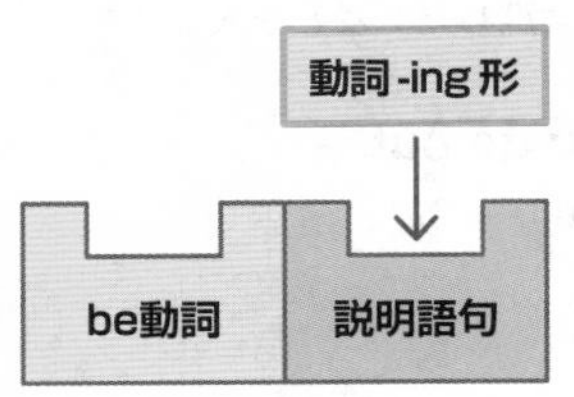

be 動詞の後ろの説明語句も名詞の位置。to 不定詞と同じように，ここでも**動詞 -ing 形**を使うことができます（to 不定詞を使った場合と大きな意味の違いはありません）。なお，次の (b) のような進行形とは形の上で区別することはできません（(b) の動詞 -ing 形は現在分詞）。文脈で区別してください。

(b) I am collecting stamps. 私は切手を集めています。

動名詞の意味上の主語

to 不定詞と同じように，動名詞にも**「誰が行うのか」を示す意味上の「主語」**をつけ加えることができます。意味上の主語には，**所有格**（his や the student's など）・**目的格**（him や the student など）を使うことができます。

(a) My mother doesn't like me [my] playing video games.
（母は私がテレビゲームをするのが好きではない）
動名詞 playing の意味上の主語

所有格（my）はカッチリとした正確な言い方ですが，話し言葉では目的格（me）が好まれます。また，意味上の主語は「紛れなく誰の動作かを示す」ためのものですから，一般的な内容や「誰の動作か容易に類推できる」ときには使う必要はありません。

(b) Making cookies is a lot of fun. **[一般的な内容]**
（クッキーを作るのはとても楽しい）

(c) Would you mind turning the TV off? **[動作主が明確]**
（テレビを消していただけますか）

(c) はテレビを消すのは当然 you ですから your turning ... としなくてもだいじょうぶ。でも，次の場合はしっかり意味上の主語を加える必要があります。

(d) Would you mind me [my] turning the TV off?
（〈私が〉テレビを消してもいいでしょうか）

❹ 前置詞の目的語として

128

(a) **Ken is good at playing baseball.**
ケンは野球をするのが得意です。

(b) **Thank you so much for helping us.**
私たちを手伝ってくれて本当にありがとう。

(c) **Say "good night" before going to bed.**
寝る前に「おやすみなさい」って言いなさい。

動名詞は名詞と同じように，**前置詞の後ろ**に置いて，その目的語として使うことができます。Ken is good at English.（ケンは英語が得意です）で名詞 English を使うのと同じ気持ちで，playing baseball を使ってみましょう。

Ken is good at English.

↓

(a) **Ken is good at playing baseball.**

これで「ケンは野球をすることが得意です」となります。ただし，同じ「すること」でも，to 不定詞にこの使い方はありません。

前置詞

(a) **Ken is good at playing baseball.** ［動名詞］

(×at to play baseball) ［to 不定詞］

FACT 2 動名詞その他のポイント

動名詞も to 不定詞と同じように，否定や完了形とのコンビネーションで使うことができます。

❶ 動名詞の否定

129

(a) **Not wearing a helmet on a bike is dangerous.**
ヘルメットをつけないで自転車に乗るのは危険です。

(b) **I'm disappointed about not winning this game.**
私はこの試合に勝てずにガッカリしています。

NOT wearing a helmet

「not は常に否定したい要素の前に置かれる」でした(→ p.176)。このルール，もうマスターしていただけましたね？

❷ 完了形の動名詞（having ＋過去分詞）

130

(a) **The man denied having lied.**
その男はうそをついたことを否定した。

(b) **I'm proud of having been a student at this school.**
私はこの学校の生徒だったことを誇りに思っている。

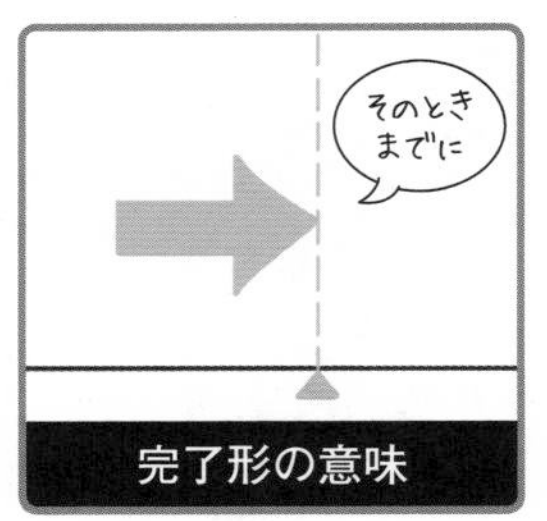

完了の have を動名詞（-ing 形）にした「**having ＋過去分詞**」で，動名詞も to 不定詞と同じように，文が示す時点より「以前」のことを表すことができます。

I'm proud より以前の内容

(b) I'm proud of having been a student at this school.

having + 過去分詞

(= I'm proud that I was a student at this school.)

この文は，I'm proud（私は誇りに思う）よりも，動名詞の内容が「以前」であることを示しています。すでに卒業した生徒の発言となります。ちなみに次の文は在校生の発言。現在，この学校の生徒であることを誇らしく思っているのです。

(c) **I'm proud of being a student at this school.**
私はこの学校の生徒であることを誇りに思います。
(= I'm proud that I am a student at this school.)

参考

完了形の動名詞の否定文：この形に「否定」を上乗せすることもできます。ここまで作ることができれば，動名詞をフルに活用することができるでしょう。

▶ **I'm proud of never [not] having been late for school.**
私は今まで学校に遅刻したことがないのを誇りに思っています。

❸ 受動態の動名詞（being ＋過去分詞）

131

(a) **Nobody likes being scolded.**
誰も怒られるのは好きではない。

(b) **My dog loves being taken for a walk.**
私の犬は散歩に連れ出してもらうのが大好きです。

「～されること」を表すときには，動名詞か to 不定詞を使います。受動態を表す「be 動詞＋過去分詞」の be を，動名詞（being）または to 不定詞（to be）にします。過去分詞は常に修飾語として取り扱われ，そのまま名詞として使うことができないことに注意しましょう（→ p.204）。

Nobody likes	× scolded.	【過去分詞】
	being scolded.	【動名詞】
	to be scolded.	【to 不定詞】（→ p.179）

need -ing / want -ing（～する必要がある）

need（必要とする）／ want（必要とする：くだけた言い方）と動名詞とのコンビネーションです。

(a) **My computer needs fixing.**
（私のコンピューターは修理する［＝修理される］必要がある）

my computer が fix されるという意味関係を考え，being fixed（受動態）としたくなるところですが，**fixing** としなければなりません（× My computer **needs being fixed**）。fixing は「修理（すること）」であり，ここでは単に「コンピューターは修理を必要としている」と述べているのです。不定詞を用いるときは受動態を使いましょう。

(b) **My computer needs to be fixed.**
（私のコンピューターは修理する［＝修理される］必要がある）

Vocabulary 動名詞を伴う重要表現

☐ **look forward to -ing** **（～を楽しみにしている）**

🔊 **I'm looking forward to *seeing* you next month.** （来月あなたと会うのを楽しみにしています）

▶ to は不定詞ではなく前置詞。ある具体的なできごとに向かって（＝to）目を向けている（＝look forward）ということ。

☐ **be used [accustomed] to -ing** **（～することに慣れている）**

🔊 **My mom is used to *getting* up early.** （私の母は早起きすることに慣れている）

▶ 助動詞類の used to ～（以前は～だった）と混同しないように。

☐ **cannot help -ing** **（～せずにはいられない［～せざるをえない］）**

＝ cannot (help) but ＋動詞の原形

🔊 **I can't help *laughing* at his jokes.**
＝ I cannot (help) but laugh at his jokes. （私は彼の冗談に笑わずにはいられない）

□ It is no use -ing
(～してもむだだ)

It's no use *regretting* your decision.
(自分の決断を後悔してもむだだ)

▶ no use は「役に立たない (useless)」ということ。

□ There is no -ing
(～することはできない)

There is no *telling* who will win the gold medal.
(誰が金メダルをとるかは断言できない)

▶「推測することが不可能」ということ。

□ feel like -ing
(～したい気がする)

I don't feel like *watching* a movie tonight.
(私は今晩は映画を見る気にならない)

□ How about -ing?
(～はいかがですか)

How about *having* Thai food for lunch?
(昼食にタイ料理を食べるのはどう？)

▶ 提案を行うフレーズ。動名詞のほか，次のようなフルセンテンスを取る形もよく使われます。
How about we have Thai food for lunch?

□ be worth -ing
(～する価値がある)

Her new book is worth *reading*.
(彼女の新刊は読む価値があるよ)

□ prevent [keep / stop] ... from -ing
(…が～するのを防ぐ·妨げる)

A bad cold prevented her from *going* to the concert.
(ひどい風邪のせいで彼女はコンサートに行けなかった)

Chapter 6 ● EXERCISES

1 空所に語群から適切な語句を補い，(1) ～ (5) の英文を完成させましょう。ただし，文頭に来る語句も小文字で始まっています。 ▶ FACT 1

(1) [　　　] at the beginning of the first year at high school is difficult. Everyone is very nervous.

(2) [　　　] is not a bad thing. In fact, it can help you learn things more deeply.

(3) My daughter is really good at [　　　]. I am so proud of her.

(4) I don't play any musical instruments at school, but I like [　　　].

(5) My favorite activities are [　　　]. I spend most of my summer at the beach.

【語群】	listening to the school band play / making mistakes / making new friends / speaking French and English / swimming and surfing with my friends

2 意味が通るように [　　] 内の動詞を不定詞か動名詞の形にして，(1) ～ (8) の英文を完成させましょう。 ▶ FACT 1

(1) I really enjoyed [speak] English in class.

(2) My brother has decided [study] abroad next year.

(3) Sorry. I didn't mean [hurt] you.

(4) I don't mind [wait] here for a while.

(5) I promise [be] on my best behavior.

(6) I managed [hand] in my homework on time.

(7) I considered [join] the track and field club.

(8) Liz suggested [go] shopping for clothes.

3 意味が通るように [　　] 内の動詞を不定詞か動名詞の形にして，(1) ～ (4) の会話文を完成させましょう。 ▶ FACT 1

(1) A : Try [keep] your eyes open in class, Dave.
B : I'm so sorry. I stayed up late studying last night.

(2) A : What? My computer has stopped working.
B : Try [turn] it off then on again. That sometimes works.

(3) A : You have really improved your grades this year. What is your secret?
B : Well, I stopped [play] so many games on weekdays and started studying more. No surprise really.

(4) A : What was your greatest impression from the trip?
B : Probably the Fushimi Inari Shrine in Kyoto. When we were going back to our hotel, we stopped [visit] it. I have never seen so many *torii* gates in my life.

4 意味が通るように［　　］内の語句を並べ替えて，(1) ～ (3) の会話文を完成させましょう。ただし，文頭に来る語句も小文字で始まっています。 ▶ FACT 1 FACT 2

(1) A : Excuse me, Mr. Samuels. Would you [me / my / mind / phone / using] to call my parents? I forgot my sports shoes.
B : No problem, but please make the phone call here in the staff room.

(2) A : What was the most important thing you learned from your exam?
B : I learned that [answers / before / checking / my / not] the finish time is a big mistake.

(3) A : In your opinion, what is your father like? Is he strict?
B : Yes. My father is ashamed [been / having / idle / in / of] his youth. So he always tells me to be diligent.

5 空所に語群から動詞を1つずつ選び，適切な形に変えて補い，(1) ～ (7) の会話文を完成させましょう。 ▶ FACT 1 FACT 2

(1) A : What are you looking forward to [　　　] on the school trip?
B : I can't wait to hold a koala.

(2) A : I cannot help [　　　] outside during class all the time today.
B : I completely understand. The weather is too beautiful to stay indoors.

(3) A : It is no use [　　　] Jim again. He will say "no" again.
B : I know, but I want to try one more time.

(4) A : There is no [　　　] games until you finish your homework.
B : That's unfair. I have so much homework to do tonight.

(5) A : It is so hot today.
B : It sure is. I feel like [　　　] for a swim. Do you want to go to the local pool?

(6) A : How about [　　　] me clean the classroom before going home?
B : I'm sorry, I can't. The school bus is leaving in five minutes.

(7) A : Have you heard any good music lately?
B : Yeah, try this CD. The first song is well worth [　　　] to.

【語群】 ask / do / go / help / listen / look / play

6 意味が通るように［　　］内の動詞を適切な形にして，(1) ～ (2) の会話文を完成させましょう。 ▶ FACT 1 FACT 2

(1) A : How was the restaurant?
B : Good, but my German friend was not used to [use] chopsticks, so he took a long time to eat his noodles.

(2) A : What kind of flour is used [make] this bread?
B : Rye flour is used. Tasty, isn't it?

Chapter 6 ● EXERCISES ● Answers

1 (1) Making new friends
(2) Making mistakes
(3) speaking French and English
(4) listening to the school band play
(5) swimming and surfing with my friends

訳 (1) 高校での最初の年の初めに友だちを作るのは難しい。みんな緊張しているからね。
(2) 間違いをすることは悪いことではありません。実際，物事をより深く学ぶのに役立ちます。
(3) 私の娘はフランス語と英語を話すのが本当に上手です。私は彼女をとても誇りに思っています。
(4) 私は学校で何も楽器をやっていないけれど，学校のバンドが演奏するのを聞くのは好きです。
(5) 私が好きな活動は，友だちと泳いだり，サーフィンをしたりすることです。夏はほとんどビーチで過ごします。

2 (1) speaking (2) to study (3) to hurt
(4) waiting (5) to be (6) to hand
(7) joining (8) going

訳 (1) 私は授業で英語を話すことをとても楽しんだ。
(2) 兄は来年留学することに決めた。
(3) ごめん。君を傷つけるつもりはなかったんだ。
(4) しばらくの間ここで待ってもいいですよ。
(5) 行儀よくすると約束するよ。
(6) 期日通りになんとか宿題を提出することができた。
(7) 陸上部に入ることを検討した。
(8) リズが服を買いに行こうと提案した。

3 (1) to keep (2) turning (3) playing
(4) to visit

訳 (1) A：デイブ，授業の間，起きているようにするのよ。
B：すみません。昨日は遅くまで起きて勉強していたんです。
(2) A：あれ？　パソコンが動かなくなった。
B：電源を試しにオン・オフさせてください。それでうまくいくときがありますよ。
(3) A：君は今年，成績が本当に上がったね。その秘訣は？
B：そうですね，平日はそれほどたくさんのゲームをするのをやめて，もっと勉強をするようにしました。普通のことです。
(4) A：旅行で一番印象に残ったのは何ですか？
B：おそらく京都の伏見稲荷大社かな。ホテルへ戻る途中で，足を止めてそこに行ってみたんだ。あんなにたくさんの鳥居を見たのは生まれて初めてだったよ。

4 (1) mind me using my phone
(2) not checking my answers before
(3) of having been idle in

訳 (1) A：すみません，サミュエルズ先生。自分の電話で親に電話をかけてもよろしいでしょうか？　運動靴を忘れてしまったので。
B：問題ありませんが，その電話はこの職員室でかけてくださいね。
(2) A：あなたが試験で学んだ最も大切なことは何ですか？
B：試験の終了時間の前に自分の解答をチェックしないことが大きな過ちだとわかりました。
(3) A：あなたの意見では，お父さんはどんな人ですか？　厳しいですか？
B：はい。父は若いときに怠けていたことを恥じています。それで，いつも私に勉強するように言います。

5 (1) doing (2) looking (3) asking
(4) playing (5) going (6) helping
(7) listening

訳 (1) A：修学旅行で何を楽しみにしていますか？
B：早くコアラを抱っこしたいよ。
(2) A：今日は，つい授業中ずっと外を見てしまいます。
B：よくわかるよ。室内にいるには天気がよすぎるからね。
(3) A：またジムに頼んでもむだだよ。また「いやだ」と言うよ。
B：わかってるけど，もう一度試したいんだ。
(4) A：宿題が終わるまではゲームはできません。
B：そんなの不公平だ。今夜はやらないといけない宿題がたくさんあるんだから。
(5) A：今日はとても暑いですね。
B：本当に。泳ぎに行きたい気分だよ。一緒に近くのプールに行きたい？
(6) A：家に帰る前に教室を掃除するのを手伝ってくれない？
B：ごめん，無理。スクールバスが５分後に出発しちゃうから。
(7) A：最近何かいい音楽を聴いた？
B：うん。このCDを聴いてみなよ。この最初の曲は聞く価値ありだよ。

6 (1) using (2) to make

訳 (1) A：そのレストランはどうでしたか？
B：よかったけど，ドイツ人の友だちが箸を使うのに慣れていなくて，麺を食べるのに時間がかかっていたよ。
(2) A：このパンを作るのにどんな小麦粉が使われていますか。
B：ライ麦粉が使われています。味がいいでしょ？

Chapter 7

分詞

第9回

「分詞」には現在分詞と過去分詞があり，どちらも修飾に使われます。現在分詞は「動詞-ing形」，動きやリアルな感触を帯びています。過去分詞は完了・受動の使い方があります。解説動画（第9回）では，さまざまな用例を通して，分詞の修飾も２つの原則「説明ルール」「指定ルール」に基づいて行われることを解説します。

ここが大切！

分詞のコア

Chapter 7 で学ぶこと

Chapter 7 では「分詞」を扱います。

分詞には**現在分詞**〈動詞 -ing 形〉と**過去分詞**とがあります。分詞もまた，to 不定詞や動名詞のように，文の部品を作る「**パッケージ**」です。動詞 -ing 形についてはすでに名詞として働くケース（動名詞）を学びました。同じ形が修飾語句として働くとき，現在分詞と呼ばれます。過去分詞は名詞として働くことはなく，常に修飾語句として扱うことに注意しましょう。

次は名詞を修飾する例となります。

(a) Look at the girl playing the piano .
現在分詞
(ピアノをひいている女の子を見て)
(b) This is the letter written by him .
過去分詞
(これが彼によって書かれた手紙です)

修飾語句である現在分詞・過去分詞は，修飾の原則「説明ルール」「指定ルール」に従います (→ p.xix)。「**説明は後ろに**」「**指定は前から**」を常に意識してください。

みるみる英語の理解が深まるヒント

分詞のイメージ

動詞 -ing 形

現在分詞は動詞 -ing 形共通の「**躍動感**」のイメージ。修飾語で使われると，現在進行形でおなじみの「**〜している**」といった意味合いになります。

過去分詞

過去分詞は他動詞の場合「**受動（〜された）**」，自動詞の場合「**完了（〜してしまった）**」と２通りの意味を持ちます。

FACT 1 名詞を修飾する

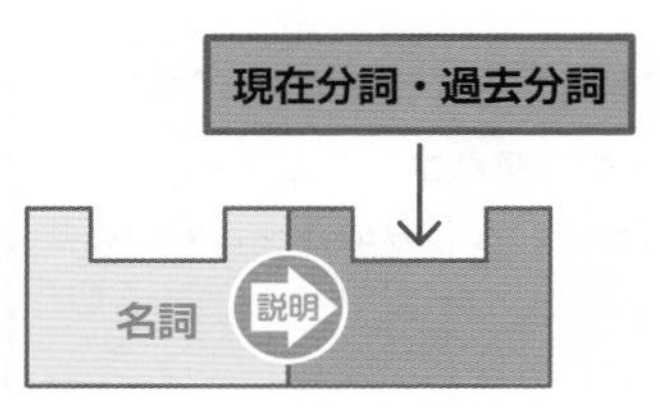

現在分詞・過去分詞による名詞の修飾をまず取り上げましょう。「**説明ルール**」を覚えていますか？ 「**後ろに置いた修飾語は前の要素を説明する**」でしたね。この原則さえ心得ていれば，名詞の後ろに分詞を置いて説明することがすぐにできるようになります。

❶ 現在分詞による修飾

132

(a) The man eating popcorn is my friend Bill.
ポップコーンを食べている男性は友人のビルです。

(b) The woman driving the bus is my sister.
バスを運転している女性は私の姉です。

現在分詞が名詞を説明する形です。

(a) The man eating popcorn ...

心の動きに注目しましょう。**(a)** では話し手は the man と述べながら「the man だけでは誰のことを述べているのかわからないかもしれない」と考え，eating popcorn を加えています。「その男性」と述べてから「ポップコーンを食べている，ね」と説明を加え指示対象を明らかにする，これが名詞の説明修飾のリズムです。**(b)** も同様に「その女性」を「バスを運転している，ね」と誰を指しているのかを分詞によって明確にしています。

❷ 過去分詞による修飾

133

(a) The things stolen were not so valuable.
盗まれたものはそれほど高価ではなかった。

(b) This is the picture painted by my father.
これは父が描いた絵です。

他動詞の過去分詞でも同じように説明することができます。**(a)** の stolen は他動詞 steal（～を盗む）の過去分詞なので，「盗まれた」と受動態的な意味となります。説明のリズムに注意してください。the things「ものは」とだけ言っても意味を成しません。どんなモノなのか，その指示対象が stolen によって「盗まれた，ね」と明らかにされています。説明の位置に置かれた語句の働きは常に一定なのです。

みるみる英語が使えるようになるヒント

音読で「リズム」を体に叩き込もう

the things stolen を「盗まれたモノ」と訳すことができるだけでは英語は話せません。日本語では「盗まれた➡モノ」と，意識が「修飾語➡修飾される語」の順になり，英語の語順と逆転するからです。十分明確でなければ後ろに説明を加えていく，後ろに修飾を展開する英語ならではの語順をしっかり音読で身につける必要があるのです。

Q 名詞の前に分詞を置くと？

分詞は名詞を前から修飾することも可能です。この場合「説明」しているわけではありません。「**指定ルール**」を思い出しましょう。前に置かれた修飾語は後続が「**どういった種類のモノなのか**」を指定します。

現在分詞・過去分詞

指定

名詞

現在分詞を前置きしてみましょう。

(a) **the** working **class**（労働者階級）
(b) **English-**speaking **countries**（英語を話す国々）
(c) **a** developing **country**（発展途上国）
(d) **a** working **mother**（ワーキングマザー）

(a)～(d) は，どれも現在分詞が「どういった種類のモノ（class, countries, country, mother）なのか」を指定しています。(b) はただの countries ではなく「英語を話す国々」となります。

過去分詞の前置きも「指定」です。

(e) spoken / written **English**（英語の話しことば・書きことば） (f) boiled **eggs**（ゆで卵） (g) used **cars**（中古車） (h) **a** developed **country**（先進国）

(e) では English について「話された英語 / 書かれた英語」と指定しています。

現在分詞や過去分詞を名詞の前後どちらに置くのかは，慣れるまで少しむずかしく感じられるかもしれません。ゆっくりスローモーションで眺めてみましょう。

(i) **A** crying **baby is hungry.**（泣いている赤ちゃんは空腹なのです）
(j) **Look at the baby** crying**.**（その泣いている赤ちゃんを見て）

前は指定 —— つまりどういった人・モノなのか，その種類を最初に切り分ける場所です。後ろは説明を加える場所でした。前に crying を置いた (i) の a crying baby は，単純に「赤ちゃん（は）」ということ。どういった赤ちゃんなのか，そのタイプを切り分け「（寝ている赤ちゃんなどではなく）泣いている赤ちゃん（は)」。一方，後ろにcryingを置く場合はちょっと複雑。the baby — crying（赤ちゃんが泣いている）という状況を使って，どの赤ちゃんを指しているのかを説明しています。the baby that (関係代名詞) is cryingと同じです。「赤ちゃんを見て — 泣いている子だよ」というニュアンスですよ。同様の例を見てみましょう。

(k) Barking **dogs seldom bite.** (吠える犬はめったに噛(か)まない)
(l) **The dog** barking **is Ken's.** (吠えている犬はケンが飼っている犬です)

(k) のbarking dogsは出来事が起こっているわけではありません。「(よく) 吠える犬」。そうしたタイプの犬は，ということ。(l) はthe dog — barking（犬が吠えている）という状況を用いて，どの犬かを説明しているのです。前置きは単にモノが示され，後ろ置きにはモノに状況が重なって見えると考えてよいでしょう。過去分詞の例も取り上げておきましょう。

133 (a)

(m) Last week, a thief broke into our house. Fortunately **the things** stolen were not so valuable. We made a list and gave it to the police. They are now looking for **the** stolen **things**.

(先週私たちの家に泥棒が入りました。幸運なことに盗まれたモノはそれほど高価ではありませんでした。私たちはリストを作り警察に提出しました。警察は現在盗まれたモノを探しています。)

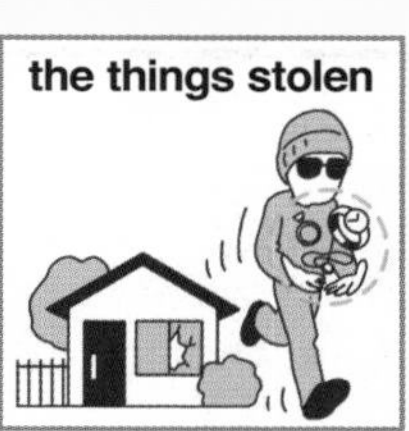

the things stolenは「**モノが盗まれた**」**状況が見える**,「**盗まれたモノ**」。泥棒が家に入りモノが盗まれ，「盗まれたモノは」と発言は滑らかに進行しています。the stolen thingsは単に「**盗品**」。ここでは「モノが盗まれた」の含みはありません。単にその物品を探しているのです。

次の文の日本語訳は同じですが，ニュアンスのちがいがもう理解できるはずです。

(n) **The watches** stolen **were worth a fortune.**
(盗まれた時計は値打ちものでした)

(o) **The** stolen **watches were worth a fortune.**
(盗まれた時計は値打ちものでした)

(n) からは**「時計が盗まれた」という出来事**が感じられるのに対し，(o) は**「盗まれた時計」というモノ**を示しているに過ぎないのです。

自動詞の過去分詞なら「完了」

単に「動き」を表す**自動詞**の過去分詞は「～される」ではなく「**完了**」を表します。

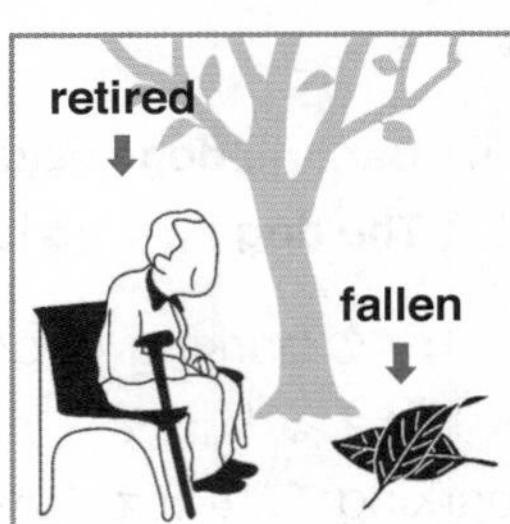

(a) **There are a lot of fallen leaves on the ground.**
(地面には落ちた葉がたくさんある)

(b) **Life can be tough for retired people.**
(退職した人々の生活は厳しい場合もある)

fall（落ちる），retire（退職する）が「落ちてしまった」「すでに退職してしまった」と，できごとの完了を表しています。FACT 2 で紹介する，be 動詞の後に過去分詞が使われるケースでも完了の意味合いは出てきます。

(c) **She is gone. She'll never come back.**
(彼女は行ってしまった。もう戻ってこない)

(d) **I'm done.**
([宿題や課題が] 終わったよ)

説明型の現在分詞・過去分詞

みなさんはすでに進行形・受動態を学んでいます。実はこの2つの形はbe動詞を使った典型的な説明型で，説明語句に現在分詞・過去分詞が使われているにすぎません。

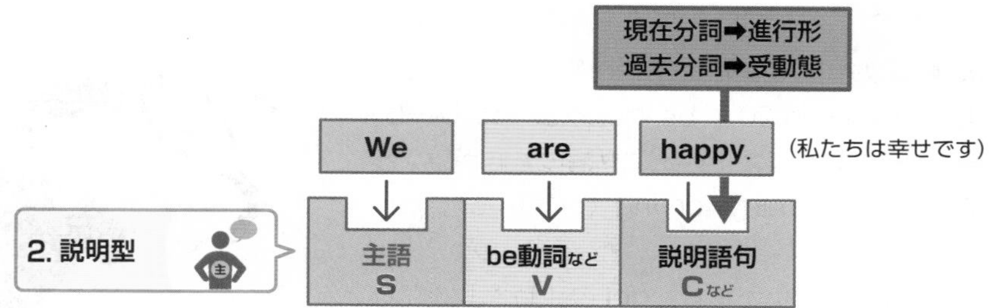

進行形・受動態は，上の文でhappyが主語を説明するのと同じように，現在分詞・過去分詞が主語を説明する，という大変簡単な形なのです。

▶進行形・受動態

(a) I'm reading a novel by Natsume Soseki.
私は夏目漱石の小説を読んでいます。

(b) The house was built by my grandfather.
その家は祖父によって建てられたものです。

(a) は進行形，**(b)** は受動態です。現在分詞・過去分詞が主語を説明（修飾）することによって「～している」「～された」という意味になっています。

Chapter 7 分詞

❶ 説明型に使われる現在分詞・過去分詞（be 動詞以外）

134

(a) **The baby kept crying.**
赤ちゃんは泣き続けた。

(b) **My racket got broken during the match.**
私のラケットが試合中に壊れた。

be 動詞以外の一般動詞でも説明型を作ることができましたね（→ p.20）。be 動詞のように「A=B」と結ぶだけではなく，その上に動詞の意味が重なる形です。(a) は「baby=crying（が続いた）」ということ。

(b) の get を用いた形は，get の「動き」を思い起こさせるイメージ (→ p.21) により，「不意に・突然」「驚き」が感じられる形です。単に「ラケット＝壊れる」ではなく，「状況が急に動いた」ことが含意されています（→ p.141）。

❷ 感情を表す動詞の現在分詞・過去分詞

135

(a) **That game was really exciting.**
その試合には本当にわくわくさせられたよ。

(b) **I was really excited about the news.**
そのニュースには本当にわくわくしたよ。

感情を表す動詞の現在分詞と過去分詞の使い分けには，誤用が多く見られるため注意が必要です。現在分詞は感情の「**原因（事物など）**」に用いられ，過去分詞は感情を抱いた「**人**」に使われます。

(a) の主語 game は excite させた「原因」ですから，exciting（わくわく［興奮］させるような）で修飾され，(b) は感情を抱いた「人」が主語なので excited（わくわく［興奮］した）で修飾するということになります。

こうした使い分けは，感情を表す動詞が他動詞であることから生じています。excite は「わくわく［興奮］させる」。何かが「わくわくさせる」なら exciting となり，誰かが「わくわくした」なら受動を表す excited（わくわくさせられた）となるというわけです。

Vocabulary 感情を表す動詞の使い分けはどれも同じ

excite に限らず，**英語では感情を表す動詞は「～させる」という他動詞**。つまり「原因なら現在分詞・感情を抱いた人なら過去分詞」は感情を表す動詞すべてに共通するパターンとなります。

動詞	現在分詞（原因）	過去分詞（人）
□ **surprise**（驚かせる）	□ **surprising**（驚かせるような）	□ **surprised**（驚いて）
□ **please**（喜ばせる）	□ **pleasing**（喜ばしい）	□ **pleased**（喜んで）
□ **satisfy**（満足させる）	□ **satisfying**（満足できる）	□ **satisfied**（満足で）
□ **worry**（心配させる）	□ **worrying**（心配させるような）	□ **worried**（心配して）
□ **interest**（興味を抱かせる）	□ **interesting**（興味を起こさせる）	□ **interested**（興味があって）

(a) **He is totally disappointing as the President.**（彼は大統領としてはまったくガッカリだよ）

▶主語は人ですが，disappoint（がっかりさせる）の原因となっているので disappointing となります。

(b) **I was very disappointed.**（私はがっかりしたよ）

▶感情の動詞以外でもこの区別はしばしば見られます。tire（疲れさせる・うんざりさせる）もその一例。

(c) **The class was very tiring.**（その授業はとても退屈だった）

(d) **I was really tired after the class.**（私は授業のあと，本当に疲れてしまった）

分詞の選択を誤るとかなり大きな間違いとなってしまうので注意してください。「ジョンは驚いた」を John is surprising.（ジョンは驚くべき人だ）としてしまったら，まったく別の意味になってしまいます。

Chapter 7 分詞

形容詞と感じられている分詞

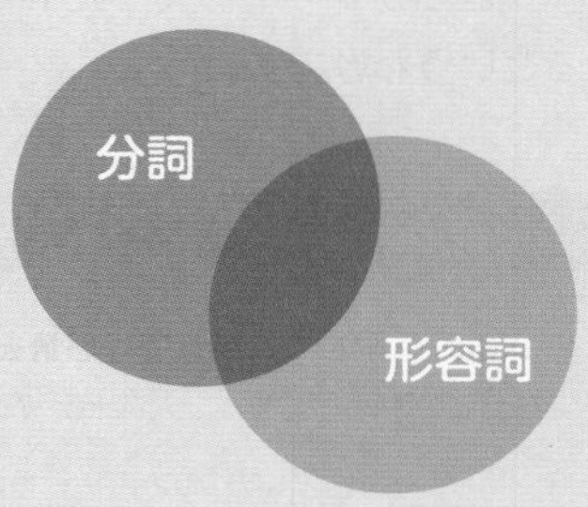

分詞は名詞を気軽に修飾することができるため，ほぼ「形容詞」として感じられているものがしばしばあります。p.213 で *totally* disappointing, *very* disappointed, *really* tired など通常の形容詞を修飾する表現が使われているのはそのためです。

▶ **His smile is warm and very inviting.**
（彼の笑顔は温かくとても魅力的です）

ただし，動詞を起源とするだけに，動的な意味を保っていることに注意しましょう。inviting には「手招きしている」ような躍動的な質感があり，attractive（魅力的な）といった形容詞そのものとは一線を画しています。

FACT 3 目的語説明型の現在分詞・過去分詞

目的語説明型は，目的語に説明語句を加えた形です（→ p.26）。名詞，形容詞などさまざまな要素を説明語句として使うことができますが，現在分詞・過去分詞もその一例です。

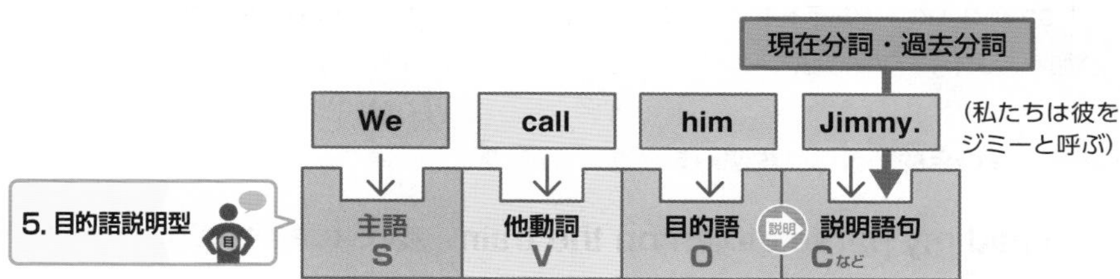

136

(a) **Sorry to keep you waiting.**
あなたを待たせてごめんね。

(b) **Keep the door locked.**
ドアに鍵をかけておきなさい。

(c) **It's difficult to make myself understood in English.**
英語で意思を伝えるのはむずかしい。

(a) は you を waiting（待っている）の状態に keep する（留めておく）ということ。そこから「待たせてごめん」の意味になります。(b) は the door を locked（鍵がかけられた）のままにしておく。(c) は慣用句。myself（自分自身）＝ understood（理解される）ように make（[努力] する）ということです。Chapter 1（「応用文型」pp.34-37）で取り上げた，以下の目的語説明型の英文も復習しておきましょう。

▶知覚構文（説明語句が現在分詞）

※知覚動詞：知覚（見る・聞く・感じるなど）を表わす動詞（→ p.35）。

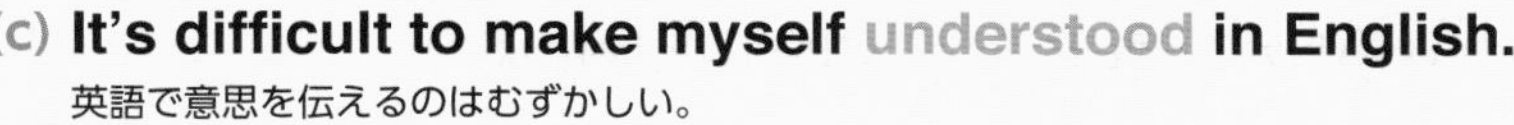
(d) **I saw Mary crossing the street.** 私はメアリーが通りを渡っているのを見た。

I saw Mary（メアリーを見た）に Mary についての説明 crossing the street が加わり，「メアリーが通りを渡っているところを見た」となります。その瞬間を写真のように切り取ったニュアンスで，動詞の原形を説明語句にした I saw Mary cross the street.（私はメアリーが通りを渡るのを見た）とはニュアンスが異なります。

▶知覚構文（説明語句が過去分詞）

(e) I saw a boy scolded by his father. 私は少年が父親に叱られるのを見た。

I saw a boy（少年を見た）に a boy についての説明 scolded by his father が加わり，「少年が父親に叱られるところを見た」となります。

▶ have の目的語説明（説明語句が過去分詞）

(f) I had my purse stolen on the train. 列車で財布を盗まれた。

my purse と stolen が受動（される）という関係になり，「財布が盗まれる」という状況を have した，となります。

(g) I had my hair cut yesterday. 昨日髪をカットしてもらったよ。

my hair と cut が受動（される）という関係になり，「髪を切られる」という状況を have した，つまり「（誰かに）髪を切ってもらった」ということになります。I cut my hair（〈自分で〉髪を切った）と区別しましょう。

get の目的語説明

get も have と同じように説明語句に分詞を用いることができますが，get の持つ「動き」を感じてください（→ p.39「get で使役を表わす」参照）。

(a) **I have to get my homework done by eleven.**
（11 時までに宿題を終わらせなくちゃ）

(b) **Well, let's get it started!**（では，始めましょう！）

(a) は「my homework = done（なされる・終わる)」の状態を get するということ。**(b)** は，例えば先生が授業を始める際に生徒にかける言葉。「it（授業）= started（開始される)」の状態を get するということ。どちらも，主語による働きかけ・動きが感じられる文です。

動詞句の修飾

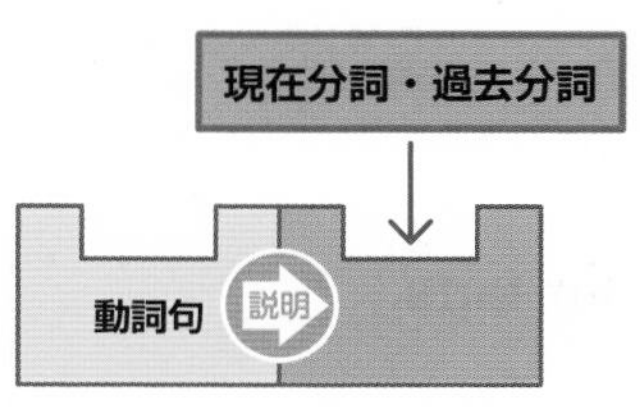

現在分詞・過去分詞を，動詞を中心とするフレーズの後ろに並べれば，そのフレーズの説明となります。説明は後ろで。英語の語順は常に一定なのです。

❶ 現在分詞による動詞句の修飾

137

(a) **I spent all morning cleaning up my room.**
私は部屋の片づけをして午前中ずっと過ごした。

(b) **I was busy doing my homework.**
私は宿題をするのに忙しかった。

(c) **A bird came flying into the classroom.**
一羽の鳥が教室の中に飛んできた。

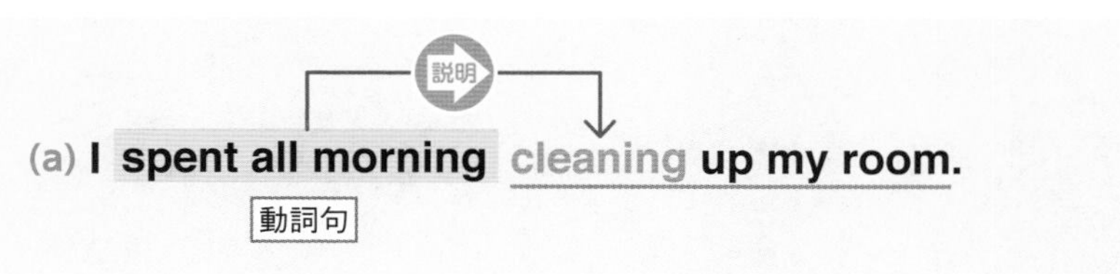

説明
(a) I spent all morning cleaning up my room.
動詞句

動作を現在分詞（～しながら）で説明する形です。**(a)** では spent all morning（午前中ずっと過ごした）と言ったあと，何をしながらだったのかを cleaning up my room（部屋の片付けをしながら，ね）で説明しています。

参考

go-ing：動詞と -ing を組み合わせて使われる慣用表現に「**go -ing**（～しに行く）」があります。**go fishing**（釣りに行く），**go skiing**（スキーに行く），**go hiking**（ハイキングに行く）など，大変よく使われます。

❷ 過去分詞による動詞句の修飾

138

(a) **My daughter came home disappointed.**
私の娘はがっかりして家に帰ってきた。

(b) **We arrived at the hotel tired.**
私たちは疲れてホテルに到着した。

(c) **The singer stood surrounded by her fans.**
その歌手は彼女のファンたちに囲まれて立っていた。

説明
(a) My daughter came home disappointed.

過去分詞（～されて）による説明です。**(a)** では came home（家に帰った）の様子を disappointed（がっかりして）で説明しています。現在分詞とまったく同じ要領ですよ。

FACT 5 文の修飾（分詞構文）

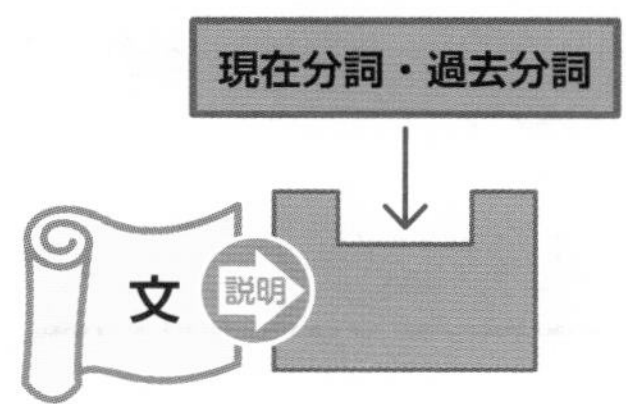

分詞は文の修飾に使うこともできます。この形は「分詞構文」と呼ばれ，主に書きことばで使われます。文の後ろに分詞を並べ，その説明を付け加える形が基本型となります。

❶ 現在分詞による分詞構文

139

(a) **She accepted the prize, smiling happily.**
彼女はうれしそうにほほ笑みながら，賞品を受け取った。

(b) **He broke his arm playing soccer on Saturday morning.**
土曜日の朝サッカーをしていて，彼は腕を折った。

(c) **She left a note on the door, finding nobody home.**
誰も家にいなかったので，彼女はドアに置き手紙をした。

(d) **The captain scored a goal, putting the team into the finals.**
キャプテンがゴールを決めて，チームを決勝に進めた。

分詞構文では，2つのできごとがほぼ同時に一連のできごととして起こっていることを意識してください。この形は，文の内容を同時に起こっている別のできごとで補足説明する形なのです。

(a) では「賞品を受け取った」の説明が現在分詞 smiling happily ――「うれしそうにほほ笑みながら，ね」となります。現在分詞が具体的にどういった「説明」になるのかは文で明示されてはいません。話し手の「常識」に解釈を委ねながらリズムよく進んで行く，そこに分詞構文を使う意図があるのです。「賞品を受け

取った」と「ほほ笑んでいる」が同時なら「ほほ笑みながら受け取った」が自然な解釈となります。

代表的な意味関係は139の例文のように(a)「～しながら」(b)「～していたとき」(c)「～なので」(d)「そして（＝その結果）」などがありますが，厳密に考える必要はありません。自然な類推を行えばいいだけです。

できごとの関係を明確に示す

分詞構文では，文と分詞の意味関係は必ずしも明確ではありません。そこで，**接続詞**を加えて，関係をしっかりと示すことがあります。

▶ **We met some wonderful people while traveling in France.**
（フランスを旅している間，すばらしい人々に出会った）

これで **while（～している間）**というつながりがハッキリ示されました。接続詞を使ったとしても，while **we were** traveling in France とフルセンテンスで述べるより，はるかにコンパクトでキレのある文に感じられます。

❷ 分詞構文の配置

140

(a) **Feeling really hungry, I ate half a dozen donuts.**
お腹が本当にすいて，私ドーナツを６個も食べちゃったよ。

(b) **Sitting in the front row, we had a fantastic view of the match.**
最前列に座っていたので，私たちは試合をよく見ることができました。

(a) **Feeling really hungry, I ate half a dozen donuts, feeling really hungry.**

分詞は本来の説明位置から**文頭**に移すこともできます。この位置は元の位置に比べ**ドラマチックな感触**を文に与えることがあります。分詞から文を始めて Feeling really hungry（お腹がすいたから）と言えば，「それで何が起こったんだろう？」と読み手は興味を引かれるからです。

The students , singing loudly, cheered on their baseball team.
学生たちは大声で歌いながら野球部に声援を送った。

現在分詞を**文中**に移動させることも可能です。ここでは本来の文末から the students の直後に持ってくることによって，強固な修飾関係を作っています。「学生たちは声援を送った，大声で歌いながら」から「学生たちは大声で歌いながら声援を送った」へ。日本語でもこうした工夫はしばしば行われるところでしょう。

❸ 過去分詞による分詞構文

141

(a) **He is a leader in the field, respected for his contributions to science.**
彼はその分野のリーダーで，科学への貢献で尊敬されている。

(b) **Pleased by her test result, she jumped for joy!**
テストの結果がうれしくて，彼女はとび上がって喜んだ。

説明

(a) **He is a leader..., (being) respected for his contributions to science.**

過去分詞による分詞構文でも２つのできごとの同時性が意識されています。過去分詞（～される）であるため，「～されているので」「～されて」と，受動的な説明内容となっています。**being** が加えられることもあります。

❹ 分詞の否定・完了を加えた分詞構文

142

(a) Not wanting to be late, she took a taxi.
遅刻したくなかったので，彼女はタクシーに乗った。

(b) Having visited New York before, she knew the good restaurants.
以前ニューヨークを訪れたことがあったので，彼女はおいしいレストランを知っていました。

「～でないため」など分詞に否定の意味を加えたいときには，(a) のように「not + 分詞」の形を作ります。**not は常に「前置き」**なのです。

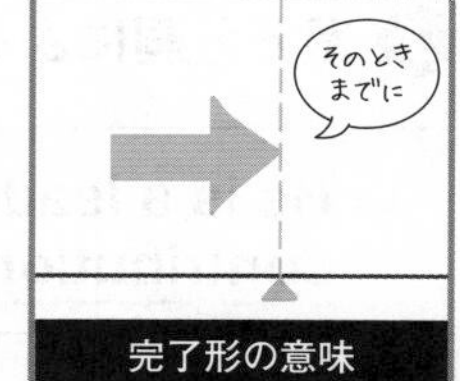

また「それ以前に～した」「～だったため」など，主たる文よりも「以前」を表すときには，完了形の have を現在分詞にして「having + 過去分詞」とします。(b) は「(knew が示す時点以前に) ニューヨークを訪れたことがあったので」となります。

❺ 分詞構文の意味上の主語（独立分詞構文）

143

(a) Today being my sister's birthday, I bought her some chocolates.
今日は妹の誕生日なので，私は彼女にチョコレートを買ってあげました。

(b) It being a national holiday, many stores were closed.
祝日なので，多くの店は閉まっていた。

分詞構文では，**分詞の意味上の主語と文の主語が一致するのが原則**です。下の 139 (a) では，「ほほ笑んでいる」のは「彼女」であり，smiling の（隠された，意味上の）主語は文の主語 she と一致しています。こうした場合，分詞にいちいち主語を示す必要はありません。

一致!
意味上の主語は不要
139 (a) She accepted the prize, ＿ smiling happily.

さてこの原則が破られ，分詞の主語と文の主語が**異なる**とき，**分詞に意味上の主語を明示する**必要があります。それが**独立分詞構文**の形です。**(a)** では「チョコレートを買った」のは「私」ですが，being の主語は「私」ではなく「今日」なので，意味上の主語 Today が明示されています。

一致していない

意味上の主語

(a) Today being my sister's birthday, I bought her some chocolates.
今日は妹の誕生日なので，…

参考

there 文の分詞構文：there 文（there ＋ be 動詞）の場合にも，there は省略せず残す必要があります。

▶ **There being no chairs, we sat on the floor.**
（椅子がなかったので , 私たちは床に座った）

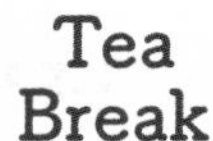

付帯状況の with

分詞構文の本質は同時・一連の２つのできごとを並べるところにありました。この同時性が前置詞 with で明示された形が「**付帯状況の with**」と呼ばれる形です。

(a) **She looked at me with a big smile on her face.**

主語　説明語句

（彼女は満面の笑みを浮かべながら私を見た）

with は「**つながり**」を表す前置詞（→ p.486）であり，ここでは「**時のつながり＝同時**」を表しています。with 以下に動詞はありませんが「満面の笑みが浮かんでいた」という文の内容であることに注意しましょう。これも「説明ルール」。後ろに on her face と置くだけで「a big smile = on her face」と，説明になっているのです。さて，この説明語句の位置には分詞を置くことができます。

(b) **I listened to the music with my heart beating.**
（私は心を高鳴らせながらその曲を聞いた）

(c) **She prayed for peace with her eyes closed.**
（彼女は目を閉じて平和を祈った）

(b) は現在分詞ですから「心が高鳴っていた」と進行形的な内容。(c) の過去分詞は「目が閉じられた」と受動態的な内容です。付帯状況の with はしばしば出合う形。音読を通じてしっかりと身につけてください。

❻ 分詞構文を使った慣用表現

144

(a) Judging from **the sky, it's going to snow tonight.**
空模様から判断すると，今夜は雪が降るね。

(b) Compared to **Tokyo, San Francisco is a small city.**
東京に比べると，サンフランシスコは小さな都市です。

分詞構文には慣用表現が数多くあります。その多くはこうした前置き表現。**(a)** では「～から判断した限りにおいてですが」，**(b)** では「東京との比較においてですが」と，それぞれ後続内容を指定しています。指定は前置き。「指定ルール」ですね。また，**(b)** の文では「(サンフランシスコが) 東京と比較される」のですから，過去分詞が使われています。

Vocabulary その他の分詞構文を使った慣用表現

- □ **frankly / generally / strictly speaking** (率直に／一般的に／厳密に言って)
- □ **talking [speaking] of ～** (～と言えば)
- □ **weather permitting** (天気がよければ)
- □ **considering ～** (～を考慮すると)
- □ **having said that** (そうは言っても)

Chapter 7 ● EXERCISES

1 空所に語群にある動詞を適切な形に変えて補い，(1) ~ (4) の英文を完成させましょう。ただし，文頭に来る語も小文字で始まっています。 ▶ FACT 1

(1) Wait! That's [　　　] water. If you touch that now, you will burn your fingers.
(2) Every morning for breakfast I have a piece of toast and a [　　　] egg. It is a good healthy start to the day.
(3) [　　　] English often requires the use of formal language, especially for business letters. I need to practice this much more.
(4) [　　　] English is often difficult because of accents, the speed and slang.

【語群】 boil / speak / write

2 空所に語群から適切な語を補い，(1) ~ (4) の英文を完成させましょう。 ▶ FACT 2

(1) We were [　　　] to see our elementary school friends again. It had been five years since we last met.
(2) I didn't like the movie at all. Actually, I thought it was [　　　].
(3) I was [　　　] to see so many people at our Culture Festival. There were many more than I expected.
(4) I recommend that you read this book. It is really [　　　].

【語群】 boring / bored / exciting / excited / interesting / interested / surprising / surprised

3 意味が通るように [　　] 内の語句を並べ替えて，(1) ~ (6) の英文を完成させましょう。ただし，文頭に来る語句も小文字で始まっています。なお，それぞれに不要な語が1語あります。 ▶ FACT 1 FACT 2 FACT 3

(1) A : I'm sorry [keep / to / you / waited / waiting]. I was talking to the school nurse.
B : No problem. I'm not in a hurry.
(2) A : Do [burning / burned / smell / something / you]?
B : Yeah, they are doing science experiments next door.
(3) A : Excuse me, Mr. Jenkins. ["bunka-sai" / called / calling / is / what] in English?
B : That is called "Culture Festival" in English.
(4) A : [became / I / in / interested / interesting] tennis in elementary school.
B : Me too, but I am not good at it.
(5) A : How was your piano recital?
B : It was OK, but I was so nervous. I could [beaten / beating / feel / heart / my] when I was playing.

(6) A : Please [door / keep / locked / locking / the] when you are in P.E. class.
B : OK, we'll do that, Mrs. Rose.

4 空所に語群から適切な語を補い，(1) ~ (5) の英文を完成させましょう。 ▶ FACT 4

(1) I spent my holidays [ ] my homework. That was not much fun.
(2) Ms. White is always busy [ ] with students. She doesn't get much free time.
(3) Don't waste your money [ ] snacks at the convenience store. You are going to eat dinner soon.
(4) I had to stand [ ] the game, so my legs are really tired now. It was an exciting game though.
(5) My brother came home [ ] yesterday. He wasn't chosen for the first soccer team.

【語群】 buying / disappointed / doing / talking / watching

5 空所に語群から適切な語を補い，次の英文を完成させましょう。ただし，文頭に来る語句も小文字で始まっています。 ▶ FACT 2 FACT 5

[①] at the city's main sports stadium, I was surprised to see so many people there. [②] here before, I was familiar with the size of the stadium, but I had never seen so many people. Luckily, [③] our basketball uniform, my team was easy to see from far away. As I walked to our team's area, I was stopped by another team's coach. He knew my name, but I didn't know his name. [④] what to say, I said "good luck" and continued walking. My team members were all very nervous, but the event was [⑤] .

【語群】 arriving / exciting / having played / not knowing / wearing

6 空所に語群から適切な語を補い，(1) ~ (5) の英文を完成させましょう。 ▶ FACT 4

(1) I don't think I can walk in a straight line with my eyes [ ] . Can you do it?
(2) I often sit with my legs [ ] . However, I was told it is not "good" for your blood circulation.
(3) I cannot find my sweater. It has my name [ ] on the tag, so it should turn up soon.
(4) Speaking with your mouth [ ] with food is bad manners. Wait until you have finished eating before talking.
(5) Everyone in the rugby team photo had their arms [ ] . They all looked tough.

【語群】 closing / closed / crossing / crossed / printing / printed / folding / folded / filling / filled

Chapter 7 ● EXERCISES ● Answers

1 (1) boiling (2) boiled (3) Written (4) Spoken

訳 (1) 待って！ それは沸騰したお湯だよ。今触ったら，指をやけどするよ。
(2) 毎朝朝食に，トーストとゆで卵を食べています。一日の健康的なスタートです。
(3) 書きことばの英語，特にビジネスレターでは，しばしばフォーマルな英語を使うことが求められます。私はこれをもっと練習する必要があります。
(4) 話しことばの英語は，アクセントやスピード，スラングなどのせいで難しいことがよくあります。

2 (1) excited (2) boring (3) surprised (4) interesting

訳 (1) 私たちは小学校の時の友だちにまた会えて興奮していました。最後に会ってから5年になりました。
(2) その映画がまったくもって気に入りませんでした。実際のところ退屈だと思いました。
(3) 文化祭で大勢の人を見て驚きました。期待していた以上に多くの人がいました。
(4) この本は読むべきだと強くお勧めします。とてもおもしろいです。

3 (1) to keep you waiting (※不要な語：waited)
(2) you smell something burning (※不要な語：burned)
(3) What is "bunka-sai" called (※不要な語：calling)
(4) I became interested in (※不要な語：interesting)
(5) feel my heart beating (※不要な語：beaten)
(6) keep the door locked (※不要な語：locking)

訳 (1) A：待たせてしまって申し訳ありません。保健の先生と話していました。
B：問題ありませんよ。私は急いでいませんから。
(2) A：何かが燃えるにおいがしない？
B：そうだね。隣の部屋で理科の実験をやっているんだ。
(3) A：ちょっといいですか，ジェンキンズさん。「文化祭」は英語で何と言いますか？
B：英語では「Culture Festival」と言います。
(4) A：私は小学校の時，テニスに興味を持ちました。
B：私も。だけど，得意ではありません。
(5) A：ピアノのリサイタルはどうだった？
B：よかったけど，とても緊張したよ。演奏中，心臓がドキドキしているのがわかったよ。
(6) A：みなさんの体育の授業中はドアに鍵をかけておいてください。
B：はい，そうします，ローズ先生。

4 (1) doing (2) talking (3) buying (4) watching (5) disappointed

訳 (1) 休日は宿題をして過ごしました。たいして楽しくありませんでした。
(2) ホワイト先生はいつも生徒と話をしているので忙しいです。あまり自由な時間がありません。
(3) コンビニでおやつを買ってお金をむだ遣いしてはいけませんよ。もうじき夕飯なんだから。
(4) 試合を立ったまま見なければならなかったので，今は脚が本当に疲れています。おもしろい試合でしたけどね。
(5) 弟は昨日がっかりして帰ってきました。(実力が)一番のサッカーチームに選ばれなかったからです。

5 ① Arriving ② Having played ③ wearing ④ Not knowing ⑤ exciting

訳 市のメインスタジアムに着くと，私はとても多くの人を見て驚きました。以前，私はここで試合をしたことがあり，スタジアムの大きさにもなじみがあったのですが，そんなに多くの人を見たことはありませんでした。幸いにも，私たちのチームはバスケットボールのユニフォームを着ていたので遠くからでも簡単にわかりました。私たちのチームがいる場所に歩いて行くと，別のチームのコーチに呼び止められました。彼は私の名前を知っていましたが，私は彼の名前を知りませんでした。なんと言えばよいのかわからなかったので，私は「幸運を」と言って歩き続けました。私のチームのメンバーは，みなとても緊張していましたが，このイベントにはわくわくしました。

6 (1) closed (2) crossed (3) printed (4) filled (5) folded

訳 (1) 私は目をつぶったまままっすぐに歩けないと思うのですが，あなたはできますか？
(2) 私はよく足を組んで座っています。でも，それは血行によくないと言われたことがあります。
(3) 私は自分のセーターを見つけられません。タグに私の名前が書かれているから，すぐに見つかるはずなのですが。
(4) 口を食べ物でいっぱいにしたまましゃべるのは行儀が悪いことです。食べ終わってから話しましょう。
(5) そのラグビーチームの写真では，みな腕を組んでいました。みなたくましく見えました。

Chapter 8

比較

第10回

一見覚えなければならないことが多くて複雑な感じのする「**比較**」ですが，その基本はいたってシンプルです。比較で使われる品詞は**形容詞**と**副詞**の2つだけ。すなわち形容詞・副詞の基本的な使い方がわかっていれば，それほど難しい学習項目ではありません。解説動画（第10回）を視聴して，as ~ as ...，比較級，最上級の基本から確認しましょう。

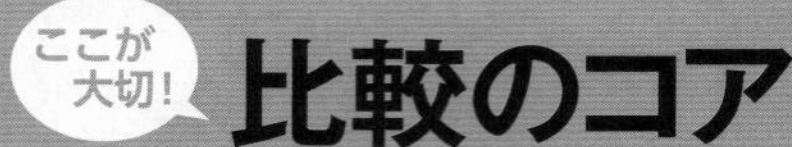

比較のコア

Chapter 8 で学ぶこと

「タロウはタケオよりも背が高い」「同じくらいの背の高さだ」「〜の中で一番背が高い」など，あるモノとほかのモノを比較対照することは日常生活で頻繁にありますね。Chapter 8 ではこうした「比較」の表し方を学びます。

とても当たり前のことですが，**比較表現**で使われるのは主に beautiful，new などの**形容詞**，early，slowly などの**副詞**です。「比較」の学習を始める前に，形容詞・副詞の代表的な使い方を簡単に復習しておきましょう。それさえわかっていれば，形を変化させるだけで比較の文を簡単に作ることができます。

1 形容詞

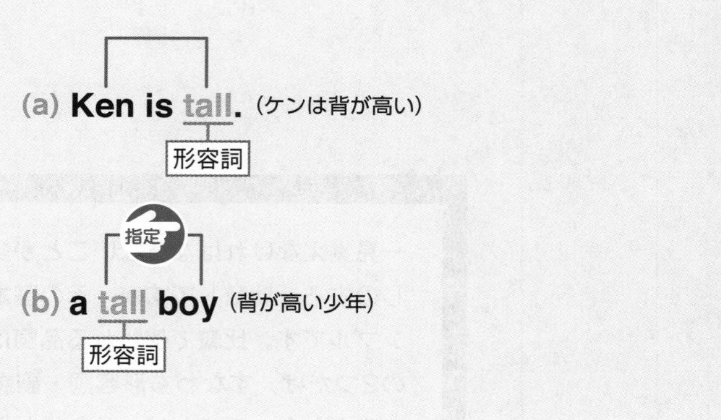

形容詞は名詞を修飾する（＝名詞について詳しく述べる）**語句。(a)** の tall は主語 Ken を説明する語句として，**(b)** の tall は，どんな boy かを指定する語句として使われています。

2 副詞

He walks fast.（彼は速く歩く）

副詞は名詞以外を修飾する語句。この文では fast は動詞 walks を修飾しています。「歩く」と述べてから「速くだよ」と説明していますね。

3 比較表現の基本形

それではさっそく，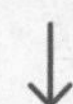 (a) の文の形容詞を使った比較表現を作ってみましょう。

1 (a) Ken is tall .

↓

(a) Ken is as tall as Taro.
ケンはタロウと同じくらいの背の高さだ。

(b) Ken is taller than Taro.
ケンはタロウよりも背が高い。

(c) Ken is the tallest in his class.
ケンはクラスで一番背が高い。

Ken is tall. という基本の形から，as や形容詞 tall の語形変化によって，比較表現が簡単にできることがわかるはずです。

さあ，がんばっていきましょう。

※「比較級・最上級の作り方」は p.252 参照

FACT 1 原級・比較級・最上級

英語の比較表現は**形容詞・副詞の語形を変化**させることによって作ります。形容詞・副詞の元の形を**原級**，「より〜」を表す形を**比較級**，「もっとも〜」を表す形を**最上級**と呼びます。

145

(a) **Ken is tall.** 【原級】
ケンは背が高い。

(b) **Ken is taller than Taro.** 【比較級】
ケンはタロウよりも背が高い。

(c) **Ken is the tallest in his class.** 【最上級】
ケンはクラスで一番背が高い。

(a) の tall は元の形，原級です。(b) の比較級は原級に **-er**，(c) の最上級は **-est** をつけるのが基本です。ただし，difficult（難しい），serious（重大な・深刻な），important（重要な）といった比較的「長い単語」では，**more** difficult（より難しい）- **most** difficult（もっとも難しい）と，単語の前に more，most をつけることに注意してください。また **good**（よい）- **better**（よりよい）- **best**（もっともよい）といった，不規則に変化するものも少数ながらあります。

原級

比較級

最上級

→形容詞・副詞の比較級・最上級の変化についての詳細は p.252 参照

Q どうして長い単語の比較級，最上級に more, most を使うの？

長い単語の比較級，最上級に more, most が使われるのは，more, most が「たくさんの」を表す**「many / much」の比較級と最上級**だからです。**more** intelligent，**most** intelligent は，「もっとたくさん intelligent だ」，「もっともたくさん intelligent だ」ということ。とっても自然に「たくさん」を表すことができるのです。

FACT 2 原級を用いた表現（同じくらい）

❶ as ～ as ... の基本（…と同じくらい～）

146

(a) **Tom is as tall as Mary.**
トムはメアリーと同じくらいの背の高さだ。（🔍 Tom is tall.）

(b) **She speaks as naturally as a native speaker.**
彼女はネイティブ・スピーカーと同じくらい自然に話す。
（🔍 She speaks naturally.）

「**as ～ as ...**」は「…と同じくらい～」という，**同等のレベルを表す表現**です。p.231 に示したように，形容詞，副詞の通常の使い方に「as ～ as ...」が加わった形です。as は「=」を表す語。(a) では Tom is as tall で「同じくらい tall だ」と tall を指定し，何と同じなのかを as Mary で説明しています。

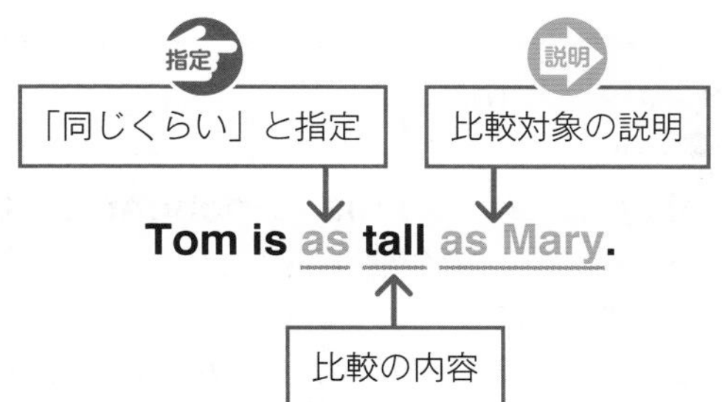

この文は「トムは背が高い」を意味しません。**背の高さが同じくらい**だということだけ。どちらも背が低いことだってありますよ。

「比較対象」がとる形

「as ～ as ...」の文での**比較対象の述べ方**は，３種類あります。

目的格は「指す」感じ

(a) **Tom is as tall as me.**　【目的格】
(b) **Tom is as tall as I am.**　【節】
(c) **Tom is as tall as I.**　【主格】

日常会話でもっともよく使われるのは目的格の (a)。目的格には「指す」感触が伴っています（→ p.23）。自分を指しながら「私と同じくらい，ね」。I，she などの代名詞ではない場合，Tom is as tall as Mary. の Mary のように，形は変化しません。(b) の節もよく使われます。「私がそうであるのと同じくらい（＝ as I am tall)」ということで，明瞭さと幾分の強調が感じられます。(c) はあまり使われません。

❷ not as ～ as ... の基本（…ほど～ではない）

147

(a) **I'm not as tall as him.**
私は彼ほど背が高くない。

(b) **He didn't play as well as his opponent, so he lost.**
彼は相手ほどうまくプレーしなかったため負けた。

「**not as ~ as ...**」は「…ほど～ではない」を表します。同じレベルではない，つまりそれ未満のレベルであることを示します。

(a) **I'm not as tall as him. ＝ He is taller than me.**

not so ~ as ...

「not as ～ as ...」と同じように使うことができるのが「**not so ～ as ...**」です。

▶ **I'm not so［as］smart as Takeo.**（僕はタケオほど賢くないよ）

so（それほど）を否定して「それほど～ではない」。部分否定の形（→ p.319) です。こちらのほうが明確に「それ未満」が示されていますが，あまり使われなくなっています。

❸ 指定語句 + as ～ as ...

148

(a) **He is almost as tall as his dad now.**
彼はもう，父親とほとんど同じくらいの背の高さだ。

(b) **Our new cafeteria is twice [half / three times] as large as the old one.**
私たちの新しいカフェテリアは以前のものの２倍［半分／３倍］の広さだ。

「as ～ as ...」は **almost**（ほとんど）や **just**（まったく）などで修飾することができます。単に「同じくらい」ではなく「ほとんど同じくらい」と，そのレベルを指定するのです。また half（半分の）や**倍数表現**（→ p.242）を使って，「(…の）半分」「(…の）～倍」と指定することもできます。

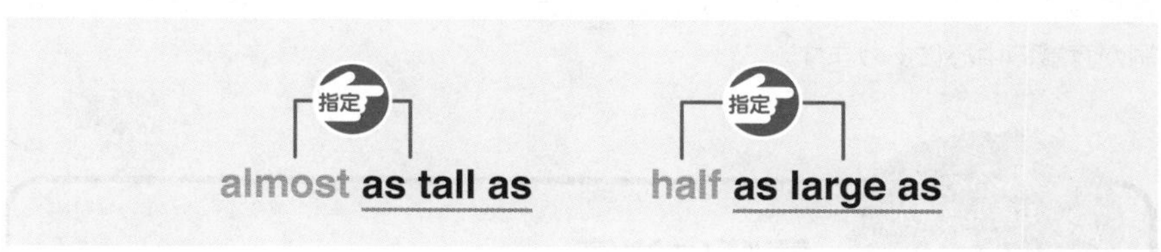

▶「倍数表現 + as ～ as ...」の表現

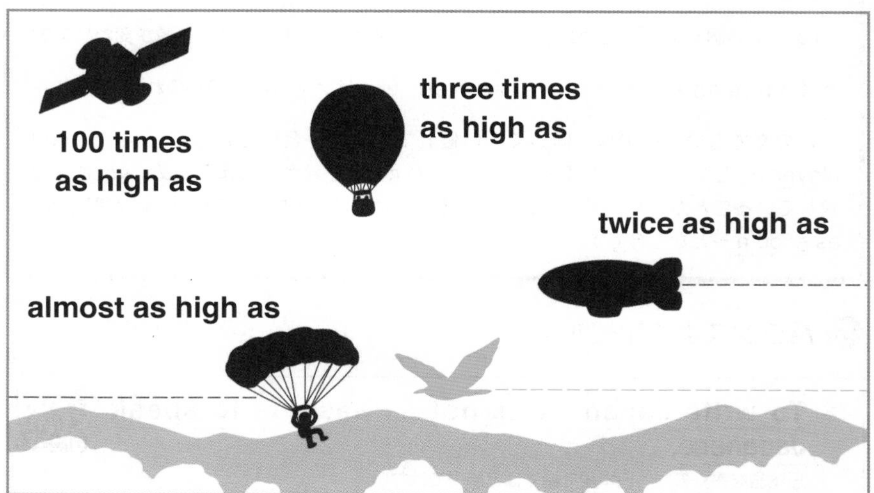

参考
倍数表現：倍数表現は回数表現と同じです。２倍は twice，３倍以上は three times など「**数字 + times**」にします。

❹ 比較の内容は形容詞・副詞１語に限られない

149

(a) **She is not as good at tennis as me.**
彼女は私ほどテニスが得意ではない。

(b) **I have as many CDs as Ken.**
私はケンと同じくらいの数の CD をもっている。

(c) **An elephant drinks as much water as fifty people.**
象１頭は人間 50 人と同じくらいの水を飲む。

「as ~ as ...」（…と同じくらい~）の文で，比較の内容を表す「~」の箇所に使われるのは，１語に限りません。**(b)(c)** のように名詞を使うこともできます。日本語でも「同じくらいたくさんの CD」などと言うことができますよね。ただこの場合でも「同じくらいたくさんの数の CD」「同じくらいたくさんの量の水」と，形容詞が意識の中心にあります。

語順に注意

「a ＋形容詞＋名詞」を as でくくるときの語順に注意しましょう。語順が変わります。

▶ **Tom is as good a player as Ken.**（トムはケンと同じくらい優れた選手です）

この文で言いたいのは「同じくらい優れています」ということ。✕ as a good player as とすると as（同じくらいの~）が good と離れてしまうため，good を比較していることがぼやけてしまいます。そのため，as のすぐ後ろに good が置かれ，as good a ~となるのです。

❺ バランスよく比較する

150

(a) **To write Japanese is not as easy as to speak Japanese.**
日本語を書くのは，日本語を話すほど簡単ではない。

(b) **At the hotel, I slept as well as at home.**
私はホテルでは家と同じくらいよく寝たよ。

比較は常にバランスよく行うことが重要です。(a) は to 不定詞（～すること）同士，(b) も「ホテルでは」「家では」と前置詞句（場所）同士が比較され，バランスが保たれていますね。さて，次の文はどうでしょう？

(1) (a) ゲイリーの車はメアリーのほど高価ではない。

× **Gary's car isn't as expensive as Mary.**

(b) 日本の文化はイギリスと同じくらい豊かで美しい。

× **The culture of Japan is as rich and beautiful as England.**

(a) では Gary の車と Mary が比較されてしまっています。Mary は Mary's（メアリーの車）でなくてはなりません。車と人間を比較するわけにはいきませんからね。(b) も「日本の文化」と「イギリス」が比較されており，バランスを欠いています。that of England（イギリスのそれ〈文化〉）が適当です（→ p.404「名詞の繰り返しを避けるために使われる that」）。正しい文を確認しておきましょう。

(a) ○ **Gary's car isn't as expensive as Mary's.**

(b) ○ **The culture of Japan is as rich and beautiful as that of England.**

❻ 節で比較する

151

(a) **Chris is not as old as he looks.**
クリスは見た目ほど年をとっていない。

(b) **My mom is not as strict as she was a couple of years ago.**
母は数年前ほど厳しくない。

as の後ろに節（主語＋動詞）を置くこともよく行われます。as 以降に空所があることに気づきましたか？　確認しておきましょう。

(a) **Chris is not as old as he looks ＿＿.**

he looks ＿＿. は「彼は＿＿に見える」。この空所と old が組み合わされ，「彼はそう（old）見えるほど（実際に）年をとっているわけではない」となっているのです。

(b) **My mom is not as strict as she was [ ] a couple of years ago.**

(a) と同じように，(b) も she was [ ] の空所と strict が組み合わされて，「彼女がそう（strict）であったほど（今は）厳しくはない」となっています。as 以降の節に空所があることを意識して，何度も音読をしてください。すぐに作れるようになりますよ。

Q Tom is as tall as I am. の後ろに空所はあるの？

p.234 で紹介したこの形はもちろん，空所を含んだ節が後続しています。「私がそう（tall）であるのと同じくらい tall」ということですよ。

Tom is as tall as I am [ ].

FACT プラス +F

会話でよく使われる比較の表現

会話で特によく使われる「as ～ as ＋節」の表現を紹介しておきましょう。

(a) **His new movie is not as exciting as we thought [expected / hoped].**
（彼の新作映画は，思っていた［予期していた／望んでいた］ほどおもしろくない）

(b) **You can stay as long as you'd (=would) like [you want].**
（あなたが好きなだけ，いていいですよ）

こうした言い回しは日本語でも頻繁に使われますね。英語でも決まり文句として覚えておきましょう。would like は want（したい）のフォーマルな表現です。

❼ 感情の乗った as ～ as

152

(a) **She visits her grandmother as often as three times a week.**
彼女はおばあさんのところに週に 3 回も行っています。

(b) **I read as many as four books in a day!**
私は一日に 4 冊も本を読みましたよ！

She visits her grandmother three times a week.（週に3回行きます）と言えばすむところ，わざわざ **as often as** を加えているのは，「そんなに頻繁に」のニュアンスを加えているから。ここまで使えるようになれば as ～ as は卒業ですよ。

Vocabulary as ~ as ... を使ったさまざまな表現

□ as ~ as ＋主語＋ can [could]* / as ~ as possible　（できるだけ~）

(a) **OK, keep calm. I'll get there as fast as I can.**
（いいかい，落ち着いて。できるだけ早くそこに行くから）

(b) **My boss needs this report as soon as possible.**
（私の上司はなるべく早くこのレポートを必要としています）

▶ (a) は「…できるのと同じくらい~→できるだけ~」。

＊過去の文なら can を could に変える。

▶ (b) は possible（可能な）を使って「可能な限り~」。

□ as ~ as any ＋名詞の単数形　（どの…にも劣らず~・ナンバーワン）

Charlie is as hardworking as any student in our class.
（チャーリーは私のクラスの生徒の中で一番勤勉です）

▶ any は，比較表現と定番のコンビネーションを多数作ります。any のイメージは「どれをとっても・選んでも」。as ~ as any ... は「どの…とも同じくらい（劣らず）~」となります。この意味が大きな強調につながることがあるのです。「誰にも劣らず勤勉 → 一番勤勉」。この文では student が**単数**であることに注意しましょう。「どの1人をとっても」という強い主張です。

□ not so much ~ as ...　（~よりはむしろ…）

Photography is not so much a job as a hobby for me.
（写真撮影は私にとって仕事というよりはむしろ趣味です）

▶ 日本語訳を気にしないで英語だけを見てみれば，単純なフレーズです。not so much a job は「仕事というほどでもない」。そして as 以下で「趣味ほどにはね」と比較しているだけです。

▶ 近い意味を表す表現に「**... rather than ~**」「**more ... than ~**」があります。（→ p.246）

≒ Photography is a hobby rather than a job for me.
≒ Photography is more a hobby than a job for me.

□ as ~ as ever　（相変わらず~）

Ha! Ha! I see you are as funny as ever.
（はは！　君って相変わらずおもしろいなあ）

▶ ever は「いつのことでもいい（at any time）」という任意の時点を表します。as ever は「いつもと同じように」。そこから「相変わらず」という意味になります。

FACT 3 比較級を用いた表現（より～）

❶ 比較級表現の基本

153

(a) **Follow me. This way is quicker.** （🔍 This way is quick.）
ついておいで。こっちの道のほうが早いよ。

(b) **Many people would like to have a better life.**
多くの人々はよりよい人生を送りたがっている。 （🔍 have a good life.）

(c) **Please drive more slowly.** （🔍 Please drive slowly.）
もっとゆっくり運転してください。

形容詞・副詞を比較級に変えるだけで，「より～」を表す比較の文ができあがります。

❷ 比較級＋ than

154

(a) **I became taller than him.**
僕は彼よりも背が高くなった。

(b) **Come on, kids! You can play better than that!**
みんながんばれ！　君たちはもっといいプレーができるはずだ！

比較級の後ろに than を加え，その後ろに比較対象を明示する形です。than の後ろが代名詞の場合，～ than him のように，**目的格**が使われるのが普通です。than のイメージは「離れて」。than him は「彼のレベルと離れて」という意識ですよ。

(a) **I became taller than him.**

まず taller（より背が高い）と作ってしまい，何と比べて taller なのかを than 以下で説明していきます。

③ 指定語句＋比較級

155

(a) Fruit is much [a little] cheaper in my country than in Japan.
果物は日本よりも私の国のほうがはるかに［少しだけ］安い。

(b) Their team is far stronger than ours.
彼らのチームは私たちのチームよりはるかに強い。

比較級を修飾し，「どの程度，より…なのか」を示すことができます。修飾には **much / a lot**（はるかに），**a little / a bit**（少し），あるいは **far**（はるかに）などの指定語句が使われます。レベルを指定する表現なので前置きとなります。

比較級には very（とても）など，単なる強調語句を使うことはできません（× very taller，× really cheaper）。比較級は「**差**」を意識した表現。どの程度の差なのかを表現するため，「多い／少ない」を表す語（句）や far（遠い＝距離がある）が使われるのです。

どのくらいの「差」なのか，具体的に表現することもできます。同じように前から指定していきましょう。

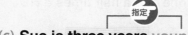

(c) Sue is three years younger than me.　スーは私よりも３歳若い。

(d) We need three more volunteers.　もう３人ボランティアが必要です。

参考

by を使って「差」を表す：(c) は次のように by を使っても表すことができます。by は how / how much（どのように／どれくらい）に対応する前置詞です。「より若い」と述べてから，「3年ね」と説明しています。

▶ **Sue is younger than me by three years.**（スーは私よりも３歳若い）

many more と much more

many more, much more は「もっと（ずっと）多くの」。more 単体よりも数・量の多さを強調する表現です。many は「数の多さ」, much は「量の多さ」を表す単語です。したがって many more は「**可算名詞**」, much more は「**不可算名詞**」（→ p.374）に使われる「もっと多くの」となります。

(a) **We couldn't go anywhere last year, but we'll have many more chances to travel.**
（昨年私たちはどこにも行けなかったが，旅行するもっと多くの機会があるだろう）

(b) **After retiring, my father has much more time to read books.**
（退職後，父には読書をする時間がずっと多くある）

❹ 倍数表現

156

This computer is three times faster than mine.
このコンピューターは私のものより３倍速い。

「～倍速い」は倍数表現を使って作ります。「**数字＋ times**」を比較級の前に置き，指定してください。

指定

three times faster ... （３倍速い）

比較級の場合，「２倍」は twice ではなく，**two times** で表すことに注意します。1.5 倍は **one point five times** あるいは **one and a half times** と表します。

▶倍数表現

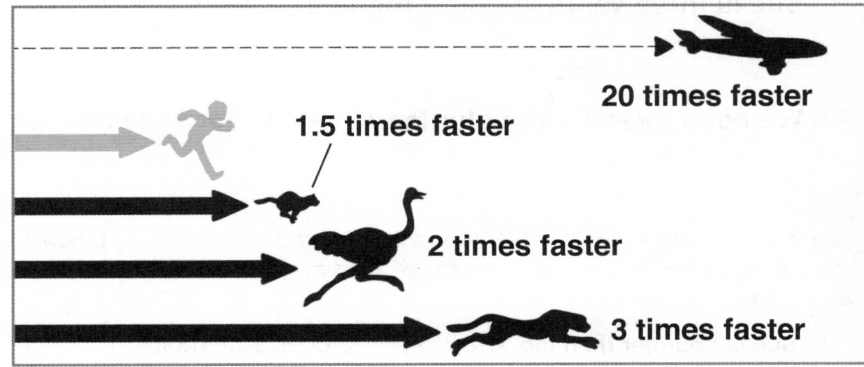

二者のうち「より～のほう」には the を用いる

二者のうち，「より～のほう」には the を用います。

特定の１つに決まる

▶ **He is the taller of the two.**
（彼は２人のうちで背の高いほうだ）

the は「（特定の）１つに決まる」ことを示します（→ p.388）。「二者のうち，より～のほう」なら当然１つに決まるため the が用いられるのです。**「the ＋比較級」なら二者の比較**。しっかり覚えておいてくださいね。

❺ バランスよく比較する

157

(a) **It's cheaper to eat at home than at a restaurant.**
レストランで食べるより家で食べたほうが安上がりだよ。

(b) **Doing something is always better than doing nothing.**
何もやらないより，何かやってみるほうがいつだっていいに決まっているよ。

as ～ as… と同じように，比較級を使って比較する場合もバランスよく比較することが大切です。(a) は前置詞句，(b) は動名詞（…すること）同士の比較ですね。

❻ 節で比較する

158

(a) **He looks older than he actually is.**
彼は実際より年をとって見える。

(b) **I'm more confident than I have ever been.**
私は今までで一番自信があります。

(a) **He looks older than he actually is** ［　］**.**

いつの時点でも

空所に注意しましょう。(a) は old と「彼が実際に［　］である」が組み合わされ，「実際に年をとっている（よりも）」を表しています。(b) の ever は「どの時点をとっても（＝ at any time）」（→ p.81）。現在完了と ever が組み合わされ，「これまでのどの時点でそうであったより＝今までで一番」を表します。(c) のように「as ～ as ＋節」で紹介した expected（→ p.238）などを使った表現も使えますよ。

(c) **The club activities lasted longer than I expected.**
思っていたよりクラブ活動が長引いた。

比較級起源の superior, inferior

superior（優れた），inferior（劣った），senior（地位・レベルが上の），junior（地位・レベルが下の）は比較級に起源をもつ単語ですが，これらを使うときは than ではなく to を使います。「何［誰］に対して（➡ to）」が強く意識される表現だからです。

(a) **This product is superior to that one.**（この製品はあの製品よりも優れている）
(b) **Ken is senior to me in the company.**（ケンは会社の上司です）

「〜よりも」に than ではなく to を使う表現に注意が必要です。

(c) **I prefer tea to coffee.**（私はコーヒーより紅茶が好きです）

prefer は「より好む」。prefer tea で「紅茶をより好む」となり，何よりも好むのかを to 以下で示します。

Vocabulary 比較級を使ったさまざまな表現

□ 比較級＋ and ＋比較級 （ますます〜）

(a) **Your English is getting better and better.**（君の英語，どんどんよくなっているね）

(b) **It's getting harder and harder to get a job.**（就職するのはますます難しくなっている）

▶ 比較級を繰り返し使うことで，途切れなく拡大していくことが目に浮かぶ表現です。

□ the ＋比較級〜 , the ＋比較級… （〜であればあるほど…［〜すればするほど…］）

(a) **The younger you are, the easier it is to learn.**（若ければ若いほど，学ぶのは易しい）

(b) **The more you have, the more you want.**（もてばもつほど欲しくなる）

▶ 比例関係を表す表現。「**the+ 比較級**」を文頭に置いて，**対比**を示すことに注意しましょう。2 つの the のおかげで比較級同士がガッチリ縛り合って「〜すればするほどその分…」を表しています。通常の文とは語順が変わり，**それぞれの節で「the+ 比較級」が前置き**され，対照されていることに注意しましょう。

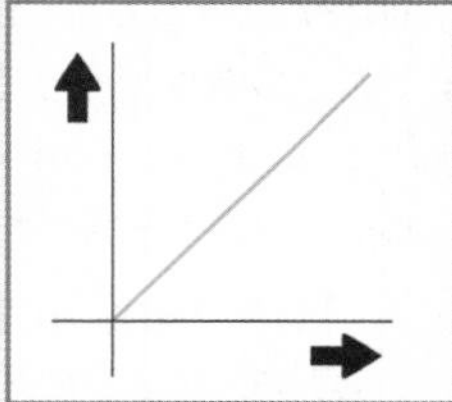

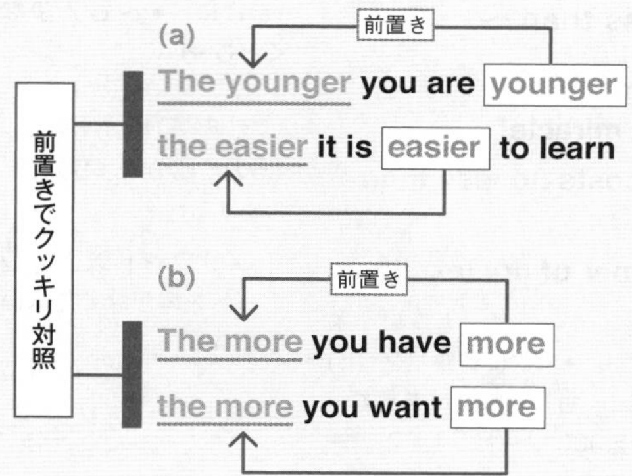

more と less

more は many, much の比較級で「〈数量が〉より多く」。less は little の比較級で「〈量が〉より少なく」。注意すべき使い方を紹介しましょう。

(1) more （より〜）

This dictionary is more useful than that one. （この辞書はあの辞書よりも役に立つ）

▶ more は**程度がより高い**ことを表します。

(2) less （〜ほど…ではない）

This dictionary is less useful than that one. （この辞書はあの辞書ほど役に立たない）

▶ less は**程度がより低い**ことを表します。「not as useful as ...」でも表すことはできますが，less useful than ... と less を使うと**「劣る」**ことに強くフォーカスが当たります。

(3) no more than 〜 / not more than 〜 （〜にすぎない・〜しか / 多くても〜）

(a) **The earth is no more than a little planet.** （地球は小さな惑星にすぎない）

▶ no は not とは異なり，**「まったくない」「ゼロだ」**と豊かな感情を伴う**強い否定**です（→ p.397）。no more than の no は more を否定し，「それ以上のものではまったくない → 〜にすぎない」となります。

no
完全にゼロ・まるでなし

(b) **There were no more than ten people present.** （10人しか出席しませんでした）

(c) **There were not more than ten people present.** （10人以下の出席でした）

▶ **no** は**数量**が話題の場合でも，**「〜しか」**と感情がこもります。感情を伴わない **not** は**「〜以下」**となります。

(4) no less than ～ / not less than ～

(まさに～・～も / 少なくとも～)

no の感情的色彩は less と結びついても健在です。

(a) **That is no less than a miracle!**

(それはまさに奇跡だ！)

(b) **A house in that area costs no less than $500,000.**

(あの地域の家は 50 万ドルもする)

(c) **We have to write a paper of not less than 5,000 words.**

(5,000 ワード以上のレポートを書かなくてはいけない)

▶ (a) は「奇跡以下の何物でもない→まさに奇跡だ」。(b) の数量を示す場合でも，**no** は「～も」と感情が乗ってきます。(c) の **not** は，やはり「5,000 ワード以上」と，感情を伴わない平たい表現となります。

(5) no more ~ than ...

(…と同じように～ではない)

This is no more a Rolex than my toy watch is.

(これは僕のおもちゃの時計と同じで，ロレックスなんかじゃないよ)

▶ これくらい感情の乗った文が使えればネイティブ・スピーカー並みです。この文は「これはロレックスなんかじゃないよ→とんでもない」と強く否定する文。than 以下は，それがいかにありえないことかを示すために引き合いに出されたおまけです。This is not a Rolex.（これはロレックスじゃない）と単に not で否定する代わりに no more を使う。そしてありえないことを than で引き合いに出すだけです。直訳すれば「私のおもちゃの時計がロレックスである以上にロレックスであることは決してない（no）」ということ。日本語訳は複雑ですが，英文を「とんでもない→ありえないことを引き合いに出す」意識で何度か音読してください。すぐに使えるようになりますよ。

(6) no less ~ than ...

(…に劣らず～)

I'm no less confident than before, just because I didn't win.

(試合に勝てなかったというだけで以前よりも自信を失ったわけじゃない)

▶ 感情を伴う no で less を強く打ち消して，「決して劣っていない」。なお just because は，このように「否定形」を伴うと，「～だからといって，…ではない」という意味を表します。

(7) more ... than ～ / ... rather than ～

(～というよりはむしろ…)

(a) **Photography is more a hobby than a job for me.**

(b) **Photography is a hobby rather than a job for me.**

(写真撮影は私にとって仕事というよりはむしろ趣味です)

▶「写真撮影」と何かを比べているのではありません。比べているのは a hobby と a job という「表現」。この形は表現の的確さを比較しています。(1) と区別しておきましょう。

□ know better

(もっと分別がある)

(a) **That was a really stupid thing to do. You should know better.**

(本当にバカげたことやったね。分別が大切だよ)

▶「know better: もっと知っている」から，「もっと物事をわきまえている」「～するほどバカではない」を表す表現。should / ought to（すべき）と結びつき，相手に忠告する場面で使われます。次の (b)「know better than to + 動詞の原形（…するほどバカじゃない)」の形をとることもよくあります。

(b) **You should know better than to do that.**

(そんな愚かなことをしてはいけないよ)

□ no longer ~

(もはや～ではない)

You are no longer a child.

(= You are not a child any longer.)

(あなたはもう子どもではない)

▶ long（長い）があり，時間的長さが感じられる表現です。

FACT 4 最上級を用いた表現（もっとも～）

❶ 最上級表現の基本

159

(a) **Cheryl is the cleverest.** (Cheryl is clever.)
シェリルがもっとも頭の回転がいい。

(b) **Oh, that's the best idea.** (That's a good idea.)
ああ，それは最高のアイデアですね。

(c) **Who speaks English the most fluently in your family?**
(Who speaks English fluently in your family?)
家族で誰が一番英語をすらすら話しますか。

形容詞・副詞を最上級に変えるだけで，「もっとも～」を表す最上級の文ができあがります。最上級には普通，the が伴います。

FACT プラス +F 最上級に the がつく理由

特定の1つに決まる

最上級に the が伴うのは，「もっとも～」「一番～」が the の感触である「1つ，あるいは1グループに決まる」を伴うからです。the がつくのは普通名詞ですが，同じ感覚が形容詞や副詞にも引き継がれているのです。この the は感覚的なものであるだけに，気軽な会話や文体の場合，副詞の最上級では頻繁に省略されることも覚えておきましょう。

❷ 範囲の設定

160

(a) **Tom is the tallest in his class.**
トムはクラスでもっとも背が高い。

(b) **Tom is the tallest of the three［of all］.**
トムは3人のうち［全体で］もっとも背が高い。

最上級には「どの中で一番なのか」という，比較の範囲を具体的に示すことがしばしばあります。そのときに使われる代表的な前置詞が **of** と **in** です。

in は「～の中」。in the world（世界で），in the city（町で），in the neighborhood（近所で）など場所・エリアのほか，in this class（このクラスで），in this group（このグループで）など，「**囲い**」が強く意識されている場合にこの前置詞を用います。

of には「囲い」は意識されていません。one of them（それらの中の１つ）と同様に，「部分ー全体」（→ p.476）が思い起こされています。**(b)** の「**of the ＋数字**」「**of all**」は，その典型的な例です。

❸ 最上級の強調

161

(a) **This is by far the best restaurant in town.**
これは断然，街で最高のレストランです。

(b) **David is the very best player in the team.**
デイビッドはチームでまさに最高の選手だ。

(c) **K2 is the second highest mountain in the world.**
K2 は世界で２番目に高い山だ。

by far は「断然，ほかとかけ離れて」。「**the very ＋最上級**」は「まさしく～」。どちらも最上級の強調です。「**the ＋序数＋最上級**」は「～番目に…な」を表します。

Vocabulary 最上級を使ったさまざまな表現

□ **one of the ＋最上級＋名詞の複数形** **(もっとも～なうちの1つ)**
Boston is one of the oldest cities in the U.S. (ボストンはアメリカでもっとも古い都市の1つです)

□ **最上級＋ (that) ＋主語＋ have ever ＋過去分詞** **(これまで…した中で一番～)**
This is the most moving film I've ever seen. (これはこれまで見た中でもっとも感動的な映画です)
▶「これまでで最高の…」は日本語でもよく使われる表現。現在完了形と ever（いつの時点をとっても）を使って表します。

□ **least を使った最上級** **(もっとも～でない)**
This dictionary is the least useful of the three. (この辞書は３つの中でもっとも役に立たない)
▶ little の最上級 the least を使うと「もっとも～でない」という意味を表します。

Chapter 8 比較

□ at (the) 最上級 (〜の点では)

Please make a reservation at least one day in advance. (少なくとも前日にはご予約ください)

▶ at のイメージ＝「点」(→ p.468) と最上級の組み合わせです。**at (the) least** (少なくとも) は「もっとも数・量が少ない点で」ということ。ほかに **at (the) most** (せいぜい多くても), **at (the) best** (せいぜいよくても), **at (the) worst** (せいぜい悪くても, 最悪の場合), **at (the) latest** (遅くとも) などがあります。

□ 最上級を譲歩で使う (もっとも〜なモノでさえ)

(Even) the best players can sometimes lose. (もっとも優秀なプレーヤーでも時には負けることがある)

▶ 日本語でもよく使われる言い回しですね。「〜さえ」と強めるときには even を加えてください。

ある１つのモノの状態について述べる最上級

最上級には the を付けない方が好まれるケースがあります。それは「ある１つのモノの状態を述べる」場合。

(a) **This road is narrowest at this point.** (この道はここが１番狭い)

(b) **This road is the narrowest in the whole town.**
(この道は町全体で最も狭い)

(a) は「この道路の中でもっとも狭い」と，１つのモノにおける状態について述べています。(b) の「複数のモノの中で１番」の例に求められる「１つに決まる」the は，(a) には必要ないのです。

❹ 原級・比較級で最上級の意味を表す

162

(a) No (other) mountain **in Japan is** as [so] high as **Mt. Fuji.**
日本の（ほかの）どの山も富士山ほど高くない。

(b) No (other) mountain **in Japan is** higher than **Mt. Fuji.**
日本の（ほかの）どの山も富士山より高くない。

(c) **Mt. Fuji is** higher than any other mountain **in Japan.**
富士山は日本のほかのどの山よりも高い。

「もっとも～」は最上級を使わなくても表すことができます。**(a)** は no ～と「as … as」，**(b)** は no ～と「比較級＋ than」の組み合わせ（いかなる～も…ではない）を使った例。**(c)** は「比較級＋ than any other ～」（ほかのいかなる～より…）を使っています。than any other の後ろの名詞は mountain と単数形になっていることに注意しましょう。

nothing (else)（［ほかに］何もない）や **than anything else**（ほかのいかなるものより）を使った表現もよく使われます。

(d) Nothing (else) **is** as [so] precious as **health.**
健康ほど大切なものは（ほかに）ない。

(e) Nothing (else) **is** more precious than **health.**
健康より大切なものは（ほかに）ない。

(f) **Health is** more precious than anything else**.**
健康はほかの何よりも大切だ。

人について述べるときは，**no one [nobody] (else) ～**や**～ than anyone [anybody] else** となります。

(g) No one [Nobody] (else) **on the team is** as tall as **him.**
チームの（ほかの）誰も彼ほど背が高くない。

(h) No one [Nobody] (else) **on the team is** taller than **him.**
チームの（ほかの）誰も彼より背が高くない。

(i) **He is taller** than anyone [anybody] else **on the team.**
彼はチームのほかの誰よりも背が高い。

数多くの例文を挙げましたが，理屈で覚えようとしないでください。会話ですぐにさまざまなパターンを使えるように，何度も音読，そして暗唱ですよ。

比較級・最上級の作り方

■規則変化

ほとんどの単語に当てはまる変化のルールを学びましょう。

	原級	比較級	最上級
1音節	tall	taller	tallest
	large	larger	largest
	big	bigger	biggest
2音節	〈-y で終わる場合〉		
	ha-ppy	happier	happiest
	pret-ty	prettier	prettiest
	〈-er, -le, -ow で終わるものには -er, -est を使う傾向があります〉		
	clev-er	cleverer	cleverest
	sim-ple	simpler	simplest
	nar-row	narrower	narrowest
	slow-ly	more slowly	most slowly
	fa-mous	more famous	most famous
	a-fraid	more afraid	most afraid
3音節以上	dif-fi-cult	more difficult	most difficult
	beau-ti-ful	more beautiful	most beautiful
	im-por-tant	more important	most important

■ -er -est
これが基本！

■ -r -st
語尾が -e で終わる場合

■子音字を重ねて -er -est
「1母音字+1子音字」の語尾である場合。ただし，子音字が2つの場合や長母音の場合は重ねずに -er -est。
rich-richer-richest
soon-sooner-soonest

■ y → -ier -iest
語尾が「子音字＋y」の場合

■形容詞に ly を加えた副詞は more-most
ただし，early, friendly, lovely はこの形でないため -er, -est。
early-earlier-earliest

■接辞つき 3音節以上
a-, -ous, -ing, -ed, dif-, -ful などの接辞がついたものは more, most を使う。

●音節：「音節」は母音を中心にした音のまとまり。日本語の「柿（kaki)」が「か（ka)」「き（ki)」と2つのまとまりとして意識されるのと同じです。dif-fi-cult, beau-ti-ful, im-por-tant は3音節。辞書の見出しで示されていますよ。この複雑な変化，手短に言えば**「短い単語」は -er（比較級），-est（最上級）**と変化し，**「長い単語」なら，more, most をつける**ということです。

２音節語が複雑ですが，まずは「**-ly 以外の -y で終わるものは -(i)er, -(i)est と変化させる**」と覚えましょう。そして次に「**-er, -le, -ow で終わるものには -er, -est をつける傾向が強い**」まで頭に入れれば悩むことはあまりなくなります。不安なら辞書を使うこと。ゆっくり１つずつ頭に入れていってください。

■不規則変化

-er, -est をつけず**不規則に変化する形容詞・副詞**があります。「よい・悪い」「多い・少ない」に類する単語と，old, far, late がもつ２種類の変化に注意してください。

原級		比較級	最上級
good **well**	よい 健康な・上手に	**better**	**best**
bad **ill** **badly**	悪い 病気の 悪く・下手に	**worse**	**worst**
many **much**	〈数が〉多くの 〈量が〉多くの	**more**	**most**
little	〈量が〉少しの・少し	**less**	**least**

(a) **This restaurant has the best food in town, but it has the worst service.**
このレストランは町で一番料理がおいしいけれど，サービスは最悪だ。【good，bad の最上級】

(b) **She can handle this situation better.** 【well の比較級】
彼女ならもっと上手にこの状況に対処できます。

原級		比較級	最上級
old	古い・年をとった	**older** **elder**	**oldest** **eldest**
far	遠くの・遠くへ	**farther** **further** もっと遠く(の)，なおいっそう(の)	**farthest** **furthest**
late	〈時間が〉遅い 〈順序が〉あとの	**later** **latter**（二者のうち）後者の	**latest** 一番遅い・最新の **last** 最後の

(1) elder, eldest は older, oldest の古い変化形です。現在は elder sister, elder brother（姉，兄）などの使い方に限られています。

(2) **far**「**遠く**」は距離を表す単語ですが，そこから比喩的に「**さらに**」という使い方が生まれています。

(a) **How much farther [further] do we have to walk?** 【物理的な距離】
あとどれくらい歩かなくてはならないのですか。

(b) **For further information, please contact reception.** 【比喩的な距離】
さらに詳しい情報については，受付にお問い合わせください。
「**遠く**」の場合 **farther** が好まれますが **further** も可能です。「**さらに**」は **further** のみが可能です。迷ったときは further を使ってください。

(3) **the latter** は二者のうちの後者。**the former**（前者）に対応します→ **the latter** half of the game（試合の後半）。**latest** は「一番遅い」から「最新の」→ **the latest** movie（最新の映画）。**last** は「最後の」。これらの語は late の比較級・最上級ですが，それぞれ独立した語として考えたほうが便利です。

Chapter 8 ● EXERCISES

1 空所に語群から適切な語を補い，(1) ~ (4) の英文を完成させましょう。 ▶ FACT 2

(1) It is going to be as [　　] as yesterday. It's going to be a long summer.
(2) Daniel can run as [　　] as Kevin, but he doesn't have the same basketball skills. Daniel needs to practice a little harder on his shooting.
(3) This test was as [　　] as the last one. I really should have studied more.
(4) We need the CD player back as [　　] as possible. We have a dance rehearsal this afternoon.

【語群】 difficult / hot / soon / fast

2 下線が引かれた形容詞または副詞を含む文のどの語のあとに【　　】内の指定語句が入るのか示しましょう。 ▶ FACT 2

(1) The movie is as exciting as the book. Usually the movie is not as good, but this time it was different. 【just】
(2) My mother won't let me get the latest model smartphone. It costs as much as the last model. 【twice】
(3) Let's go to the huge park near the museum. It has as many benches and tables as this park. 【five times】
(4) The novelist lives in a really large house. I think my house is as big as his place. 【only half】

3 意味が通るように [　　] 内の語を並べ替えて，(1) ~ (3) の英文を完成させましょう。 ▶ FACT 2

(1) A : Who is taking care of the money for the Culture Festival?
B : Takeshi is doing it. I'm not [as / as / at / good / organizing] him.
(2) A : When do you practice the piano? I don't know how you find the time.
B : I try to [as / as / hours / many / practice] I can on weekends, but I must finish my studying first.
(3) A : Remember to [as / as / drink / much / water] you can before going on the hike.
B : We will. Thanks for your advice.

4 空所に語群から適切な語句を補い，(1) ~ (4) の英文を完成させましょう。 ▶ FACT 3

(1) James, can you please help me with this cleaning? Two sets of hands are [　　] than one.
(2) We were really lucky. Disneyland was much [　　] than the last time we went there.
(3) My parents think riding a motorcycle is [　　] than driving a car. So, I am not allowed to get a motorcycle license.
(4) Wow! This school's sports arena is so [　　] than our school's. I am very jealous.

【語群】 better / less crowded / more dangerous / much larger

5 比較級を用いた英文のどの語のあとに【　　】内の指定語句が入るのか示しましょう。 ▶ FACT 3

(1) I think the Harry Potter books are better than the movies. Nevertheless, I still enjoyed the movies. 【much】

(2) Finishing your homework and studying are more important than playing games. Please concentrate and do it properly. 【far】

(3) This tennis racket is a little more expensive, but the quality is better. Please Dad, can we buy it? 【much】

(4) Even though my brother is younger than me, he can run and swim faster. I am a little embarrassed about that. 【3 years】

6 空所に語群から適切な語句を補い，(1) ~ (3) の英文を完成させましょう。 ▶ FACT 3

(1) A : Why are you home so early today?
B : The soccer training finished earlier than [　　　]. Too many players were absent due to influenza.

(2) A : The parking area at the supermarket was a lot busier than [　　　].
B : Well, it's a lot smaller, right?

(3) A : Have you seen Ruben's house?
B : Yes! It is so much bigger than [　　　] in the neighborhood. It's unbelievable.

【語群】 any other house / I had expected / that of the department store

7 空所に語群から適切な語句を補い，(1) ~ (3) の英文を完成させましょう。 ▶ FACT 4

(1) Peter is the tallest [　　　] all the boys in the second grade. He is also the captain of the basketball team.

(2) I think autumn is the most beautiful season [　　　] Kyoto. The different colors of the leaves and the cool weather are perfect.

(3) The Great Barrier Reef in Australia is the most amazing thing [　　　]. The colors of the coral reefs are beautiful.

【語群】 in / I've ever seen / of

8 最上級を用いた英文のどの語のあとに【　　】内の指定語が入るのか示しましょう。 ▶ FACT 4

(1) The best sushi restaurants are usually in secret places. I can never find them. 【very】

(2) Mt. Kita in Yamanashi prefecture is the highest mountain in Japan. 【second】

Chapter 8 ● EXERCISES ● Answers

1 (1) hot (2) fast (3) difficult (4) soon

訳 (1) 今日は昨日と同じくらい暑くなりそうです。今年は長い夏になりそうですね。

(2) ダニエルはケビンと同じくらい速く走れますが，同じくらいのバスケットボールの技術を持ってはいません。ダニエルはシュートに関してもう少ししっかりと練習する必要があります。

(3) 今回のテストは前回のテストと同じくらいの難しさでした。私はもっと勉強すべきでした。

(4) 私たちはできる限り早くCDプレイヤーを返してもらう必要があります。今日の午後にダンスのリハーサルがあるから。

2 (1) is (2) costs (3) has (4) is

訳 (1) その映画はその原作の本とまったく同じくらいおもしろい。たいてい映画は原作ほどよくないものなのですが，今回は違いました。

(2) 私の母は最新のスマホを購入することを許してくれません。前のモデルの２倍の価格だからです。

(3) 博物館の近くの大きな公園に行こう。この公園の5倍の数のベンチとテーブルがあります。

(4) その小説家は本当に広い家に住んでいます。私の家は彼の家の半分の大きさしかないと思います。

3 (1) as good at organizing as
(2) practice as many hours as
(3) drink as much water as

訳 (1) A：誰が文化祭のお金を管理しているのですか？
B：タケシがやっています。私は彼ほどものごとの整理がうまくないからね。

(2) A：いつピアノを練習しているの？　あなたがどうやってその時間を作っているのか見当がつかないわ。
B：私は週末にできる限り長い時間練習するようにしていますが，最初に勉強を終わらせないといけません。

(3) A：ハイキングに出かける前には，できる限りたくさんの水を飲むことを忘れないでください。
B：そうします。アドバイスありがとうございます。

4 (1) better (2) less crowded
(3) more dangerous (4) much larger

訳 (1) ジェームズ，掃除を手伝ってもらえますか？　１人よりも２人のほうがいいですから。

(2) 私たちは本当にラッキーでした。ディズニーランドが最後に行ったときよりもぜんぜん混雑していませんでした。

(3) 私の両親は車を運転するよりもオートバイに乗るほうが危険だと思っています。だから，私はオートバイの免許は取らせてもらえません。

(4) わあ！　この学校の競技場は，私たちの学校のよりもはるかに大きいわね。とってもうらやましいわ。

5 (1) are (2) are (3) is (4) is

訳 (1) ハリーポッターの本は映画よりもずっといいと思う。それでもなお，私は映画を楽しんだ。

(2) 宿題を終わらせて勉強することは，ゲームをすることよりもはるかに大切です。集中して，きちんと行ってください。

(3) このテニスラケットは少しだけ高いけど，品質はずっといいんだ。お父さん，買ってもいい？

(4) 弟は私より３歳年下ですが，私より速く走ったり泳いだりすることができます。私はそのことを少し恥ずかしく感じています。

6 (1) I had expected
(2) that of the department store
(3) any other house

訳 (1) A：今日は，なぜこんなに早く家に帰っているの？
B：サッカーの練習が思っていたよりも早く終わったんだ。あまりにも多くの選手がインフルエンザで休んだからね。

(2) A：スーパーマーケットの駐車場はデパートのよりもだいぶ混雑していたね。
B：（デパートの駐車場よりも）かなりせまいのよね。

(3) A：ルーベンの家を見たことがある？
B：もちろん。近所のどの家よりもはるかに大きいですよね。信じられないくらいです。

7 (1) of (2) in (3) I've ever seen

訳 (1) ピーターは２年生の男子全員の中で背が一番高い。彼はバスケットボール部のキャプテンでもある。

(2) 秋は京都では最も美しい季節だと思う。さまざまな葉の色や涼しい天候は申し分ありません。

(3) オーストラリアのグレートバリアリーフは，私が今まで見た中でもっともすばらしいものです。サンゴ礁の色彩が美しいんです。

8 (1) The (2) the

訳 (1) 最上級の寿司レストランはたいがい隠れた場所にあって，私は見つけられません。

(2) 山梨県にある北岳は日本で２番目に高い山です。

Chapter 9

関係詞

第11回

「関係詞」で学ぶのは，関係詞（関係代名詞・関係副詞）を使って名詞を修飾する方法です。複雑なイメージを持っている人もいるかもしれませんが，その基本はふつうの「説明ルール」と全く同じ。名詞の後ろに置く説明に，たまたま「文」を使うだけなのです。解説動画（第10回）を視聴して，「関係代名詞」「関係副詞」それぞれについて確認しましょう。

関係詞のコア

Chapter 9で学ぶこと

関係詞は，名詞（先行詞と呼ばれます）を後続する節（後続節）で修飾するときに使われます。Chapter 9では，みなさんが中学校で学んだ「関係代名詞を含む文」の復習から始めましょう。

関係詞とは

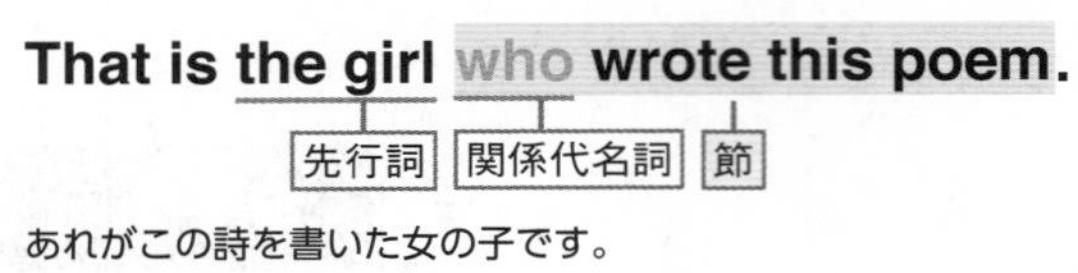

That is the girl who wrote this poem.
先行詞
関係代名詞
節

あれがこの詩を書いた女の子です。

関係詞を含む文は一見複雑そうな形ですが,「組み合わせ」によって作られる，とても単純な形です。この文では，who以降の節に，wrote（書いた）の**主語が欠けていること**（空所：□）に注目してください。

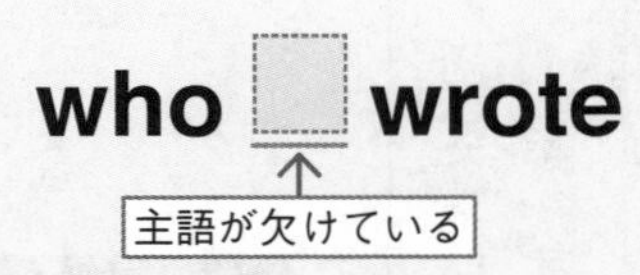

組み合わせ
That is the girl who wrote this poem.
女の子
この詩を書いた

「□はこの詩を書いた」の□と，先行詞のthe girlが結びついて,「この詩を書いた女の子」という修飾関係ができ上がっているのです。ここでwhoは先行詞the girlと後続節の主語（名詞）をしっかりと関係づけて組み合わせているため,「関係代名詞」と呼ばれています。

参考

空所と組み合わせて修飾：「空所」との組み合わせで修飾が行われる形は珍しくありません。関係代名詞以外にも，みなさんにはすでに次の形を紹介しています。

▶ **I have <u>two hamsters</u> to look after □.** （→p.171）
（私には世話をすべき２匹のハムスターがいる）

「□ を世話する」と two hamsters が結びついて，「世話をすべき２匹のハムスター」となっていますね。

2 関係詞の文は「空所」が大切

関係代名詞を使った修飾では，空所が大変重要な役割を果たしています。次の文の意味の違いを考えてください。

(a) **That is <u>the man</u> who □ called Cindy .**
(b) **That is <u>the man</u> who Cindy called □ .**

(a) では called の主語の位置が □。「□ はシンディに電話をした」となり，先行詞 the man はその空所と組み合わされ，「シンディに電話をした男」となります。一方 (b) では，シンディが誰に電話をしたのか，その目的語の位置が □。「シンディが電話をした男」となります。関係詞の修飾は先行詞と空所が組み合わされて解釈されるため，**どこに空所があるのかがもっとも重要**なのです。

関係代名詞はこの修飾で補助的な働きをしています。あくまで「補助的」であるため，(b) のような文（目的語の位置が □）では，次のように関係代名詞を省略することも可能です。

(c) **That is <u>the man</u> Cindy called .**
→ 関係代名詞の省略 （→p.269）

ただし (a) の文では，関係代名詞を省略できないので注意が必要です（→p.269）。

3 関係詞の文は「説明ルール」の文

関係代名詞の働きは**先行詞と節をより強固に結びつける**ことにあります。関係代名詞（ここではwho）を介することにより，先行詞と空所は正確に・誤解の余地なくガッチリと結びつけられるのです。

関係代名詞による修飾は，名詞を節で修飾するため，一見複雑に見えますが，実はとってもシンプルです。この形は典型的な**説明ルール**（説明は後ろに）の文です。

説明
That is the girl who wrote this poem.
女の子 → この詩を書いた

日本語訳は「この詩を書いた女の子」ですが，この文を話すネイティブ・スピーカーの意識の流れは語順通り進んでいます。まず「あれがその女の子だよ」と言ってから，どんな女の子なのかをwho以下で説明。意識の流れにおいては，次の文とまったく変わるところがありません。

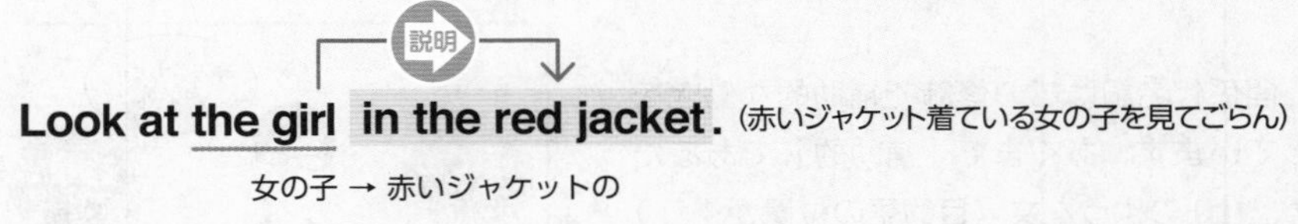

「名詞→説明」の流れで文を作れるようになって初めて，関係代名詞の文は，会話でも気楽に使えるようになるのです。

本章では，まず関係代名詞による修飾を詳しく解説し，実用レベルで使いこなす力を養います。次にその知識を同種の修飾「関係副詞」に広げていきましょう。内容豊かな修飾に欠かせない関係詞修飾。しっかりと学んでください。

wh 語・疑問詞・関係詞

関係代名詞 who を紹介しましたが，この単語には，すでに「誰」という意味の疑問詞として出合っていますね。who が関係代名詞にも疑問詞にも使われるのは，不思議なことではありません。who は who。同じことをしているだけですよ。

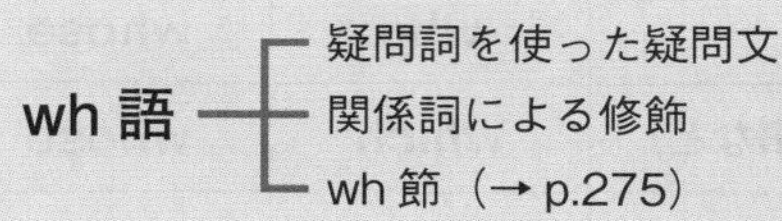

who や what など（本書では「wh 語」と呼んでいます）は，主に上の３つの形で使われますが，働きは常に同じ。「**空所の指定**」です。

Who do you like?（あなたは誰が好きなの？）という**疑問詞を使った疑問文**は，不足している情報を尋ねる形（→ p.332)。この文の like の後ろには**目的語が欠けており，そこを尋ねる疑問文**になっています。そして **who** は「誰が好きなの？」と，空所 ☐ が「人」だと指定しているのです。

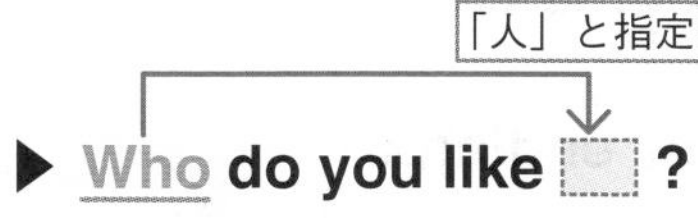

▶ **Who do you like ☐ ?** 【疑問詞】

who が関係代名詞として使われても，その働きは変わりません。

▶ **That is the girl who ☐ wrote this poem.** 【関係代名詞】

who は空所 ☐ を「人」だと指定しています。空所と組み合わされるのが人だと指定することによって，先行詞は人である the girl であることも同時に示されていることになります。つまり **who を介して the girl と空所が「正確に・誤解の余地なくガッチリと結びつけられて」いる**のです。

FACT 1 関係代名詞

関係代名詞による修飾は，先行詞（名詞）が後続する節の空所と組み合わされる修飾です。「**先行詞の種類（人かそれ以外か）**」と「**先行詞が後続節でどのよう働いているか**」によって，関係代名詞が選ばれます。

	主格	所有格	目的格
人	who	whose	*whom (who)
人以外（モノ・出来事など）	which	whose	which
どちらにも使える	that	—	that

* 目的格で whom が使われるのはフォーマルな場合に限られます。口語では圧倒的に who が使われます。

❶ 先行詞が節内の主語として働く

163

(a) I have a friend who wants to be an astronaut.
宇宙飛行士になりたい友だちがいます。

(b) The woman who lives next door is an artist.
隣に住んでいる女性は芸術家です。

(c) I like stories which have happy endings.
私はハッピーエンドの物語が好きです。

(d) Where is the letter which arrived this morning?
今朝来た手紙はどこですか。

先行詞が，後続節で**主語の位置の空所** □ と組み合わされるパターンです。主格の who，which を使っていきましょう。

「友だち」と「□は宇宙飛行士になりたい」が組み合わされ，「宇宙飛行士になりたい友だち」となります。**(c)**・**(d)** のように，先行詞が「人以外（モノ・動物・できごとなど）」の場合，**which** を使います。

節内の動詞の形は先行詞の数に一致

163 (a) の文で，who 節内の動詞に -s がついていることに注意。□ **は先行詞として理解される**ため，動詞の形は a friend に一致します。a friend だから三単現の -s。もし friends なら want となります。

みるみる英語が使えるようになるヒント

関係代名詞をネイティブ・スピーカーのように使おう！

関係代名詞は最初のうち大変複雑に感じられるものですが，音読を繰り返せばすぐに慣れることができます。次の文をネイティブ・スピーカーは実際どうやって作るのか，その手順をなぞりながら練習してみましょう。

▶ **I have a friend who wants to be an astronaut.**
（宇宙飛行士になりたい友だちがいます）

Step 1 I have a friend…

まずは文の中心となる「友だちがいます」までしっかり言い切りましょう。ただそれだけではどんな友だちがいるのかわかりません。「どんな友だちなのかを説明したい」と強く思ってください。それが関係代名詞を使う動機なのです。

Step 2 I have a friend who

a friend（人）を修飾することを「しっかり伝えよう」と考えてください。p.267 で説明するように **that** でゆるやかにつなげたり，条件が整えば省略する（→ p.269 ❼）こともあります。

Step 3 I have a friend who □ wants to be an astronaut.

関係詞修飾は空所があることによって，修飾が成り立っています。先行詞をしっかり意識してそれが入る場所を「空けておく」ことを意識してつなぎます。先行詞が入ると意識すれば，動詞も正しく wants と，三単現の形が作れるはずです。

Chapter 9 関係詞

❷ 先行詞が節内の目的語として働く

164

(a) **That is the man who I met on the train to Kyoto.**
あの人が私が京都に行く電車で会った男性です。

(b) **Is that the boy who you were talking about?**
あれがあなたが話していた男の子ですか。

(c) **The dress which Ann bought is so cute!**
アンが買ったドレスはすごくかわいい！

(d) **Is this the book which you are looking for?**
これが君が探している本ですか。

節内の**目的語の位置に空所**□があり，先行詞と組み合わされます。

先行詞「その男性」と「私が□と会った」が組み合わされて，「私が電車で会った男性」。先行詞が「人」なら who，「人以外」なら which を使います。
(b) と (d) は前置詞の目的語が□となっている例。(b) は「あなたが□について話していた」と先行詞 the boy が組み合わされ，「あなたが話していた男の子」となっています。大変よく使われる使い方ですよ。

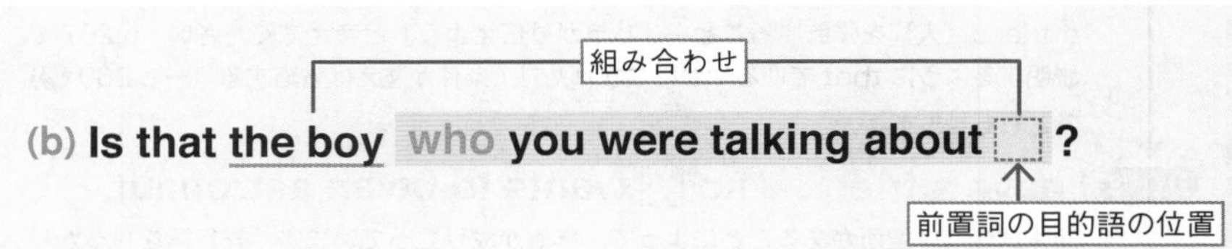

whom の衰退

目的語の位置に使われる関係代名詞には，whom を使うこともできます。

▶ **My father is the person whom I admire most in the world.**
（父は私が世界で最も尊敬する人です）

しかし whom は，現在フォーマルな文体を除き，使われなくなりつつあります。話しことばではほとんど耳にする機会もなくなってきました。

who は空所を「人」と指定することによって，先行詞と後続節をガッチリと結びつけますが，従来英語は who-whose-whom という変化形によって，後続節での働きまで厳密に指定していたのです。空所が主語なら主格の who，所有なら所有格 whose，目的語なら目的格 whom。who の変化形を通じて，先行詞と後続節がガッチリと厳格に結びつけられていたのです。

My father is the person whom I admire most in the world.
空所は「人・目的格」と指定

いささかも誤解の余地のない優れたシステムですが，whom が退場していくことで英語は以前の厳密さを少しだけ失いつつあり，また，気楽なものになってきたとも言えるでしょう。ただ，p.266 の 166 で説明する前置詞を関係詞の前に置く形では，whom は現役です。前置詞の後ろは「目的語」と強く意識される位置であり，目的格の whom が選ばれるのです。

❸ 先行詞が所有格として働く

165

(a) **I have a friend whose father is a lawyer.**
私にはお父さんが弁護士をしている友だちがいます。

(b) **I thanked the boy whose tennis racket I borrowed.**
私はテニスラケットを借りた男の子にお礼を言った。

先行詞をその所有する人・モノによって説明するパターンです。(a) では a friend を「そのお父さん」によって説明しています。まず先行詞 a friend を whose father（そのお父さん）で受け，そのお父さんが何なのかを空所つきの節で説明していきます。

(a) I have a friend whose father is a lawyer .
先行詞

この文では「□は弁護士をしている」と主語が空所ですから，「そのお父さんが弁護士をしている友だち」となります。

Chapter 9 関係詞

(b) も同じです。the boy を whose tennis racket（そのテニスラケット）で受け，それを空所で説明。「私が ▢ を借りた」ですから，「私がそのテニスラケットを借りた男の子」となります。whose は常に名詞とコンビで使われることに注意しておきましょう。

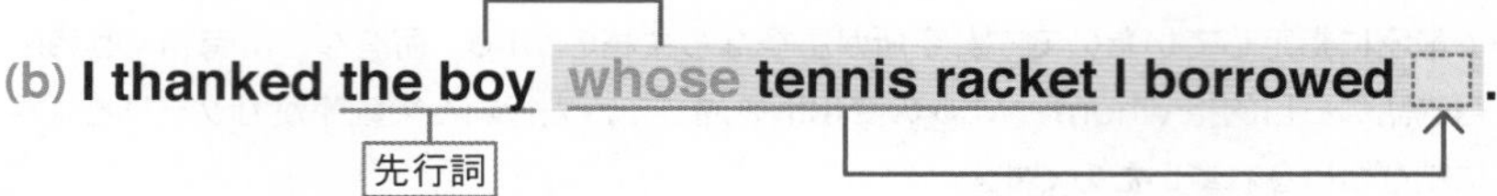

みるみる英語が使えるようになるヒント

whose を使うコツ

who と比べ whose はちょっと複雑に感じられるかもしれませんが，慣れると簡単です。ある人物・モノを，その所有物（お父さん・テニスラケットなど）で説明したい場合，「whose father」のように，まず「whose ＋所有物」まで言ってしまう，それがコツです。あとはその所有物をいつものように空所つき文（ ▢ is a lawyer ）をくっつけて説明。ただそれだけのことなのです。

❹ 前置詞を関係詞の前に置く

166

(a) This is the hospital which I was born in.
これが私が生まれた病院です。

(b) This is the hospital in which I was born.
これが私が生まれた病院です。

(c) The officer to whom I handed my passport smiled at me.
私がパスポートを渡した係員は私に笑顔を向けた。

文にフォーマルなニュアンスを与える高度なテクニックを１つ学んでおきましょう。「前置詞を関係詞の前に置く」形です。

(a) (b) は先行詞と前置詞の目的語が組み合わされた例ですが，前置詞が文末でフラフラ残っている (a) の文よりも，(b) のほうがフォーマルに感じられます。前置詞を関係代名詞の前に送り込み，文の形を整えるひと手間。それがフォーマルな感触を与えるのです。

(c) の文でも handed my passport to となるべきところ，**to を関係代名詞の前**に送っていますね。**前置詞の後ろなので whom** が使われていることにも注意しましょう。

1つ注意すべきは，look for（探す），be fond of（好き），take advantage of（利用する）など，**句動詞**（→ p.461）**の一部となっている前置詞は，動かすことができない**ということです。まとめて「1つのパッケージ」なので，分離すると意味がわかりづらくなってしまうからです。

(d) これは私が探していたファイルです。

× This is the file for which I was looking.
○ This is the file which I was looking for.

❺ that を用いる

167

(a) **The woman that lives next door is an artist.** 【主格】
隣に住んでいる女性は芸術家です。

(b) **The car that I want to get is eco-friendly.** 【目的格】
私が買いたい車は環境に配慮したものです。

関係代名詞 that は，**「人」「人以外」の指定を伴わない関係代名詞**です。また，先行詞が (a) 主語，(b) 目的語のどちらの場合にも使うことができます。who, which に比べ「指定」を行わないため，堅苦しくなく，口語的で頻度の高い関係代名詞となっています（→ p.270）。**先行詞に人とモノが両方含まれている場合**は，who や which で指定することができないため，**that が唯一の選択肢**となります。

先行詞が人とモノ

(c) **I like people and things that make me laugh.**
私を笑わせてくれる人やモノが好きです。

ただし、which / whom とは異なり関係代名詞 that を前置詞の直後に置くことはできません。

Chapter 9 関係詞

Q thatはどんなイメージで使われるの？

thatには，節を導入するさまざまな使い方がありますが，すべてに共通しているのは**「導く」意識**です（→ p.405）。関係代名詞として使われてもそれは変わりません。

167 (a) **The woman that lives next door is an artist.**

この文で**that**は，The womanと述べたあと，「どういう女性かというと…」と，正確に間違いなくその説明に結びつけるという意識で使われています。

thatはwho，whichのようにガッチリと「指定」する単語ではありません。「**しっかりつないでいく**」，それだけの単語です。ですから先行詞を選びませんし，変化形もないのです。

6 thatを優先する場合

168

(a) **The human is the only animal that uses fire.**
人間は火を使う唯一の動物だ。

(b) **The kindest thing that we can do for others is to listen to them.**
私たちが他人にできるもっとも親切なことは，話を聞いてあげることです。

(c) **This is everything that I have.**
これが私がもっているすべてです。

関係代名詞thatがwho，whichに優先して使われる場合があります。先行詞が「唯一」の意味を含む**(a) the only**，**the first**，**the last**などの場合，**(b) 最上級**である場合，**(c) every**，**all**，**any**，**no**がつく「全・無」を意味する場合です。

このポイントは絶対の規則ではなく，「どちらが自然か」の問題です。thatを選ばなくても意味は伝わります。少しずつ慣れることを目標としてください。

❼ 関係代名詞を用いずそのままつなぐ

169

(a) **The car I want to get is eco-friendly.**
私が買いたい車は環境に配慮したものです。

(b) **The man you were talking to is my cousin.**
あなたが話していたのは私のいとこです。

空所が目的語の場合に限り，関係代名詞を使わないことも頻繁にあります（関係代名詞の省略）。

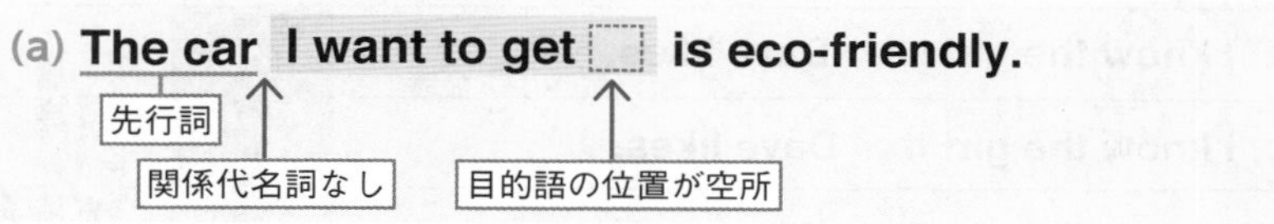

実は話しことばでもっとも好まれるのがこの形です。関係代名詞は先行詞と節を結ぶ補助的な要素であるため，こうした形が可能になります。

空所が「主語」の場合，関係代名詞は省略できない

空所が主語の場合，関係代名詞は省略することができません。who，that が必要です。

(a) **I met the girl Tom loves ☐.**　【目的語】　（トムが大好きな女の子に会いました）

(b) × **I met the girl ☐ loves Tom.**　【主語】
（○ **I met the girl who / that loves Tom.**）（トムを大好きな女の子に会いました）

(1) **I met the girl**
修飾　**loves Tom.**

(2) 文
I met the girl loves Tom.
文

その理由は単純。文の形が理解できないからです。(b) の×の文のように，関係代名詞なしで the girl loves と続けてしまうと，**(2)** のように２つの文が奇妙に重なってしまい，**(1)** の修飾関係が見えてきません。○ の文のように，who / that を使って，loves 以下は修飾であることをしっかりと示す必要があるのです。

使用頻度と that の勧め

さて，これまで関係代名詞による修飾について，(a) who, which を使う，(b) that を使う，(c) 何も使わない，という３つのパターンを説明してきました。この３つの関係についてお話しておきましょう。まずは「人」が先行詞の場合。

(1) デーブが好きな女の子を知っているよ。

フォーマル度 ↑ / 使用頻度 ↓

(a) **I know the girl who Dave likes.**

(b) **I know the girl that Dave likes.**

(c) **I know the girl Dave likes.**

(a) → (b) → (c) の順にフォーマルで堅苦しい印象が薄れ，使用頻度が増していきます。(b) と (c) が支配的で **who の出番はそれほど多くはありません**。「人以外」が先行詞の場合も同じです。

(2) 彼が着ているシャツは彼に似合っていなかった。

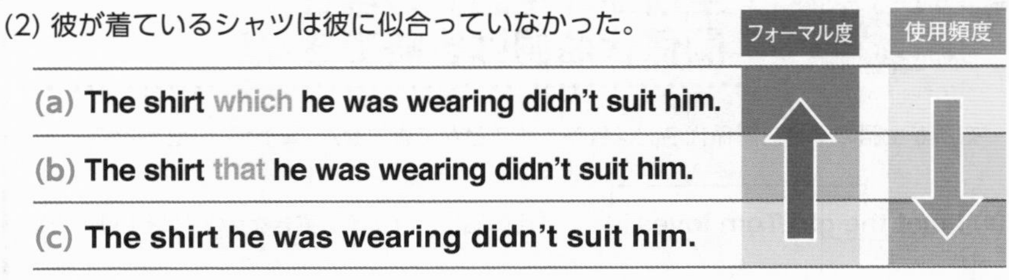

フォーマル度
使用頻度
(a) The shirt which he was wearing didn't suit him.
(b) The shirt that he was wearing didn't suit him.
(c) The shirt he was wearing didn't suit him.

実は which の使用頻度は，話しことば・書きことばともに who と比べても圧倒的に下がります。which を使わない (b)(c) の使用を強く勧めます。ただし「**非制限用法**」（→ p.277）では，which がよく使われるので注意してください。

関係代名詞の選択について長く解説してきましたが，私のアドバイスは「**迷ったら that を使え**」です。that はそれほど堅苦しくはなく，かといってラフな表現でもないため，常に抵抗なく受け入れられます。「関係代名詞を使わない」は，先行詞が節内の主語（＝節内の空所が主語）の場合には選択できませんが，that は常に使うことができます。さらに「人・人以外」の制限もなく，「最上級」や「唯一」の場合にも最適。that は初心者が使うべき，最高の関係代名詞なのです。

関係副詞

関係代名詞は，後続節で先行詞が主語・目的語など，「名詞」の働きをする形でした。ここで紹介するのは先行詞が**「副詞」として働く「関係副詞」**と呼ばれる形です。関係副詞には where，when，why があります。

❶ where

170

(a) Yokohama is the city where I was born.
横浜は私が生まれた都市だ。

先行詞と後続節の「**場所を示す空所**」が組み合わされる修飾です。この文では先行詞 the city と「私が[　]で 生まれた」が組み合わされ，「私が生まれた都市」となります。この空所は後続節の中で「**場所を示す副詞**（文を修飾する要素）」＝「**〜で**」などであることに注意しましょう。先行詞 the city は，**後続節**で I was born in the city.（その都市で生まれた）という，**副詞句**として働いているのです。

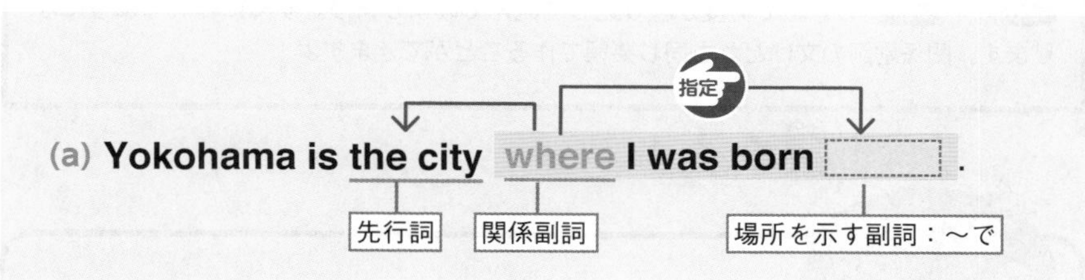
指定
(a) Yokohama is the city where I was born [　].
先行詞
関係副詞
場所を示す副詞：〜で

関係副詞 where は空所を「指定」します。where は場所を示す wh 語です。関係副詞として使われると，先行詞が後続節で「場所を示す副詞」だと空所を「指定」しているのです。

where は city, office（会社）など純粋な場所以外にも，**case**（場合），**situation**（状況），**circumstance**（状況）などにも使うことができます。こうした単語も広く「場所」と感じられているからです。

(b) I found myself in a situation where I felt uncomfortable.
私は自分が気まずい状況にいることに気がついた。

みるみる英語が使えるようになるヒント

関係副詞をネイティブ・スピーカーのように使おう！

関係副詞のポイントは，**先行詞が後続節で副詞扱いになる**ところです。難しくはありませんよ。

▶ **Yokohama is the city where I was born.**
（横浜は私が生まれた都市だ）

Step 1 Yokohama is the city…

まずは先行詞まで言い切ること。「横浜がその都市なんだよ」。どういった「都市」なのかはあと回し。

↓

Step 2 Yokohama is the city where

そこで何が起こったのか，節で説明していきます。

↓

Step 3 Yokohama is the city where I was born □ .

「その都市で（副詞）」の意味で先行詞が使われることを意識しながら，空所を残します。

Step 1 ～ Step 3 の意識で何度か繰り返して読んでみましょう。すぐに作れるようになります。関係副詞の文はどれも同じ要領で作ることができますよ！

「場所ならいつも where」と考えない

先行詞が場所だからと言って，反射的に where を使わないこと。**where は先行詞が後続節で副詞として働く場合**に使います。単に主語や目的語など名詞の働きをしているなら，たとえ場所であっても **which / that** を使います。

▶ **Yokohama is the city that I love □ .** （横浜は私が大好きな都市です）

目的語（名詞）

where と同じ内容を which で表す

170 の Yokohama is the city where I was born. を，which を使って表してみましょう。

(a) **Yokohama is the city which I was born in.**
(b) **Yokohama is the city in which I was born.**

(a) で前置詞 in が born の後ろに置かれている理由がわかりますか？　which は関係代名詞。先行詞 the city は後続節内で**名詞**として働きます。✕ I was born the city では，the city は副詞の働きをすることはできず，文は意味をなしません。そこで in を加えて in the city としているのです。(b) は「前置詞を関係詞の前に置く」形 (→ p.266)。**where よりもフォーマル**に響き，正確を期す言い方であることを覚えておきましょう。

② when

171

Christmas is the day when the whole family gets together.
クリスマスは家族全員が集まる日です。

関係副詞 when は，where と同じように使われます。この文では，先行詞 the day が「［　］に家族全体が集まる」と組み合わされ，「家族全体が集まる日」となります。where と異なり，空所は後続節の中で「**時を示す副詞**」＝「**〜に**」であることに注意しましょう。

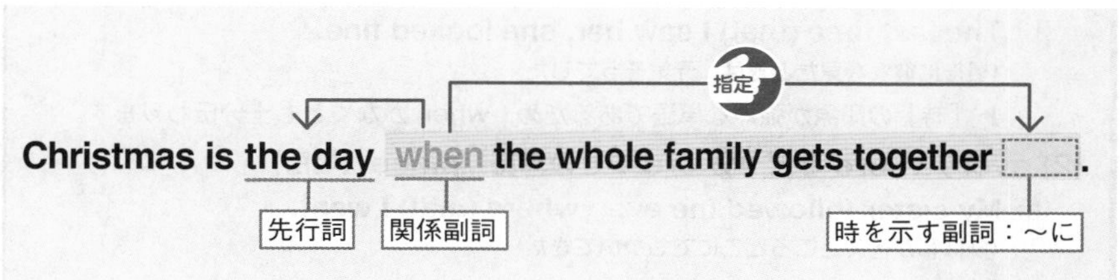

when は時を示す wh 語であり，関係副詞として使われると，先行詞 the day が後続節で on the day という「時を示す副詞」だと指定しているのです。

❸ why

172

I don't know the reason why he got angry.
私は彼が腹を立てた理由がわかりません。

why は**理由**を表す wh 語。理由を表す副詞として，先行詞 the reason が働いていることを「指定」します。

「彼が腹を立てた理由」となりますが，the [a] reason why ... は定型句として頭に入れておけば十分です。

関係副詞を使う必要のない先行詞

先行詞が次のものの場合，where，when などの関係副詞なしで表すことができます。that で節を導いてもいいでしょう。

(1) day，year，time（日，年，時）

(a) **I still remember the day (that) you were born.**
（私はあなたが生まれた日のことをまだ覚えているよ）

(b) **The last time (that) I saw her, she looked fine.**
（最後に彼女を見たときは，元気そうでした）

▶「時」の印象が強烈な単語であるため，when がなくとも十分伝わります。

(2) everywhere など -where つきの単語，place（場所）

(a) **My sister followed me everywhere (that) I went.**
（妹は私が行くところどこにでもついてきた）

(b) **Here is the place (that) I met Emma for the first time.**
（ここは私が初めてエマに会った場所です）

▶ 先行詞に where を含む場合には where を重ねません。place も強く「場所」を印象づけるため，where がなくてもかまいません。

(3) reason（理由）

The reason (that) **they lost the game is obvious —— they made too many mistakes.**

(彼らが試合に負けた理由は明らかだよ —— 彼らはミスしすぎたんだ)

▶ reason の後続節は why がなくても，「～である理由」と間違いなく伝わります。

(4) way（方法）

I like the way (that) **he talks.** (私は彼の話し方が好きです)

▶ way を文で修飾し，「～の方法・仕方」とするときは，そのまま節をつなげてください。where，when からの類推で how（方法を示す wh 語）を使い，✕ the way how ... などとしがちですが，それは不可。how には先行詞を伴う関係副詞の使い方はありません。

独立して使う wh 語を用いた節（wh 節）

wh 語による関係代名詞・関係副詞は，先行詞と先行詞を説明する節を結びつけ，修飾関係を強固にしました。wh 語にはもう 1 つ，大変便利な使い方があります。それは「独立した節を作る」使い方。**先行詞と結びつけず，単独で節を作る使い方**です。

(a) **It's far from** where I live.
(そこは私が住んでいる場所から遠いです)

(b) **That is** when I won the speech contest.
(そのとき私はスピーチコンテストに優勝しました)

(c) **This is** why people love you.
(これがあなたがみんなに好かれている理由です)

(d) **This is exactly** what I wanted for my birthday.
(これはまさに私が誕生日に欲しかったものです)

(e) **This is** how I solved the problem.
(これが私がその問題を解決したやり方です)

こうした wh 語の使い方を，本書では「wh 節」と呼んでいます。作り方は単純。「wh 節」について詳しくは p.282 で解説しましょう。

FACT 3 複雑な関係詞の文

関係詞を使った節のポイントは，先行詞と後続節の空所を組み合わせることにあります。空所を適切に作ることができれば，かなり複雑な修飾も可能です。

173

(a) **This is the movie that Ken says is just awesome.**
これはケンが本当にすごいと言っている映画です。

(b) **The keys that my mother thought I lost were in her bag.**
私がなくしたと母が思っていた鍵は，母のバッグの中にありました。

(c) **The people I really wanted to be at my party can't come.**
私が本当に来てほしいと思っていた人たちが，パーティに来ることができないのです。

どこに空所があるのかを見きわめて，先行詞と組み合わせます。

組み合わせ

(a) **This is the movie that Ken says [ ] is just awesome.**

関係代名詞 that の後ろはレポート文「**say ＋ 節**」（～だと言う）の形（→ p.47）。節内の is の主語がありません。ここが空所となり，先行詞 the movie と組み合わされます。「本当にすごいとケンが言っている映画」となります。

組み合わせ

(b) **The keys that my mother thought I lost [ ] were in her bag.**

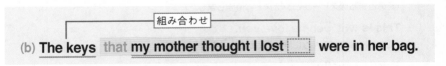

関係名詞 that の後ろはレポート文「**think ＋ 節**」（～だと思う）という形。節内の lost（なくした）の目的語が空所。「私がなくしたと母が思っていた鍵」となります。

組み合わせ

(c) **The people I really wanted [ ] to be at my party can't come.**

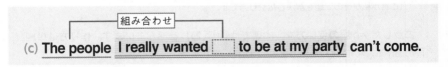

目的語説明型「**want ~ to ...** 」（～に…してほしい）の「～（＝目的語）」が空所。「私が来てほしいと思っていた人々」となります。

ここまで作ることができれば，ネイティブ・スピーカー並みですよ。がんばって。

FACT 4 カンマで情報を追加する

関係詞にはカンマをつけて使う使い方があります。これまで学習してきたカンマがつかない形と明らかな意味の違いがあり，注意が必要です。

❶ 制限用法と非制限用法

174

(a) My brother Jeff, who is a chef, lives in Newcastle.
兄のジェフは，シェフをしているのですが，ニューキャッスルに住んでいます。

🔍 **The woman who lives next door is an artist.**
（隣に住んでいる女性は芸術家です）

最初に，これまで学んできた**カンマがつかない使い方**の「意味」を詳しく説明しておきましょう。🔍の文で，話し手は The woman（その女性）と述べたとき，誰を指しているのかが十分明確ではないと考えています。そこで「隣に住んでいる（女性）」と説明しています。つまりカンマがつかない関係詞は，先行詞が何を指しているのかを積極的に「**絞り込む**」ために使われているのです（**制限用法**）。

カンマつき（追加情報）

一方，**カンマがつく形**はそれと大きく異なり，「**追加の情報を加える**」ところにその意図があります。上のカンマつきの文で，Jeff と言えば 1 人の人に決まります。誰を指しているのか，もう説明を加える必要はありません。ここではジェフについて，「彼はシェフなのだけれど」と追加情報を文中に盛り込んでいるのです。日本語で「ちなみに［ところで］（彼はシェフなのだけれど）」と言うことがありますね。そうした表現によく似ています。実際，by the way（ところで）をつけることも頻繁にあります。

(b) My brother Jeff, who is a chef by the way, lives in Newcastle.
兄のジェフは，ちなみに彼はシェフをしているのですが，ニューキャッスルに住んでいます。

カンマつきのこの形は，先行詞を絞り込むわけではないので「**非制限用法**」と呼ばれます。Jeff など**固有名詞に追加説明**を行う際には，この形が必須です。

制限用法と非制限用法を使い分けてみよう

制限用法と非制限用法を理解したところで，次の２つの文を見てみましょう。「She（彼女）」の家族構成に違いがあることがわかりますか？

(a) She has a son who is a college student.

(b) She has a son, who is a college student.

(a) は「大学生である息子が１人」。どういった息子が１人いるのかについて説明を加えているところから「ほかにも（大学生ではない）息子がいるんだな」が強く類推される文となっています。一方 (b) の中心となるメッセージは，She has a son（彼女には息子が１人います）であり，**who 以下は a son についての追加情報**です。つまり「彼女には息子が１人いて，大学生なのです」と，下線部の情報を追加しています。この場合，彼女の息子は１人だけということになりますね。息子が１人であることを明確に伝えたいなら (b) の形がおすすめです。

カンマの意味

非制限用法で使われるカンマには大きな意味があります。英語では文のある要素に追加情報を加えるとき，それが「ねじ込まれた」ことを示すために**カンマでくくる**ことが非常に頻繁にあるからです。

▶ **Barbara Chang, the hotel manager, greeted us personally.**
(バーバラ・チャンは，ホテルマネージャーなのだが，直々に私たちに挨拶にきた)

人物に付加情報を与えていますね。非制限用法もまったく同じニュアンスなのです。発音の際もねじ込んでいることがよくわかるようにカンマの前後を空けて発音します。

❷ 非制限用法：さまざまな関係詞とともに

175

(a) **Jim, who speaks French, works as a tourist guide.**
ジムは，フランス語を話すのですが，旅行ガイドをしています。

(b) **We stayed at the Grand Hotel, which some friends recommended to us.**
私たちはグランドホテルに泊まりました。何人かの友だちが私たちに勧めてくれたところです。

(c) **Amy, whose last name is Tanaka, was born in Canada.**
エイミーは，姓は田中ですが，カナダで生まれました。

(d) **I'm going to spend two weeks in New York, where my brother lives.**
私はニューヨークに２週間滞在する予定です。そこには兄が住んでいます。

関係詞のほとんどは非制限用法で使うことができます。作り方は今までとまったく同じ。注釈を加えたい先行詞を関係詞で受け，空所と組み合わせるように作るだけ。この形には「ジム，この人はフランス語を話すのですが」「グランドホテルに泊まりました。そこはね，何人かの友だちが私たちに勧めてくれたところです」と，関係詞でしっかり先行詞を「受ける」感触があります。「しっかり受けてから注釈を加える」という意識で作ってください。

非制限用法が使えない場合

非制限用法は，関係詞に that を使うとき，また関係詞を省略するときには使えません。

× **We stayed at the Grand Hotel, that some friends recommended to us.**

× **We stayed at the Grand Hotel, some friends recommended to us.**

→ 関係詞の省略

カンマによって文が１度断絶されるため，続けるには「ガッチリ」と先行詞を受ける関係詞が必要です。that は先行詞を節に「導く」だけの働き。先行詞をしっかり受けることはできません。

❸ whichを使った非制限用法のバリエーション

176

(a) **This camera, for which I paid 500 dollars, doesn't work!**
このカメラ，私はそれに500ドル支払ったのですが，動きません！

(b) **We looked at two apartments, both of which were excellent.**
私たちは2軒のアパートを見ましたが，その両方ともがすばらしいものでした。

制限用法であまり使われないwhichですが，カンマつきの文では頻繁に使われます。**(a)** は「前置詞を関係詞の前に置く形」で非制限用法が使われています。

(b) はapartmentsをwhichで受け，**both of which**「その両方」という数量を表す形になっています。このほか，**half of which**（その半分），**neither of which**（そのどちらも～ない），**none of which**（そのどれも～ない）などもよく使われます。また先行詞が人なら，**some of whom**（そのうちの何人か）などの形にします。

(c) **Bach had twenty children, some of whom became composers.**
バッハには20人の子どもがいて，その何人かは作曲家になった。

❹ 先行文の内容を受けるwhich

177

(a) **She is hardworking, which he is not.**
彼女は努力家だが，彼はそうではない。

(b) **I had to play the piano in front of the whole school, which made me nervous.**
私は全校生徒の前でピアノを演奏しなくてはなりませんでしたが，ドキドキでした。

(c) **My dad is cooking dinner, which doesn't happen very often.**
父が夕食を作っているが，それはそんなによくあることではない。

非制限用法のwhichは大変自由度が高く，先行する表現や文内容全体を受けることができます。**(a)** はhardworkingを受けて「彼はそうではなかった」，**(b)(c)** は先行の文全体を受けて，**(b)**「それ（＝I had to play the piano in front of the whole school）はドキドキでした」，**(c)**「それ（＝My dad is cooking dinner）はそんなによくあることではない」となります。大変便利で頻度も高い使い方です。こうした表現を駆使することができたなら，ノンネイティブ・スピーカーとしては相当な実力です。ぜひマスターしてくださいね。

パッケージ表現としての節／（that 節・if / whether 節・wh 節とその使い方）

第12回

ここで取り上げる3種類の節,「that節」「if/whether節」「wh節」は，文のさまざまな場所で使える，大変便利な要素です。まず解説動画（第12回）を視聴して，この3つの節の機能と使い方を確認しましょう。みなさんの表現力を支える非常に重要なテクニックだということが，きっとわかりますよ。

「同じ形」が文中で名詞や修飾語などさまざまな機能を果たす―― to 不定詞，動詞 -ing 形，過去分詞といったパッケージ表現（→ p.164，188，204）の本質はそこにあります。同じようにパッケージ表現として使えるものには，もう 1 種類,「節」があります。

that 節・if / whether 節・wh 節

節とは，主語・動詞を備え，文としての体裁をもつ「小さな文」のこと（→ p.7)。ここでは文の部品として使われる that 節・if / whether 節・wh 節のそれぞれの性質について，詳しく説明しておきましょう。

❶ that 節

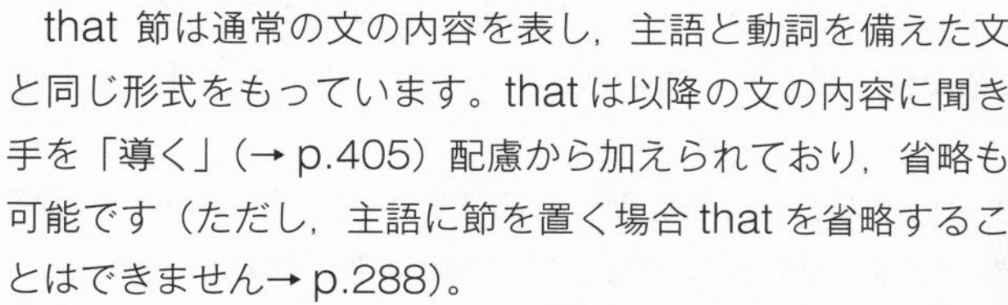

that 節は通常の文の内容を表し，主語と動詞を備えた文と同じ形式をもっています。that は以降の文の内容に聞き手を「導く」（→ p.405）配慮から加えられており，省略も可能です（ただし，主語に節を置く場合 that を省略することはできません→ p.288)。

I think (that) he is a fantastic player.
彼はすばらしい選手だと私は思います。

この文は think（思う）の後ろに that 節を置き，説明を展開する「説明ルール」の文です。

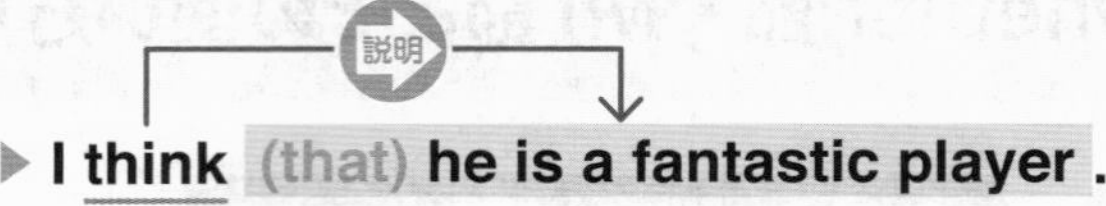

▶ I think (that) he is a fantastic player .

that はこのほかにも，文の内容の説明が必要とされるさまざまなケースで使われます（→ p.405）。

❷ if / whether 節

if / whether（～かどうか）は，二者択一を表す接続詞です。節の先頭に置いて，「～をするかどうか」など，二択を表す節を if / whether 節と呼びます。

> **I haven't heard if they're coming.**
> 彼らが来るかどうかは聞いていない。

この文は heard の後ろに if / whether 節を置き，「～かどうか（聞いていない）」と展開しています。同じ文の形であっても，節の種類を変えることでさまざまな表現のバリエーションを生むことができるのです。

▶ I haven't heard if they're coming .

❸ wh 節

おそらくみなさんは，「wh 節」という用語を初めて耳にするはずですが，英語を効率的に理解し，もっと楽に使いこなすためにはとても有効な考え方です。ぜひ取り入れてください。

wh 節は what や who，how など wh 語を使った節ですが，疑問詞を使った疑問文（wh 疑問文）とは異なります。**wh 語に後続しているのは平叙文の形**。疑問文ではありません。

【wh 疑問文】 **What does he have?** （彼は何をもっているのですか）
【wh 節】 **what he has** （彼が何をもっている〈のか〉）

wh 疑問文は相手に何かを尋ねる独立した文であり，**疑問文の形**（下線部）を含みますが，**wh 節**の**平叙文**には，相手に尋ねる意識はまるでありません。単に「何をもっている（のか）」です。I don't know what he has. のように，**文に組み込んで初めて意味をなす「部品」**なのです。

> (a) **I don't know where she lives.**
> 彼女がどこに住んでいるのかわからない。
> (b) **Can you tell me where Tokyo Station is?**
> 東京駅はどこか教えていただけますか。

(a) は know（知っている）の後ろに wh 節を置いた「説明ルール」の文です。「I don't know：知らない」の説明が「**where she lives**：彼女がどこに住んでいるのか」になっています。wh 節はこのように「**文の部品**」として使われるのです。wh 節は文の単なる部品ですから，疑問文に組み込むことも，もちろん可能です。(b) は「Can you tell me ... ?：教えていただくことはできますか？」という疑問文であり，「where Tokyo Station is：東京駅がどこにあるのか」には**疑問の意図がない**ことに注意しましょう。「Can you tell me your address?：住所を教えてくれますか」と同じように，単に名詞を使った場合と変わりません。

> (c) **He asked me where I live.** 彼は私がどこに住んでいるのかを尋ねた。
> (d) **It's far from where I live.** そこは私が住んでいる場所から遠いです。
> (e) **That is where I live.** それが私の住んでいる場所です。

wh 節は「**文の内容として解釈される場合**」と「**名詞**」として解釈される場合があります。(c) は asked me の内容ですから，「私がどこに住んでいるのか」と**文的**に，(d) には from がありますから，「私が住んでいる場所」と**名詞的**に解釈するのが適当でしょう。(e) も地図を指さしている状況と考えれば，「場所」が優勢な解釈でしょう。ただみなさんは「この場合，どちらの解釈なのか」と頭を悩ませる必要はありません。「どこに住んでいるのか」と

パッケージ表現としての節

「住んでいる場所」は**本質的に同じこと**を意味しており，どちらを意味しているのか特定できない場合も頻繁にあります。みなさんは「**文的・名詞的どちらに使ってもよい。どちらでも文脈に応じて解釈すればいい**」と考えておけばよいのです。

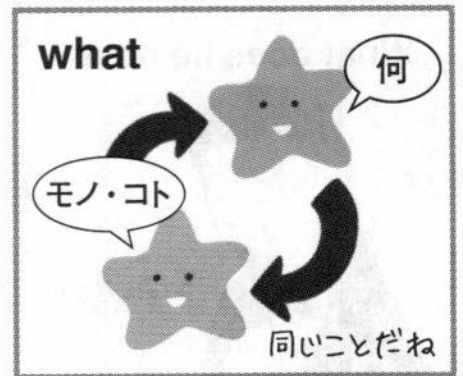

▶ wh 節での日本語訳例

	文的に	名詞的に
where	どこで〜する（のか）	〜する場所
when	いつ〜する（のか）	〜するとき
why	なぜ〜する（のか）	〜する理由
how	どのように〜する（のか）	〜する手段・方法
what	何を（が）〜する（のか）	〜するモノ・こと

この中で what を使った wh 節は，文的に用いれば「何を（が）〜するのか」，名詞的に用いれば「〜するモノ・〜すること」を表し，大変広く使うことができます。

(f) **He asked me** what I wanted for my birthday.
彼は私が誕生日に何が欲しいのか尋ねた。

(g) **This is exactly** what I wanted for my birthday.
これはまさに私が誕生日に欲しかったものです。

(g) は「これ」と指している状況を考えれば，「欲しかったもの（新しいシャープペンシルなど）」となります。次のような例にも慣れておきましょう。

(h) What is cheap **is not always bad.**
（安いものがいつも悪いと限ったわけではない）

(i) **I love who you are, not** what you have.
（私が愛しているのはあなたの人となりであって，あなたが持っているものではない）

次は「こと」の例です。こちらも頻繁に使われます。

(j) What he told me **was a lie.** （彼が私に言ったことはうそだった）

最後に，方法を示す wh 語として日常よく使われる how も確認しておきましょう。「〜する手段・方法」としたいときに× the way how ... としないことが注意点でしたね（→ p.275）。

(k) **I asked her how she had solved the problem.**
私は彼女にどのようにその問題を解決したのか尋ねた。

(l) **This is how I solved the problem.**
これが私が問題を解決したやり方です。

Vocabulary 注意すべき wh 節

□ wh 語 + ever

whatever	：～するものは何でも
whichever	：～するどちら［どれ］（どちらの［どの］…）でも
wherever	：～するところはどこでも
whenever	：～するときはいつでも
whoever	：～する人は誰でも

▶ ever は「いつの時点をとっても（→ p.81）」という使い方をすでに学んでいます。この単語の意味の中心は相手に「どれでもいいよ」と選択を委ねるところにあります。

wh 語と結びつくと，whatever（何でも），wherever（どこでも）など，選択の自由を強調した表現になります。whatever/whichever の後ろに名詞を続けて（どんな…でも）／（どの…でも）と表現することもできます。

(a) **You can eat whatever you like.** （何でも好きなものを食べていいよ）

(b) **Ask me whatever questions you have.** （どんな質問でもあれば聞いてよ）

(c) **Please choose whichever you need.** （どれでも必要なものを選んでください）

(d) **I'll take you wherever you want to go.** （あなたが行きたいところならどこにでも連れていくよ）

(e) **I'll be here for you whenever you need me.** （あなたが私を必要なときはいつでもそばにいてあげるよ）

▶「wh 語 ＋ ever」は，**譲歩**を表す際にもよく使われます。
「**どんな～でも，（依然として）～だ**」ということ。

whoever ：誰を［が］～しても **whatever**：何を［が］～しても **however** ＋形容詞／副詞：どんなに～でも	**whichever** ：どちら［どれ］（どちらの［どの］…］）を［が］～しても **wherever** ：どこへ～しても **whenever** ：いつ～しても

(f) **Whoever I play against, I must win the next match.** （対戦する相手が誰でも，私は次の試合に勝たなければなりません）

(g) Whatever I say, he won't agree with me.
(私が何を言おうとも，彼は私に賛成しないでしょう)

(h) However hard I tried, I couldn't think of a good idea.
(どんなに一生懸命頑張っても，よい考えを思いつきませんでした)

▶ (h) の however は「程度」。hard の程度を表現しているため，その直後に hard が置かれています。

□ no matter + wh 語 (どんなに～でも)

▶ 譲歩の「wh 語 + ever」と同様に使われるのがこの「no matter + wh 語」。matter は「重要だ」ということ。It doesn't matter. は「重要ではない=どうだっていいよ」ということ。ここからこのフレーズの意味はすぐに理解できますね。「**どんなに～でも（重要じゃないよ／変わらないよ）**」ということですね。

(a) No matter what I do, my parents never seem to be satisfied.
(私が何をしても，両親は決して満足しているようには見えません)

(b) No matter how hard I try, I just can't get the hang of it.
(どんなに一生懸命やっても，私にはコツがまったくわかりません)

(c) No matter where you go, I will follow you.
(あなたがどこへ行っても，私はついて行きます)

次はフレーズ化した例です。丸ごと覚えてください。

□ what we call [what is called] / what we may[might] call (いわゆる～)

▶「**みんなが呼ぶ (call) ところの**」「**一般に呼ばれているところの**」ということ。

This story is what is called an urban legend.
(この話はいわゆる都市伝説だ)

▶ what we call (what is called) は，すでに世間でその言い回しが十分定着している場合に使います。what we may[might] call は「～と呼んでもいいかもしれないね」と，自分がそう思ったというニュアンスです。

□ what ＋主語＋ is / what ＋主語＋ was [used to be] (主語が現在そうである／過去にそうであった状況)

My hometown today is different from what it was 15 years ago.
(今では私の故郷は 15 年前とは違っている)

□ **what is worse** （さらに悪いことには）

▶ worse は bad の比較級。

My bike got a flat tire, and what was worse, it started to rain. （自転車がパンクして，さらに悪いことに雨が降りだした）

□ **what is more** （その上，さらに）

It's the best dish on the menu, and what is more, it's cheap. （それはメニューの中で一番の料理で，その上安い）

□ **what with ～ and ...** （～やら…やらで）

What with the final exams coming soon, and being busy with club activities, I have too much to do this week. （期末テストはもうすぐだし，クラブ活動は忙しいし，私は今週，やることが多すぎる）

節が使われる場所

that 節・if / whether 節・wh 節は，文中で置かれる場所に応じてさまざまな役割を演じます。代表的なケースをマスターしておきましょう。

❶ 主語の位置での節（主語の位置に置けば主語として働く）

(a) That you remembered my birthday **makes me happy.**
（あなたが私の誕生日を覚えていてくれてうれしい）

(b) That he survived the accident **is a miracle.**
（彼がその事故で助かったのは奇跡だ）

注意	**●主語として使われている that 節では that を省略することはできません。** That he is a tourist **is clear.**（彼が旅行者であるのは明らかだ） × He is a tourist **is clear.** ▶ That なしで He is a tourist ... と始めると完全な文になってしまい，そのあとに ... is clear と続けると，全体の文の形がわからなくなります。

(c) Whether I buy the racket **will depend on the price.**
（そのラケットを買うかどうかは値段によります）

(d) Whether you like it or not **isn't important.**
（あなたがそれを好きかどうかは重要ではありません）

注意	**●主語の位置で if を使うことはできません。** × **If we buy the house will depend on…** ▶ if の主要な意味は「もし」。文頭にあると「もし」がまず頭に浮かんでしまい，文意がわからなくなります。また (d) では or not が加えられていますが，これは「好きか，それともそうではないのか」とより明瞭に二択を示す工夫です。なくても文は成り立ちます。

(e) Where she lives **is a mystery.**
（彼女がどこに住んでいるのかは謎です）

(f) What the government decides **affects all of us.**
（政府が何を決定するかは私たち全員に影響を及ぼします）

(g) How you treat others **will determine how others treat you.**
（あなたがほかの人をどう扱うかが，ほかの人があなたをどう扱うかを決めるものだ）

＋プラス

●節は前置詞の目的語にもなる

節は主語の位置に置けば主語として働きます。同じように目的語の位置に置けば目的語にもなります。次の例文では前置詞の目的語として使われています。

(a) **You are lucky** in that you have many friends.
(あなたにはたくさんの友だちがいてラッキーだ) ※ that 節は in,except のみ可。

(b) **Your success depends** on whether you make the right decision.
(あなたの成功は正しい決断をするかどうかにかかっています)

(c) **The quality of a presentation depends** on how well you prepare.
(プレゼンテーションの質はどれだけしっかりと準備するかによります)

❷ 説明語句として用いる節

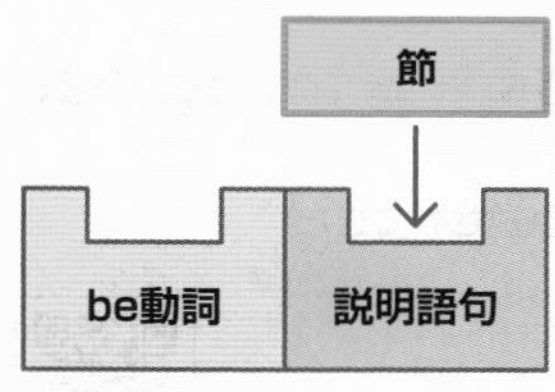

節も to 不定詞や動詞 -ing 形と同じように，be 動詞に続く説明語句・修飾語の位置に置けば，そのように機能します。

(a) **The simple fact is** that we lost the game.
(純然たる事実は，私たちが試合に負けたということです)

(b) **The question is** whether we can get tickets at this late date.
(問題は私たちがさし迫った日にちになって切符が取れるかどうかということです)

(c) **This is** where I live.
(ここが私の住んでいる場所です)

be 動詞の後ろ，説明語句の位置に節を置いて，主語を説明していますね。

パッケージ表現としての節

❸ 名詞を説明する節

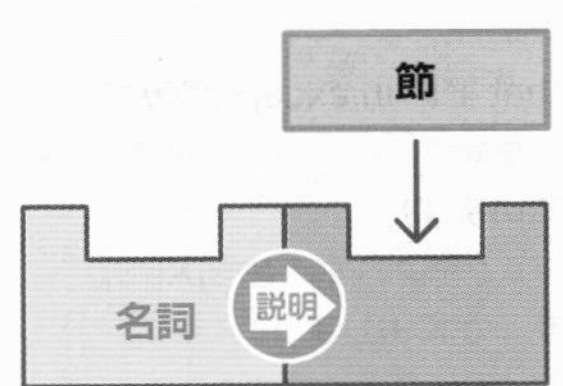

「名詞」の後ろに節（文）を並べて名詞の内容を説明する，説明ルールの形。次の **(a)** は「うわさを聞いた」と述べてから，どういったうわさなのかを説明しています。前の Chapter 9 で学習した「関係節による修飾」も，名詞の後ろに節（文）を並べて説明するこの形と本質的に同じです。

(a) I heard a rumor that she is moving to Osaka.
（彼女が大阪に引っ越すといううわさを聞いた）

(b) We just got the news that my brother is getting married.
（兄が結婚するという知らせを受けたばかりです）

(c) The question whether the pyramids are tombs has been debated for centuries.
（ピラミッドが墓かどうかという問題は，何世紀にもわたって議論されてきた）

❹ 動詞句を説明する節

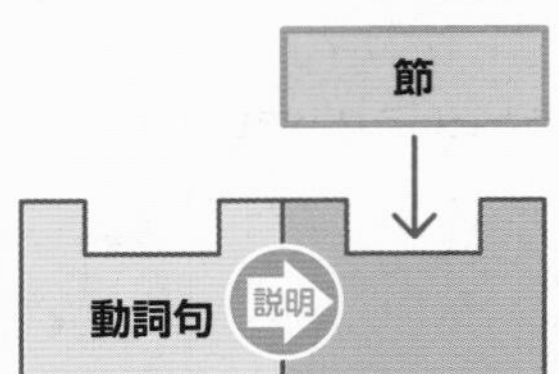

Chapter 1 の「レポート文」（→ p.47）の形です。この形は動詞句の後ろに文を並べて説明する形でした。次の **(a)** は「ケイトは言っている」と述べてからその内容を節で展開しています。レポート文は if / whether 節，wh 節でも作ることができます。

(a) Kate says that the concert starts at 12.
（ケイトはコンサートが 12 時に始まると言ってますよ）

(b) She told me that she doesn't love me anymore.
（彼女はもう僕を愛していないと言った）

(c) He asked me if I wanted to have lunch with him.
（彼は私に一緒に昼食を食べたいかどうかを尋ねた）

▶ **(c)** は asked me（私に尋ねた）の内容を「〜かどうか」で説明しています。

(d) Can you tell if this singer's autograph is real?
（この歌手のサイン，本物かどうか見分けられる？）

(e) **Everyone knows** who he is. **He's famous!**

（みんな，彼が誰なのか知ってるよ。彼は有名なんだ！）

(f) **I'm not sure** where my keys are.

（私の鍵がどこにあるのかわからない）

(g) **Could you ask** when the movie starts?

（いつ映画が始まるのか聞いてくれない？）

(h) **Does anyone know** who sings this song?

（誰がこの歌を歌っているのか知っている人はいますか）

▶ (h) は疑問文ですが，疑問の気持ちはDoes anyone know（知っている人はいますか）にあり，who 以下にはないことに注意しましょう。who sings this song「誰がこの歌を歌っている（のか）」はただの部品です。wh 節に疑問の気持ちはない——だから平叙文で構成されているのです。

Chapter 9 ● EXERCISES

1 who / whom / which のいずれかを使って，下線が引かれた２つの英文を１つの文にしましょう。ただし，同じ語を２度使うことはできません。 ▶ FACT 1

(1) John is the only student. + He catches the local bus to go to school. He doesn't live near the school bus route.
(2) The teacher is now my homeroom teacher. + I met him on the school tour.
(3) This is the book. + It has the best explanations. You should use this to help you study.

2 空所に語群から適切な語句を補い，(1) ~ (4) の英文を完成させましょう。 ▶ FACT 1

(1) She is a girl [　　　] I sent the Valentine's Day card. I can't stop thinking about her.
(2) The summer camp wasn't just for one class. There were fifty other students [　　　] I spent the week.
(3) The summer program, [　　　] my parents paid a lot of money, was well worth it. I met many interesting people and learned many new things.
(4) I cannot live without my smartphone. In daily life, there are so many situations [　　　] it is useful.

【語群】 for which / in which / to whom / with whom

3 空所に語群から適切な語句を補い，(1) ~ (3) の英文を完成させましょう。 ▶ FACT 2

(1) Christmas is the time [　　　] a lot of people have a family party. I can't wait for Christmas now.
(2) The town [　　　] I was born is very rural. There is only one small clinic in the town.
(3) I have to focus on my study, which is the reason [　　　] I cannot continue playing soccer. It is too bad, but I am sure I will play again someday.

【語群】 why / where / when

4 日本文に合うように [　　] 内の語句を並べ替えて，(1) ~ (3) の英文を完成させましょう。 ▶ FACT 3

(1) ジム，私はちょっとがっかりしています。あなたがすばらしいと言っていたあの映画はとても退屈でした。
Jim, I am a little disappointed. That movie [great / said / was / which / you] was really boring.
(2) 書道部はあなたがもっとも興味をもつだろうと思っていた部活でした。どうやら私は間違っていたようです。
The calligraphy club is the one [I / that / thought / would / you] be interested in the most. I guess I was wrong.
(3) あそこを見て。きっと金曜の夜にテレビに出ている人だよ。
Look over there. That is the man [I'm / is / on / sure / who] TV on Friday nights.

5 空所に語群から適切な語句を補い，(1) ~ (4) の英文を完成させましょう。 ▶ FACT 4

(1) Did you know Susan's grandmother, [　　　] lives in France and makes wine?

(2) The copy machine, [　　　] can also make color copies, has stopped working. So, I'm afraid that I can't give you a copy of the notes.

(3) Lyon, [　　　] my brother studied for six months, is known as the food capital of France. The restaurants are always busy and lively.

(4) That delicious cake, [　　　] we ate with our afternoon tea, was given to us by the Rogers family.

【語群】 most of which / where / which / who

6 空所に語群から適切な語句を補い，(1) ~ (4) の英文を完成させましょう。 ▶ FACT 4

(1) The school cafeteria, [　　　], serves a cheap and delicious curry and rice meal.

(2) I couldn't play in that game, [　　　], because I had a knee injury.

(3) I recommend you read this book, [　　　], because it has a surprise ending.

(4) The DVD store, [　　　], is closing down soon.

【語群】 which is in the junior high school library / which is just near the train station / which is open until 2 P.M. / which my team lost by the way

7 空所に語群から適切な語句を補い，(1) ~ (5) の会話文を完成させましょう。ただし，文頭に来る語句も小文字で始まっています。

(1) **A**: This is your room key, so [　　　] you do, do not lose it.
B: OK. I'll be really careful.

(2) **A**: What time did the librarian say we had to leave?
B: She said we can leave [　　　] we want.

(3) **A**: My younger brother is so annoying. [　　　] many times I tell him to be quiet, he keeps on being noisy.
B: I understand. All younger brothers and sisters are like that.

(4) **A**: Excuse me, Mr. Jones. Should we sit in order of student number?
B: No, that is not necessary. When we have a class in this room, you can sit [　　　] you like.

(5) **A**: Which tennis racket should I use? I like them both.
B: [　　　] one you choose, you are going to lose. I'm sorry to say that, but your opponent is ranked number one.

【語群】 however / whatever / whenever / wherever / whichever

Chapter 9 ● EXERCISES ● Answers

1 (1) John is the only student who catches the local bus to go to school.
(2) The teacher whom I met on the school tour is now my homeroom teacher.
(3) This is the book which has the best explanations.

訳 (1) ジョンは地元の路線バスで通学するただ１人の生徒です。彼はスクールバスの路線の近くに住んでいません。
(2) 私が学校説明会で出会った先生が，今の担任の先生です。
(3) これは解説がもっとも優れている本です。あなたの勉強に役立てるためにこの本を使うべきです。

2 (1) to whom (2) with whom
(3) for which (4) in which

訳 (1) 彼女は私がバレンタインカードを送った女の子です。彼女のことを考えずにはいられません。
(2) サマーキャンプは１つのクラスだけのためのものではありませんでした。ほかに一緒に１週間を過ごした 50 人の生徒がいました。
(3) そのサマープログラムには両親がたくさんのお金を払ったのですが，その価値が十分にありました。多くの興味深い人たちと出会い，たくさんの新しいことを学びました。
(4) 私はスマートフォンなしでは生活できません。日常生活でスマートフォンが役立つ場面がたくさんあるからです。

3 (1) when (2) where (3) why

訳 (1) クリスマスは，多くの人が家族でパーティーをする時です。今からクリスマスが待ちきれません。
(2) 私が生まれた町はとても田舎です。町には小さな診療所が１つしかありません。
(3) 勉強に集中しなければならないので，私はサッカーを続けることができません。とても残念ですが，きっといつかまたプレーするだろうと思っています。

4 (1) which you said was great
(2) that I thought you would
(3) who I'm sure is on

5 (1) who (2) which (3) where
(4) most of which

訳 (1) スーザンのおばあさんを知っていますか。フランスに住んでいて，ワインを作っているんですけど。
(2) コピー機が，それはカラーコピーもできるのですが，動かなくなりました。ですから，あなたにノートのコピーはお渡しできそうにありません。
(3) リヨンは兄が６か月間学んだ場所ですが，フランスの食の中心地として知られています。レストランはいつも混んでいて活気に満ちています。
(4) あのおいしいケーキは，そのほとんどを午後のお茶で食べたけど，ロジャーズさん一家からいただいたものです。

6 (1) which is open until 2 P.M.
(2) which my team lost by the way
(3) which is in the junior high school library
(4) which is just near the train station

訳 (1) 学食は２時まで開いていますが，安くておいしいカレーライスを提供しています。
(2) 私はあの試合で，ちなみに私のチームはそれに負けてしまったのですが，プレーができませんでした。ひざをケガしていたからです。
(3) 私がこの本を，それは中学校の図書室にあるのですが，読むべきだと勧めているのは，意外な結末があるからです。
(4) その DVD 店は，鉄道駅のすぐ近くにあるのですが，もうじき閉店します。

7 (1) whatever (2) whenever
(3) However (4) wherever
(5) Whichever

訳 (1) A：これはあなたの部屋の鍵です。なので，どんなことがあってもなくさないでくださいね。
B：わかりました。十分に注意します。
(2) A：図書館員は私たちが何時に退出しなければいけないと言っていましたか？
B：いつでも好きなときに退出できると言っていました。
(3) A：私の弟にはとてもイライラさせられるの。私が彼に静かにするように何回言っても，ずっとうるさくしているんです。
B：わかるよ。どの年下のきょうだいもそんなもんだよ。
(4) A：すみません，ジョーンズ先生。私たちは学籍番号の順に座るべきですか。
B：いいえ。その必要はありません。この教室で授業をするときは，どこでも好きなところに座っていいですよ。
(5) A：どのテニスラケットを使うべきかな？どちらも気に入っているんだけど。
B：どれを選んでも，君は負けることになるだろう。申し訳ないけど，君の対戦相手はランキング１位だからね。

Chapter 10

仮定法

第13回

「仮定法」は可能性の低いこと・ありえないことを仮定する表現ですが，日常会話でよく使われるとても重要な表現です。解説動画（第13回）では，仮定法の作り方だけでなく，なぜ現在のことなのに「過去形」を使うのか，なぜwouldなどを使うのか，についてお伝えします。キーワードは過去形の「距離感」ですよ。

ここが大切！

仮定法のコア

Chapter 10 で学ぶこと

「仮定法」は，通常の時表現とは異なり **「事実と異なる・可能性が低い」** こと（反事実）を表す特殊な時表現です。通常とは異なる操作が入るため，慣れるには多少の練習が必要ですが，手に入る大きな表現力を考えれば挑戦する価値が十分にあります。

通常の時表現と仮定法の文を比べてみましょう。

通常の時表現

If you win the game, I will cook you a nice dinner.
試合に勝ったら，すてきな夕食を作ってあげる。

仮定法

If you won the game, I would cook you a nice dinner.
〈勝ちはしないだろうが〉試合に勝ったら，すてきな夕食を作ってあげる。

まずは形から。仮定法では過去形が使われていることに気がついていただけましたね。「勝ったらすてきな夕食を作る」と現在の条件内容について述べているのに**過去形**が使われている──これが仮定法の特徴です。

この特殊な時表現に付随するのは，話し手の特殊な態度。日本語訳は通常の時表現と大きく変わりませんが，話し手の態度は大きく異なります。仮定法には「**実際にはそうではない（そうなりそうもない）が**」が強く響きます。「もし億万長者だったら」「もし僕が君だったら（そんなことはしないだろう）」「私が小鳥だったら」…ありえないことを述べるケースは日常頻繁にあります。そうした場合にベストな表現，それが仮定法なのです。

「現在のことについて述べるのに過去形を使う」という形式と，「実際にはそうではない」が結びつく理由は**「距離感」**です。「現実離れ」の意識が，距離を感じさせる過去形（→ p.63）によって表現されているのです。現実離れの心理と過去形の使用がピッタリとかみ合ったとき，仮定法は完全にみなさんのものとなったと言えるでしょう。

さあ，始めましょう。

仮定法の作り方：ifを使う場合

❶ 現在の状況についての仮定法

178

(a) **If you practiced more, you would be a better player.**
〈実際はあまり練習しないが〉もっと練習したら，あなたは今よりよい選手になれるのになあ。

(b) **If I were you, I wouldn't do such things.**
もし私があなただったら，そんなことはしないだろう。

現在の状況について「（実際にはそうではないが）もし～だったら」と示す形です。

現在の内容は過去形　「だろうなあ」と控え目に結ぶ

(a) **If you practiced more, you would be a better player.**

if 節内は過去形。「実際にはそうではない・現実離れ」を表現するために，本来使われるべき現在形から距離をとって過去形が使われているのです。また，後続の節で使われているのは will（だろう）の過去形 **would**。この would は「**控え目な助動詞**（→ p.127）」です。確信の強さをもつ will（だろう）を過去形にして「だろうなあ」と控え目に文を結んでいるのです。仮定法は常に控え目な助動詞を使わねばなりません。if 節ではあり得ない「もし～だったら」を仮定してるため，「いい選手になりますよ」と力強く断言するより，「～なれるでしょうね」と**控え目な過去の助動詞で結ぶ**ほうがはるかに自然だからです。

(b) の文を見てみましょう。「もし私があなただったら」とあり得ないことを仮定するため，ここは仮定法を使わなければなりません。if 節内を過去形にすることになりますが，ここで be 動詞が were になっていることに注意してください。be 動詞を仮定法で使うときには，主語が I, he, she, it や単数名詞であっても**常に were を使います**。

参考

仮定法の were：仮定法で過去の be 動詞を使う場合，単数主語であっても were が正式な形です。これは昔仮定法が特別な形をもっていた時代の名残り。現代では単数主語に was を使用することもありますが，みなさんはまず基本の were の形に慣れてください。

would, could, might

仮定法を結ぶのは，would だけではありません。控え目な助動詞の **could**（できるだろうなあ）・**might**（かもしれないなあ）も頻繁に使われます。

(a) If I had a car, I could go to many places.
（車があれば，いろいろな場所に行けるのだけど）

(b) If you smiled a bit more, you might make more friends.
（もう少し笑うようにすれば，あなたはもっと友だちを作れるかもしれないのになあ）

❷ 過去の状況についての仮定法

179

(a) **If I had studied harder, I would have got a higher score on the test.**
私がもっと一生懸命勉強してたら，テストの点数はもっとよかっただろうに。

(b) **If you had asked me, I would have helped you.**
もし私に頼んでくれたら，あなたを助けてあげたのに。

過去の状況について「（実際はそうではなかったが）もし～だったとすれば」と述べる形です。過去の内容ですが **if 節内は過去完了形**。距離をとっていく意識がここでも生きています。

「would have ＋過去分詞」は過去の出来事について「～だっただろうなあ」。「助動詞＋完了形」は以前の出来事について may have ～（～だったかもしれない），must have ～（～したにちがいない）などと述べる形でした（→ p.129）。would have ～は will have ～（～しただろう）の will を would（だろうなあ）とし，過去に起こりえた内容を控え目に述べる形になっています。

過去の内容は過去完了形　「～しただろうなあ」と控え目に

(b) **If you had asked me, I would have helped you.**

would have, could have, might have

would have ～（～だっただろうになあ）のほか，could have ～（～できたのになあ），might have ～（～かもしれなかったのになあ）も使われます。

(a) **If I had saved more money, I could have gone to Hawaii.**
（もっとお金を貯めていれば，ハワイに行けたのになあ）

(b) **If you had called me earlier, I might have been able to meet you.**
（あなたがもっと早く電話をくれれば，私はあなたに会えたかもしれなかったのに）

最後に少し高度な文をご紹介しましょう。「過去に～だったら，現在は…だろう」という例です。

(c) If you had followed my advice, you wouldn't be in trouble now.
もしあなたが私の助言に従っていたら，今困ったことにはなっていないだろうに。

if 節内は過去完了。**過去の状況**に対する仮定法です。そして後続の節は would（〈今〉～だろうなあ）と，「**今の状況**」を想像しています。ここまで自由に使うことができればすばらしいですよ。

みるみる英語が使えるようになるヒント

仮定法のリズム

if を使った仮定法は一見複雑ですが，リズムをつかめばすぐに使えるようになります。

① If ...

ここは距離をとる意識。現在の状況について「実際にはそうではない」を加えたければ，現在から距離をとり過去形へ。過去の状況なら，そこから距離をとり過去完了形へ。本来の形から過去方向に距離をとればいいだけですよ。

② 結びの節

「(現在) ～だろうなあ」なら would (could, might) ～ 。控え目に結ぶ気持ちで。「(過去に) ～だったろうなあ」なら would (could, might) have ～。やはり控え目。

距離をとって，控え目に結ぶ――それが仮定法のリズムです。さあ何度も音読をして自分のものにしてください。

距離をとって

If

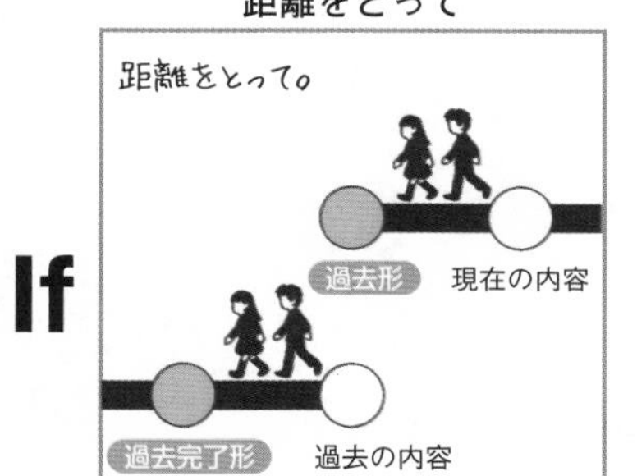

,

控え目に結ぶ

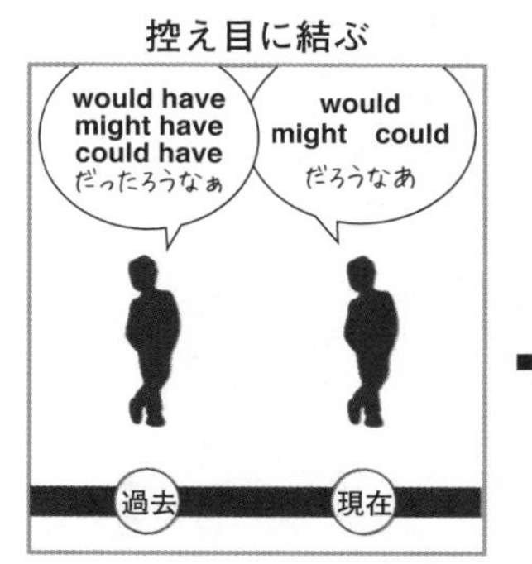

.

反事実的な願望を表す：wish

❶ 現在の状況についての願望

180

(a) **I wish I had a brother.**
〈実際はいないが〉弟がいたらなあ。

(b) **Can you play the guitar? ── I wish I could.**
あなたはギターを弾くことができますか？ ──〈実際はできないが〉できたらいいなって思います。

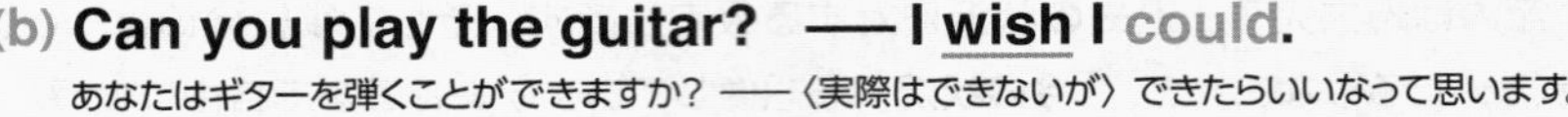

(c) **I wish I were rich.**
〈実際はそうではないが〉お金持ちだったらなあ。

wish（～であればよいのにと思う＝願う・望む）は want, hope よりも現実感が薄く，後続の節に仮定法を要求する動詞です。いつものように，距離を置くことによって「実際はそうではない」を表しましょう。

上の例文はすべて現在の状況について，事実と反する願望を抱いているため，wish に後続する節は距離をとって**過去形**を使っています。be 動詞は were となることに注意してください。

現在の内容は過去形
(a) **I wish I had a brother.**

過去の be 動詞はいつも were
(c) **I wish I were rich.**

❷ 過去の状況についての願望

181

(a) **I wish I had been kinder to her. Now she isn't talking to me.**
〈実際にはそうではなかったのだが〉彼女にもう少し優しくしておけばよかった。今，彼女は私と話をしてくれない。

(b) **I have a stomachache. I wish I hadn't eaten so much chocolate!**
おなかが痛い。〈実際には食べたのだが〉あんなにたくさんチョコレートを食べなければよかった！

wishの時点より過去の状況についての願望を表しています。実際にはやっていないことを「(過去に) ～していたらよかったのになあ」という形。主節（I wish）より過去の内容であるため，後続の節は距離をとって**過去完了形**を用います。**(b)** は後続の節が否定文なので「～していなかったらよかったのになあ」という意味になります。

過去の内容は過去完了形

(b) I wish I hadn't eaten …

if を伴わない仮定法

仮定法は必ずしも if 節を伴った「完全」な形が使われるわけではありません。**文脈から判断できれば，if 節を使う必要はない**からです。

(a) **A: I'm having problems making friends at my new school.**
(私さ，新しい学校で友だちを作るのに困っているんだ)

B: Well, I would start by joining a club.
(うーん，私ならクラブに入ることから始めるだろうね)

もちろん If I were you（私があなたなら）と加えることはできますが，その必要はありません。文脈から明らかですから。次は言外に if（もし～なら）が込められた典型例です。頻度は高く，十分に慣れておく必要があります。

(b) **Without my parents' support, I couldn't have graduated from college.**
(両親の援助がなかったら，私は大学を卒業することはできなかったろうな)

(c) **But for your help, I would have given up a long time ago.**
(君の助けがなかったら，ずいぶん前にあきらめていただろう)

(d) **Something strange is happening. Otherwise, he would not act like this.**
(何か妙なことが起こっている。そうでなければ彼がこんなふうに振る舞うわけはない)

(e) **Fifty years ago, nobody could have imagined such advances in technology.**
(50 年前なら，誰もこんな技術的進歩を想像できなかっただろう)

(f) **In my place, what would you do?**
(僕の立場なら，君はどうする？)

(g) **In your shoes, I wouldn't accept their offer.**
(あなたの立場なら，彼らの申し出は断るでしょうね)

(b) と似た形で without の代わりに **with** を使って，「～があったら…だろうなあ」を表すものもあります。(c) の but for（～がなければ）は定番フレーズ。(g) は「あなたの靴を履いているなら」，つまり「あなたがだったら」ということになります。

Vocabulary 仮定法が使われる重要表現

仮定法が使われる重要表現をマスターしましょう。

□ if only ～ （～でさえあったら）

Oh, if only Bob were here! （ああ，ボブがここにいたらなあ）

▶「こうだったらよかったのに」と残念に思う気持ちを表しています。were に注意しましょう。「実際はそうではない」が伝わってきますね（→ p.299）。

□ as if ～ （あたかも～のように）

(a) **My brother talks as if he knew everything.** （兄は何でも知っているかのように話す）

▶ as if ～は「もし～であったら (if) そうするように (as)」ということ。上の文のように仮定法が使われると「(実際は違うのに) そうであるかのように」と，反事実であることを強調します。as if 節内が主節より以前に起こっている場合，反事実であることを示すには過去完了形を用います。

(b) **He looked as if he had seen a ghost.** （彼はまるで幽霊を見たような顔をしていた）

▶ looked 以前に「あたかも見たように」ということです。

□ if it were not for ～ （～がなければ）

(a) **If it weren't for sports, my life would be pretty dull.** （スポーツがなかったら，私の生活はかなり退屈なものになっていることだろう）

▶ 過去の状況について述べるなら，if it had not been for となります。

(b) **If it hadn't been for the seat belt, I would have been badly injured.** （シートベルトがなかったら，私は大けがをしていただろう）

□ It's (high / about) time ～ （〈もう／そろそろ〉～する時間だ）

It's time we said good-bye. （お別れの時間です）

▶ ここに仮定法が使われるのは「お別れをする時間（だけどまだしていない）」という気持ちからです。

□ If … were + to 不定詞

(もし～するとしたら)

🔊 **If you were to visit Japan in early April, you'd see the beautiful cherry blossoms.**

(もし４月の初めに日本に来るなら，美しい桜を見ることができるでしょうね)

▶「これから」を表す仮定法表現です。to は「これから」でしたね（→ p.165)。「もし僕が大統領になったら」「宝くじに当たったら」など極端に低い可能性を表す使い方から，上のような可能性があるケースまでカバーする表現です。前後の文脈で話し手の気持ちを推測してください。

□ If … should ＋動詞の原形

(もし～するようなことになれば)

🔊 (a) **If you should arrive at the theater before me, just wait at the entrance.**

(もし映画館に私より先に着くようなら，入口で待っていてね)

▶こちらも「これから」について述べるときに使います。if 節に should を用いると，単に if you arrive と言うよりも可能性が下がります。should のもつ「事態の推移・プロセス（そうしたことになる)」(→ p.118) がこのニュアンスを生み出しています。日本語でも「映画館に着いたら」より「映画館に着くようなことになれば」の方が，可能性が下がりますね。if 節に should を用いる場合，主節が命令文になったり，助動詞の現在形（will など）が使われることもあります。

この形には，幾分丁寧なニュアンスが加味されることがしばしばあります。

🔊 (b) **If you should change your mind, let me know.**

(もし気が変わるようなことがあればお知らせくださいね)

▶単に「気が変わったら」ではなく，「(おそらくそんなことはないだろうけれど）気が変わるようなことがあれば」。相手の今後の状況に思いを寄せたニュアンスが漂いますね。ここでも should のもつ「事態の推移・プロセス」の意味は生きているのです。

仮定法と倒置

倒置（→ p.354）とは，主語と助動詞（be 動詞を含む）を逆転させる疑問文の形のこと。この形は文に感情的な抑揚を与える形ですが，みなさんが学習した仮定法にも── were / had / should を使った文に──しばしば使われます。

(a) Were I **you, I wouldn't do such things.** (← If I were you, I wouldn't do such things.)
(もし僕が君だったら，そんなことやらないだろうな)

(b) Had you **asked me, I would have helped you.**
(もし私に聞いてくれたら，助けてあげたのに)(← If you had asked me, I would have helped you.)

if が省略されていることに注意しましょう。これらの文は通常の if を使う文より，倒置によって文に勢いがある印象です。また，文の形が凝っていることもあり，if ... のフォーマルな言い換えとして意図されることもしばしばあります。すでに紹介した If it were not for ～ / If it had not been for ～でも使われますよ。

(c) Had it not been for **the seat belt, I would have been badly injured.**
(← If it hadn't been for the seat belt, I would have been badly injured.)
(シートベルトがなければ，私は大けがをしていただろう)

should の倒置形の例も見ておきましょう。

(d) Should you **arrive at the theater before me, just wait at the entrance.**
(← If you should arrive at the theater before me, just wait at the entrance.)
(もし映画館に私より先に着くようなら，入口で待っていてね)

should の倒置形はみなさんが将来外国のホテルに泊まったり，予約したりするときなどにしばしば目にするはずです。

(e) Should you **need to cancel, make sure you do so at least 24 hours before your arrival date.**
(キャンセルをなさりたい場合には，少なくとも到着予定日の 24 時間前までにお願いいたします)

非常に丁寧な言い方として受け取られます。should のもつ丁寧さが倒置によってさらに引き上げられているのです。

Chapter 10 ● EXERCISES

1 左右の英文を組み合わせ，意味の通る英文を５つ完成させましょう。 ▶ FACT 1

(1) If you had a lot of free time,	what kind of person would you marry?
(2) If you had to live in another country,	what would you buy?
(3) If you were rich,	what would you do?
(4) If you could live in one historical era,	where would you live?
(5) If you got married,	which would you choose?

2 [　　] 内の語句を適切な形にして，(1) ~ (5) の英文を意味が通るように完成させましょう。 ▶ FACT 1

(1) If I [not study] all last weekend, I [not pass] this exam. It was probably the most difficult test I have taken this year.

(2) If I [not go] to the training camp last year, the coach [not choose] me for the team. He is a really strict coach and wants us to train hard every week.

(3) I'm really sorry, Jim. If I [know] it was so difficult, I [not ask] you to help me.

(4) Thank you very much, Sam. If you [not help] me move the desks and chairs, I could not have finished preparing the room on time.

(5) We were all very confused about where to go. If the teacher [tell] us earlier, we might not have been late to class.

3 [　　] 内の語句を適切な形にして，(1) ~ (5) の英文を意味が通るように完成させましょう。 ▶ FACT 2

(1) My English vocabulary is quite limited. I wish I [can say] a lot more to you, but I can't right now.

(2) I really enjoy talking to you. I wish I [have] more time, but I have to go to my class in five minutes.

(3) I wish it [be] the weekend. I don't want to study anymore this week.

(4) It was the best vacation I have ever had. I wish I [can stay] there for much longer.

(5) The volunteer trip to Cambodia was amazing. However, I wish we [can do] more to help the children.

4 空所に語群から適切な語句を補い，次の会話文を完成させましょう。ただし，文頭に来る語句も小文字で始まっています。 ▶ FACT 1 FACT 2

A : I wish I [①] enough money to get the latest smartphone.

B : The latest doesn't always mean the best, though. They are really expensive too.

A : I know, but if I had one, I [②] so many different things.

B : That's true, but if you had one, you'd use it a lot. If I [③] in your shoes, I would save my money.

A: No, this is important for me. [④] one, I'd be very bored. [⑤] I had more money!

【語群】	could do / had / if only / were / without

5 空所に語群から適切な語句を補い, (1) ~ (3) の会話文を完成させましょう。ただし, 文頭に来る語句も小文字で始まっています。

(1) A : [ ] I were a little taller!
B : No. Don't say that. You are the perfect height right now.
(2) A : I am sorry to hear that you broke up with your girlfriend.
B : [ ] that weren't bad enough, the teacher changed the class seating plan, so that I am next to her.
(3) A : Dad was really angry about the car this morning, wasn't he?
B : Yes, but [ ] we got a new one. We have had so many problems with it.

【語群】	as if / if only / it is high time

6 空所に語群から適切な語句を補い, (1) ~ (5) の会話文を完成させましょう。ただし, 文頭に来る語句も小文字で始まっています。

(1) A : He has a talent for running. [ ] he wouldn't have finished the school marathon that quickly.
B : You're right. And on top of that, he's good at many other sports too.
(2) A : I have tried so many times, but I cannot understand these math problems.
B : [ ], I would go ask the teacher for extra help.
(3) A : It was hard to train yesterday because there were too many people. Something needs to change.
B : Yes, that's right. But, [ ] the sports arena, we probably wouldn't have a club at all.
(4) A : Congratulations on winning first place in the kendo championship. That's great news.
B : Thanks. However, [ ] the coach's advice, I don't think I would have done so well.
(5) A : I really admire you for training so hard for the swimming tournament.
B : Thanks. Actually, my father used to be really good at swimming. So, [ ] make the national swimming championships, he'd be very proud of me.

【語群】	if it had not been for / if it were not for / if I were in your shoes / if I were to / otherwise

Chapter 10 ● EXERCISES ● Answers

1 (1) If you had a lot of free time, what would you do?
(2) If you had to live in another country, where would you live?
(3) If you were rich, what would you buy?
(4) If you could live in one historical era, which would you choose?
(5) If you got married, what kind of person would you marry?

訳 (1) もしあなたに自由な時間がたくさんあったら，何をしますか？
(2) もしあなたが外国に住まなければならないとしたら，どこに住みますか？
(3) もしあなたがお金持ちだったら，何を買いますか？
(4) もしあなたが歴史上の１つの時代に生きるとしたら，どの時代を選びますか？
(5) もしあなたが結婚するなら，どんな人と結婚しますか？

2 (1) hadn't studied / would not have passed
(2) hadn't gone / would not have chosen
(3) had known / would not have asked
(4) hadn't helped
(5) had told

訳 (1) もし先週末ずっと勉強していなかったら，この試験に受かっていなかったでしょう。おそらく，今年受けてきた中で一番難しいテストでした。
(2) もし去年合宿に行っていなかったら，コーチは私をチームに選んでいなかったでしょう。とても厳しいコーチで，私たちに毎週一生懸命トレーニングをすることを望んでいます。
(3) ジム，本当にごめんなさい。難しかったって知っていたら，あなたに助けを求めなかったのに。
(4) ありがとう，サム。もしあなたが机とイスを運ぶのを手伝ってくれなかったら，私は時間通りにその部屋の準備を終えることができなかったでしょう。
(5) 私たちはみんなどこに行くべきかまったくわけがわかりませんでした。もし先生がもっと早く私たちに連絡していたら，授業に遅れることはなかったのに。

3 (1) could say (2) had (3) were[was]
(4) could have stayed
(5) could have done

訳 (1) 私の英語の語彙力はとても限られています。あなたにもっとたくさん話したいけど，今は無理です。
(2) あなたと話すのは本当に楽しいです。もっと時間があればいいのにと思うけど，5分後に授業に出なければいけないんです。
(3) 今が週末ならいいのに。今週はこれ以上勉強したくないよ。
(4) 今までで最高の休日でした。そこにもっと長くいられたらよかったのに。
(5) カンボジアへのボランティアツアーはすばらしいものでした。子どもたちを支援するために，もっといろいろできたらよかったのですが。

4 ① had ② could do ③ were
④ Without ⑤ If only

訳 A：最新のスマートフォンを買うのに十分なお金があったらなあ。
B：最新のものが必ずしも最良とは限らないけど。どれもずいぶん高いしね。
A：うん。だけど，もし最新モデルを持っていたら，いろんなことができるだろうね。
B：確かに。でも，もし君がそれを持っていたら，かなり使うことになると思うよ。もし僕が君の立場なら，自分のお金は貯金するだろうね。
A：いや。これは僕にとって大事なことなんだ。もしそれがなかったら，退屈しちゃうだろうし。僕にもっとお金があればなあ。

5 (1) If only (2) As if (3) it is high time

訳
(1) A：もう少し私の背が高ければなあ。
B：いや。そんなこと言わないでよ。今で十分な高さよ。
(2) A：彼女と別れたって聞いて，僕も残念だよ。
B：それではまだ運の悪さが不十分だとばかりに，先生がクラスの席替えをしたら僕は彼女の隣の席になってしまったんだ。
(3) A：お父さんは今朝，車のことで腹を立てていなかった？
B：そう。だけど，そろそろ新しい車を買うときよ。それでたくさん問題が起きていたからね。

6 (1) Otherwise (2) If I were in your shoes
(3) if it were not for
(4) if it had not been for (5) if I were to

訳
(1) A：彼は走る才能がある。もしそうでなければ，あんなに早く学校のマラソンを走り終えていないだろう。
B：その通り。それに加えて，ほかのたくさんのスポーツも得意なのよね。
(2) A：何度も挑戦したけど，これらの数学の問題が理解できないんだ。
B：もし私があなたの立場なら，先生に追加の助言をお願いするでしょう。
(3) A：人が多すぎて，昨日はトレーニングするのが難しかったよ。何か変える必要があるな。
B：ああ，そうだね。だけど，もし競技場がなかったら，たぶんクラブなんてありえないと思うよ。
(4) A：剣道の選手権で１位，おめでとう。すばらしいニュースですね。
B：ありがとうございます。しかし，もしコーチのアドバイスがなかったら，あんなにうまくいかなかったと思います。
(5) A：あなたが水泳大会のために練習をとてもがんばっていることに本当に感心しています。
B：ありがとうございます。実は，私の父は泳ぎがとても得意だったんです。もし私が水泳の全国大会に出られるなら，父は私のことを誇りに思うでしょう。

Chapter 11

否定

第14回

「～ではない」と内容を打ち消すのが「否定」。しかし英語には，日本語とは異なるルールがあります。それは「指定ルール」。解説動画（第14回）では，否定の代表語notを中心に，notの使い方，否定文の作り方についてお話しし，みなさんにマスターしてほしい「否定文は語順通りに作る」ネイティブの感覚をお伝えします。まずは，否定したいものの前にnotを置く，この基本を覚えましょう。

ここが大切!

否定のコア

Chapter 11 で学ぶこと

Chapter 11 では「否定」を扱います。否定とは,「～ではない」と内容を打ち消すことです。この chapter では,否定を表す代表的な語 not を中心に解説していきます。

1 英語の否定

(a) **I don't like carrots.**　　私はにんじんが好きではない。

(b) **This is not for sale.**　　これは売り物ではありません。

(c) **Who ate my pudding? —— Not me!**

私のプリンを食べたのは誰？—— 僕じゃないよ！

like carrots（にんじんが好き）の否定は,日本語では「にんじんが好きではない」と否定が最後に置かれますが,英語では not like carrots と前に置かれます。否定の学習でもっとも重要なのは,この「**英語の否定は常に前置き**」というルールを知り,否定文を作る練習をすることです。日本語との語順の違いは,会話で否定文を使おうとする際にもっとも大きな障壁になるからです。

 英語の否定は「指定ルール」

英語の否定が常に前置きになる理由は単純です。修飾の原則である「**指定ルール**」が働いているのです。否定表現は「そうではない」と後続を否定的な内容に指定する要素。したがって英語では前に置かれるのです。

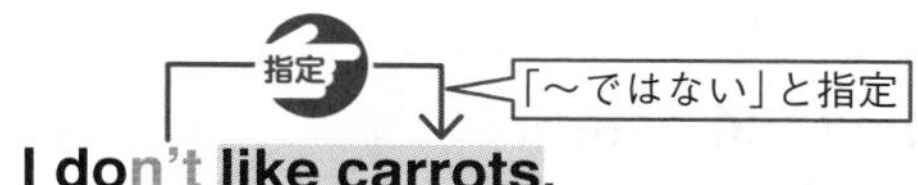

さあ始めましょう。まずしっかりと内容を理解し，そして音読を繰り返してください。notを前に置いて文を作る —— この感覚を体にたたき込んで，「否定」をマスターしていきましょう。

> not以外の否定語や，準否定語については，次のchapterを参照。
> no / nothing / neither / nor → Chapter 14
> few / little → Chapter 14
> rarely / hardly ever / seldom / never → Chapter 16

否定文の作り方

否定文の作り方の基本を説明しましょう。まず最初は**文全体**を否定する方法です。**❶ 助動詞を含む場合，❷ 一般動詞の場合，❸ be 動詞の場合**があります。

❶ 助動詞を含む場合

182

(a) **I can't play the piano.**
私はピアノが弾けません。

(b) **I won't let you down.**
あなたをガッカリはさせないよ。

助動詞を含む文では，助動詞に not を加えて動詞の前に置きます。助動詞が「時」を表すので，動詞は常に原形です。（→ p.100）

(a) **I can't play the piano.**
助動詞 +not　動詞の原形

【助動詞 +not の短縮形】

- □ **will not → won't**
- □ **must not → mustn't**　（発音に注意→ p.103）
- □ **should not → shouldn't**
- □ **cannot → can't**　（短縮されない場合，cannot と続けて綴るのが普通です）
- □ **may not →**（短縮形はほぼ使われません）

❷ 一般動詞の場合

183

(a) **Most kids don't like green peppers.**
ほとんどの子どもはピーマンが好きではない。

(b) **He doesn't speak English.**
彼は英語を話せない。

(c) **He didn't go to the concert.**
彼はコンサートには行かなかった。

助動詞を含まない一般動詞の文の場合には，助動詞 do を補って，do not（= don't）を動詞の前に置きます。現在なら (a) のように do，現在でも三人称単数の主語をもつ場合（三単現の場合）には (b) のように does，過去の場合には (c) のように did を用います。このように，do が「時」を表すので，動詞は原形です。（→ p.10 006）

(b) He doesn't speak English.

三人称・単数　動詞の原形

❸ be 動詞の場合

184

(a) I am not happy.
私は幸せではない。

(b) They weren't happy.
彼らは幸せではなかった。

be 動詞を使った文の場合，be 動詞の後ろに not を置きます。（→ p.10 006）

(a) I am not happy.

be 動詞

【be 動詞 + not の短縮形】

- ☐ **are not → aren't**
- ☐ **is not → isn't**
- ☐ **am not →**（短縮形はありません）
- ☐ **was not → wasn't**
- ☐ **were not → weren't**

また We're not（= We are not），I'm not (=I am not) など，主語と be 動詞を短縮することもできます。お好みで使ってください。

みるみる英語が
使えるようになるヒント

否定文は語順通りに作れ

英語学習の初心者は，しばしば肯定文から否定文を作り出すという誤った習慣をもっています。次のように，まず肯定文を想像して，そこに not をつけ加える「作り方」。あなたもやっていませんか？

I speak English.【肯定文】

⬇

do not を加える

⬇

I don't speak English.【否定文】

これは，文法説明としては必ずしも間違ってはいませんが，ネイティブ・スピーカーはこうしたやり方で否定文を作ってはいません。I don't speak English. と言いたいときにいちいちまず I speak English. を思い浮かべなくてはならないなら，時間がかかりすぎて会話など不可能です。

ネイティブの否定文は語順通り。I don't ...（しないよ）とまず打ち消してしまうのです。何をしないのか――否定された内容は，そのあとにゆっくり speak English とつけ加えればいいだけのこと。みなさんも練習してくださいね！

FACT 2 語句を否定する

notは文全体を否定するだけではなく，文の一部を否定することもできます。

185

(a) **Who ate my pudding? —— Not me!**
【語を否定】
私のプリンを食べたのは誰？ —— 僕じゃないよ！

(b) **This apartment is not for rent.** 【前置詞句を否定】
このアパートは賃貸用ではありません。

(c) **I was scolded for not being punctual.** 【動名詞句を否定】
私は時間に正確ではないためしかられた。

(d) **They were so happy not to lose this important match.**
【不定詞句を否定】
彼らはこの重要な試合に負けなかったことでとても喜んでいた。

(e) **He'll win not because he's the better player but because he is stronger mentally.** 【節を否定】
彼が勝つよ。彼のほうが上手な選手だっていうわけじゃなくて，精神的に強いから。

notの位置は常に否定したい語句の直前です（　　の部分が否定されています）。「**notは常にその後ろを否定する**」と考えてもいいでしょう。**(d)** では感情の原因を表すto不定詞の内容を「この重要な試合に負けなかったため」と否定しています。**notの位置は文意に大きく関わる**ので正確に配置しましょう。

(f) **He didn't try to win the match.** 彼は試合に勝とうとはしなかった。
(g) **He tried not to win the match.** 彼は試合に勝たないようにした。

(f) のnotは「試合に勝とうとした」を否定。特にがんばりはしなかったということですが，**(g)** は「試合に勝つ」を否定し「勝たないようにtryした」。プロであれば不正行為ということになります。

語順が大切：not ... any（まったく…ない）

not ... any は大変ポピュラーなフレーズです。any は選択の自由を表す限定詞（なんでもいい・どれを考えてもいい）（→ p.393）。それを not で否定して「どんな…も～ない＝まったく～ない」という意味となっています。

(a) **I don't have any friends [any money].**

（僕には誰も友だちがいない [まったくお金がない]）

実はこのフレーズは any ... not **の語順をとることはできません**。その理由がわかりますか？

(b) × **Anyone didn't believe him.**（誰も彼を信じなかった）

（正しくは **Everyone didn't believe him**.

または **No one believed him.**）

そう，この語順が不可なのは，**not が常に前置き**であり後ろを否定するからです。not ... any は any の示す選択肢すべてを not で否定することで，「まったく～ない」と意味を結ぶ表現。not の後ろに any が出てこなくては否定することができないのです。

FACT 3 「強い意味の単語」とのコンビネーション

「強い」意味をもった単語と not の組み合わせには細心の注意が必要です。語順を変えることによって大きく意味が変わるからです。

186

(a-1) **I don't really like your new car.**
君の新しい車，それほど好きではないなあ。

(a-2) **I really don't like your new car.**
君の新しい車，まったく好きではない。

(b-1) **Ken is not always on time.**
ケンはいつも時間どおりに来るとは限らない。

(b-2) **Ken is always not on time.**
ケンはいつも時間どおりには来ない。

(a) も (b) も，(1) と (2) では大きく意味が変わっていることに注意しましょう。not と，**really**（本当に），**always**（常に）といった「**強い意味の単語**」との位置関係がその原因です。not は常に後ろを否定します（　　の部分)。**強い意味の単語が否定されているかどうか**，それが意味の違いに現れています。

(a-1) では really like your new car（本当に君の車が好き）が否定され「本当に好きというわけじゃない＝それほど好きではない」。一方 (a-2) では，really は否定されていません。not が否定するのは like your new car（君の車が好き）だけ。I really ~（僕は本当にね~）と述べ，don't like your new car（君の車が好きではない)。つまり「本当に，好きではない」となります。

(b) も同じ対比です。(b-1) では always が否定され「常に～というわけではない」。そして (b-2) で否定されているのは on time（時間どおりに）だけ。「いつも，時間どおりではない」となります。

文法用語 部分否定

(a-1), (b-1) のように，強い意味の単語が否定され「**本当に・いつも・全部が～というわけではない**」といった意味になる否定を「**部分否定**」と呼ぶことがあります。

notと強い意味の単語のコンビネーションは非常によく使われます。

(c) **That's not necessarily true.**
それは必ずしも本当ではない。

(d) **Not all the students handed in their paper.**
すべての学生が論文を提出したわけではない。

(e) **Not many students failed.**
落第した学生はあまり多くない。

(f) **I don't like her very much.**
彼女のことがあまり好きではない。

どの例も強い意味の単語がnotの後ろに置かれ，「あまり・必ずしも～ない」といった一歩退いた意味となっていることに注目しましょう。

FACT 4 not のクセ

not には日本語に見られないいくつかのクセがあります。

❶「思う」の文で not を前倒し

187

(a) I don't think it's right.
私はそれが正しいとは思わない。

(b) I don't believe we've met.
私たち，お会いしたことはないと思います。

英語には「〜ではないと思う」より「〜だとは思わない」という言い方をするクセがあります。(a) は次の (c) と比べ圧倒的に自然に響きます。

(c) I think it's not right.　それは正しくないと思う。

日本語でも，「それは正しくないと思う」と「それが正しいとは思わない」は同じ意味で使いますね。言いたいことは「それは正しくない」ということですが，英語は「思わない」をはるかに優先するのです。いわば **not を前倒しにするクセ**だとも言えるでしょう。

前倒し
I don't think it's not right.
「思う」系の動詞

こうした「否定の前倒し」は **imagine**（想像する），**suppose**（〜と思う），**expect**（予期する），**seem**（見える・思える）など「思う」系の動詞で頻繁に見られます。

(d) I don't expect that they'll come.　彼らが来るとは思わない。

これらの動詞は，いわば意味が軽い動詞。think と同等の，具体的な意味をもたない動詞です。その一方で，be afraid（恐れる =［悪いことを］思う），fear（恐れる），hope（望む）などでは前倒しは行われません。例えば hope の場合，I hope ~ not「～でないことを望む」と I don't hope ～「～であることを望んでいるのではない」では大きく意味が変わってしまうからです。

Q not を前倒しすると何かいいことがあるの？

一見無意味なクセにも見えますが，実は前倒しには「いいこと」が2つあります。１つめは「**相手のスタンスが早い段階でわかる**」こと。I think / I don't think と文の冒頭を聞くだけで，肯定的な意見なのか否定的なのかが一目瞭然。その後の展開に心構えができます。

２つめは「**柔らかく発言することができる**」こと。I think it's not right. は「正しくない」がガツンと強調されてしまい，どうしてもキツい言い方となってしまうのです。強く否定したいとき英語でもこうした言い方となりますが，普通は避けたいところですよね！

❷ not は勘定に入れない（否定疑問文に対する応答）

188

(a) Do **you like your school uniform?** 自分の学校の制服は好きですか？
—— **Yes, I do.** —— 好きです。
—— **No, I don't.** —— 好きではありません。

(b) Don't **you like your school uniform?** 自分の学校の制服は好きではないの？
—— **Yes, I do.** —— 好きです。
—— **No, I don't.** —— 好きではありません。

英語では**普通の疑問文でも否定疑問文**（→ p.342）**でも答え方はまるで変わりません**。答える内容が肯定ならば Yes，否定ならば No を使います。質問に含まれる not は勘定に入れなくていい，ということなのです。

みるみる英語が使えるようになるヒント

Yes / No が日本語と逆転

日本語では「～じゃないの？」と否定を含んで尋ねられると，答え方で「はい／いいえ」が逆転してしまいます。

▶ 好きじゃないの？ （**Don't you like it ？**）
—— いや，好きだよ （—— **Yes, I do.**）
—— うん，好きじゃない （—— **No, I don't.**）

英語ははるかにシンプル。日本語に引きずられて Yes, No を逆転させないでください。

❸ not は勘定に入れない（Of course + not など）

189

(a) **You're not leaving me, right? —— Of course not!**
僕と別れたりはしないよね，そうだろ？ —— もちろん！

(b) **I didn't go to work today. —— Why not?**
今日は仕事に行かなかったんだ。 —— どうして？

(a) は Of course. で止めると，「もちろんお別れするわよ」になってしまいます。英語では応答する際に質問の not を勘定に入れないため，You are leaving me. —— Of course. と同じ受け答えになってしまうのです。別れたくないなら Of course not.（もちろん，別れません）と **not を明示する必要があります**。

(b) も同じ。Why? ではなく「なぜ行かなかったのですか？」と not を明示すること。常に相手の not を前提としないことが重要なのです。

❹ 文の代わりに使う not

190

(a) **Did you manage to get tickets for tonight's game?**
— I'm afraid not.
今夜の試合のチケットは何とか手に入った？ — 残念ながら手に入らなかったよ。

(b) **Do you think it will rain tomorrow?**
— I hope not.
明日雨が降ると思う？ — 降らないといいなあ。

(c) **Have you finished your homework yet?**
— No, not yet.
宿題はもう終わらせたの？ — ううん，まだ終えてないんだ。

(d) **The package should arrive by tomorrow. If not, you'll have to wait till Monday.**
荷物は明日までに届くはずです。そうでなければ，月曜日まで待ってもらわなくてはなりません。

前の文との重複を避けるために，同じ内容を省略し，not だけを残すテクニックです。次のようにすべてを繰り返すよりよほどスマートです。

(a) **—I'm afraid I did not manage to get tickets for tonight's game.**

参考
肯定する場合には so で受ける：前の文の内容を否定せずにそのまま受けとる場合には so を用います。

▶ **Will they win the game? — I hope so.**
（彼らは試合に勝つと思う？ — 勝つといいなあ）

Vocabulary　not を用いた重要表現

□ not ... without ～
(～なしで…しない)

One thing's for sure —— I will not give in without a fight.
(1つだけ確かなことは，私は戦いもしないで降参などしないということだ)

▶否定を意味する語が重なる表現。

□ not ... until ～
(～まで…ない)

The game is not over until the final whistle.
(最後のホイッスルが鳴るまで，試合は終わったわけじゃない)

▶until はある時点までの状態の継続を表しています。

□ It will not be long before ...
(まもなく…するだろう)

It won't be long before Dad leaves the hospital.
(まもなく父は退院するだろう)

▶父が退院するまで長い時間はかからないだろうという意味。

□ not only A but (also) B
(A だけではなく B も)

▶A と B にくる表現には，「not only 前置詞句 but 前置詞句」など，文法的に同種の要素が使われます。

(a) Hey, these chocolates are not only for you but for your sister too!
(ねえ，このチョコレート君にだけじゃなくて妹さんにもなんだけど！)

(b) He not only directed the movie but starred in it as well.
(彼は映画監督だけじゃなくて主演もしたんだよ)

(c) She is not only talented but confident.
(彼女は才能があるだけではなく自信にあふれている)

□ not A but B
(A ではなく B)

▶やはり A と B に同種の要素が使われます。

My teachers don't put me down but give me self-confidence.
(先生たちは私を縮こまらせず自信を与えてくれる)

文法用語 二重否定

not ... without ～のように，否定を意味する語が重なる表現を「**二重否定**」といいます。否定が重なることで，結果的に肯定の内容になります。

(a) It is not impossible for people to go to Mars.
（人類が火星に行くのは不可能なことではない）

(b) My uncle never comes to our house without bringing a present.
（おじはプレゼントを持たずに我が家に来ることはない→
おじは我が家に来るときは必ずプレゼントを持ってくる）

参考

not などの否定語を使わない否定表現：否定語を使わずに「～ない」という表現をすることができます。

(a) She would be the last person to say something like that.
（彼女はそんなことは絶対に言わない人だ）

「～する最後の人」ということから，「もっとも～しない人」という意味になります。

(b) The math homework was anything but easy.
（数学の宿題は簡単ではなかった）

「まったく～ではない」。but は easy を打ち消しています。

(c) We are far from finishing the work.
（私たちはまだまだその仕事が終わらない）

far from finishing で「終わらせるには程遠い → まだまだ終わらない」という意味。from を使って否定を表す表現には次の例もあります。

(d) I want to live in a place free from crime.
（犯罪のない場所で暮らしたい）

「～がない」。

Chapter 11 ● EXERCISES

1 日本語の意味に合うように，[　　] 内に適語を入れましょう。

(1) チケットは手に入らなかったのですか？
Didn't you get the tickets?
(a) いいえ，手に入りました。 [　　], I [　　].
(b) はい，手に入りませんでした。 [　　], I [　　].

(2) まもなく春が来るだろう。
It will not be [　　] [　　] spring comes.

(3) 彼女は決してウソをつかない人だ。
She would be the [　　] person to tell a lie.

(4) 私たちはまだその問題解決には程遠い。
We are [f-　　] [f-　　] solving the problem.

(5) すべての人がスポーツを好きなわけではない。
[　　] [　　] the people like sports.

(6) あなたがチャンピオンになるのは不可能なことではない。
It is [　　] [　　] for you to be the champion.

(7) 彼はいつも忙しいというわけではない。
He is [　　] [　　] busy.

2 各組の文がほぼ同じ意味になるように，[　　] に適語を入れましょう。

(1) I have no CDs.
I [　　] have [　　] CDs.

(2) Whenever my little brother takes a bath, he sings songs.
My little brother [　　] takes a bath [　　] singing songs.

(3) I want a room where there is no noise.
I want a room [　　] [　　] noise.

3 意味が通るように [　　] の語句を並べ替えて英文を完成させましょう。ただし，文頭に来る語句も小文字で始まっています。

(1) **A :** Is the story true?
B : It's [true / necessarily / not].

(2) **A :** Would you mind me sitting here?
B : [not / course / of].

(3) **A :** How was the exam yesterday?
B : It [but / anything / was / easy].

Chapter 11 ● EXERCISES ● Answers

1 (1) (a) [Yes] , I [did].
(b) [No] , I [didn't].
(2) It will not be [long] [before] spring comes.
(3) She would be the [last] person to tell a lie.
(4) We are [far] [from] solving the problem.
(5) [Not] [all] the people like sports.
(6) It is [not] [impossible] for you to be the champion.
(7) He is [not] [always] busy.

2 (1) I [don't] have [any] CDs.
(2) My little brother [never] takes a bath [without] singing songs.
(3) I want a room [free] [from] noise.

訳 (1) 私は CD を 1 枚も持っていない。
(2) 私の弟はお風呂に入るときは必ず歌を歌う。
(3) 私は騒音のない部屋がほしい。

3 (1) A: Is the story true?
B: It's [not necessarily true].
(2) A: Would you mind me sitting here?
B: [Of course not].
(3) A: How was the exam yesterday?
B: It [was anything but easy].

訳 (1) A: その話は本当なの？
B: 必ずしも本当ではないよ。
(2) A: ここに座ってもよろしいですか。
B: もちろんかまいません。
(3) A: 昨日のテストはどうだった？
B: 簡単ではなかったよ。

Chapter 12

疑問詞・疑問文

第15回

「相手に尋ねる文」が疑問文。「疑問詞・疑問文」について，解説動画（第15回）では基本的な作り方からお話ししますが，実際のコミュニケーションにおいて忘れてはならない大事なポイントをお伝えします。「教えて・知りたい」という疑問文では，なぜ「倒置」の形をとるのか。それは，話者の気持ちが動くから。キーワードは，疑問の「キモチ」と，疑問文の中の「空所」ですよ。

疑問詞・疑問文のコア

Chapter 12 で学ぶこと

疑問文とは**「相手に尋ねる文」**です。会話では特に必須となる重要な形です。このChapterでは疑問文のさまざまな形式を学習していきますが，実用上もっとも大切なのは，形式ではなく疑問の気持ちとともに疑問文を口から発することです。

(a) **Do you like it?**

(b) **You like it（↗）?**

相手に「それ，好きですか？」と聞きたい場合，**(a)** の正式な形を使わなくても，**(b)** のように知りたいという気持ちとともに相手の目を見つめながら文末のイントネーションを上げれば十分伝わります。逆に，疑問の気持ちがなければいくら正式な形を使っても，コミュニケーションとしては失敗に終わってしまうかもしれません。

実は「正式な形」の中には，疑問の気持ちが組み込まれています。疑問文の基本的な作り方を思い出して下さい。

疑問文は，助動詞（ない場合には助動詞 do を補う）や be 動詞を主語の前に送ることによって作られています。つまり本来の語順が崩され，「**倒置**」した形となっているのです。疑問の気持ちはそこに宿ります。

英語は配置のことばです。配置を変える際には強調や対照 (→ p.351) など必ず話者の意図があります。主語と助動詞／ be 動詞を倒置させるこの形は感情の動きに伴って現れる形 (→ p.354)。「教えて・知りたい」と気持ちが動く疑問文がこの形をとることは，自然なことなのです。**疑問の「キモチ」と疑問文の形**をしっかりリンクさせながら学習すれば，みなさんの疑問文はすぐに実践で使えるレベルになることでしょう。

さあ，始めましょう。

疑問詞を使った疑問文

疑問詞とは what（何），who（誰），how（どう）などの wh 語が疑問文で使われた場合の名称です。「誰が好き？」「いつ出かけたの？」など，相手から情報を引き出すタイプの疑問文を作ることができます。

	例	引き出す情報
what	**What do you like?**（何が好き？）	「何」モノなど
who	**Who do you like?**（誰が好き？）	「誰」人
which	**Which do you like?**（どちらが好き？）	「どちら」選択
when	**When are you leaving?**（いつ発つの？）	「いつ」時
where	**Where were you born?**（どこで生まれたの？）	「どこ」場所
how	**How did you do that?**（どうやってやったの？）	「どう」程度・方法
whose	**Whose is this?**（これは誰の？）	「誰の」所有
why	**Why didn't he come?**（なぜ彼は来なかったの？）	「なぜ」理由

疑問詞を使った疑問文は「穴あき」疑問文です。文に空所（□）を設けることによって，そこに当てはまる情報を求めます。

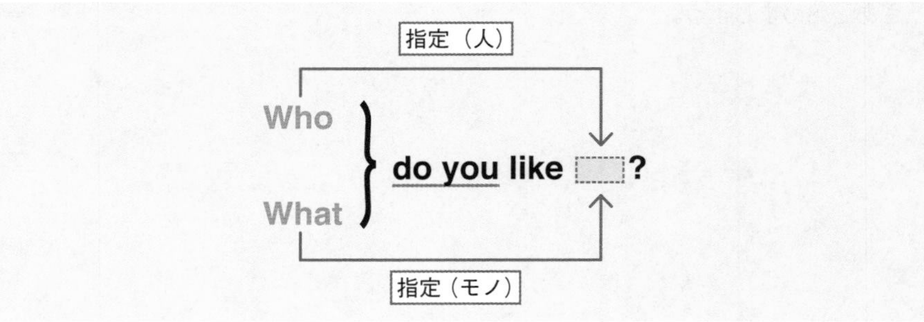

上の例文では，like（～が好き）の目的語が□であることから，そこ（好きな対象）を尋ねていることがわかります。

ここで疑問詞は空所の指定を行っています。求めている情報を指定することによって，要求している情報の種類を相手に知らせています。who は「人」指定の疑問詞ですから「誰が好きなのか」，what はモノ指定であるため「何が好きなのか」と尋ねていることになります。また文では倒置が起こっており，相手に尋ねようとする疑問の「気持ち」が表現されています。倒置がない場合は単なる wh 節（→ p.282）であり，独立した文ではなく，疑問の意味を含みません。

I don't know what you like.（君が何が好きなのかわからない）

wh 節（君が何が好き〈なのか〉）

この文の場合，what you like は wh 節で「君は何が好き（なのか）」です。

みるみる英語が使えるようになるヒント

やってみると簡単ですよ！

解説が長くなりましたが，疑問詞の疑問文を作るのはそれほど難しいことではありません。やることは ①尋ねたい情報の種類（人・モノなど）を疑問詞で示す，②疑問文形を続ける，③尋ねたい箇所は空所（ ）にする。ただそれだけのことです。それぞれのステップに注意しながら What do you like? を 10 回音読してみましょう。それだけでコツはつかめます。

参考

疑問文のイントネーション：疑問詞を使った疑問文の基本イントネーションは，文末を下げます（↘）。

▶ **What do you like（↘）?**

ただ相手の発言を反射的に聞き返す場合には，文末は上がります（↗）。

▶ **I hate you. ―― WWWhat??? What did you say（↗）?**
（私，あなたが大嫌いなの。 ―― な，なんて言った？）

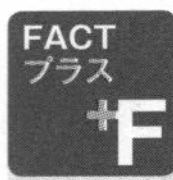

whom の使用

whom は who の目的格。疑問文では「人（目的格）」を表す疑問詞として使うことができます。ただ whom は日常語としてはほぼ使われなくなっており，Whom do you like? といった文は古くさく奇妙に感じられます。目的格であっても使われるのは圧倒的に who。それが 21 世紀の英語です。

❶ モノ・人などを尋ねる

191

(a) **What do you like? —— I like *hamachi*.**
あなたは何が好きですか？ —— ハマチが好きです。

(b) **Who did you meet? —— I met Hanako.**
あなたは誰と会いましたか？ —— 花子です。

(c) **Which do you prefer, coffee or tea? —— I prefer tea.**
コーヒーと紅茶のうちどちらが好きですか？ —— 紅茶のほうが好きです。

(d) **Whose is this car? —— It's my dad's.**
この車は誰のものですか？ —— 父のです。

疑問詞を使った基本的な疑問文は，まず疑問詞の指定→疑問文形→空所を置く，というリズムで作られています。**(a) (b) (c)** は like，meet，prefer の目的語が入る位置が空所。そこを what，who，which で尋ねています。**(d)** は be 動詞の文の説明語句が空所です。

参考

Which..., A or B? のイントネーション：(c) の Which..., A or B?（どちらが…ですか，A ですかそれとも B ですか？）は，選択を求める which でよく使われる形です。イントネーションに注意しましょう。

(c) **Which do you prefer, coffee or tea?**

❷ 時・場所・方法・理由を尋ねる

192

(a) **When do you work out? —— I work out every morning.**
いつ君はトレーニングをしているの？ —— 毎朝だよ。

(b) **Where do you live? —— I live in Urawa.**
どこに君は住んでいるの？ —— 浦和です。

(c) **How did you come here? —— I came here by car.**
どうやって君はここに来たの？ —— 車で来ました。

(d) **Why didn't you come? —— Because I had a terrible cold.**
どうして君は来なかったの？ —— ひどい風邪をひいたからだよ。

さあ，今度は時・場所・方法・理由を尋ねてみます。空所にするのは，(a) では every morning のように**時**を示す語句が入る部分です。(b) は in Urawa のように**場所**を示す語句の部分。(c) は by car のように**方法**を示す語句の部分。(d) は because ... のように**理由**を表す語句の部分。すべて修飾語句を尋ねています。

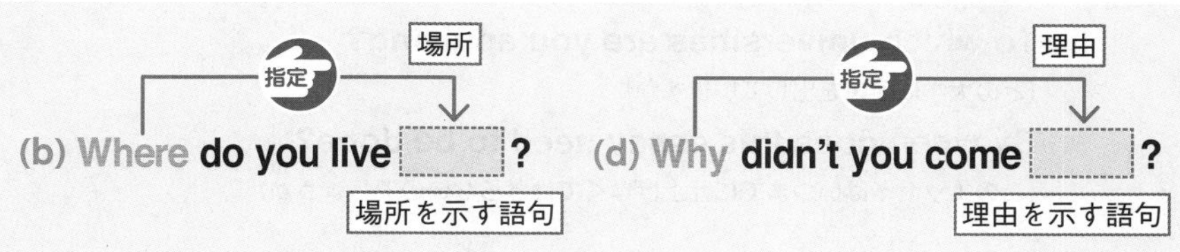

FACT プラス +F

理由を尋ねる How come ～？と What ～ for?

会話でよく使われる「理由」を尋ねるフレーズに How come ～？と What ～ for? があります。

(a) **How come you did that?** （なぜそんなことをしたの？）
(b) **What did you do that for?** （なぜそんなことをしたの？）

(a) は how come に続くのが**平叙文の形**であることに注意してください。(b) の for は「原因・理由」を表す for。直訳すると「何を理由にそんなことをしたの？」となります。これらのフレーズは，Why?（どうして？）と同じように単独で How come? / What for?（どうして？）と使うこともできます。

③ 前置詞の目的語を尋ねる

193

(a) What are you looking for? あなたは何を探しているの？
(b) Who are you talking to? あなたは誰と話しているの？

前置詞の目的語を尋ねる文です。前置詞の後ろを空所（ ）にするだけです。

(a) What are you looking for [ ]?
前置詞

FACT プラス +F 前置詞を前に繰り上げる

Chapter 9 の関係詞で，文末に残った前置詞を whom，which などの前に繰り上げる操作がありました（→ p.266）が，疑問文でもそれは可能です。

(a) To whom **did you send the email?**
（誰にそのメールを送ったのですか）

(b) To which **universities are you applying?**
（どの大学に願書を出していますか）

(c) By when **does this essay need to be done?**
（このエッセイはいつまでに仕上げなくてはならないのでしょうか）

whom は「古くさく奇妙」と述べましたが，(a) の場合，前置詞の後ろには目的格を置くため whom の使用は避けられません。ただとてもフォーマルな形であり，会話ではほとんど使われません。(b) (c) はフォーマルな感覚はありますが，会話でも自然に使うことができます。

❹ 主語を尋ねる

194

(a) Who **told you that? —— Your little brother did!**

誰があなたにそんなこと言ったんだよ？ —— 君の弟だよ！

(b) What **makes you happy? —— Studying English does.**

何があなたを幸せな気持ちにしてくれるの？ —— 英語の勉強だよ。

主語を尋ねる場合は，主語の位置に疑問詞を置くだけで疑問文の完成です。**この場合倒置が起こらない**ことに注意しましょう。主語の疑問詞は単数として取り扱います。(b) のように動詞が現在形の場合，三単現の -s がつきます。

Q 主語を尋ねるときに倒置が起こらないのはなぜ？

主語を尋ねる文は，詳しく見れば次のような形をしています。

主語を尋ねるから主語位置が空所。そこを who が「人だよ」と指定。さて，この形には主語がありません。倒置は「主語と助動詞（または be 動詞）を入れ替える」形です。主語がなければ，入れ替えることはできず倒置が起こらないのです。こうした理屈を考えるのは楽しいかもしれませんが，みなさんは特に頭に入れる必要はありません。それより主語を尋ねるこの形を何度か音読してマスターする方がはるかに大切なことですよ。

❺「大きな」疑問詞

195

(a) **How old** are you? ―― I'm seventeen (years old).
あなたは何歳ですか？ ―― 17（歳）です。

(b) **How tall** are you? ―― I'm 170 centimeters.
背はどのくらいですか？ ―― 170 センチメートルです。

(c) **How much** is this? ―― It's five dollars.
これはいくらですか？ ―― 5ドルです。

(d) **How many books** do you have? ― Too many to count!
あなたは本を何冊もっていますか？ ―― 多すぎて数えられません！

(e) **What kind of music** do you like? ―― I like rap music the best.
あなたはどんな音楽が好きですか？ ―― ラップ音楽が一番好きです。

(f) **Whose rollerblades** are those? ―― They're my brother's.
あれは誰のローラーブレードですか？ ―― 弟のです。

疑問詞は，How（どれくらい）＋ old（年をとった）＝「何歳？」など，ほかの語と自由に組み合わせることができます。「大きな疑問詞」と考えて，通常の疑問詞と同じように文頭に置いてください。

「大きな疑問詞」は (a) ～ (f) のような定番表現に限られません。ネイティブ・スピーカーはその時々の場面に即して，さまざまな「大きな疑問詞」の文を自由に作っています。次のような例もあります。

(g) **Which MP3 player out of these four** would you choose?
この 4 つのうち，どの MP3 プレーヤーを選ぶ？

❻ レポート文の内容を尋ねる

196

(a) What do you think was the cause of the accident?
あなたは何が事故の原因だったと思いますか。

少しレベルを上げましょう。上の文では think の内容を述べる節の中に空所があり，what はそこを尋ねています。

(a) What do you *think* [　] was the cause of the accident?

従属節の主語を尋ね「何が事故の原因だったと」という意味になっているのです。

(b) Who do you *suppose* was behind the fraud?
誰がその詐欺事件の背後にいたと思いますか。

(c) When do you *think* you'll get the results of the medical check-up?
いつ健康診断の結果が手に入ると思いますか。

どちらの文もやはりレポート文（→ p.47）の内容を尋ねています。(b) は「[　] was behind the fraud（誰が詐欺事件の背後にいたのか)」。(c) は「you'll get the results ... [　]（いつ結果が手に入ると)」と従属節内の「時」を尋ねています。

みるみる英語が使えるようになるヒント

音読を繰り返す！

レポート文内を尋ねる疑問文は一見複雑に見えますが，単に従属節の中に空所を置いただけで，基本は What do you like? とまったく変わりません。ネイティブなら苦労なく使いこなす形です。みなさんも音読を繰り返せばすぐに使えるようになりますよ！

疑問詞の疑問文は空所の位置に気をつける

文が複雑になればなるほど，どこに空所（　　）があるのかが重要になってきます。次の文の意味を区別してください。

(a) Who did you say called Cindy?
(b) Who did you say Cindy called?

空所の位置が変わっているのがわかりますね？ (a) は say の従属節にある主語，(b) は called の目的語が空所です。そのため (a) は「誰がシンディに電話をかけたと（君は）言ったの？」，(b) は「（君は）シンディが誰に電話をかけたと言ったの？」となります。

(a) Who did you say [　　] called Cindy?
主語
(b) Who did you say Cindy called [　　]?
目的語

従属節の主語を尋ねる場合の注意

レポート文では I think that... などのように that が使われることがありますが，**従属節の主語を尋ねる場合，この that を使うことはできません。**

▶その得体の知れない小包の中に何が入っていたと思う？
× **What do you think that [　　] was in the mysterious parcel?**
○ **What do you think [　　] was in the mysterious parcel?**

that が使われるとそれが was の主語と考えられてしまうからです。注意してくださいね。

❼ wh 語を使った聞き返し

197

(a) **I went to Estonia. —— You went where?**
私はエストニアに行きました。 —— 君はどこに行ったって？

(b) **I bought a loofah. —— You bought what?**
私はルーファ（ヘチマ）を買いました。 —— 何を買ったって？

(c) **I've been a vegetarian for 20 years.**
—— You've been a vegetarian for how long?
私はもう 20 年もベジタリアン（菜食主義者）です。 —— 何年ベジタリアンだって？

日常会話では，相手に聞き返すケースは頻繁にあります。疑問詞を使って効果的に聞き返す方法を学んでおきましょう。

聞き漏らした部分を疑問詞に変えて，オウム返しにすれば完成です。Sorry? / Excuse me? / I beg your pardon? (すみません [何て言いました？] / すみません [何て言いました？] / もう一度おっしゃっていただけますか？) といった，ポピュラーな表現よりも，**聞き取れなかった部分をピンポイントで尋ねることができる**カジュアルな表現です。

FACT 2 さまざまな疑問文

❶ 否定疑問文

198

(a) Can't you find a job? あなたは仕事を見つけられないの？

(b) Don't you love me? あなたは私のことを愛してないの？

(c) Isn't this exciting? これってワクワクしない？

意外・心外・同意を求める気持ちなど，**感情が際立つ**疑問文。「英語話せないの？」「君は学生じゃないの？」など，日本語の「～ないの？」と同じようなニュアンスです。助動詞 (can, do など) や be 動詞に not を加えれば完成です。否定疑問文への応答には注意しましょう (→ p.314)。

普通の疑問文
Do you love me? ⟶ 否定疑問文 Don't you love me?
助動詞要素に not

❷ 付加疑問文

199

(a) You speak English, don't you?
君は英語を話すよね？

(b) Lucy doesn't like him, does she?
ルーシーは彼のことを好きじゃないよね？

(c) You've been to Hawaii, haven't you?
君はハワイに行っていたのだよね？

(d) It's a beautiful day, isn't it?
すばらしい天気ですね。

付加疑問文とは，**軽い疑問「～でしょう？」**や**念押し「～ですよね？」**の意味を添える疑問文です。作り方は，①元の文を疑問文の形にして加え（肯定文なら否定疑問文／否定文なら肯定疑問文を加えます），②その疑問文は代名詞を使い，軽くします。

代名詞に
(b) Lucy doesn't like him, does she?
否定（－） → 肯定文（＋）
(d) It's a beautiful day, isn't it?
肯定文（＋） → 否定（－）

(b) の文で，加える疑問文に does Lucy? など重い名詞を繰り返したり，(d) の文で isn't it a beautiful day? といった完全な疑問文を加えたりしないようにしてください。付加疑問文は**軽いニュアンスを添える**だけ。軽く作ることにポイントがあるのです。発音の際のイントネーションにも注意しましょう。**①上昇調にすると疑問の気持ちが強くなり，②下降調になると念押しの意味が強くなります。**

でしょう？
You love me, don't you?
私のこと好きでしょう？
上昇調

ですよね？
下降調
You love me, don't you?
私のこと好きですよね？

Q なぜ肯定→否定／否定→肯定と入れ替えるの？

付加疑問文が肯定（＋）と否定（－）を入れ替えるのは，相手に選ばせているからです。(d) の It's a beautiful day, isn't it? では，「今日は晴れているよね，それともそうじゃない？」と相手に選択させています。相手に選ばせる――そこに軽い疑問や同意を求めるキモチが宿っているのですよ。

でしょ？

ちょこっとくっつける

文の最後に疑問の意味をつけ加えるのは，付加疑問文だけではありません。次の定番表現も覚えておきましょう。

(a) **You remembered to bring the key,** right?
鍵もってくるの覚えてたよね？

(b) **Get off my back,** OK?
ほっておいてくれないかな，いい？

(c) **So, you like my girlfriend,** huh?
で，君は僕の彼女が好きというわけなんだね？

(d) **That's a good idea,** don't you think?
それはいいアイデアだ，そう思わない？

(e) **Open the window,** will you?
窓開けてくれない？

(f) **Let's take a break for lunch,** shall we?
昼休みにしよう，ね？

(e) は Will you open the window? のバリエーション。より丁寧な would you?, could you?, won't you? （してくれませんか）なども同じようにつけ加えることができます。(f) の Let's ..., shall we? はもうご紹介しましたね（→ p.121 081）。ちょこっと加えるだけで，すぐに疑問文。みなさんの会話にぜひ取り入れてください。

❸ あいづち疑問文

200

(a) **I can give you a ride if you like.**
── Oh, can you? **That would be great!**
よかったら，車であなたを送りますよ。── え，そうですか？　そうしてくれたらありがたいです。

(b) **I'm a bit nervous. ── Oh,** are you?
私はちょっと緊張しています。── え，そうなの？

相手の発言を受ける疑問文です。相手の発言を軽い疑問文にして返すだけで効果的なあいづちとなります。相手にどんどん発言を促すことができる，便利なテクニック。ぜひマスターしてくださいね。

みるみる英語が使えるようになるヒント

沈黙は避ける！

会話で大切なのは「常に相手の発言に反応する」ことです。一生懸命話しているのに無反応。これほど悲しいこともありませんからね。実質的なコメントはなくても，**あいづち疑問文**や **Oh, really?**（え，本当？）**Wow!**（おお）**Great!**（すごいね）などを使えば，みなさんが興味をもって聞いていることが相手に伝わります。きっと会話は盛り上がりますよ。

Tea Break 尋ねているわけではない疑問文

疑問文の形式を取ってはいても純粋な疑問ではなく，別の意図を含んでいることが会話ではしばしばあります。たとえば，みなさんの散らかった部屋にお母さんが入ってきたとしましょう。

「どうしてこんなに部屋が散らかっているの？」

お母さんは純粋に理由を尋ねているわけではありません。

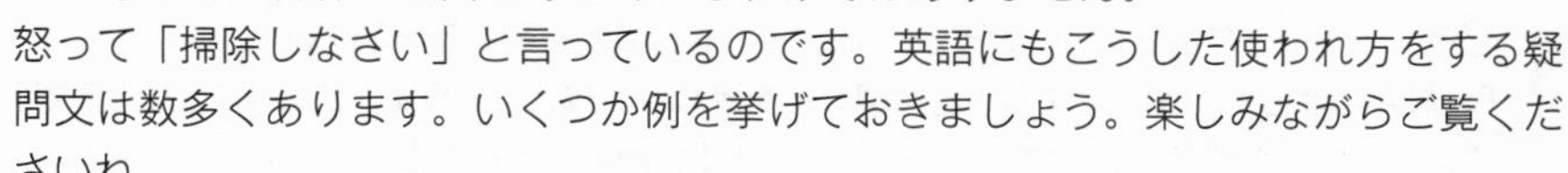

怒って「掃除しなさい」と言っているのです。英語にもこうした使われ方をする疑問文は数多くあります。いくつか例を挙げておきましょう。楽しみながらご覧くださいね。

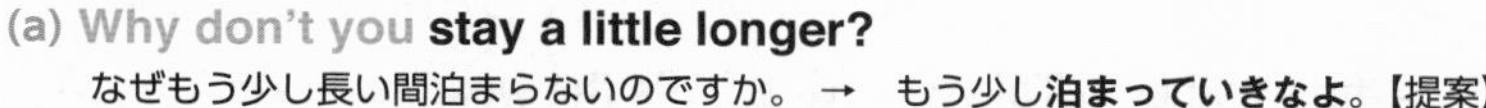

(a) Why don't you **stay a little longer?**
なぜもう少し長い間泊まらないのですか。 → もう少し**泊まっていきなよ。**【提案】

(b) Why don't we **take the kids to the zoo on Saturday?**
なぜ私たちは土曜日に子どもたちを動物園に連れて行かないのですか。
→ 土曜日に子どもたちを動物園に**連れて行こうよ。**【提案】

(c) **Let's have a picnic.** —— Why not**?** ＊
ピクニックに行こうよ。 —— **そうしよう。**【同意】

＊ Why not? は「どうして？」という意味で使われる場合もあります。

I can't go to the park today. —— Why not**?**
今日は公園に行けないんだ —— **どうして（行けないの）？**

(d) Why must you **always leave the lights on?**
なぜあなたはいつも電気をつけっぱなしにしなくてはならないのですか。
→ 電気をつけっぱなしに**しないでください**。【命令】

(e) **You need to apologize to her.** —— Why should **I?**
あなたは彼女に謝らなくちゃ。 —— なぜ私はそうすべきなのですか。 → **いやです**。【拒絶】

(f) How / What about **going for a bike ride along the river?**
川沿いにサイクリングに行くのはどうでしょう。 → 川沿いにサイクリングに**行きませんか**。【提案】

(g) Would you like **a cup of coffee?**
コーヒーお飲みになりたいですか。 → コーヒーは**いかがですか**。【提案】

(h) Who knows **who will win the election?**
選挙で誰が勝つのか，誰がわかりますか。 → 選挙で誰が勝つのか，**誰もわかりません**。【否定】

how と what

howは「どのくらい・どのように」など，程度・方法・様子を尋ねる疑問詞であり，whatは「何」とモノを尋ねる疑問詞です。この２つが近い意味で使われるケースに注意しましょう。次の２つの文の意味を区別することができますか？

(a) How**'s your mother?** (b) What**'s your mother** like**?**

(b) のlikeは（～のような）という意味の前置詞（→ p.490）なので，(a) (b) どちらも「どのよう・何のようですか」と，似た訳になります。ただし，howはあくまでも今どういった様子であるのか，どういった状態であるのかを尋ねる表現であるため，(a) は「お母さんはどんな様子ですか」と体調などを尋ねる表現となります。この場合，「元気ですよ」といった返答が適切です。一方，(b) は「お母さんはどんな人ですか」と，普段・いつもどんなふう（な人）なのか，お母さんの一般的な性質について質問しているのです。この場合，たとえば「快活な人で，いつもにこやかな人」といった答え方になります。

(c) How**'s the weather in Tokyo?** (d) What**'s the weather** like **in Tokyo?**

同様にこちらも (c) は「東京の天候は（今）どんな様子ですか？」となり，「ちょっと風が強いけど晴れていますよ」などといった答えになります。一方，(d) は「東京の天候は（一般的に）どんな様子ですか？」であり，答えは「夏は湿気が高く暑いですね」などとなります。ただこの区別はさほど厳密なものではなく (d) の文にtoday（今日）やrecently（最近）など，時を指定する表現を加えると (c) と同じように使うこともできます。

(e) **What's the weather like today in Tokyo?**
（今日の東京の天候はどんな様子ですか？）

Chapter 12 ● EXERCISES

1 日本語の意味に合うように，[　　] 内に適語を入れましょう。

(1) あなたは何か国に行ったことがありますか。
[　　] [　　] [　　] have you been to?

(2) リチャードは誰と話しているんですか。
[　　] is Richard talking [　　]?

(3) もっとお茶をお飲みになりたいですか。
[　　] [　　] [　　] some more tea?

(4) 音楽を小さくしてくれない？
Turn down the music, [　　] [　　]?

(5) 昼食にしよう，ね？
Let's have lunch, [　　] [　　]?

(6) 明日について誰がわかりますか。（誰もわかりません）
[　　] [　　] about tomorrow?

(7) なぜ私たちと一緒に来ないのですか？（一緒に来なさいよ）
[　　] [　　] [　　] come with us?

(8) あなたのクラスの雰囲気はどんな感じですか。
What's the atmosphere [　　] in your class?

(9) とても疲れています。── え，そうなの？
I'm very tired. ── Oh, [　　] [　　]?

2 意味が通るように [　　] の語句を並べ替えて英文を完成させましょう。ただし，文頭に来る語句も小文字で始まっています。

(1) **A :** [food / of / what / do / kind] you like?
B : I like Italian food the best.

(2) **A :** [prefer / you / which / do], bread or rice?
B : I prefer bread.

(3) **A :** You'd better say sorry to him.
B : [I / should / why]?

(4) **A :** [think / do / will / who / you] be the next captain?
B : I think it will be Mike.

Chapter 12 ● EXERCISES ● Answers

1 (1) [How] [many] [countries] have you been to?

(2) [Who] is Richard talking [to / with]?

(3) [Would] [you] [like] some more tea?

(4) Turn down the music, [will] [you]?

(5) Let's have lunch, [shall] [we]?

(6) [Who] [knows] about tomorrow?

(7) [Why] [don't] [you] come with us?

(8) What's the atmosphere [like] in your class?

(9) I'm very tired. —— Oh, [are] [you]?

2 (1) A: [What kind of food do] you like?
B: I like Italian food the best.

(2) A: [Which do you prefer], bread or rice?
B: I prefer bread.

(3) A: You'd better say sorry to him.
B: [Why should I]?

(4) A: [Who do you think will] be the next captain?
B: I think it will be Mike.

訳 (1) A：どんな食べ物が好きですか。
B：イタリア料理が一番好きです。
(2) A：パンとお米ではどちらが好きですか。
B：パンの方が好きです。
(3) A：彼に謝った方がいい。
B：いやです。（←なぜそうすべき？）
(4) A：次のキャプテンは誰だと思いますか。
B：マイクだと思います。

Chapter 13

強調・倒置・省略・話法など

第16回

解説動画（第16回）では，一通り英文法の学習が済んだみなさんに，次のステップとして，「生きた会話に近づくための技術」をお伝えします。会話では，話者の「感情の高まり」とともに，必要に応じてさまざまなアレンジが文に施されます。こうした例が，「強調・倒置・省略・話法など」です。特に，基本語順から「位置を動かす」，その「動機と意図」に注意して動画を視聴しましょう。

強調・倒置・省略・話法のコア

Chapter 13 で学ぶこと

みなさんはこの段階で，中学校の学習と合わせて一通り英文法の全域を見渡したことになります。この段階から少しずつ視野に入れなければならないのは，生きた会話に近づくための技術です。

会話で私たちは，常に淡々と基本通りの文を話しているわけではありません。あるときには大きな強調を与えたり，語句のコントラスト（対照）を示したり，相手にわかる部分に関しては省略したりと，必要に応じてさまざまなアレンジを文に施します。また，誰かの発言を相手に伝えたりすることも会話では頻繁に行われます。このchapterでは，そうした技術の基本を学びましょう。

このchapterで特に注目するのが，語順を崩す操作（倒置）です。英語は語順のことば。文内の位置により意味を与えられることばです。文を構成する設計図であるこの語順を動かすことは，英語においてたいへん重要な意味をもちます。

(a) **I am thirsty.**　　のどが渇いています。

(b) **Am I thirsty!**　　のど渇いたあ！

(b) の文は，be動詞が主語の前に置かれていますが，疑問文ではありません。I want something to drink right now!（今すぐ飲み物が欲しい！）などがすぐに続きそうな，大きな感情の動きが感じられる文です。前章の疑問文は，感情の動きを表すこの形の使い方の１つなのです。

基本語順からの逸脱には，常に動機と意図があります。そのバリエーションを学ぶことによって，みなさんの英語は自然なものへと大きく近づくことができるでしょう。

さあ，始めましょう。

強調

1 doによる文意の強調

201

(a) Do help yourself to tea or coffee.
どうぞご自由に紅茶やコーヒーをお召し上がりくださいね。

助動詞doによる文の強調（本当に・確かに・ぜひ）です。上の201の文は相手に「どうか遠慮なく」と強く勧めています。doをdoes, didなど，時・主語に応じて変化させ，動詞（原形）の前に置きます。**doは強く読む**ことに注意しましょう。

(b) He does support me.
動詞の原形
彼は本当に私を支えてくれているよ。

(c) He did support me.
動詞の原形
彼は本当に私を支えてくれたよ。

この形は，相手や第三者の思惑や意見を「はねのける」際によく使われます。

(d) She thinks I don't trust her. But I do trust her.
彼女は私が信頼していないと思っているようですが，私は本当に彼女を信頼しています。

みるみる英語が使えるようになるヒント

助動詞を強く発音することで文全体を強調

助動詞を強く発音することで文全体を強調することができます。これは，とてもポピュラーな手法です。

(a) Nobody thinks I can, but I WILL get into a top university.
（誰も私ができるとは思っていないけど，トップクラスの大学に絶対入るよ）

(b) We MUST finish this assignment by tomorrow, or we'll be in big trouble!
（この課題を何としても明日までに終わらせないと，とてもまずいことになるよ！）

また同じ手法をbe動詞にも使うことができます。be動詞は文をつなぐ補助的要素であるため，助動詞と同じように振る舞うことが多いのです（文頭に出して疑問文を作るところなど助動詞とソックリですね）。

(c) I wish I could be a good role model for my students.
── Hey, you ARE a good role model!
（学生のいいお手本になれればなぁと思うんだけど ── 君は実際にいいお手本だよ！）

助動詞やbe動詞がないときには上のようにdoを使う。そう考えていいでしょう。
（* 上記例文の**WILL**，**MUST**，**ARE**は強く発音することを示しています）

2 その他の強調表現

そのほかにも定番と言えるさまざまな強調表現・手法があります。

❶ 疑問詞の強調

疑問詞の直後に **on earth**, **in the world** などを置くと,「いったい」と疑問の意を強めます。

202

(a) **What on earth is that?**
いったい全体あれは何？

(b) **What in the world are you doing here?**
あなたはここでいったい何をしているの？

❷ 否定の強調

not にさまざまな語句を組み合わせて, **not ～ at all**（まったく～ない）, **not ～ in the least**（少しも～ない）, **not ～ by any means**（決して～ない）などと使うことによって否定を強調することができます。

203

(a) **She doesn't eat any meat at all.**
彼女は肉をまったく食べない。

(b) **I'm not in the least interested in action movies.**
私はアクション映画には少しも興味がない。

(c) **He is not lazy by any means.**
彼は決して怠け者ではない。

❸ 同じ語句の反復による強調

204

I've heard that excuse again and again.
その言い訳は何度も聞いた。

❹ all を使った強調

「all ＋主語＋ have [has] to do is (to) do」（〜は…しさえすればよい）。これも強調です。

205

All you have to do is pour in boiling water and wait three minutes.
熱湯を注いで３分待つだけでいい。

みなさんがすでに作ることができる強調表現——beautiful を強調して very beautiful（とても美しい），tired（疲れた）を強調して really tired（本当に疲れた）など——以外にもたくさんの言い回しがあります。学習を進めながら１つ１つ覚えていってください。

FACT 2 主語 ― 助動詞倒置

すでに疑問文でおなじみの，主語と助動詞（または be 動詞）の位置を入れ替える「主語 ― 助動詞倒置」は，感情の高まりを示します。

1 「主語 ― 助動詞倒置」の基礎

206

(a) **Am I glad to see you!**
会えてよかった！

(b) **I love banana pancakes. ―― So do I!**
私はバナナパンケーキが大好きです。―― 私もだよ！

(c) **I haven't seen his latest movie yet.**
―― Neither [Nor] have I.
私はまだ彼の最新映画を見ていません。―― 私もです（見ていません）。

(a) の文は通常の I am glad to see you.（会えてうれしく思います）と同じ意味ではありません。街角でトラブルに遭ってどうしていいのかわからないとき親友が目の前に…。そうした感極まった状況で使われる文です。常に「大きな」とは言えませんが，主語 ― 助動詞倒置には常に感情の動きが感じ取られます。文の基本設計図である配置を崩す―― それが感情の動きと連動しているのです。

相手の発言に「～もそうだよ」と述べる表現が (b) と (c) です。相手の発言が否定文のとき Neither [Nor] ～ を使います。ここでも倒置が使われていることに注意してください。Me too.（私もです）よりも相手に呼応する勢いが感じられる表現になっています。

2 否定的語句＋「主語 ― 助動詞倒置」

207

(a) **Never** have I **tasted such delicious sushi!**
こんなおいしいお寿司を私は食べたことがない！

(b) **Little** did I **know how much time this homework would take.**
この宿題がどれほど時間がかかるかなんてまったくわからなかったよ。

(c) **No sooner** had we **started the barbecue than it began to rain.**
バーベキューを始めるとすぐに雨が降り始めるんだものな。

文頭に否定的語句を置き，倒置を続けるこの形は強い感情の高揚を示す形です。(a) で I have never ～ とすれば単に「～したことがありません」ですが，Never have I ～とすることにより，強い驚きと喜びを示す文となっています。(b) は知識の欠如に焦点があります。日本語では「ああ，まったく知らなかったよ」と言いそうなところです（← I **little** knew ～）。no sooner ... than ～ は「…するとすぐに～」（(c) ← We had no sooner started ... than ～）。このフレーズを前置することによって，2つのできごとが間髪を入れず起こったことが強調されています。

否定的語句以外で倒置が起こることもあります。たとえば **only** を使った語句。下の (d) は only が after 以下を強調した例（～してやっと…）。大切なのは，**感情の動き**。否定的語句に倒置がよく見られるのは，否定的な発言は容易に感情を喚起するからにすぎないのです。

(d) **Only after thinking about the problem for a few weeks** did I **manage to find a solution.**
2，3 週間この問題について考え続けたあげく，解決策をなんとか見つけた。

FACT 3 前置

文の要素を本来の位置から前に —— 前置の操作は，特定の語句に焦点を当てる効果があります。

1 焦点・対比

208

(a) Yesterday **we had our school festival. I'll never forget it!**
昨日は私たちの学園祭だったんだ。絶対忘れないよ。

(b) At math **I'm hopeless, but** at English **I'm top of the class.**
私，数学はお手上げだけど，英語はクラストップだよ。

(a) では yesterday が本来の文末の位置から文頭へ。「昨日」に焦点が当たっています。(b) には at math, at English をそれぞれ文頭に並べることによって「対比」の意味合いが生じています。

2 it の強調構文

209

(a) It was **my little sister** that **stepped on the cat yesterday.**
昨日ネコふんじゃったのは，私の妹なんだよ。

it を使って文の一部に強い焦点を与える形です。元の文の一部を it を使って前に引っ張り出した形になっています。

【元の文】 My little sister **stepped on the cat ...**

(a) **It was** my little sister **that[who]** ☐ **stepped on the cat ...**

まず It was my little sister（妹だったんだよ）と始め，ハイライトを与えます。何が「妹だった」のかを that 以下で説明 ——「ネコふんじゃったのは，ね」（この場合空所が「人」であるため，関係代名詞と同じように who も可能です)。

同じ要領で，さまざまな要素を強調できます。

(b) **It was the cat that my little sister stepped on ☐ yesterday.**

昨日私の妹がふんじゃったのは，ネコなんだよ。

(c) **It was yesterday that my little sister stepped on the cat ☐.**

妹がネコふんじゃったのはね，昨日なんだよ。

強調構文と「it ~ that…」の見分け方

強調構文を，前置きの it を that で展開する「it ~ that ... 」(p.416) としっかり区別しましょう。

(a) **It was surprising that my little sister stepped on the cat yesterday.**
（私の妹が昨日ネコふんじゃったのは驚きだった。）

上の it ~ that ... では，下線部の節はすべての要素がそろったフルセンテンスですが，強調構文は語句を前に「引っ張り出し」ていますから，そこに空所があります。

(b) **It was my little sister that ☐ stepped on the cat yesterday.**

my little sister が収まる空所がある，それが強調構文の特徴なのです。

みるみる英語が使えるようになるヒント

強調構文 —— ネイティブの作り方

当然のことながらネイティブ・スピーカーは，「元の文」を作ってから「it を使って語句を前に出す」といったことをやっているわけではありません。単に語順通り文を作っているに過ぎません。209 (a) の文を使って説明しましょう。

① It was my little sister

まず，「私の妹だったんだよ」と主要なメッセージを言い切ってしまいます。そして何が「妹だったのか」の説明文を続けます。

② that ☐ stepped on the cat yesterday.

my little sister に対応する箇所に空所を残すことを意識するのがポイント。「昨日ネコをふんだのはね」と続けます。これだけのことです。さあ，何度か口慣らしして自分のものにしてしまいましょう。

3 感嘆文

210

(a) What a nice camera you have!
君はなんて素敵なカメラを持っているのだろう。

(b) How fast he runs!
彼はなんて速く走るのだろう。

感嘆文とは,「なんて〜なのだろう」と感動を表す形です。感動の焦点が名詞の場合 what, 形容詞・副詞の場合 how を用い, 次の語順で文を作ります(感嘆の気持ちを表すためにエクスクラメーション・マーク (!) で結びましょう)。

(a) 名詞が感動の焦点

What a nice camera you have!

What + 名詞 主 動

(b) 形容詞・副詞が感動の焦点

How fast he runs!

How + 形 / 副 主 動

みなさんならすでにお気づきのように, この語順は前置きです。a nice camera, fast が本来の位置(a nice camera は have の目的語。fast は run を説明しているのでその後ろ)から引き出され, スポットライトが当てられた形となっているのです。本来文中に埋もれてしまう要素を, 目立つ前の位置に引っ張り出すところに感動の気持ちが宿っているのです。what / how はいわばダメ押し。感嘆文であることを, 紛れもなく, クッキリと示しています。

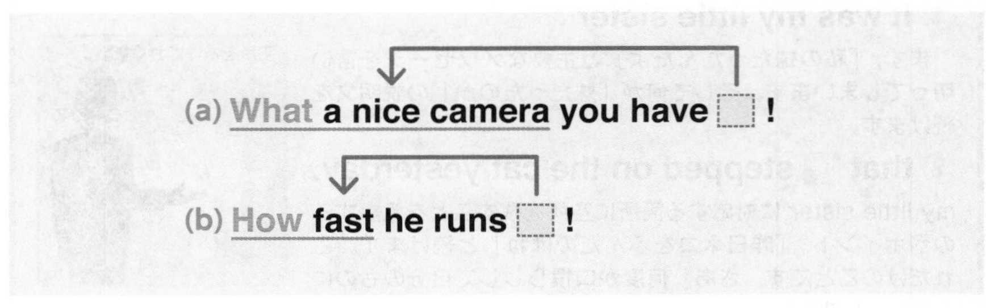

(a) What a nice camera you have !
(b) How fast he runs !

代用・省略・同格・挿入

1 代用

211

(a) **My laptop is broken, so I need to buy a new one.**
私のノートパソコンは壊れているから，新しいのを買わなくては。

(b) **My older son hardly ever watches TV, but my younger son always does.**
私の長男はほとんどテレビ見ないけど，次男の方はいつだって見てるんだよ。

繰り返しを避け，不必要な文の重さを避けるテクニックが「代用」です。(a) は名詞を受ける **one (ones)**。laptop を繰り返さないために使っています (→ p.419)。動詞句内容は **do** で代用します。(b) では watch TV を受けていますね。do so, do it, do that なども用いられます。do は主語や時を考慮して形を変える必要があります。

(c) **I didn't cheat on the test, honest! —— Nobody is saying that you did.**
私はカンニングなんてしなかった，ホントだよ！—— 誰も君がやったなんて言ってないよ。

2 省略

❶ 助動詞の後ろ

212

(a) **Who will take us to the airport?**
—— My older brother will.
誰が私たちを空港に連れて行ってくれるの？ —— 僕の兄だよ。

(b) **I've decided to study abroad next year, and my best friend has, too.**
私は来年留学することに決めたんだ。私の親友もだよ。

前後関係から十分に意味がわかるものをしばしば省略します。助動詞の後ろはその典型。前文の内容を繰り返すことなく，助動詞で終えることができます。(a) は will (take us to the airport), (b) は has (decided to study abroad next year) のカッコ内が省略されています。そのほかの省略されやすい典型的な場所を挙げておきましょう。

❷ その他の省略表現

▶ be 動詞の後ろ

Gary is late again. —— He always is (late)!

ゲイリーはまた遅刻だよ。 —— 彼はいつもだよ！

▶ 主語

前の内容と重なるあきらかな主語は，省略してもわかります。

I've been on a diet for 3 months but (I) am still overweight.

僕は３か月ダイエットしているのに，まだ体重超過。

▶ 接続詞の後ろの「主語 +be 動詞」

接続詞の後ろのわかりきった「主語 +be 動詞」も頻繁に省略が行われます。

(a) **I took some great photos while (I was) traveling around Australia.**

オーストラリアを旅行している間，すごい写真を撮ったよ。

(b) **Children, when (they are) accompanied by an adult, are allowed in the museum.**

子どもは，大人のつき添いがあるときには美術館への入場を許されている。

(c) **If (it's) possible, I'd like to change my appointment time.**

可能なら，予約の時間を変更したいのですが。

「主語 +be 動詞」を繰り返すよりも，はるかにシャープな感触がします。

▶ to 不定詞の後ろ（代不定詞）

to 不定詞の後ろも，内容がすでにあきらかな場合，省略可能です。

I'll give you a hand, if you want me to (give you a hand).

お望みでしたらお手伝いします。

if 節での省略

if 節での省略形 (上の **「主語 +be 動詞」** (c)) は非常に頻繁に使われるため，ほぼ定型表現のように感じられています。if not（そうでなければ）, if necessary（必要なら）, if any（少しでもあるとしたら）など日常頻繁に出会いますよ。

(a) **I should be there by 7, but if not, I'll call you.**
（7時には行けるはずだけど，行けなかったら電話するよ）

(b) **I bet only a handful, if any, of the students will volunteer.**
（いたとしてもごくわずかな学生しか志願しないと思うよ）

3 同格・挿入

❶ 同格

213

(a) **Ms. Murphy, the school nurse, will take good care of you.**
保健室の先生のマーフィー先生が，君の面倒をちゃんとみてくださるよ。

(b) **We heard a rumor that she was going to quit her job.**
彼女が仕事を辞めるといううわさを私たちは聞いた。

「同格」とは名詞を説明する語句を挿入すること。追加情報を盛り込みたいときに使うことのできる便利な形です。(a) では Ms. Murphy の説明を the school nurse と文の中に割り込ませています。「後ろに置けば説明となる」—— 典型的な「説明ルール」の形です。書きことばでは割り込んだことを明示するためにカンマ（,）で挟みます。

(b) のように，節を後ろに置いて名詞を説明することも可能です。やはり説明ルール。名詞の後ろに気軽にその説明となる節を置けばいいのです（→ p.290）。

that は，a rumor を「彼女が仕事を辞める」という文内容に「導く」意識で使われており省略も可能です（→ p.281）。(c) も同じような例です。この形で使われる，文内容で内容説明をしたくなる名詞の主なものは下の 参考 で確認してください。

説明
▶ a rumor (that) she was going to quit her job

(c) **I came to the conclusion (that) it was pointless discussing anything with her.**
彼女と何を話してもムダだという結論に達した。

参考

同格の that 節をとることができる主な名詞

- **思考・感情を表す**：belief（信念），feeling（感じ），conclusion（結論），idea（考え），thought（考え）
- **提案・要求を表す**：demand（要求），proposal（提案），suggestion（提案）
- **事実・情報を表す**：fact（事実），information（情報），news（知らせ），rumor（うわさ）
- **その他**：chance（見込み），possibility（可能性），plan（計画）

❷ 挿入

214

(a) **She was leaving, it turned out, to go back to her hometown.**
彼女は故郷に帰るために辞めるということがわかった。

「挿入」は文の主骨格に注釈を割り込ませる形です。やはりカンマでくくり，割り込みを明示します。本来の位置に置く場合と比べてみましょう。

(b) **It turned out that she was leaving to go back to her hometown.** 【本来の位置】

(b) では文の大きな力点は「わかった」に置かれます。一方 (a) の挿入句では，「故郷に帰るために辞める」が主たるメッセージであり，it turned out は単なるつけ足しのニュアンスとなります。このあたりの呼吸は日本語と同じです。

挿入は気軽なテクニックです。さまざまな表現が挿入されますよ。

(c) **Everyone advised me to sell my car. I decided, however, that it would be better to keep it.**
みんな僕に車を売るように勧めたよ。だけど僕は持っている方がいいだろうと決めたんだ。

(d) **Your performance today was, to be honest, pretty terrible.**
今日の君のパフォーマンスは，まあ正直に言って，かなりひどいものだったよ。

(e) **Flamenco, for example, is extremely popular in Japan.**
フラメンコは，たとえばの話，日本でものすごく人気があります。

(f) **FC Barcelona is, I think, the best soccer team in the world.**
FC バルセロナは，私が思うに，世界で最高のサッカーチームだよ。

FACT 5 話法

「明日はテストだと先生が言っていたよ」―― 人の発言を別の人にレポートする（伝える）ことは日常頻繁にあります。その方法（話法）を学び，上手に伝える，それがここでの学習事項です。

1 直接話法・間接話法

215

(a) She said to me, "I love you." 【直接話法】
彼女は「あなたが好きです」と僕に言った。

(b) She told me she loved me. 【間接話法】
彼女は僕が好きだって言ってたよ。

(a) は，「直接話法」と呼ばれ，カンマ (,) 引用符（" " / ' '）で実際の発言をそのまま引用します。一方，発言をそのまま使わず発言者の立場で言い換えるのが **(b)** の「間接話法」です。間接話法では，動詞句を節で説明する「レポート文（→ p.47)」の形が基本です。

(b) の文では話し手は彼女の I love you. という発言を「自分の立場から言い換え」ていることに注意しましょう。彼女の発言の「私 (I)」は，話し手の立場からすれば「彼女 (she)」であり，「you（あなた）」は発言者本人「私 (me)」となります。また，彼女の発言は過去のものですから，その内容も過去（時制の一致）となり，loved とならねばなりません。発言そのままではなく，自分の現在の立場から再構成する―― それが間接話法で最も大切なことなのです。

みるみる英語が使えるようになるヒント

直接話法の形

直接話法で発言を引用する場合，主語と動詞を後ろ置きにすることもできます。また主語と動詞を倒置する形もポピュラーです。代名詞はふつう倒置の形をとりません。

"Let's have a party," Tom said / said Tom. (× said he)

2 間接話法の注意点：時制の一致

216

(a) **He said, "It's rainy."** ➡ (a') **He said it was rainy.**
彼は「雨が降っている」と言った。　彼は，雨が降っていると言った。

(b) **He said, "It will be rainy."** ➡ (b') **He said it would be rainy.**
彼は「雨になるだろう」と言った。　彼は，雨になるだろうと言った。

(c) **He said, "It was rainy."** ➡ (c') **He said it had been rainy.**
彼は「雨だった」と言った。　彼は，雨だったと言った。

発言内容を間接話法で正しく述べるには，時制の一致を意識する必要があります。**(a')**，**(b')** では主節の動詞が過去であるため，発言内容も過去。it was / would be rainy となります。**(c')** では，said の時点よりも前のことを言っているため，過去完了形が選ばれています。

3 間接話法の注意点：登場人物を変える

217

(a) **My dad said, "I'll lend you the money."**
父は「君にお金を貸してあげるよ」と言った。

➡ (a') **My dad said he would lend me the money.**
父は，私にお金を貸してくれると言った。

間接話法では常に「話し手の立場」から発言内容が再構成されます。父親は話し手に話しかけているのですから，父親の発言内容の I は話し手からみれば my dad (=he) となり，また you は me となります。発言内の登場人物は適宜，変える必要があるのです。

4 間接話法の注意点：場所・時間表現に注意

218

(a) **My brother called from Paris and said, "I'm leaving here tomorrow."**
兄はパリから電話をかけてきて「ここを明日出発するよ」って言いました。

➡ (a') **My brother called from Paris and said he was leaving there the next day.**
兄はパリから電話をかけてきて，そこを次の日出発すると言いました。

間接話法では here, tomorrow といった，発言の場所・時に依存する表現にも注意が必要です。上の文で my brother が「ここ・明日」と言ったとしても話し手にとって「ここ・明日」とは限りません。この場合 **here** を **there**（そこ）と言い換え，**tomorrow** を **the next day**（その次の日）／ **the following day**（その翌日）などと言い換えます。もちろん話し手にとっても「ここ・明日」ならそのまま here, tomorrow を使うことができますよ。同様に言い換えが必要になる語句には次のものがあります。「言い換えが必要かも」と心の片隅に置いておいてください。

Vocabulary 言い換えが必要な語句

- □ **this**（これ） ➡ **that**（あれ）
- □ **now**（今） ➡ **then**（そのとき）
- □ **ago**（前） ➡ **before / earlier**（それ以前に）
- □ **today**（今日） ➡ **that day**（その日）
- □ **yesterday**（昨日） ➡ **the day before / the previous day**（前日）
- □ **next week**（次週） ➡ **the next week**（その次の週）**/ the following week**（その翌週）

ago は話し手の現在からさかのぼる単語（「（今から）～前」）です（→ p.83）。

(b) **The secretary said, "The principal left his office about an hour ago."**
秘書は「校長先生は 1 時間ほど前に校長室を出られました」と言っていました。
➡ (b') **The secretary said the principal had left his office about an hour before / earlier (×ago).**

(b) では，秘書にとっての現在から見て「1 時間前」ですから ago。一方，(b') では，話し手にとっては「今から 1 時間前」ではないため ago は使えません。

5 間接話法の注意点：主節動詞と文の形の選び方

219

(a) **Lucy said, "I am thrilled."**
ルーシーは「私，わくわくしてるわ」と言った。
➡ (a') **Lucy said she was thrilled.**
ルーシーは，自分がわくわくしていると言った。

(b) **Ken said to me, "I am ready."**
ケンは私に「準備ができたよ」と言った。
➡ (b') **Ken told me he was ready.**
ケンは私に，準備ができたと言った。

(c) She said to me, "Do you like the movie?"
彼女は私に「その映画は好きですか」と言った。
➡ **(c') She asked me if [whether] I liked the movie.**
彼女は私に，その映画が好きかどうか尋ねた。

(d) She said to me, "Where do you live?"
彼女は私に「どこに住んでいるのですか」と言った。
➡ **(d') She asked me where I lived.**
彼女は私に，どこに住んでいるのか尋ねた。

(e) My mom said to me, "Be back by ten."
母は私に「10 時までに帰りなさい」と言った。
➡ **(e') My mom told me to be back by ten.**
母は私に，10 時までに帰るように言った。

(f) I said, "Let's try again."
私は「もう一度やってみよう」と言った。
➡ **(f') I suggested we (should) try again.**
私は，もう一度やってみることを提案した。

間接話法は，実際の発言がどういったものであったのかによってさまざまな形を取ります。特に汎用性が高いのはこれらの形です。

(a): 単に「言った」と言いたいなら「**say ＋ (that) 節**」を使いましょう。

(b):「～に言った」と人を含めたいなら「**tell ＋人＋ (that) 節**」を使います。「said to ＋人＋ (that) 節」はほぼ使われません。tell の方がコンパクトに表現することができるからでしょう。

(c), (d): 発言は疑問文です。say ではなく ask（尋ねる）を使います。yes / no で答える普通疑問文なら「**ask（＋人）＋ if / whether 節**（～かどうかを尋ねる）」，疑問詞を使った疑問文なら「**ask（＋人）＋ wh 節**（→ p.283）」。(d) で where 以下が平叙文であることを確認しましょう。「どこに住んでいる（のか）」―― 疑問の意味を含まないため平叙文の形となっています。

(e): 命令文の場合は「**tell ＋人＋ to 不定詞**（→ p.39）」。「人に～するように言う」となり，命令文の意味合いを写し取ることができます。命令文であっても Please... といった懇願であれば「**ask ＋人＋ to 不定詞**」（人に～するように頼む）がいいでしょう。また，禁止の命令（Don't ...）なら，次のように not を使った形にします。

The librarian said to us, "Don't eat in the library."
その司書は私たちに「図書館で食べものを食べてはいけません」と言った。

➡ **The librarian told us not to eat in the library.**

(f): Let's ～（～しよう）なら,「**suggest ＋節**」（提案する）の形（→ p.119）が使えます。suggest は「～してみたら」を表す気軽な動詞です。しっかりとした提案を述べたいなら propose（提案する）でもかまいません。

発言内容中の複数の文をand thatでしっかり導く

(a) **He said, "I am tired, and I want to go to bed soon."**
（彼は「疲れているのですぐに寝たい」と言った）

(b) **He said (that) he was tired, and that he wanted to go to bed soon.**
（彼は，疲れているのですぐに寝たいと言った）

(a) を間接話法 (b) で言い換える場合，動詞 said の直後の that は頻繁に省略されますが，発言内容中の and には that を続けて and that とするのが原則です。that は「間違いなく・明確に」動詞と後続の節をつなぐ語でしたね（→ p.47）。and that とすることで，そのあとの節も said の発言内容であることをはっきり示すことができるのです。

(b) **He said (that) he was tired, and that he wanted to go to bed soon.**

一方，and だけの場合「彼は疲れていると言い，そしてすぐに寝たがった」という意味になってしまいます。(c)

(c) **He said (that) he was tired, and he wanted to go to bed soon.**

but や or も同様。that の有無で意味が変わります。

(d) **He said (that) he was tired, but that he still had to study.**
（彼は，疲れているけれどまだ勉強しなくてはならないと言った）

(e) **He said (that) he was tired, but he still had to study.**
（彼は疲れていると言ったが，まだ勉強しなくてはならなかった）

本来自由な間接話法

直接話法と間接話法，いかがでしたか？ 注意点がいくつもあり，いささか憂うつになった人もいるかもしれません。ただ，落ち着いて考えてみれば日本語で私たちが無意識のうちにやっていることとほとんど変わりません。要は，音読練習を繰り返せば，自然に身についていくということです。

実は，これまで紹介した形は「絶対のルール」ではありません。間接話法は「話し手の立場からの再構成」です。誰かの発言をどう再構成するのか，それは話し手に委ねられているのです。たとえば節を使わなくてもかまいません。

(a) **She said to me, "I love you."** 彼女は私に「好きです」と言った。

➡ (a') **She confessed her love to me.** 彼女が僕に愛を告白した。

(b) **She said to me, "Where is he?"**
彼女は私に「彼はどこにいるの？」と尋ねた。

➡ (b') **She asked me of his whereabouts.**
彼女は私に彼の居どころを尋ねた。

また命令文に「tell + 人 + to 不定詞」を使わなくてはならないわけでもありません。

(c) **My teammates said to me, "Do your best."**
僕のチームメイトは「最善を尽くせ」と僕に言った。

(d) **The teacher said to us, "Study hard for the test."**
先生は私たちに「テストに向けがんばって勉強しなさい」と言った。

私ならこの２つは，状況を汲み取って次のように言い換えます。

(c') **My teammates encouraged me to do my best.**
僕のチームメイトは最善を尽くすよう励ましてくれた。

(d') **The teacher advised us to study hard for the test.**
先生は私たちにテストに向けがんばって勉強するようにアドバイスしてくれた。

間接話法は臨機応変。ここで学んだ基本型を理解したら，あとは自由に広げていけばいいのですよ。

Chapter 13 ● EXERCISES

1 日本語の意味に合うように，[　　] に適語を入れましょう。

(1) 私はそんなにおもしろい男にあったことがない。
Never [　　] [　　] met such a funny man!

(2) 可能なら明日は一日休暇を取りたいのですが。
[　　] [　　], I'd like to take a day off tomorrow.

(3) 彼女はいったい何をしているのですか？
What [　　] [　　] is she doing?

2 各組の文がほぼ同じ意味になるように，[　　] に適語を入れましょう。

(1) They said, "You're very kind."
They said that I [　　] very kind.

(2) Ken said to me, "My uncle bought me a digital camera."
Ken told me that [　　] uncle [　　] [　　] him a digital camera.

(3) My sister said to me, "I will go shopping tomorrow."
My sister [　　] me that [　　] [　　] go shopping [　　] [　　] day.

(4) The man said to us, "We arrived here two hours ago."
The man [　　] us that [　　] [　　] [　　] there two hours [　　].

(5) Tom said to the girl, "Where is your mother?"
Tom [　　] the girl where [　　] [　　] [　　].

3 日本語の意味に合うように，[　　] の語句を並べ替えて英文を完成させましょう。ただし，文頭に来る語句も小文字で始まっています。

(1) 私は彼女に，一緒に来るかどうかたずねた。
I [come / asked / would / her / she / whether] with me.

(2) ケイトは何と優しい女の子なのだろう！（1語不要）
[a / is / kind girl / what / Kate / how]!

(3) あなたはそこで私を待っているだけでいいです。
[to / do / have / is / you / all] wait for me there.

4 意味が通るように [　　] の語句を並べ替えて英文を完成させましょう。ただし，文頭に来る語句も小文字で始まっています。

(1) **A :** I love chocolate cake!
B : [I / do / so]!

(2) **A :** I haven't seen him lately.
B : [I / have / neither].

Chapter 13 ● EXERCISES ● Answers

1 **(1)** Never [have] [I] met such a funny man!

(2) [If] [possible], I'd like to take a day off tomorrow.

(3) What [on] [earth] is she doing?

2 **(1)** They said that I [was] very kind.

(2) Ken told me that [his] uncle [had] [bought] him a digital camera.

(3) My sister [told] me that [she] [would] go shopping [the] [following / next] day.

(4) The man [told] us that [they] [had] [arrived] there two hours [before / earlier].

(5) Tom [asked] the girl where [her] [mother] [was].

訳 **(1)** 私がとても親切だと彼らは言った。
(2) ケンは叔父がデジカメを買ってくれたと私に言った。
(3) 私の姉は翌日買い物に行くと私に言った。
(4) その男性は，彼らは２時間前に到着したと私たちに言った。
(5) トムはその少女に彼女のお母さんがどこにいるのか尋ねた。

3 **(1)** I [asked her whether she would come] with me.

(2) [What a kind girl Kate is]! (how 不要)

(3) [All you have to do is] wait for me there.

4 **(1)** **A:** I love chocolate cake!
B: [So do I]!

(2) **A:** I haven't seen him lately.
B: [Neither have I]!

訳 **(1)** **A :** チョコレートケーキが大好きです！
B : 私もです！
(2) **A :** 最近彼に会っていません。
B : 私もです。

Chapter 14

名詞

第17回

簡単そうなのに扱いが難しい。それが，人やモノなどを表す「名詞」です。日本語と異なり，英語は「モノの表現」にとても神経質。「それがどういったモノなのか」を具体的に示すため，ネイティブは「可算か不可算か」「単数か複数か」「限定詞」の3点を明確に区別します。解説動画（第17回）を視聴して彼らの「意識」がわかれば，みなさんの目標である「自然な英語を話す」に近づけますよ。

ここが大切！
名詞のコア

Chapter 14で学ぶこと

名詞は人・モノなどを表す表現です。Ken（人）やpen（モノ）—— 簡単に思えますが，英語上級者から見れば，名詞ほど扱いが難しい表現もないのです。

×I have pen. 私はペンを持っている。

日本人には何の違和感もないこの文は，まったく英語らしく感じられません。英語は**モノの表現**に大変神経質なことばです。「ただpenではなく，もう少し詳しく教えてほしい」—— それが，こうした文を見たネイティブ・スピーカーの平均的な感想です。モノについて述べるとき，彼らは次の3点を明確に区別します。

1 可算か不可算か

まず行われるのは，「数えられるモノか・数えられないモノか」の区別です。

dogやcatには形があり「1匹・2匹」と数えることができますが，wineやcheese，loveなどには固有の形がなく，数えることができません。どうしてこんな区別を？—— 誰もが最初は不思議に思うはずですが，慣れてくれば大変便利に感じられる区別です。

2 単数か複数か

数えることができる場合，次に行われるのは「単数（1 つ）・複数（2 つ以上）」の区別です。数えることがそもそもできない場合，この区別は当然ありません。

単数

複数

3 限定詞

名詞には，**冠詞**（a / an, the）や some，any あるいは one，two，many などの**数量表現**，さらに this, that などの**指示表現**がしばしば加えられ，その場の状況で名詞が何を意味しているのかを詳しく指定していきます。こうした表現は「**限定詞**」とまとめて呼ばれています。

(a) I want to have a dog.
私は犬を飼いたい。

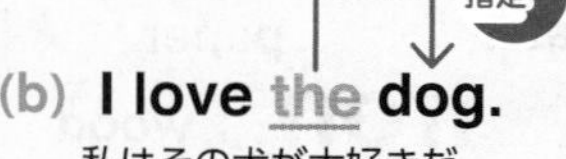

(b) I love the dog.
私はその犬が大好きだ。

a / an は「**ほかにいくつもある中の 1 つ**」。ただ単に「犬を飼いたい」という場合，その犬は特定の犬ではありません。そこで a / an の指定が入るのです。一方，the は「**特定の 1 つに決まる**」。**(b)** は特定の犬 —— 隣のポチなど —— が好きであることを意味しています。

限定詞は常に「**名詞の前**」に置かれます。その理由は「**指定ルール**」。名詞の内容を「ほかにもある中の 1 つ」「特定の」とあらかじめ指定する機能を持つため，常に前に置かれるのです。

日本語と比べると，英語は名詞について神経質なまでに「それがどういったモノなのか」を具体的に示すことばです。私たちが慣れるには時間がかかりますし，たとえ間違えても意味は（なんとなく）伝わりますからそれほど心配する必要はありません。ですが，みなさんの目標は「自然な英語を話す」ことにあるはずです。それなら，この chapter で詳しく学んでおきましょう。読み終われば，複雑に感じられた名詞の扱いが逆に，「これは便利！」と思えるようになるはずです。

FACT 1 可算名詞・不可算名詞

❶ 可算名詞と不可算名詞［基本］

220

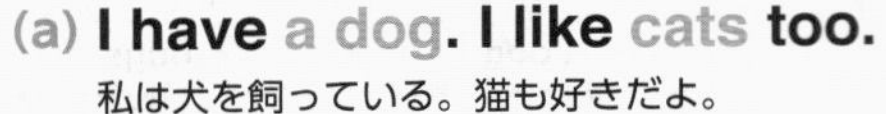

(a) **I have a dog. I like cats too.**
私は犬を飼っている。猫も好きだよ。

(b) **My parents have wine every weekend.**
私の両親は毎週末ワインを飲む。

(a) は数えられる名詞（可算名詞），(b) は数えられない名詞（不可算名詞）の例です。可算名詞には単数形（dog）と複数形（cats）がありますが，不可算名詞は複数形になることはありません（wine は常に wine）。

どのような名詞が可算・不可算なのかという基準は，「**決まった形があるかどうか**」です。

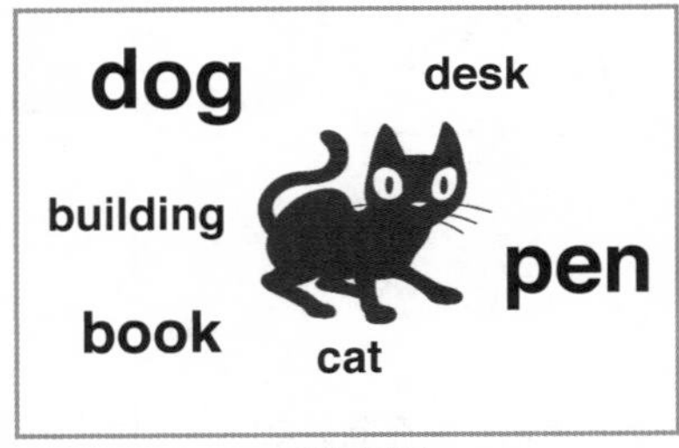

可算名詞

不可算名詞

dog や desk は可算名詞。明確な形があります。その一方，oil（油），water（水），coffee（コーヒー）などの液体や sugar（砂糖）などとても細かいものが集まった不定形なもの，paper（紙：コピー用紙になったり障子になったりします），wood（木：樹木ではなく，材料としての「木」），iron（鉄）など材質・材料にも決まった形はなく不可算名詞となります。bread（パン）や cheese も不可算。作る際の型枠によって，どのようにも形は変わります。 このほか，air（空気），smoke（煙），meat（肉），soup（スープ），rain（雨），snow（雪），salt（塩），gold（金）なども不可算名詞。理由はもうおわかりですね。

可算名詞と不可算名詞を文中で使うときの注意事項を整理しましょう。

可算名詞・不可算名詞：使用上の注意

A 不可算名詞は a / an がつかない・複数形になることもない

可算名詞（dog）	不可算名詞（water）
I have a dog / dogs.	×**I have a water / waters.**

▶数えられることを前提とした複数形や a / an（～の 1 つ）は不可算名詞には使うことができません。

B「多い」「少ない」の表し方が異なる

可算名詞（dog）	不可算名詞（water）
I have many dogs. （多くの） **I have a few dogs.** （数匹の）	**I have much water.** （たくさんの） **I have a little water.** （少しの）

▶ many と a few は「(数が) 多い・少ない」を意味するので可算名詞に，much と a little は「(量が) 多い・少ない」を意味するため不可算名詞に使われます。a lot of [lots of] や plenty of（たくさんの）など，両者共通に使えるものもあります。

C 単数の可算名詞は裸（限定詞なし）では使われない

可算名詞（dog）	不可算名詞（water）
×**I have dog.** （**a dog, the dog, my dog, this dog** などのように限定表現を必ず伴う）	**I have water.**

▶なかなか理解しづらいルールです。もう少し話が進んでから説明しましょう (→ p.386)。

Vocabulary 可算・不可算を間違えやすい名詞

☐ **furniture** (家具)・**luggage** 〈英〉/ **baggage** 〈米〉(手荷物)・**machinery** (機械類)

どの単語も不可算です。それは決まった形がないから。furniture にはイス・机など，さまざまなものが含まれます。つまり決まった形がないのです。bag や suitcase は数えられますが「手荷物」はその総称。やはり形はありません。machine（機械）は数えられますが，machinery は「機械類」全体を表すためやはり不可算。さあ，だんだんと区別のコツがわかってきましたか。

☐ **money** (お金)

coin（硬貨），bill（紙幣）は形があるため可算ですが，「お金そのもの」は目に見えない抽象的な概念なのです。よって money は不可算。

☐ **information** (情報)・**advice** (助言)・**news** (ニュース)・**evidence** (証拠)

これらの単語はすべて「情報」の類です。形がないため不可算となります。

❷ 不可算名詞の「数え方」

221

(a) **Could I have** a cup of **coffee?**
コーヒーを 1 杯いただけますか。

(b) Two glasses of **water, please.**
水を 2 杯お願いします。

(c) **You ate** four pieces of **cake!?**
あなたはケーキを 4 つも食べたの!?

不可算名詞は直接数えることができません。「水 1 杯」のように具体的な数量を述べたいときは，**容器や形状・量・重さの単位でカウント**してください。

(a) a glass of **wine / water / milk**
(1 杯のワイン／水／ミルク)

(b) a cup of **coffee / tea**
(1 杯のコーヒー／紅茶)

(c) a bowl of **soup**
(1 杯のスープ)

(d) a slice of **bread**
(1 枚のパン)

(e) a piece of **cheese / cake**
(1 切れのチーズ／ケーキ)

(f) a spoonful of **sugar**
(スプーン 1 杯の砂糖)

(g) a pound [kilo] of **sugar**
(1 ポンド・1 キロの砂糖)

(h) a gallon [liter] of **gasoline / water**
(1 ガロン・1 リットルのガソリン／水)

＊複数の場合 two glass<u>es</u> of wine のように単位を複数にします。

この中でもっとも多くのものに用いられるフレーズは (e) の **a piece of**。「全体から取り出された一部分」という意味で，slice（スライスしたもの），sheet（シート状になったもの）などと違い，形の制限がないため幅広く使えるのです。例えば，a piece of paper（1 枚の紙），a piece of chocolate（チョコレート 1 つ）など，大変便利に使うことができます。

a piece of {
information / advice / news / evidence
(情報) (助言) (ニュース) (証拠)
luggage [baggage] / furniture
(手荷物) (家具)

みるみる英語が使えるようになるヒント

「数え方」は常識に従う

たくさんの表現が出てきましたが，常識を働かせれば丸暗記の必要はありません。水はグラスで飲み，コーヒーはカップで飲むから a glass of water や，a cup of coffee です。ワインはボトルに入っているから a bottle of wine。また water なら必ず glass というわけでもありません。たとえば料理で水を計量するときには cup を使うため 2½ cups of water per 2 cups of rice（2 カップのお米に対して 2½ カップの水）などとなります。常識が大切なのです。

Tea Break 可算・不可算の両方の性質をもつ名詞

どちらにも使える名詞は数多くある

実は，すべての名詞が可算名詞と不可算名詞にきっちり分かれるわけではありません。むしろその逆で，多くの名詞は状況に応じて使い分けられており，可算・不可算の区別を行わない私たちにとって大きなハードルとなっています。次の例では onion（タマネギ）が 2 通りに使われています。意味の違いがわかりますか？

(1) (a) **I bought an onion.** 【可算】
（タマネギを 1 つ買った）

(b) **There is too much onion in this soup.** 【不可算】
（このスープはタマネギが多すぎる）

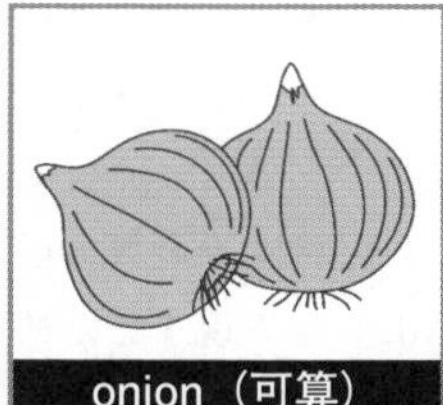
onion（可算）

onion（不可算）

可算・不可算を分ける基準は「**決まった形があるかどうか**」でした。可算で使われた onion はコロコロとした形を持ったタマネギ。一方，不可算の onion は「形がない」，つまり刻まれたり，煮溶けたりしていることになります。

別の例を見てみましょう。

(2) I had chicken (✕ a chicken) for dinner.　（夕食に鶏肉を食べた）

ここで可算の a chicken を使うと「形ある鶏」を丸ごと一羽食べたことになるため不自然です。一方，不可算の chicken は決まった形のない「鶏肉」を意味しています。

可算・不可算どちらにも使える名詞はまだまだあります。bus（バス）だってそうですよ。

(3) (a) That is a bus.　（あれはバスだ）　**【可算】**

(b) We went to Kyoto by bus.　（私たちはバスで京都に行った）　**【不可算】**

bus は「1 台，2 台」と数えられるバスの車両を意味している場合には当然可算となりますが，**交通手段**を表す **by ~**（~で）では不可算。この場合「バスで」は「バスという交通手段で」を表しており，実際のモノとしてのバスを意味していないからです。手段を表す by は，**by letter**，**by car**，**by train**，**by phone**，**by email**（手紙で・車で・電車で・電話で・メールで）など，すべて不可算扱いとなります。

次の school の使い方のちがいはどうでしょう。

(4) (a) There are several excellent schools in the city.　**【可算】**

（その市には素晴らしい学校がいくつかある）

(b) Every child should have the right to go to school.　**【不可算】**

（すべての子どもには学校に行く権利があるべきである）

school（学校）は可算で使われると建物・組織。**go to school**（学校に行く）で school が不可算なのは，建物に行くわけではなく「学校教育を受ける」という意味だからです。同じように **go to bed** の bed も不可算。ベッドというモノではなく，そこでの「就寝する」という数えられない行為に意味の力点があるからです。

英語はモノについて詳細に・繊細に指定していくことばです。可算・不可算の区別は意味なく存在しているわけではありません。「詳細に・繊細に」を実現するための大変優れたツールなのです。

可算・不可算で意味を大きく変える名詞

名詞の中には可算・不可算で，大きく意味を変えるものがあります。

□ **room**（スペース・部屋）

(a) **I didn't have** room **for more clothes in my suitcase.**【不可算】
（スーツケースにはもう服を入れるスペースがなかった）

(b) **This hotel has** 200 rooms for guests**.**【可算】
（このホテルには客室が 200 ある）
「スペース」には形がなく不可算，区切って形を与えれば「部屋」で可算。

□ **glass**（ガラス・グラス・メガネ）

(a) **This bottle is made of** glass**.**【不可算】
（このビンはガラスでできている）

(b) **Look at** those beautiful wine glasses**.**【可算】
（あの綺麗なワイングラスを見てごらん）

(c) **He always wears** stylish glasses**.**【可算（複数形）】
（彼はいつでもかっこいいメガネをかけている）

glass（不可算）

glass（可算）

素材としてのガラスには形がないから不可算。形を与えると「グラス」「メガネ」。メガネは常に複数形なのはレンズが２枚あるからです。

□ **work**（仕事・作品）

(a) **I have** a lot of work **today!**【不可算】
（今日はたくさん仕事がある）

(b) **Have you read** the complete works **of Shakespeare?**【可算】
（シェークスピア全集を読んだことはありますか）

「仕事」の意味では形が感じられず不可算ですが，仕事の結晶 ――「作品」となると数えることができます。

☐ **time**（時・期間・機会・回数）

(a) **Do you have time today?** 【不可算】
（今日は時間がありますか）

(b) **It took me a long time to fix the printer.** 【可算】
（プリンターを修理するのに長い期間がかかった）

(c) **I had a great time at your party.** 【可算】
（君のパーティーではずいぶん楽しんだよ）

(d) **How many times did you take the driving test before you passed?** 【可算】
（合格するまで何度，運転免許試験を受けましたか？）

「時間」を意味する場合は不可算。時間は漠然ととらえどころがありませんから。(b) 期間，(c) 機会，(d) 回数のように，具体的な時間幅を与えられたとたん time は可算となります。

FACT 2 単数・複数

可算名詞は，さらに細かく「単数（1つ）」「複数（2つ以上）」の指定がなされます。

❶ 単数形・複数形の作り方

222

(a) **I need six volunteers.**
私はボランティアが6人必要だ。

(b) **I met two girls from Florida last night.**
私は昨晩フロリダ出身の女の子2人に会った。

複数形は単数形に -s を加えて作ります。語尾によっていくつかの作り方があります。

語　尾	単数形 → 複数形
-s を加える ▶多くの名詞	**dog ➡ dogs，cat ➡ cats，girl ➡ girls**
-es を加える ▶語尾が -s，sh，-ch，-x，-o の名詞（※ 1）	**bus ➡ buses，dish ➡ dishes，church ➡ churches，box ➡ boxes，potato ➡ potatoes**
※ 1：[s] をそのまま加えると，o 以外の語尾は発音が難しいからです。es[iz] と母音を挟むと楽に発音できますね。ただし，o で終わる語には pianos（ピアノ），photos（写真），studios（スタジオ），radios（ラジオ）などの例外があります。	
-y ➡ -ies ▶語尾が「子音字＋ y」の名詞	**story ➡ stories，baby ➡ babies** （母音＋ **y** はただ **s** をつける：**play ➡ plays**）
-f，-fe ➡ -ves ▶語尾が f，fe で終わる名詞（※ 2）	**leaf ➡ leaves，thief ➡ thieves，wife ➡ wives，life ➡ lives**
※ 2：roofs（屋根），beliefs（信条），proofs（証明）などの例外があります。	

▶ -s / -es の発音

三単現の -s と同様に [s], [z], [iz] の３通りです。語尾が無声音（息だけの音）なら [s] となり，有声音（声を出す音）なら [z] となります。s（ス），sh（シュ），ch（チ）で終わる場合は [iz] となります。

(例) **cakes, caps → [s], girls, pens → [z], buses, boxes, churches → [iz]**

▶ -s で終わるからといって複数形とは限らない

-s で終わるからといって複数形とは限りません。mathematics（数学），physics（物理学），economics（経済学）など -s で終わる学問名はいくつかありますが，単数として扱います。

(例) **Mathematics is difficult.**（数学は難しい）

Vocabulary 注意すべき複数形

①不規則変化	次の単語は不規則に変化します。（単数 ➡ 複数）

□ **man ➡ men**（男性）　□ **woman ➡ women**（女性）　□ **foot ➡ feet**（足）
□ **tooth ➡ teeth**（歯）　□ **child ➡ children**（子ども）　□ **mouse ➡ mice**（ネズミ）

〈外来語で不規則変化するもの〉
□ **crisis ➡ crises**（危機）　□ **analysis ➡ analyses**（分析）
□ **phenomenon ➡ phenomena**（現象）

②単複同形	単数形と複数形が同じ名詞です。

〈群生の動物〉
□ **fish**（魚）　□ **sheep**（羊）　□ **deer**（鹿）　(例) **I caught a fish / five fish.**

〈[z] 音で終わる国民名〉
□ **Japanese**（日本人）　□ **Chinese**（中国人）

③文字／数字／略語	末尾に -s をつけます。(-'s の場合もあります)

□ **the three Rs**（読み，書き，算術）　□ **CDs**　□ **DVDs**
□ **the 1960s**（1960 年代）

④複合語	主要な意味を担う名詞を複数形にします。名詞がない場合には末尾に -s をつけます。

□ **passers-by**（通行人）　□ **lookers-on**（見物人）
□ **high school students**（高校生）　□ **early risers**（早起きする人）
□ **grown-ups**（おとな）　□ **go-betweens**（仲人）

⑤常に複数形	対になっており，常にセットであるため複数形にします。	
□ **scissors**（ハサミ）	□ **pajamas**（パジャマ）	□ **trousers/pants**（ズボン）
□ **jeans**（ジーンズ）	□ **shoes**（靴）	□ **socks**（靴下）
□ **gloves**（手袋）	□ **glasses**（メガネ）	

※数えるときには a pair of（一対の）を使います。

（例）two pairs of **glasses**　（2つのメガネ）

※片方だけを意味するときには単数です。

（例）**Where's my** sock**?**　（私の片方の靴下はどこ？）

⑥単数形と複数形で意味が異なる語	意味のつながりがあるもの，ないものがあります。
□ **air — airs**（空気ー気取った雰囲気）	□ **day — days**（日ー時代）
□ **force — forces**（力ー軍隊）	□ **manner — manners**（方法ーマナー）
□ **arm — arms**（腕ー武器）	□ **good — goods**（善ー商品）
□ **custom — customs**（習慣ー税関）	

※このペアには緩やかなつながりが感じられているものがあります。「空気」から「空気をまとっている→気取っている」，「力」から力を集めた「軍隊」，「何かを処す方法」から身の処し方である「マナー」。「腕」の延長である「武器」（これは語源的には別物です）。good 以降の単語に意味のつながりはほぼ感じられません。別物と考えてください。

名詞の中には単数・複数の扱いがやや複雑なものもあります。-s がついておらず単数形なのに複数扱い，-s がついているのに単数扱いのケースがあります。

❷ 集団を表す名詞

223

(a) **He comes from** a large family**.**
彼は大家族の出です。

(b) **There are** two Indian families **living near us.**
私たちの近くにインド人が 2 家族住んでいます。

(c) **My family** is / are **into skiing.**
私の家族はみんなスキーに夢中です。

集団を表す名詞には注意が必要です。family（家族）は **(a)** のように 1 家族なら a family，**(b)** のように 2 家族以上なら families —— 通常の名詞とここまでは変わりません。ただこの語は (c) のように単数形でありながら複数の扱いを受けることがあるのです（are が使われています）。それは成員（メンバー）を見ているから。family を**まとまった集団**と考え，それが「スキーに夢中」なら単数扱い（is）。家族を構成するお父さん・お母さん・お兄さんなど，**1人ひとりを意識**するなら複数扱い（are）となります。同種の表現には class（クラス），audience（聴衆），team（チーム），staff（職員），committee（委員会），company（会社），government（政府）などがあります。

Vocabulary 集団を表す注意すべき名詞

☐ **staff**（職員）

日本語で「スタッフ」と言えば 1 人の人間を思い浮かべますが，staff は「職員全体」。1 人ひとりは a member of staff と数えます。

☐ **police**（警察）

常に複数として扱います。個々の警察官は a police officer です。

☐ **people**（人々・国民）

「人々」という意味では常に複数として扱います。「国民・民族」などある地域にいる人々をまとめて述べるなら a people，peoples と使います。

❸「the ＋形容詞（～な人々）」は複数扱い

224

(a) The strong **are lonely.** 強者は孤独なものだ。

(b) The rich **are not always happy.** お金持ちがいつも幸せとは限らない。

「the ＋形容詞」は「～な人々」を表します（→ p.390）。複数として扱います。単数形か複数形かのカタチではなく，その表現の意味が単数か複数かによって扱いが変わるのです。

❹ まとめて考える場合は単数扱い

225

(a) Twenty miles **is a long way to run.**
20 マイルは走るには長い道のりだ。

(b) Three sandwiches **is too much for me.**
サンドイッチ 3 個は私には多すぎる。

(a) では twenty miles と複数形なのに単数扱い（is）となっています。「20 マイル（という距離）」が **1 つのまとまりとして意識**されているからです。(b) も「サンドイッチ 3 個（という量）」が 1 つのまとまり。金額（ten dollars など）も単数扱いです。

❺ 2つ以上のモノが絡む動作には複数形を使う

226

(a) **Do I have to change trains at Shibuya?**
渋谷で電車を乗り換えなくてはなりませんか。

(b) **Some people bow while others shake hands.**
お辞儀をする人もいれば，握手する人もいる。

(c) **I made friends with Karen.**
私はカレンと友だちになった。

shake hands

「電車を乗り換える」ためには電車は複数必要です。複数形を持たない日本人にとって反射的に使うのが難しいポイントです。「握手する」には手が２つ必要です。(c) は「カレンと私で friends（友だち同士）を作る」ことから make friends となります。

迷ったときには複数！

単数形・複数形の区別を持たない日本語を話す私たちは，「どちらを使えばいいのだろう」と悩むことがしばしばあります。そうしたときのために覚えていただきたいのは「迷ったら複数形を使え」。

単数形は「1」だけを意味する特別な形です。2でも256でもそのほかはすべて複数であることを考えれば，その特別な地位が理解できるでしょう。**何も意識しないときに使われるのは複数形**，そして「1」を意識したときに特に使われるのが単数形なのです。

みなさんが万年筆を買いに文房具店に行ったとしましょう。どちらの文を使いますか？

(a) 万年筆ありますか。

Do you have { a fountain pen**?** / fountain pens**?** }

ここで単数形（a fountain pen）は不自然です。文房具店で「1本ありますか」と特に意識することはないはず。だから不自然に響くのです。

そもそも数が不明な場合にも使われるのは複数形です。初対面の相手に子どもの数を尋ねるケースを考えてみましょう。

(b) お子さんをおもちですか。

Do you have { a child**?** / children**?** }

この場合も単数形は不自然。相手の子どもの数をあらかじめ「1」に限定する理由などないからです。「1」と主張したいなら単数形，そうでなければ複数形。基本は複数形，どちらか迷ったときに使うべきなのは複数形なのです。

先に1つ，奇妙なルールをお伝えしましたね。「**単数の可算名詞は裸（限定詞なし）では使われない**」(p.375)。これは実はルールなどではありません。単数形にするということは特別な「1つ」が意識されているということです。「それならそれがどんなものなのか詳しく指定しておいてほしい」―― それがネイティブ・スピーカーの意識の流れなのです。

さて，これからその「**限定詞**」に話を進めます。持ち出した名詞がどんな内容なのか，可算・不可算，単数・複数に加えてさらに指定していく表現のお話です。

限定詞

可算・不可算，単数・複数に続き，さらに細かくモノを描写していきましょう。ここで大きな助けになるのが「**限定詞**」です。限定詞は名詞が具体的にどのようなものを意味しているのかを指定する語句です。「**指定ルール**」により，**限定詞は必ず名詞の前**に置かれます。たとえば the は「特定（の1つに決まる）」を意味する限定詞であるため必ず名詞 dog の前となります。

❶ 限定詞なしの表現（～というもの）

227

(a) Crows **are very intelligent.**	カラスはとても知能が高い。
(b) **I like** coffee**.**	私はコーヒーが好きです。

名詞には限定詞をつけない使い方があります。指定を含まないこの表現は何ら具体的な対象を指定しないことから，緩やかに全体（～というもの）を表します（「**総称表現**」と呼ばれることもあります）。

リストアップ

限定詞なしの表現は品目を「リストアップ」する場合にもしばしば使われます。

▶ **We need** poster paper**,** marker pens**, and** glue**.**

「ポスター用紙，マーカー，のりが必要だ」と品目が問題になっているときには，特定のモノや具体的数量が頭に浮かんではいないからです。

❷ the

228

(a) **I met a doctor on my flight to England. The guy was so kind.**
私はイングランド行きの飛行機でお医者さんに会った。その人はとても親切だった。

(b) **Close the door.**
ドアを閉めて。

(c) **70% of the earth's surface is covered by water.**
地表の70%は水で覆われている。

(d) **The world is our classroom.**
世界が私たちの教室です。

theのイメージは「**（特定の）1つに決まる**」です。話し手にとってだけでなく聞き手にとっても「1つに決まる」ときtheが使われます（theは「**定冠詞**」と呼ばれます）。

(a) でthe guyと使えるのは，前の文でa doctorが出ているため。聞き手にもこれなら「ああ，前の文に出てきた人のことだな」と1人に決まります。ちなみに前の文がI met two doctors ... ならthe guyは不可。どちらの人か決まらないからです。

(b) はその場の状況で1つに決まる例。ドアが2つあり，どちらか決められない状況では使うことはできません。the doorと言って「ああアレね」と聞き手が1つに決めることができて初めて使えるのです。

(c)(d) はそもそも1つしかないため，いつでもtheが使える例です。earth（地球），sun（太陽），moon（月），world（世界）など常識的に1つに決まるモノにはtheが付きます。次のようにfirst（最初の），only（唯一の），最上級などにtheが使われるのも同じ理由。こうした単語に形容されるものは1つに決まるからです。

(e) **Chiaki Mukai was the first Japanese woman to travel into space.**
向井千秋は，宇宙飛行をした最初の日本人女性でした。

(f) **You are the only girl I've ever loved.**
君は僕が愛した唯一の女性だ。

(g) **Who is the youngest of the three?**
3人の中で誰が一番年下ですか。

「the ＋複数形」はグループ全体

(a) **Look at the penguins over there.**
(あそこのペンギンたちを見てごらん)

(b) **The Yamadas are moving to Indonesia.**
(山田さん一家はインドネシアに引っ越す予定だ)

「the ＋複数形」は「1つに決まるようなグループ」, すなわち**特定のグループ全体**が意識されています。「the ＋姓 (-s)」が「～さん一家」となるのも, Yamada 姓をもった人のグループ (家族全体) が意識されるからです。the United States of America (アメリカ合衆国) や the Alps (アルプス山脈) の the も同じです。複数の州 (States), 山々からなるグループ全体を示しているのです。

アメリカの the をつけ忘れても, 言いたいことは十分伝わりますが babyish (赤ちゃんのよう) に響きます。基本的な言い回しを理解していないことが伝わってくるからです。

共有知識の the: 誰もが「ああアレか」とピンとくる

the は日本人学習者にとって難易度の高い単語です。「1つに決まる」が繊細な使い方につながっているからです。「ああアレか」と誰もがピンとくるイメージに言及する使い方もその1つです。

(a) **Do you prefer the city or the country?**
(都会が好きですか, それとも田舎？)

the city, the country がここで表しているのは特定の場所ではありません。にぎやかな目抜き通りがあって人がたくさん往来している――誰もが思い浮かべる――「都会」を意味しています。こうした**みんなが思い浮かべる共有のイメージ**は the の際立った用法の1つで,「警察」や「ラジオ」「楽器」につく the もその例の1つです。

(b) **I will call the police.** (警察を呼びますよ)
(c) **I don't listen to the radio very often.** (私はあまりラジオを聞かない)
(d) **John plays the piano and the guitar.** (ジョンはピアノとギターを弾きます)

(b) の the police は市民を守ってくれるあの組織。**(d)** の the piano は特定の「物体」を指しているわけではありません。鍵盤を叩くとポロローンと音のするあの楽器を弾くということ。誰もが思い浮かべる共有のイメージを指しているのです。ちなみにピアノを単なる物体として見ているときには，pen や desk などと同じように，a piano でも this piano でも many pianos でもいいのです。

さらに「**the ＋形容詞（～である人々）**」も同じ感覚の重要フレーズです。

(e) The poor are getting poorer, and the rich are getting richer.
（貧しい人々はますます貧しく，金持ちはますます豊かになっている）

the rich（お金持ちの人々），the poor（貧しい人々），the old（お年寄り），the young（若者），the strong（強者），the weak（弱者）―― どのフレーズを見ても「こういう人たちのことだね」と共有イメージが浮かぶ，だから the が使われているのです。

the には私たちの目から見れば奇妙な使い方が数多くあります。ですが落ち着いて考えればどの使い方もそのイメージ ―― 1つに決まる ―― に必ず戻ってきます。たくさんの使い方に出会って感覚を研ぎ澄ましてくださいね。

❸ a / an

229

(a) I'd like a chocolate donut. ―― Just one, please.
チョコレートドーナツをください。1つだけお願いします。

(b) Karen's got a new boyfriend. He's a really nice guy.
カレンに新しいボーイフレンドができたよ。彼はとてもいい人なんだ。

(c) I need to find a part-time job.
私はアルバイトを探す必要がある。

(d) Mary is an artist. メアリーは芸術家だ。

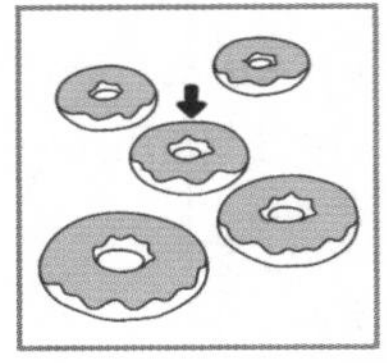

a / an は one とは異なります。**(a)** で話し手は **a chocolate donut** と言ったあとで **Just one**（1つね）と言い直しています。両者は意味が違うのです。one は「**（2ではなく3でもなく）1つ**」と数に焦点がありますが，a は数に大きな力点がある単語ではありません（もちろん常に単数名詞と使われるので「1つ」ではありますが）。a の焦点は「**（特定のモノに）決まらない**」にあり，the と対照的な単語なのです（a は「**不定冠詞**」と呼ばれます）。

a が活躍するのはまず，話題に初めて登場させる (b) のケース。初めて話題に登場させるものは，聞き手にとっては特定のモノに「決まらない」―― だから a が使われます。

そもそも話し手が特定のモノを思い描いてはいないケースが (c)(d) です。(c) は特定の「アルバイト」を思い描いていません。まだ見つけてはいないのですから。(d) の「**主語＋ be 動詞＋ a / an ...**」は，職業や立場を紹介する典型的な形。「メアリーは（ほかにもたくさんいる）芸術家（の１人）です」ということ。

Tea Break

other「ほかの（もの）」などの使い方

other「ほかの（もの）」は日常会話で必須の重要な単語です。the other，another，the others，others などの形で使われますが，これまでみなさんが学んだ知識を使えば，この４パターンをいつ使えばいいのかはっきりと理解することができます。みなさんが携帯電話の販売店で新型機種を見せてもらっている状況で考えてみましょう。

(a) Can you show me the other?　(ほかのを見せてくれますか)

新型機種が「２つ」しかないことを知っているケースです。すでに１つを見せてもらっており「ほかの」は「１つに決まる」ため the が使われています。「２つ」のとき，一方を one，もう一方を the other と呼ぶことも覚えておきましょう。

(b) Can you show me another?　(ほかのを見せてくれますか)

新型機種がほかにもいろいろあるケース。「ほかのを１つ」といっても「(特定の)１つに決まり」ません。そこで an+other → another となっています。

(c) Can you show me the others?　(ほかのを全部見せてくれますか)

「the ＋複数形」は特定のグループ全体のこと。「残りの携帯全部」を意味します。

(d) Can you show me others?　(ほかのを見せてくれますか)

限定なく「ほかのもの（複数）」。ほかの機種をいくつか見せてほしいということです。

4 some

230

(a) **There are some dogs in his garden.**
彼の家の庭に数匹の犬がいる。

(b) **I need some olive oil for the salad.**
サラダにいくらかオリーブオイルが必要だ。

someは**可算名詞**・**不可算名詞**のどちらにも使うことができ，(a)「いくつかの」，(b)「いくらかの」という意味を表します。そのイメージは「**ボンヤリある**」。数量が定かではないモノがボンヤリと意識される単語なのです。

someの「ボンヤリ」はsomeを含んだいくつかの単語からも理解することができます。someone / somebody（誰か），something（何か），somewhere（どこか），some time（いつか）。いずれも特定の人や場所が思い浮かばないボンヤリとした表現になっています。

(c) **Some people never learn from experience.**
経験から学ばない人がいるものだよ。

(d) **Some are cheap and others are expensive.**
安いものもあれば高いものもある。

(c)からは，経験から学ばない人々 —— それが何人いるのか正確にはわかりませんが —— がボンヤリと想像されます。(d)ではさらに，はっきりと限定されないothersと組み合わされ「そういうモノもあれば，こういうモノもある」(some ~ others ...)とボンヤリした言い回しになっています。

some と several

日本語の「いくつかの」に相当する単語にはもう１つ，severalがあります。

I know some / several good shops.
(私はいいお店をいくつか知っている)

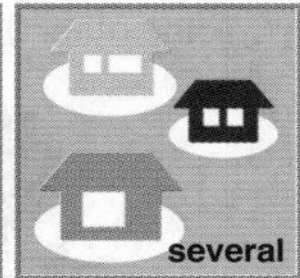

someを選ぶとき，話し手はボンヤリと「いくつかある」と言っているだけですが，severalの場合はクッキリと具体的なお店を思い浮かべながら話しており，より明確な言い回しとなっています。

Q 相手に何かをすすめるときにsomeが出てくるのはなぜ？

(a) **Would you like some coffee?** （コーヒーはいかがですか）
(b) **Do you need some assistance?**（お手伝いは必要ですか）

人に何かを勧めるときによく使われるsomeは，日本語にしにくく，なかなか語感がつかみづらいですよね。このsomeには「どうぞどうぞ」という温かさが通っています。それは，言外にsomeの「ある」が響くから――「コーヒーありますよ，すぐ用意できます。いかがですか」「お手伝いしましょうか，準備はありますよ」。相手の目の前に差し出す感触に温かさが通うのです。

Chapter 14 名詞

5 any

231

(a) **Choose any card.**
どのカードでもいいから選んでください。

(b) **Any parent would want the best for their child.**
どんな親でも子どもにできる限りのことをしたいと願うだろう。

(c) **Do you have any questions?**
何か質問はありますか。

(d) **I don't like any sports.**
私はどのスポーツも好きではない。

(e) **If you need any more information, just let me know.**
もし何かもっと情報が必要であれば，知らせてください。

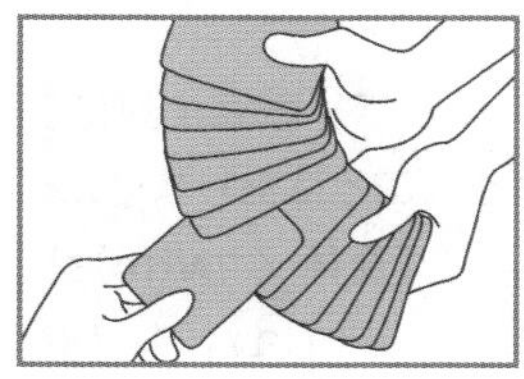

anyは「どんな～でも」と相手に選択の自由を与える表現。この単語の持つ「**どれでもいい**」というイメージは，この単語を含んだanyone / anybody（誰でも），anything（何でも），anywhere（どこでも），any time（いつでも）などを思い起こせばすぐに納得できるでしょう。

(a) はChoose a card.（カードを1枚選んでください）とは違い，「どれを選んでもいいのです」が強調されています。(b) は「どんな親でも」。疑問文の (c) はDo you have questions?（質問がありますか）と尋ねるよりも「どんな質問でもかまいません」という気持ちが強く響きます。(d) はnotとの組み合わせで「いかなる…も～ない」の形。選択の自由が否定されるところからこうした意味となります。notは常にanyの前に置かれます（→ p.318）。ifとの組み合わせの (e) でもやはり「(どんな数・量であっても）もし～なら」となり，anyの基本的な意味は同じです。

any が使えない場所

anyがうまく使えないタイプの文があります。

× I met anybody.

「誰でもいいのですが，その人に会いました」では意味がわかりません。anyはこうしたあるできごとを単に述べるだけの文は大変苦手です。231の例をもう一度眺めてください。「どんなカードでも」「どんな親でも」「どんな質問でもかまいませんが」など，「なんでも・どれでも」がピッタリする文，それがanyの生息場所なのです。

6 all

232

(a) All the spectators **were delighted.**
観客たちはみんな大喜びした。

(b) All the country **is excited about the World Cup.**
国全体がワールドカップにワクワクしている。

「すべての」に対応する英語にはallとeveryがあります。allのイメージは「**(ひとくくりにまとめて）全部**」。everyに比べると，細かいことを気にしないおおらかな意味合いを持っています。

(a) はthe spectatorsをひとまとめにして「観客全員は」。観客たちそれぞれを神経質に意識するようなことはありません。

この単語は，「１つのものの全部」，つまり**「全体（=whole)」も表すことができます。**(b) は「国全体が」。all day（１日中），all year（１年中）などよく使われます。

位置の自由・強調

おおらかな all は使い方もおおらかです。まずは文中の位置。

(a) **The kids were all amazed.** 子どもたちはみんなビックリしていた。
(b) **We all had fun.** 私たちはみんな楽しんだ。
(c) **You can have it all.** 全部もっていっていいですよ。

all the kids という代わりに (a) のように自由な位置に置けるのは all のもつ大きな特徴です。all はまた強調でも使われます。

(d) **I'm all for the plan.** その計画に大賛成だ。
(e) **They traveled all over Japan.** 彼らは日本中を旅した。

(d) のように for the plan（計画に賛成）の前につけて「大賛成」と強調することができます。さらに all は可算名詞・不可算名詞両用です。

(f) **The thief took all the money.** 泥棒がお金を全部盗んだ。

次に紹介する，個々が意識に上る every（すべての），each（それぞれの）は，このような不可算名詞に使うことができません。

Chapter 14 名詞

❼ every

233

(a) **Every participant will receive a prize.**
すべての参加者に賞品が出ます。
(b) **I hope every customer is satisfied.**
すべてのお客さまにご満足いただけることを私は願っています。
(c) **Every boy has his hero.** すべての男の子にはヒーローがいる。

every は**allより緻密な「すべての」**です。every participant では「どの参加者もみんな」―― 個々の参加者が意識に上っています。個々が念頭に上るため，全体をひとくくりにする all よりも緻密に感じられるのです。every のもつ個々への目線は，この単語が**常に単数扱い**であることを見れば明らかです。(b) では every のあとには単数名詞の customer が続き，動詞も is。(c) も主語は every boy で動詞は三単現の has となっています。さらに (c) の代名詞 his に注目してください。every を受ける代名詞は he，she，it のいずれか。単数の代名詞なのです。

everyを代名詞で受ける

everyを代名詞で受ける場合，厄介な問題があります。みなさんなら次の文でどの代名詞を使いますか。

(a) Every child has ______ own room. （どの子も自分の部屋を持っている）

childには男の子も女の子もおりheでもsheでも受けづらい —— それが大きな問題なのです。ネイティブ・スピーカーは3通りの受け方をします。

(b) Every child has his own room.
(c) Every child has his / her own room. （his / herは「his or her」と読みます）
(d) Every child has their own room.

ひと昔前にはheで受ける**(b)**が一般的でした。今でもしばしば見られますが，男女両方いるのにheで受けるのは現在，少なからず抵抗感があります。そこで編み出されたもっとも「正しい」形が**(c)**。これなら男女平等ですが，長くなるため会話では不便です。そこでさらに**(d)**が使われるようになりました。everyが単数であることを無視してtheyで受けているのです。なお，eachにも同様の用法があります。

(e) Each member has their own locker. （どのメンバーにも個人ロッカーがあります）

ことばは社会とともに変わっていきます。男性も女性も気持ちよく生きていくために英語が受け入れた変化。それがeveryやeachを受ける代名詞なのです。

みるみる英語が使えるようになるヒント

all / everyのニュアンス

allとeveryの違いは，次のような言い換えを見るとよく理解できるでしょう。

You must attend all the meetings, and I mean every meeting, understand?
（会議は全部出なさい，すべての会議だよ，わかったかな？）

最初にallで「全部の会議」と大雑把に言ったあと，「どの会議もすべてだよ」とeveryで厳密に言い直しています。allとeveryの印象の違いがわかりますね。

8 each

234

(a) She had a teacup in each hand.
彼女はそれぞれの手にティーカップを持っていた。

each では**個々が強く意識されています**。each hand は「それぞれの手」としっかり１つずつチェック✓する感覚です。every と同じように**単数**として扱います。

each と every は個々を強く意識するという点で大きくその意味が重なっているため，次のように2つ重ねて強調することもあります。

(b) These are issues that affect each and every one of us.
これらは私たち１人ひとりみんなに影響を及ぼす問題だ。

位置の自由

each は all と同じように，名詞の前だけでなく文のさまざまな位置で使うことができます。

(a) We each have our own abilities. （私たちにはそれぞれの能力がある）
(b) The tickets cost $20 each. （チケットはそれぞれ 20 ドルだ）

9 no

235

(a) No problem. I'll fix it in no time.
だいじょうぶ。私がすぐ直しますよ。

(b) Nobody came to my party!
誰も私のパーティーに来なかった！

(c) I looked everywhere, but I found nothing.
私はあらゆる場所を探したが，何も見つからなかった。

no（ない）は強烈な単語です。no ～，nobody（誰も～ない），nothing（何も～ない），nowhere（どこでも～ない）など，頭に no が付くとどの語句も「**ゼロだよ**」という強い指定が与えられます。ゼロ・真っ黒。そうした強いイメージの単語なのです。

(d) **There are no seats left.**　(> **There aren't any seats left.**)
席はまったく残っていない。

no の否定の強さは，not ～ any ...（いかなる…も～ない）(→ p.318) よりも，はるかに強くインパクトがあります。

みるみる英語が使えるようになるヒント

no を使って文に感情の抑揚を与える

no の持つ強烈なインパクトを使えば，文に大きな**感情的抑揚**を与えることができます。

(a) **I'm no doctor, but this child is obviously ill.**
(私は医者なんかじゃないけど，この子はあきらかに病気だよ)

(b) **I tell you, this job is no picnic.**
(いいかい，この仕事はピクニック〔みたいにお手軽な楽しい仕事〕じゃないんだぞ)

not を使った通常の否定ではありません。「**まったく違う**」「**全然そうじゃない**」が強く響いています。ここまで no の「強さ」を使えるようになればネイティブ・スピーカー並ですよ。

Q no の後ろは単数，それとも複数？

まず，no は可算名詞・不可算名詞のどちらにも使えます。

(a) **There is no water in the bottle.**　【不可算】
(水が瓶の中にまったくない)

(b) **No student is / No students are allowed in the staff room.**　【可算】
(生徒は職員室に入室できません)

さて問題は可算名詞の場合。no は「ゼロ」ですから，後ろの名詞は単数でも複数でもどちらでもよさそうなものですが，**複数を使うのが普通**です。ただし，1つしかないのが自然と思われるものの場合には，単数形が使われます。また単数形は「1」に限定された特別な形。「1人［つ］として～しないよ」という強烈なニュアンスにもなるのです。

⑩ both・either・neither

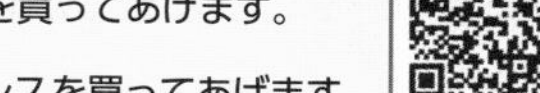

(a) **You can have both dresses.** 両方のドレスを買ってあげます。

(b) **You can have either dress.** どちらかのドレスを買ってあげます。

(c) **You can have neither dress.** どちらのドレスも買えませんよ。

both（両方），either（どちらか），neither（どちらも～ない）は２者間の選択を表します。左の，すてきな服を２着見つけてお母さんにねだっている女の子の例を使って詳しく説明しましょう。

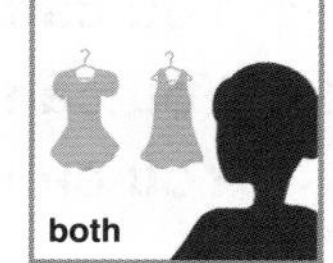

まずは both。この単語は「**（A と B）の両方とも**」。(a) は両方とも買っていいということになります。視野に A と B の両方が入っている感触で使われています。and を使った次のフレーズもよく使われます。

(d) **Both Keiko and Rina are my good friends.**
ケイコとリナはどちらも私の親友だ。

either は「**（A か B の）どちらか**」。(b) はどちらか片方を買ってあげるということです。この語は「A でも，B でも，いい」と１つひとつに視線が向かう感覚です。or でつないだ形もよく使われます。

(e) **Either Tom or Bill is going to make the presentation.**
トムかビルのどちらかがプレゼンテーションをすることになっている。

否定表現と both, either

否定表現と both，either が作る意味に注意しましょう。

(a) **You cannot have both dresses.** （両方のドレスは買えません）

(b) **You cannot have either dress.** （どちらのドレスも買えません）

both は「両方」が同時に視野に入っており，「両方は買えない」となります。買えるのはどちらか１つです。一方 either は１つひとつに目を向けそれを否定します。「こちらもあちらも買えない」―― つまり両方ともダメということになります。

neither は「**(A と B の) どちらも～ない**」。either の否定なので，やはり両方ともダメ。**neither A nor B**「A と B のどちらも～ない」にも注意しておきましょう。

(f) **Neither Pat nor Gary is married.**
パットもゲイリーも結婚していない。

both，either，neither は both dresses のような限定詞としてだけではなく，単独で使うこともできます。

(g) **You can take both.** 両方取っていいですよ。
You can take either. どちらか取っていいですよ。
You can take neither. どちらも取ってはいけません。

「～も」

either は否定内容を「～も（～ない)」と繰り返すときにも使われます。

(a) **I don't like spinach. ── I don't like it either.**
(ホウレンソウが好きではないんです。 ── 私もです。)

(b) **I like spinach. ── I like it too / as well.**
(ホウレンソウが好きなんです。 ── 私もです。)

肯定文なら too や as well，否定文なら either。しっかり使い分けてください。否定の場合 neither を用いることもできますが，通常文頭に置き倒置（→ p.354）を伴います。

(c) **I don't like spinach. ── Neither do I.**
(ホウレンソウが好きではないんです。 ── 私もです。)

Tea Break

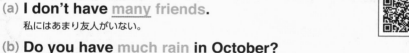

both と either / neither の目線

both, either, neither の日本語訳だけでなく，both の「視野に A と B 両方が入っている感覚」，either / neither の「1 つひとつに視線が向かう感触」をしっかり取り入れてください。そうすれば，次の文でなぜ数の扱いが違うのかも理解できるはずです。

(a) Both **dates are fine with me.** (両日とも都合がつきます)
(b) Either **date is fine with me.** (どちらかの日なら都合がつきます)
(c) Neither **date is fine with me.** (どちらの日も都合がつきません)

both は常に 2 つのコト・モノが視野にありますから，名詞は dates と複数形になりますし，動詞は are で受けます。一方，いつでも 1 つのものに意識が置かれている either / neither は date，is と単数扱いとなります。感覚の違いさえわかれば不思議なことではないはずですよ。

⓫ 数量表現（多い－少ない）

237

(a) **I don't have** many friends.
私にはあまり友人がいない。

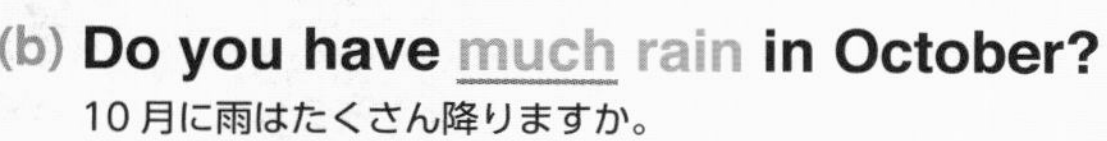

(b) **Do you have** much rain **in October?**
10 月に雨はたくさん降りますか。

(c) **I have** a few / few good friends.
私には親友が少しいる／少ししかいない。

(d) **I have** a little / little money.
私にはお金が少しある／少ししかない。

many は「数が多い」，much は「量が多い」ことを表す単語です。friend（友人）は可算，rain（雨）は不可算。many と much が使い分けられていることに注意しましょう。**a lot of / lots of**（たくさんの），**plenty of**（たくさんの）など，数・量どちらにも使える便利な表現もあります。

同じようにa few / fewは「数が少ない」, a little / littleは「量が少ない」。**aの有無は話し手の見方を反映**しています。a few / a littleは「少しはある」と**肯定的な見方**をしています。一方few / littleは「少ししかない・ほとんどない」と**否定的な見方**をしています。

否定文・疑問文で使われる強い傾向

muchには**疑問文・否定文を好む**強い傾向があります。「たくさんですか？」「それほどたくさんではない」という文脈で使われると考えておけばいいでしょう。それ以外では**a lot of**などが好まれます。manyにもmuchほどではありませんが同様の傾向があります。

(a) △ We had much rain yesterday. (昨日はたくさん雨が降った)

muchはネイティブ・スピーカーにとって4文字の「軽い」単語であり,「たくさん」を印象づけたいなら選ぶべき表現はほかにある, それが疑問文や否定文以外であまり使われない理由です。(疑問文・否定文は「たくさん」を印象づけたいわけではありません)。実際, muchを強調しvery much, so much, too much（とてもたくさん, すごくたくさん, あまりにたくさん）とすれば, 十分な「重み」が出るため, 疑問文や否定文以外でも使うことができます。

(b) ○ We had so much rain yesterday. (昨日はすごくたくさん雨が降った)

muchの使用に不安を感じたならa lot ofを使ってください。このフレーズは「数・量」の両方を示すlotを含み, 十分な強さがあります。どのような文でも使うことができますよ。

みるみる英語が
使えるようになるヒント

音読でaの有無に慣れる

aの有無によって意味が変わる。頭でわかってはいても会話ではなかなか反射的に区別することはできません。音読して体に刻み込むことが大切です。次の2文を繰り返し音読練習してみてください。(a)では「少しある」(b)では「少ししかない」ことを意識してくださいね。

(a) I have a little time now, so let's talk.
(今少し時間がありますので, 話しましょう)

(b) I have little time now, so let's talk later.
(今ほとんど時間がないから, あとで話しましょう)

⑫ 指示表現 this, that

238

(a) **Whose is that red sports car over there?**
向こうにあるあの赤いスポーツカーは誰のものですか。

(b) **What do you think about this bag?**
このバッグ，どう思う？

(c) **This is a really nice apartment.**
これは本当にいいアパートだね。

(d) **Didn't you know that?**
あなたはそれを知らなかったのですか。

this（この）は**身の回りのモノ**，that（あの）は**少し距離があるもの**を指し示します。限定詞としてだけでなく (c)(d) のように単独でも使います（これ・あれ）。また，対象が複数の場合には **these**，**those** を使います。

(e) **Hey, check out these cool shoes.**
ねえ，このかっこいい靴を見てごらん。

(f) **Those boys talking to Maria are in my class.**
マリアと話しているあの男子たちは私のクラスだよ。

みるみる英語が使えるようになるヒント

名詞以外に使われる this, that

this と that が従えるのは名詞だけではありません。

(a) **I was this close to a hole-in-one!**
── Wow, I've never been that close!
ホールインワンまでこんなに近かったんだ。
── ええっ，私はそんなに近くなったことはないよ。

(b) **I've rarely heard any student speak English that fluently.**
── Very impressive!
生徒が英語をあんなに流暢に話すのは滅多に聞いたことがない。
── すばらしいですね！

(a) の形容詞，(b) の副詞でも OK！　日本語の「こんなに近く」と同じ感覚で気軽に使ってくださいね。

名詞の繰り返しを避けるために使われる that / those

that / those の「指し示す」機能の延長線上にある使い方です。先行する名詞の繰り返しを避けるために用います。

(a) **My situation is quite different from that of the rest of my family.**
(私の状況は，私以外の家族が置かれた状況とはかなり違う)

(b) **The computers of today are much cheaper than those of ten years ago.**
(今日のコンピューターは 10 年前のものよりずっと安い)

前の名詞を指して受ける意識で使ってください。単数名詞（situation）には that, 複数名詞（computers）には those を使います。

(c) **Good friends are those who help you when you are in trouble.**
(親友とは困ったときに助けてくれる人たちのことだ)

those で friends を受けて，それがどういった友だちなのかを who 以下で展開しています。those who ～（～である人々）は重要なコンビネーション。単独でも使います。

(d) **Those who would like to join the club should attend the meeting today.**
(入部を希望する人は今日のミーティングに出席するべきです)

that の多様性

thatはこれまで節（下線部）を導入する要素としてさまざまな文法事項に顔を出してきました。

(a) That he was nervous was clear to everyone. 【主語の節】
（彼が緊張していたのは誰の目にも明らかだった）

(b) I think that he is a fantastic player. 【レポート文】
（彼はすばらしい選手だと思う）

(c) The car that I want to get is eco-friendly. 【関係代名詞】
（私が買いたい車は環境に配慮したものだ）

(d) She got the news that she passed the test. 【名詞を修飾（同格）】
（彼女はテストに合格したという知らせを受けた）

(e) She stayed at work late so that she could complete the report. 【目的】（→ p.503）
（彼女は報告書を仕上げられるよう遅くまで働いた）

日本語訳には現れませんが，これらの文すべてに共通するのは，正確に間違いなく**聞き手を節の内容に「導く意識」**です。(a) は「こうしたことがね」とhe was nervousに聞き手の関心を導き，主語であることを明確に示していますし，(b) ～ (d) はthinkやthe car，the newsの説明に確実にしっかりと導いています。(e) でも「どんな目的かというと」としっかりと導く意識が感じられます。

thatの「導く意識」はもちろん，ここで紹介した「指す」ところから生じています。

(f) That is my bike. （あれは私の自転車です）

thatは「あれ」と少し離れた対象物に聞き手の関心を「導く」ために使われています。まったく同じ意識が，節内容を指し導くすべての使い方につながっているのです。

FACT 4 単独で使う限定詞

これまでの説明でときおり触れたように，限定詞のほとんど（the，a，every，no を除く）は，単独でも用いることができます。

【限定詞として】

(a) **I have some candies.** 私はキャンディをいくつかもっている。

【単独で】

(b) **Oh no, I left my money at home.** しまった，お金を家に忘れてきちゃった。
── Don't worry. I'll lend you some. ── 大丈夫。いくらか貸してあげるよ。

(c) **Some of my friends are very funny.** 友だちの何人かはとてもおもしろい。

単独で使われるケースを特別に学習する必要はありません。限定詞で使われる際のイメージを思い出し，単独で使うことに慣れるだけで十分です。口慣らしのためにいくつか例を挙げておきましょう。

❶ 単独で使う限定詞

239

(a) **Excuse me. Do you sell batteries?**
── Yes, but we don't have any at the moment.
すみません。電池ありますか？ ── はい，でも今は切らしています。

(b) **How much are these lamps? ── Each costs 25 dollars.**
これらの照明はいくらですか。── それぞれ 25 ドルです。

(c) **I'm looking for pink roses. ── I'm afraid we have none.**
ピンクのバラを探しているのですが。── あいにく品切れです。

(d) **Which do you want? ── I'll take both.**
どちらをご要望ですか。── 両方いただきます。

(e) **I have to buy some milk because I don't have much left in the fridge.**
ミルクをいくらか買わなくちゃ。冷蔵庫にあまり残っていないから。

(f) **What do you think of these designs?**
── I like this, but I don't like that.
これらのデザインをどう思う？ ── これは好きだけど，あれは好きじゃないな。

noは単独では使えません。代わりにnone「まったくない（ゼロ）」を使います。限定詞を単独で使う場合，特によく使われる形は「**X of 名詞**」です。

❷ X of 名詞

240

(a) **I don't like any [most / many / some / one] of these paintings.**
私はこれらの絵のどれも［ほとんど／多く／いくつか／１つ］が好きではない。

(b) **None of my friends sent me a birthday card.**
私の友人の誰も私に誕生カードを送ってくれなかった。

(c) **Neither of them can cook.**
彼らのどちらも料理ができない。

この形を作る際に注意しなければならないのは，ofの後ろは**十分具体的なものでなくてはならない**ということです。次の文はfriends，paintingsと限定詞がなく，具体的にどういったfriends，paintingsなのかがわからないため不自然です。

(d) × **I don't like some of friends.**
(e) × **I like most of paintings.**

この形は**「特定のグループの中のX」という表現。** 240 の例では，these paintings（これらの絵），my friends（私の友人），them（彼ら）とすべて明確なグループが述べられています。

Chapter 14 名詞

FACT 5 代名詞

1 人称代名詞の基本

文法用語 代名詞

「**代名詞**」は名詞の代わりをする（短い）単語のこと。単独で使う this，that などの**指示代名詞**や some，other，all などの**不定代名詞**，I，you，it などの**人称代名詞**，などと細かく分類することもあります。this，that，some，other，all などについてはすでに「 FACT 4 単独で使う限定詞」で述べました。ここでは「人称代名詞」について解説しましょう。

241

(a) **I want to talk with Liz. Is she still in the classroom?**
リズと話したいのですが。彼女はまだ教室にいますか。

(b) **What's that? —— It's a can opener.**
あれは何ですか。 —— 缶切りです。

(c) **Steve and Lee are coming tonight. They are very interesting guys.**
スティーブとリーが今晩来ます。彼らはとってもおもしろい人たちですよ。

人称代名詞は文脈に表れた事物を**「受ける」単語**です。上の例文では下線部の単語を she（彼女），it（それ），they（彼ら）と「受けて」発言を展開しています。

人称代名詞には以下のものがあります。単数・複数，また性別による区別があります。

単数を受ける		複数を受ける	
私	I	私たち	we
あなた	you	あなたがた	you
彼	he	彼ら・彼女ら・それら	they
彼女	she		
それ	it		

※ they は人・モノ問わず複数を受ける代名詞です。

人称代名詞は文中でどういった働きをするかによって形を変えます。

主格 「〜は」	所有格 「〜の」	目的格 「〜に・を」	所有代名詞 「〜のもの」	-self 形（再帰代名詞） 「〜自身」
I	my	me	mine	myself
you	your	you	yours	yourself
he	his	him	his	himself
she	her	her	hers	herself
it	its	it	(its)	itself
we	our	us	ours	ourselves
you	your	you	yours	yourselves
they	their	them	theirs	themselves
[例] Tom	Tom's	Tom	Tom's	—

※ you の単数・複数（あなた・あなたたち）では -self で形が異なることに注意します。
※ its は it is の短縮形 it's としっかり区別します。所有代名詞の its はあまり使われません。
※通常の名詞は，所有を表すときにのみ形が変わります (-'s)。

みるみる英語が使えるようになるヒント

徹底的に覚えること

この表はしっかり覚えてください。代名詞の変化形を考えながら話すことはできません。覚えるときには必ず音読を加えること。自然にその形が「口から」出てくることが大切なのです。

さあ，それでは詳しい解説を始めましょう。

❶ 主格（〜は）

242

(a) We **are happy.** 私たちは幸せだ。

(b) He **is a dentist.** 彼は歯科医だ。

主語は**文のテーマ**。そこに用いられるのは主格です。

❷ 所有格（〜の）

243

(a) His **arms are bigger than** my **legs!**
彼の腕は私の脚より太い！

(b) **Every country has** its own **traditions and customs.**
すべての国にはその独自の伝統と慣習がある。

(c) **Your** mom's **cherry pie is the best!**
君のお母さんのチェリーパイは最高だね！

所有格は後ろの名詞を「私の」「彼の」と指定するため名詞の前に置かれます。「**所有格＋ own**」は強調形。所有格と（所有の意味合いを持つ）own を重ねることにより「それ自身の・固有の・他にはない」という強調を与えているのです。通常の名詞の所有は (c) のように -'s で表されます。下の表で作り方を確認しましょう。

単数（名詞の後ろに -'s を付ける）	複数（複数形の語尾の右側に ' を付ける）
Tom → Tom's **the student → the student's**	**the students → the students'** ※ **men, women** は **man**（男性），**woman**（女性）の複数形。これらの場合は **men, women → men's, women's**

所有格の意識

所有格でまず特筆すべきはその「強さ」です。次のニュアンスの違いがわかりますか？

(a) **Jerry, this is my friend Sue.**　(ジェリー，こちらは私の友だちのスーです)
(b) **Sue is a friend of mine.**　(スーは私の友だちです)

所有格は**指定表現**です。my friend は，ただの友だちではなく他ならぬ「私の友だち」。親しさや近さが強く感じられる表現となります。一方，a friend of mine は基本的に a friend。何人かいる友だちの 1 人だということです。**of は強い意味を持たない前置詞**。前の表現を名詞で説明する際に用います（→ p.476）。(b) の of mine は a friend の説明を「私の，ね」とつけ加えているにすぎません。日本語訳は同じでも所有格とは大きくニュアンスは異なるのです。

(c) **The rock star's sudden death shocked the world.**
(そのロックスターの突然の死は世界に衝撃を与えた)

(d) **Our top priority is our children's education.**
(私たちの最優先事項は子どもたちの教育だ)

所有格の使用は「所有」だけにとどまりません。(c) は「ロックスターが死んだこと」，(d) は「子どもを教育すること」です。所有格の語（下線部）がちょうど death や education の「主語」や「目的語」のように解釈されています。覚えることは何もありません。所有格の「強さ」が death と the rock star 間の強いつながりを想起させているだけのこと。あとは常識的に判断すれば正しく理解できます。日本語の「の」と同じですよ。「ロックスターの死」と言えば彼が死んだこと，「子どもの教育」なら子どもを教育することだと理解できますよね。

❸ 目的格（～を・～に）

244

(a) **I know him.**	私は彼のことを知っている。
(b) **I went fishing with them.**	私は彼らと釣りに行った。

目的格が使われる典型的な場所は，**動詞・前置詞の目的語**の位置。目的格には「指す」意識が伴っています（→ p.23）。私が知っているのは「彼！」，私が釣りを共にしたのは「彼ら！」と指す意識で使われています。

みるみる英語が使えるようになるヒント

指す意識は音読で

目的格は動詞・前置詞の目的語の位置以外でも用いられますが，常に「指す」感覚を伴っています。次の文を何度か音読をして身につけてください。自分を指差しながら，ですよ。

(a) **Who forgot to turn off the lights? ── Oops! Me.**
誰が電気を消し忘れたの？ ── おっと，私だよ。

(b) **I love classical music. ── Me, too!**
私はクラシック音楽が大好きです。── 私もです！

touch 人 on the shoulder

他動型では「目的語＋前置詞＋部位」の形を取り，行為が対象のどの部分に及んだのかを示すことがあります。

He touched me on the shoulder. （彼は私の肩に触れました）
me：目的語　on the shoulder：部位

ここでは肩の「上」を叩いたため on が選ばれていますが，**look 人 in the face**（顔を見る）なら顔という「範囲の中」が意識されるため in が，**catch 人 by the arm** なら腕という「手段で」つかむため by が選ばれます。「手段・方法」を表す前置詞は by でした。また，**(x) on my shoulder** などと所有格を使わないようにしましょう。touched me で対象が「私」であることは十分明らかなので，my shoulder は過度にしつこく感じられるからです。

❹ 所有代名詞

245

(a) **Is this your tennis racket?**
— No, mine is on the bench.
これはあなたのテニスラケットですか。— いえ，私のはベンチの上にあります。

(b) **Whose bike is that over there? — It's Barry's.**
あそこにあるのは誰の自転車ですか。— バリーのものです。

所有代名詞は「**〜のもの**」。名詞の前に置いて使う所有格（例：**your** tennis racket）とは異なり，単独で使う表現です。

Chapter 14 名詞

❺ -self 形（再帰代名詞）の使い方

246

(a) **Helen cut herself chopping carrots.**
ヘレンは，ニンジンを切りながら指を切ってしまった。

(b) **He often talks to himself.**
彼はよくひとりごとを言う。

(c) **I have to do everything myself.**
私はすべて自分で行わなければならない。

-self 形（〜自身）は，**動作が行為者自身に返ってくる**ことを示します。(a) は「自分自身（の指）を切った」。(b) は「自分自身に話しかける（ひとりごとを言う）」。(c) では I に myself を重ねることによって，「ほかの誰でもなく（誰の力も借りず）」という意味を強調しています。

-self は決まり文句によく登場します。

(d) **It is tough to make myself understood in another language.**
ほかの言語で話を理解してもらうのは大変だ。

(e) **Just relax and make yourself at home.**
気楽にくつろいでください。

(f) **Help yourself to the food on the table.**
テーブルの料理は自分で取ってくださいね。

(d) は「自分を理解される」ようにする（=make）という目的語説明文です。(e) は自分を at home「家にいる = くつろいでいる」という状態にする（=make）ということ。(f) は「自分自身を手伝う（＝自分で食べ物を取る)」という意味になります。

2 it（基本）

247

(a) How did you like the movie? —— I liked it a lot.
その映画どうだった？ —— とても気に入ったよ。

(b) I'm really sorry. It won't happen again.
本当にごめんなさい。二度とそんなことがないようにします。

it はほかの人称代名詞と同じように**「受ける」単語**です。この単語には he や she のような性別指定がなく，そのためさまざまな内容を受けることができる万能語となっています。**(a)** のように前の文脈に表れたモノ（単数）を受ける基本的な使い方のほか，**(b)** のように直接ことばには出されていない内容（やってしまったこと）を受けることもできます。

Q it と this，that の違いがよくわからないのですが？

it は this や that とは大きく異なります。人称代名詞の it は this, that のように目の前にあるものを「指す」単語ではないのです。

▶ **What is that?** （あれは何ですか）
— **(a) It's a can opener.** （缶切りですよ）
— **(b) That's a can opener.** （あれは缶切りですよ）

通常の答えは it を使った **(a)** ですが，**(b)** の答えも可能です。**(a)** の it は相手の that を受けて，「(あなたが that で指しているのは) 缶切りですよ」と述べています。一方 **(b)** の that の場合「ああ，あれは缶切りですよ」と指し直しているのです。

it は「それ」と訳されますが，完全に正確な訳とは言えません。日本語では普通 **(a)** のような受け答えで「それは缶切りです」とは言いません。「・」と相手の発言を受けて一拍置き「・缶切りですよ」と答えます。it は日本語ではしばしばことばとして出てこない「受けるキモチ」に対応しています。it を訳さないほうが日本語として自然になることが多いはそのためなのです。

1 it（状況を受ける）

248

(a) It's dark here. ここ暗いね。
(b) How's it going, Chris? クリス，調子はどう？

it は**身の回りに感じられる状況を「受ける」**こともできます。**(a)** は今いる部屋の状況を受けて「暗いよ」。**(b)** は日常会話でよく使われる挨拶で，it は相手の置かれた状況を漠然と受けています。「あなたの状況はどう (how) 進んでいますか (going)」，ここから「調子はどう？」となっているのです。

Chapter 14 名詞

❷ it（天候・時間・距離）

249

(a) **It's sunny today.** 【天候】
今日はいい天気だ。

(b) **It's Wednesday today.** 【曜日・日付】
今日は水曜日だ。

(c) **What time is it? —— It's five o'clock now.** 【時間】
今何時ですか。—— 5時です。

(d) **It's five kilometers from here to the station.** 【距離】
ここから駅までは5キロあります。

it は**天候・曜日・時間・距離**などを表す文によく使われますが，先ほどの「状況を受ける」使い方と同じです。**身の回りに流れる状況**を感じて it で受けているのです。

空を眺めていい天気 —— その状況を it で受けて It's sunny（いい天気だ）。**(b)** では現在流れる時を意識して It's five o'clock（5時です）。**(d)** の例ではここから駅まで向かう道のりを想像しています。その状況を it で受けて It's five kilometers（5キロですよ）。ただそれだけでは何が「5キロ」なのか相手には伝わりません。そこで何が5キロなのか——it の内容——を急いで説明します。from here to the station（ここから駅までは，ね)。すべての例は，身の回りの状況を it でとらえることから生まれているのです。

❸ it + to 不定詞 / 節：it をあとから説明する

250

(a) It is difficult to speak English.
英語を話すのは難しい。

(b) It takes less than 7 hours to get to Singapore.
シンガポールへ行くには 7 時間もかからない。

it の内容を **to 不定詞で説明**する形です。先ほどの It's five kilometers ... とまったく同じ意識で作られています。

まず思い浮かべた状況（英語を話すこと）を it で受けて It is difficult ...（難しいんだよ）と文を始めています。でもそれだけでは何が難しいのかが相手に伝わりません。そこで **to 不定詞（名詞的用法：～すること）**を使って it の内容の説明を行います。to speak English（英語を話すことは，ね）。まず思いついたことを思い切って It is difficult ... と始めてしまうのがコツです。説明は後からいくらでも展開していけばいいのですから。

to 不定詞に**意味上の主語**（→ p.170）を置くことも，もちろん可能です。

(c) It is tough for me to lose 2 kilos .
私にとって 2 キロ減量するのは大変なことだ。

この形の本質は，思いついたことを it で受けて文を始め，その後に説明を加えることにあります。『節』で取り上げた３種類の節（that 節，if / whether 節，wh 節）で説明を加えることも可能です。（→ p.281）

(d) It is surprising that she shouted at him.
彼女が彼を怒鳴ったのは驚きだ。

(e) It's up to you whether [if] you believe it or not.
それを信じるかどうかは君次第だ。

(f) It's still not clear when the festival will be held.
いつお祭りが催されるかはまだ明らかではない。

It ～ of 人 to ... の型

itとto不定詞のコンビネーションでもう1つ重要な型を覚えておきましょう。人物に対する評価を行う「…**するなんて～だ**」を表す形です。ofを使うことに注意しましょう。

(a) **It's so kind of you to lend me a hand.**
(私に手を貸してくれるなんて，あなたはとても親切だ)

(b) **It's so generous of you to give up so much of your time.**
(そんなにたくさんお時間を割いてくれるなんて，あなたはとても寛大ですね)

(a) ではまず相手の行為をIt's so kind（とても親切だ）と評価することから始めています。ただこれでは誰が親切なのかがわかりません。そこでkindをof youで説明します。ofは**前の語句を説明する働き**を持っています（→ p.476)。これで「なんて親切なのだろう，あなたは」と人物評価が下されています。そのあとitの内容 ―― 何をしたからそう評価したのか ―― をつけ加えます。「手を貸してくれて，ね」。この型ではto不定詞は**判断の根拠**を表しており，次の文と実質同じ意味となります。

判断の根拠

(c) **You are so kind to lend me a hand.**
(私に手を貸してくれるなんて，あなたはとても親切だ)

この型はbrave（勇敢な)，careless（不注意な)，clever / wise（賢い)，foolish / silly / stupid（愚かな)，nice（親切な)，rude（失礼な)，polite（礼儀正しい）などの形容詞とともに使われます。いずれも人物の評価でよく使われそうな形容詞ですね。説明は長くなりましたが，ポイントはkind of youのようにofを使って「あなたは親切」というカタマリを作るところにあります。音読でしっかり身につけてください。

＊ itを使った強調の形についてはp.356を参照してください。

3 人々一般を表す代名詞

251

(a) **You need a visa to travel to India.**
インドへ旅行するにはビザが必要です。

(b) **We shall overcome someday.**
私たちはいつか勝利するだろう。

(c) **They say life begins at 40.**
人生は 40 歳から始まると言う。

(d) **People always want what they cannot have.**
人は手に入らないものを常に求めるものだ。

(e) **One should be careful in those situations.**
人はそういった状況では気をつけるべきである。

「人々一般」について述べることは日常よくあります。そうした文では，ここで学んだ代名詞が頻繁に使われます。それぞれの表現のニュアンスの違いを理解して最適なものを使えるようにしておきましょう。

(a) の **you** は最も広く人々一般を表します。you（あなた）という元の意味から「話し手自身を含まない」と考えないでください。「話し手を含めた人々全般」を表すことができます。

(b) の使い方の **we** を私は “WE CLUB” と呼んでいます。ほかの人々と区別して「私たちは」。自分たちのまわりに垣根をめぐらし「**クラブ（仲間内）**」を作る感覚を伴っているからです。文章などで書き手が本来 “I” と言うべきところを “we” と表現することがあるのはこのため。仲間意識に訴えているのです。

(c) の **they** は話し手自身を含まない「人々」。例文の they say ～は「～と言われている・みんな（世間で）は～と言っている」を表す決まり文句。

(d) の **people** は少し醒(さ)めた言い方です。話し手自身を含まないのはもちろんですが，人々を自分から離れたものとして捉えた観察目線です。「人というものは」という客観的な表現です。

ここで初めて出てきた (e) の **one** は重要な代名詞です。ただ人々一般を表すこの使い方は，日常会話ではあまり使われません。you や we に比べるとはるかに高尚に感じられるからです。もしみなさんが One ... と文を始めたら周りの人は身構えるでしょう。「いいかね，人というものは…」といった高尚な話が始まりそうだから。もちろんこの one は数字の「1」の意味とつながりが感じられています。any one person（どんな個々人も）ということです。

4 繰り返しを避けるために使われる one

252

(a) **My laptop is broken, so I need to buy a new one.**
私のノートパソコンは壊れているから，新しいのを買う必要がある。

(b) **I lost my umbrella, so I bought one.**
私は傘を失くしたので，（ほかのを）買った。

(c) **Which is your daughter? —— The one with the ponytail.**
どちらがあなたのお嬢さん？ —— ポニーテールの子だよ。

(d) **What kind of movies do you like?**
—— Ones with good action scenes.
どんな映画が好き？ —— いいアクション・シーンがあるのが好きだよ。

Chapter 14 名詞

one が頻繁に使われる，もう１つの使い方を紹介しましょう。one は前の文脈に出てきた**可算名詞の代用**として使われます。同じ単語を何度も繰り返すのを避けるために用いられるのです。

(a) の one は laptop の代用。a new one ＝ a new laptop を意味しています。one は dog や cat など通常の可算名詞と同じように使います。the one と the を付けたり，ones と複数形で使うこともできます。ただ a を使うときには注意してください。a new one のように**修飾語を伴うときにのみ**可能です。× a one とは言いません。また，one は文脈上明らかなものを受けることもあります。(c) では２人の女の子のうちのどちらかを尋ねており，「(ポニーテールをしている) 女の子」という意味で one が使われています。日常会話でよく使われる次のような言い回しも，文脈上明らかなものを受けています。

(e) **Which (one) do you want? —— This (one) looks the nicest.**
どちらが欲しいのですか。 —— これが一番いいみたいです。

(f) **Can I have another (one)?**
もう１つもらえますか。

one は不可算名詞には使えない

one は dog や cat と同じ可算名詞として扱います。不可算名詞の代わりに使うことはできません。次の文の coffee は不可算なので，one を使うと不自然です。

× I like iced coffee better than hot one.
（コーヒーはホットよりアイスが好きだ。）

この場合，hot coffee と繰り返すか than hot のように省略します。

Q it と one の違いは？

it も one も前の文脈を受ける単語ですが，使い方は大きく異なります。

(a) I lost my umbrella, but luckily I found it.
(b) I lost my umbrella, so I bought one.

it はモノを受ける単語。**(a)** では「失くした傘」そのものを見つけたということ。一方 one はあくまでも「名詞の代わり」。umbrella の代わりですから，**(b)** では I bought an umbrella.（傘を 1 本買った）であり，紛失した傘ではありません。

FACT 6 固有名詞

❶ 固有名詞とは？

253

Mr. Jones arrived in Tokyo, Japan on Wednesday, September 26th. Japan is a country known for its global companies like Sony, Toyota, Nintendo and so on. He decided to visit Japan after reading Ruth Benedict's *The Chrysanthemum and the Sword*.

ジョーンズ氏は9月26日水曜日に日本の東京に到着した。日本はソニー，トヨタ，ニンテンドーなど，さまざまな世界的企業で知られている国である。彼はルース・ベネディクトの『菊と刀』を読んだあと，日本に行くことを決めた。

固有名詞はその人や物事が固有にもつ名前のこと。人名・地名・曜日・月・会社名・書名（*イタリック*［*斜字体*］などで示されます）などを含みます。固有名詞は，大文字で始め，a や the などの限定詞は基本的にはつきません。固有の名前ですからさらに指定する必要はないからです。ただし，次のような例では限定詞が使われたり，複数形になったりするケースもあります。

❷ 限定詞がついたり複数形になったりする固有名詞

254

(a) **He is the Steve Jobs of Japan.**
彼は日本のスティーブ・ジョブズだ。

(b) **I bought a Toyota.**
私はトヨタ車を買った。

(c) **There are two Lucys in our class.**
私たちのクラスにはルーシーが2人いる。

(d) **The Nancy I know is a nurse.**
私の知っているナンシーは看護師だ。

こうしたケースでは，固有名詞は**比喩的**な用いられ方をしています。(a) はアメリカのIT企業「アップル社」の設立者の名前を使って「スティーブ・ジョブズのような人」，(b) は「トヨタ」ではなく「トヨタの車」。(c)(d) は「ルーシー／ナンシーという名前の人」。その人やモノ自体を指しているわけではないのです。

Chapter 14 ● EXERCISES

1 [ ] から適切な語句を選びましょう。

(1) I went to Nagoya by [train / a train / the train] .

(2) She has two brothers. One lives in Tokyo and [other / the other / another] lives in New York.

(3) There are forty students in my class. Twenty-two are girls and [others / the others / ones] are boys.

(4) I forgot to bring pencils, so I borrowed [it / one] from a classmate.

(5) The rooms of this hotel are much cheaper than [that / those] of that hotel.

(6) [Both / Either / Neither] teams are very strong.

(7) [All / Every] member should respect the other members.

(8) There was [little / a little] time left, but no one gave up.

(9) My situation is quite different from [one / that] of my friends.

2 日本語の意味に合うように，[ ] に適語を入れましょう。

(1) 駐車場にはもう車を停めるスペースがない。
The parking lot has no [r-] for more cars.

(2) 私は夏目漱石全集を読んだことがあります。
I have read the complete [w-] of Natsume Soseki.

(3) たくさんの人が部屋にいたが，彼らの誰もそのニュースを聞いていなかった。
There were a lot of people in the room, but [ ] of them had heard the news.

(4) 次の駅で電車を乗り換えなくてはなりません。
We have to [ ] [ ] at the next station.

(5) 料理のおかわりは自分で取ってね。
[ ] [ ] [ ] more food.

(6) どうぞ気軽にくつろいでください。
Please [ ] [ ] [ ] home.

(7) 彼女があんなに流暢に英語を話すのを聞いて私は驚いた。
I was surprised to hear she spoke English [t-] fluently.

(8) タナカさん一家はお隣に住んでいます。
[ ] [ ] live next to us.

(9) ひとりごとを言わないでください。
Please don't talk [ ] [ ].

3 日本語の意味に合うように，[　　] の語句を並べ替えて英文を完成させましょう。ただし，文頭に来る語句も小文字で始まっています。

(1) タケシとケンの両方が私の計画に賛成した。
[agreed / Takeshi / with / both / and / Ken] my plan.

(2) トップチームが試合に負けたことは驚きだ。
[lost / surprising / the top team / it / that / is] the match.

(3) タケシかミドリのどちらかが会議に出ます。
[will / Takeshi / attend / Midori / either / or] the meeting.

(4) 私は英語で話を理解してもらおうとした。
I tried to [in / understood / make / myself] English.

(5) この製品は主に若者に使われている。
This product [used / young / mainly by / is / the].

(6) それを信じるかどうかはあなた次第だ。
It's [you / up to / whether] you believe it or not.

(7) 札幌へ行くのに２時間かかった。
It [get / two hours / took / to / to] Sapporo.

(8) 私を（車で）迎えに来てくれるなんて，あなたはとても親切だ。
It's so [me / to / of / you / kind / pick] up.

(9) 他人の言うことを決して聞かない人たちもいる。
There are [listen / those / won't / who] to others.

Chapter 14 ● EXERCISES ● Answers

1 (1) I went to Nagoya by [train].

(2) She has two brothers. One lives in Tokyo and [the other] lives in New York.

(3) There are forty students in my class. Twenty-two are girls and [the others] are boys.

(4) I forgot to bring pencils, so I borrowed [one] from a classmate.

(5) The rooms of this hotel are much cheaper than [those] of that hotel.

(6) [Both] teams are very strong.

(7) [Every] member should respect the other members.

(8) There was [little] time left, but no one gave up.

(9) My situation is quite different from [that] of my friends.

訳 (1) 私は電車で名古屋に行った。

(2) 彼女には兄弟がふたりいる。ひとりは東京に，もうひとりはニューヨークに住んでいる。

(3) 私のクラスは40人生徒がいます。22人が女子で，その他が男子です。

(4) 私は鉛筆を持っていくのを忘れたので，クラスメートに1本借りた。

(5) このホテルの部屋はあのホテルよりずっと安い。

(6) どちらのチームもとても強い。

(7) すべてのメンバーはほかのメンバーを尊敬すべきです。

(8) 時間はほとんど残っていなかったが，誰もあきらめなかった。

(9) 私の状況は友だちのとはかなり異なっている。

2 (1) The parking lot has no [room] for more cars.

(2) I have read the complete [works] of Natsume Soseki.

(3) There were a lot of people in the room, but [none] of them had heard the news.

(4) We have to [change] [trains] at the next station.

(5) [Help] [yourself] [to] more food.

(6) Please [make] [yourself] [at] home.

(7) I was surprised to hear she spoke English [that] fluently.

(8) [The] [Tanakas] live next to us.

(9) Please don't talk [to] [yourself].

3 (1) [Both Takeshi and Ken agreed with] my plan.

(2) [It is surprising that the top team lost] the match.

(3) [Either Takeshi or Midori will attend] the meeting.

(4) I tried to [make myself understood in] English.

(5) This product [is used mainly by the young].

(6) It's [up to you whether] you believe it or not.

(7) It [took two hours to get to] Sapporo.

(8) It's so [kind of you to pick me] up.

(9) There are [those who won't listen] to others.

Chapter 15
形容詞

第**18**回

「形容詞」とは名詞を修飾する語。使い方の基本は，「名詞の隣に置く」です。しかし，「指定ルール」「説明ルール」によって文中の配置が決まります。名詞の前に置いて「指定する」のか，後ろに置いて「説明」を加えていくのか，この2つの感覚をコントロールすることが大切です。英語は「位置」のことばであることを，ここでもう一度確認しながら，解説動画（第18回）を視聴しましょう。

形容詞のコア

Chapter 15で学ぶこと

Chapter 15では形容詞にまつわる基本的なFACTを学びます。「形容詞」とは名詞を修飾する語のこと。修飾語であるということは，そう，「指定ルール」「説明ルール」によって文中の配置が決まります。

(a) Look at that big panda. あの大きいパンダを見てごらん。

(b) I'd like to drink something hot. 何か温かいものが飲みたい。

(a) の形容詞 big は panda を「指定」しています。ただの「パンダ」ではなく「大きなパンダ」とその種類を指定しています。一方，名詞の後ろに置かれた **(b)** の hot は，something の説明です。この文で話し手は基本的に「何かが飲みたい」と述べています。でも something では不十分と感じ「熱いやつ，ね」と説明を付け足しているのです。名詞の前に置かれた形容詞が「指定」する感触，後ろに置かれた形容詞が「説明」を加えて行く感触。この2つの感覚をコントロールすることが，形容詞を使う上で何よりも大切なのです。

形容詞は kind（親切な），busy（忙しい）などといった典型的なものばかりではありません。英語は位置のことばです。名詞の前後に配置すれば典型的な形容詞でなくても形容詞として機能します。

(c) customer satisfaction 顧客満足
(d) machine translation 機械翻訳
(e) English-speaking countries 英語圏の国々 **→現在分詞（p.208）**
(f) written English 書きことばの英語 **→過去分詞（p.208）**

(e), (f) の現在分詞・過去分詞はもちろん，customer（顧客）や machine（機械）といった名詞も形容詞として使うことができるのです。試しに **(c)** 全体を形容詞として使ってみましょう。

(g) customer satisfaction survey 顧客満足度調査

気楽に名詞の隣に置く，それが形容詞をマスターするためのコアとなります。

FACT 1 前置きの形容詞

❶ 名詞を前から修飾

255

(a) Look at the cute cat over there.
あそこにいるかわいらしいネコを見てごらん。

(b) This is great coffee!
これは素晴らしいコーヒーですね！

形容詞を前に置いた場合，後ろの名詞の種類を指定します。 (b) は単なる coffee ではなく「素晴らしいコーヒー」と，どんなコーヒーかをあらかじめ指定しているのです。複数の語が形容詞の働きをしている場合にも，この原則は変わりません。前に置いて修飾する場合，the, a, these などの限定詞の後ろに置きます。

❷ 形容詞を重ねる

256

(a) Jeans are comfortable and stylish pants.
ジーンズは着心地がよく，おしゃれなズボンです。

(b) Mr. Davis is a funny but strict teacher.
デイビス先生はおもしろいけれど厳しい先生です。

(c) Look at that beautiful silk dress.
あのきれいな絹のドレスを見てごらん。

形容詞は (a)(b) のように接続詞を使ったり，(c) のように単にそのまま重ねて使ったりすることができます。

形容詞をそのまま重ねるケースでは，形容詞の種類によって自然に感じる順序があり，たとえば×silk beautiful dress とは言いません。この順序はおおよそ次の表にまとめることができます。

限定詞	形容詞					名詞
	感想・評価	大きさ	新旧	色	材料・所属	
a	funny		old	blond	American	guy
my	comfortable		old		leather	armchair
this[the]		big		yellow		bird

▶ **a** funny old blond American **guy**
ゆかいな，年をとった金髪のアメリカ人の男

▶ **my** comfortable old leather **armchair**
僕の楽ちんな，古くて皮でできた肘掛けイス

▶ **this** big yellow **bird**
この大きな黄色い鳥

Q この表，覚えられないんですけど…。

…無理もありませんね。それではコツを１つお教えしましょう。この語順は名詞への「近しさ」（距離）に基づいています。

(a) **that** beautiful **silk dress** あの綺麗な絹のドレス

(b) **a** funny old American **guy** ゆかいな，年をとったアメリカ人の男

洋服（ドレス）にとって絹であるのか皮であるのかその材質は本質的な性質です。ですが「美しい」は，ドレスの性質を離れた主観的な要素。そこでより遠くから修飾します（(a)）。(b) の形容詞の語順も「近しさ」の順。人間にとって「国籍」は重要で本質的な要素。簡単に変化する「年をとった」はより遠くから修飾。「ゆかいな」といった主観的な評価はさらに遠くから。なんとなくわかりましたか？

この表を神経質に丸暗記する必要はありません。なんとなくで大丈夫。でもときどき眺めてもらえたら英語に慣れるにしたがって「ああ自然な順だな」と感じられるようになりますよ。

❸ 複数の語で形容詞を作る

257

(a) **I have a 10-year-old sister.**
私には 10 歳の妹がいます。

(b) **This is a once-in-a-life-time opportunity.**
これは一生に一度の機会だよ。

複数の語で形容詞を作ることもできます。ハイフン (-) で結ばれていることに注意してください。「1つのまとまった語ですよ」を明示するためにつけられています。ほかにも no-win-no-lose **situation**（勝者も敗者もない状況）, behind-the-scenes **effort**（舞台裏の努力）, hard-to-believe **story**（信じ難い話）など数多くの表現があります。

参考

10-year-old sister： 10-year-old sister の year に複数形 -s がついていないことに気がつきましたか？ 25-meter pool（25 メートルプール）, 3-year contract（３年契約）など，数値を含んだ語が前から修飾するとき，複数の -s が落ちます。（後ろからの修飾では：My daughter is 5 years old.）

みるみる英語が使えるようになるヒント

自由に作っていいのです

このような形容詞は「自由に」作ることができ，小説などでは日夜量産されています。I can't stand her I-know-better-than-you **attitude.**（彼女の「私はあなたより知ってるよ」という態度が耐えられないんだ）――なるほどと思いませんか？ ぜひみなさんのオリジナルを作ってみて下さい。自分で考えてみる，そうやって英語力は伸びていくものなのです。

FACT 2 後ろ置きの形容詞

❶ 説明語句として

258

(a) **Lucy is so kind.**
ルーシーはとても親切です。

(b) **My teacher is strict but fair.**
私の先生は厳しいけど公平です。

(c) **I'll make you happy.**
君を幸せにするよ。

(d) **I'd like my coffee black.**
コーヒーはブラックでお願いします。

まずは説明語句の位置の形容詞。説明型／目的語説明型 (p.18・p.26) で使われます。

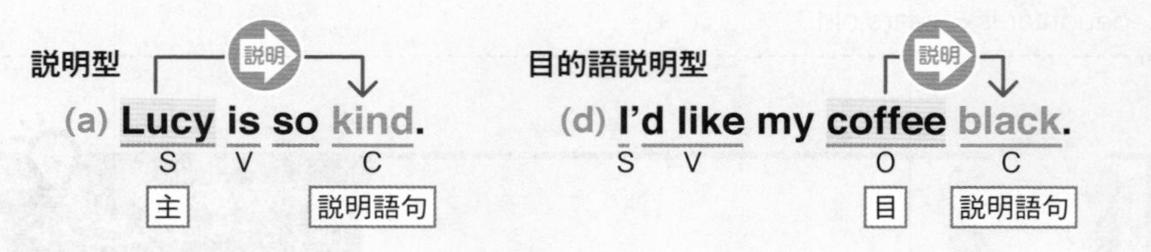

後ろは「説明」の位置でした。(a) は Lucy を「親切ですよ」と説明。(d) は目的語 my coffee を **black**（ブラック：砂糖もミルクも入れないということ）で説明しています。

❷ 名詞を後ろで説明

259

(a) **I've never met anyone so rude.**
私はこんなに失礼な人に会ったことがない。

(b) **There is something mysterious about him.**
彼には何かミステリアスなところがある。

(c) **I've tried everything possible.**
できることは全部やったよ。

(d) **This is the worst scenario imaginable.**
これは考えうる最悪のシナリオだ

(e) **I was given a bag full of candies!**
お菓子で一杯の袋をもらったよ！

形容詞を使って名詞の後ろで説明を加えていくことができます（修飾語句）。典型的な例は，-body[-one]，-thing，最上級の後ろなど。共通した意識はもちろん「説明を加えていく」意識です。

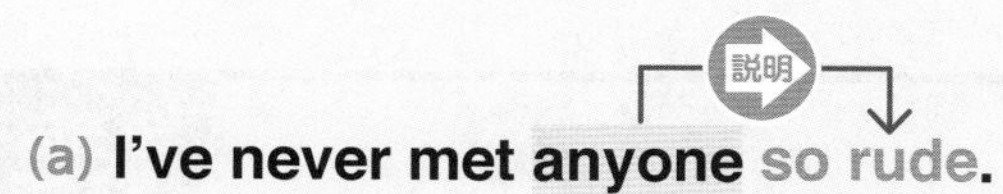

説明
(a) I've never met anyone so rude.

(a) の文で話し手は「誰にも会ったことがない」とまず主張しています。ただそれだけではこの文は意味をなしません。そこでどんな「誰にも」なのかを **so rude**（こんなに失礼な，ね）と説明を加えているのです。(b) もまず「何かがある」。どんな何かを **mysterious**（謎めいた，ね）と説明。about は「まわり」（→ p.464）ですから，彼には何か謎めいた雰囲気があることになります。

形容詞が後ろから修飾するとき，話し手は名詞の時点で言いたいことを「言い切って」います。(d) は「最悪のシナリオだよ」，(e) は「袋をもらった」それが言いたいこと。どんな「最悪のシナリオ」なのか，どんな「袋」なのか，詳しい説明は後回し —— それが後ろからの修飾のリズムなのです。

❸ 数量を後ろで説明

260

(a) **That building is 150 meters high and 35 meters wide.**
あのビルは高さ 150 メートル，幅 35 メートルです。

(b) **The Great Seto Bridge is 13.1 kilometers long.**
瀬戸大橋は長さ 13.1km です。

(c) **You have to be 17 years old to drive a car in the U.K.**
イギリスでは車を運転するには，17 歳でなくてはならない。

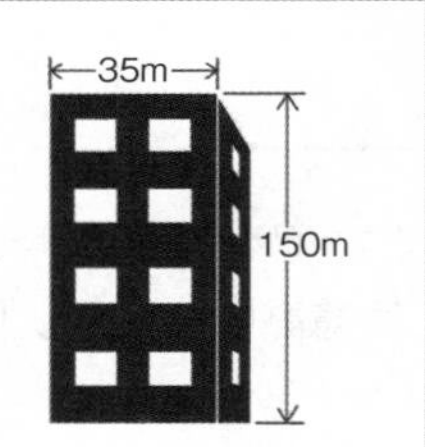

数量の後ろの形容詞もよく使われるパターンです。やはり説明。「あのビルは 150 メートル」と言っただけでは，厳密ではありません。そこで「高さが，ね」と説明を加えています。

みるみる英語が使えるようになるヒント

説明ルールが描くリズム

「形容詞は名詞の後ろで修飾することがある」。この現象を形容詞だけにとどめてはなりません。日本語にはない英語特有のリズム，「説明は後回し」（説明ルール）を見抜いてください。

(a) **I want something to drink.** 【to 不定詞：形容詞的用法】
何か飲み物が欲しい。

(b) **I came to the conclusion that it was pointless discussing anything with him.** 【節による修飾】
彼と何を話し合ってもムダだという結論に達した。

(c) **This is the guy I met on my flight to London.** 【関係代名詞節】
これがロンドン行きの飛行機で出会った男の人です。

(d) **This is the picture painted by my father.** 【過去分詞】
これは父が描いた絵です。

文法上の分類はさまざまですが，これらの形はすべて同じキモチ・同じリズムで結ばれています。まずは「言い切る」そして「説明は後回し」です。「何かが欲しい」「結論に達した」「これがその男の人です」「これはその絵です」。どういった「何か」「結論」「男」「絵」なのかはあとで説明すればいい，to 不定詞でも節でも関係代名詞節でも都合のいい形で説明すればいい——これが英語のリズムです。

さらに言えば，次のレポート文もまた「トムは言った」と言い切り，言った内容は節で後回し —— 同じリズムで出来上がっています。

(e) **Tom told me he loved me.** トムは私が大好きだと言ってくれた。

英語初心者のうちは，１つ１つ文法事項を学ぶ必要があります。でもそれは学習の目的ではありませんし，それだけでは実用英語には届きません。目的はその向こう。さまざまな形を支配する英語のリズムをマスターすることにあります。そのもっとも重要な１つが，説明ルールが描く「説明は後回し」のリズムなのです。

前から修飾か・後ろからか

ほとんどの形容詞は，前置き・後ろ置きどちらの修飾位置もとりますが，中にはどちらか一方しかとらないもの，位置によって意味を変えるものがあります。

❶前置きのみ

(a) **This is my only son.** （×**My son is only.**）
これが私のただひとりの息子です。

(b) **This is the main road.** （×**This road is main.**）
これが主要な道路です。

only や main は後続の名詞が常にどういった種類のものなのかを指定する単語であるため，常に前置きになります。ほかにも mere（単なる），chief（もっとも重要な），former（元の）などがありますが，やはり指定の働きをする単語です。

❷後ろ置きのみ

(a) **He is still asleep.** （×the asleep boy → ○the sleeping boy）

（彼はまだ眠っているよ）

(b) **I'm afraid of spiders.** （×the afraid girl → ○the scared girl）

（私はクモが恐い）

説明に特化した単語は，後ろ置きでのみ使います。asleep, afraid は「そうした状態にいる」という説明を行うため，常に後ろ置きとなります。ほかにも alive（生きている），awake（起きている），alone（ひとりでいる）などがあります。

❸前置き・後ろ置きで意味が変わるもの

(a) **The special lunch is only available on certain days.**

（そのスペシャルランチはある期間限定です）

(b) **I'm certain I locked the door.** （僕，絶対ドアに鍵をかけたよ）

certain は前に置かれると「ある，一定の」，後ろに置かれれば「確信している，確実だ」となります。次の単語の「前置き」「後ろ置き」にも注意しておきましょう。

(c) （前） **my late grandfather** （私の亡くなった祖父）

（後） **I was late for the class.** （授業に遅刻した）

(d) （前） **the present situation** （現在の状況）

（後） **I wasn't present at that meeting.**

（あのミーティングに出ていなかった）

certain の 2 つの意味は無関係ではない

certain のもつ 2 つの意味「ある，一定の／確実だ」は，もちろん無関係ではありません。どちらも確信に満ちた表現。I met a certain guy.（ある男にあったんだよ）は，some guy とは違います。ぼんやりと「ある男」ではありません。特定の具体的な「ある男」に会ったのです。The special lunch is only available on certain days.（そのスペシャルランチはある期間限定です）にはいささかもぼんやりした感触を含んでいません。「11/11 ～ 12/4」など，クッキリした特定の「ある期間」。100% の確信で「ある男」「ある期間」ということなんですよ。

FACT 3 自由に形容詞

形容詞に見えない語も形容詞として働く

261

(a) We have to do everything to prevent animal abuse.
動物虐待を防ぐために我々はあらゆることをしなければならない。

(b) There are many English-speaking countries.
英語を話す国がたくさんある。

(c) Written English is sometimes different from spoken English.
英語の書きことばは話しことばとときどき異なる。

名詞を修飾する語は典型的な形容詞だけではありません。名詞に隣接（直前や直後）する修飾語句は，常に形容詞的な働きをもっています。

(a) は名詞が形容詞的に働いているケース。child **actor**（子どもの俳優：子役），hotel **room**（ホテルの部屋），wrist **watch**（腕時計），summer **vacation**（夏休み），car **key**（車の鍵），dog **food**（犬の餌），bird **cage**（鳥かご）など。たいへんポピュラーな修飾法です。

(b) は現在分詞（→ p.208），**(c)** は過去分詞（→ p.208）。多くの現在分詞は前置きでも後ろ置きでも使えますが，意味の違いに注意してください（例は下の表）。**前置きは種類の「指定」，後ろ置きは「説明」**です。

	前置き	後ろ置き
rising	rising **sun** 朝日	**Prices are** rising. 物価が上昇している。
running	running **water** 水道水	**The man** running **is Ken.** 走っている男はケンです。
spoken	spoken **English** 英語の話しことば	**English is** spoken **in Canada.** カナダでは英語が話されている。

主語に注意が必要な形容詞

(a) **I'm so happy to hear that.**
(それを聞いてとてもうれしく思います)

(b) **Please come whenever it is convenient for you.**
(あなたのご都合がいいときいつでもいらしてくださいね)

「誕生日にもらったプレゼントはうれしかったなあ」──日本語の「うれしい」は，ときにできごとやモノを主語としますが，英語の happy は違います。**happy**（幸せな・うれしい）は人に宿る感情。主語としてとれるのは（典型的には）人に限るのです。同様に **glad**（うれしい），**sorry**（悲しい）など感情を表す形容詞，また **able**（～することができる）もそうした感情や能力を有する主体，典型的には人を主語にとる形容詞です。

逆に (b) の **convenient**（便利・都合がいい）は，人を主語にとることはできません。日本語で「君が都合のいいとき」とは言えても，× whenever you are convenient とは言えないのです。上のように convenient for you（君にとって都合がいい）と使ってください。同じように，人を直接形容することを避けるものに **necessary**（必要な），**essential**（不可欠な）があります。どうしても人を主語にしたいときには，You are **an essential member** of our team.（君はチームの不可欠な一員だよ）などと名詞の形にして逃げることができますよ。

Chapter 15 ● EXERCISES

1 [　　] から適切な語句を選びましょう。

(1) She has a [12-year-old / 12-years-old] brother.
(2) I want [cold something / something cold] to drink.
(3) Can you see a [small red / red small] light over there?
(4) This tunnel is 2,000 [long meters / meters long].
(5) You can come here by car if [you are / it is] convenient.

2 日本語の意味に合うように，[　　] に適語を入れましょう。

(1) 私は吠える犬が怖い。
I'm [a-　　] of barking dogs.
(2) できることは全部やってみたい。
I want to try [e-　　] [p-　　].
(3) 私たちは考えうる最良の結果を得た。
We got the best results [i-　　].

3 [　　] に共通して入る語を書きましょう。

(1) 現在の状態：the [p-　　] conditions
すべての生徒がその授業に出ていたわけではなかった。
Not all the students were [p-　　] at that class.
(2) 彼女の亡くなった祖母：her [l-　　] grandmother
次は遅れるなよ。Don't be [l-　　] next time.
(3) 商売を始めるにはある程度のお金が必要だ。
You need a [c-　　] amount of money to start a business.
絶対にあなたは成功します。
I'm [c-　　] that you will succeed.

4 日本語の意味に合うように，[　　] の語句を並べ替えて英文を完成させましょう。ただし，文頭に来る語句も小文字で始まっています。

(1) この本には何かユニークなところがある。
There is [this / about / book / unique / something].
(2) 私の娘はおもちゃでいっぱいの箱をもっている。
My daughter [box / a / of / has / full] toys.

1 (1) She has a [12-year-old] brother.
(2) I want [something cold] to drink.
(3) Can you see a [small red] light over there?
(4) This tunnel is 2,000 [meters long].
(5) You can come here by car if [it is] convenient.

訳 (1) 彼女は 12 歳の弟がいる。
(2) 何か冷たい飲み物がほしい。
(3) あそこに小さな赤い光が見えますか。
(4) このトンネルは 2,000 メートルの長さだ。
(5) 都合がよければここに車で来てもいいですよ。

2 (1) I'm [afraid] of barking dogs.
(2) I want to try [everything] [possible].
(3) We got the best results [imaginable].

3 (1) the [present] conditions
Not all the students were [present] at that class.
(2) her [late] grandmother
Don't be [late] next time.
(3) You need a [certain] amount of money to start a business.
I'm [certain] that you will succeed.

4 (1) There is [something unique about this book].
(2) My daughter [has a box full of] toys.

Chapter 16

副詞

第19回

形容詞が名詞を修飾するのに対し，「副詞」は「名詞以外」を修飾する要素の総称。副詞にはさまざまな種類があり，その働きをするものは1語に限りません。こう説明すると少し難しく感じるかもしれませんが，みなさんなら大丈夫。なぜなら，副詞が修飾語句である以上，「指定ルール」「説明ルール」に従うからです。では，その使い方を，解説動画（第19回）で確認しましょう。

副詞のコア

Chapter 16 で学ぶこと

このchapterでは副詞にまつわる基本的なFACTを紹介しましょう。「副詞」は名詞以外のさまざまな語句を修飾する要素の総称です。副詞にはさまざまな種類があります。

(a) **I walked my dog yesterday.** 【時】
昨日私は犬を散歩に連れて行ったよ。

(b) **Come here.** 【場所】
ここに来て。

(c) **He is very smart.** 【程度】
彼はとても頭がよい。

(d) **My father always cooks dinner on weekends.** 【頻度】
父はいつも週末に夕食を作ってくれます。

(e) **Honestly, I have no idea where she went.** 【発言態度】
正直なところ，彼女がどこに行ったのかわかりません。

また副詞の働きをするものは1語に限りません。「時」の副詞を眺めてみましょう。

(f) **We had a party last night.** 【副詞句】
私たち昨晩パーティーやったんだ。

(g) **Wake me up at 6:30, Mom.** 【副詞句】
お母さん，6時30分に起こしてね。

(h) **The doorbell rang when I was in the shower.** 【副詞節】
シャワー浴びてるときにドアのチャイムが鳴った。

種々雑多な表現を含む文の要素，副詞。ですが学習は難しくありません。副詞が修飾語句である以上，私たちがすでに慣れ親しんだ「指定ルール」と「説明ルール」に従うからです。副詞は文中に置くべき場所が特に複雑ですが，この２つの原則を身につけたみなさんの敵ではありません。

さあ，始めましょう。

FACT 1 後ろ置きの副詞（説明）

❶ 時を表す副詞

262

(a) **I walked my dog yesterday.**
昨日私は犬を散歩に連れて行ったよ。

(b) **We had a party last night.**
私たち昨晩パーティーやったんだ。

(c) **Wake me up at 6:30, Mom.**
お母さん，6 時 30 分に起こしてね。

時を表す副詞は，文末が定位置です。時を表す語句は文で表された状況がいつ起こったのかについて「説明」する，だから文末となります。説明ルールです。

説明
(a) I walked my dog yesterday.
文

❷ 場所を表す副詞

263

(a) **Strange things happened here.**
ここで奇妙なことが起こったんだよ。

(b) **Many people were waiting at the bus stop.**
たくさんの人々がバス停で待っていた。

場所の副詞も文末が定位置。文で表された状況がどこで起こったのかについて説明を加えるからです。

説明
(a) Strange things happened here.

文

みるみる英語が使えるようになるヒント

頭で理解するだけでは十分ではありません

文内容を説明するから文末に配置。みなさんならすぐに理解ができるはずです。ただ「理解」だけでは困ります。理解で終わった文法事項は実践の役には立ちません。会話でいちいち「場所は文末だったなあ」と思い出している暇はないのです。**I walked my dog** ➡（説明するキモチで）yesterday. と意識的に音読を繰り返してください。頭を使わなくてもすぐに文末で使えるようになりますよ。

定位置からの移動

副詞の配置にはある程度の自由があります。文の前後関係や強調によって場所を変えることもしばしば。先ほどの例では文頭に移すこともできます。

(a) Yesterday, **I walked my dog.**
(b) At the bus stop, **many people were waiting.**

Yesterday, I walked my dog.

この場合，聞き手は文末の定位置からの意図的な移動を了解し，yesterday を強調する意図を読み取ります。書きことばではカンマ (,)，話しことばではポーズ（小休止）が置かれ，定位置から移されたことが示されます。

❸「どのように」「どれくらい」（様態・程度）を表す副詞

264

(a) **Walk** quietly.
静かに歩きなさい。

(b) **We ran** really fast **and just managed to catch the last train.**
私たちは本当に速く走って，ギリギリ終電に間に合った。

(c) **I beat my best time** by 0.8 seconds.
私は自己ベストを 0.8 秒上回った。

「どのように」あるいは「どれくらい」行為がなされたか（様態・程度）を説明する表現は動詞（句）の後ろが定位置です。動詞（句）の内容を説明する意識で副詞を添えます。

❹ 副詞の重ね方

265

(a) **They argued bitterly in the restaurant last night.**
彼らは昨晩レストランで激しく口論しました。

(b) **The barbecue will start around one o'clock tomorrow.**
バーベキューは明日のだいたい１時からです。

(c) **I met her at a café in Ginza.** 私は彼女とは銀座のカフェで会いました。

文末に置いた副詞同士の順序を整理しましょう。**(a)** から**「様態→場所→時間」が基本**となっていることがわかりますね。様態が一番「内側」に来るのは不思議なことではありません。様態は行為を修飾するのに対し，場所・時はそれを含む文（状況）全体を説明するからです。

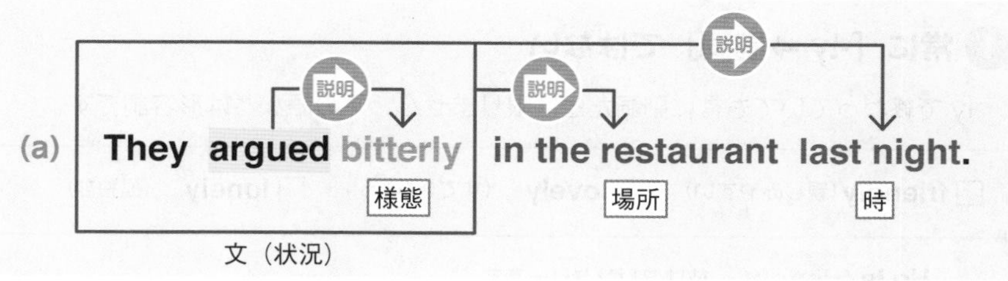

(b)(c) のように時間同士・場所同士なら「狭➡広」が標準的な語順です。それはもちろん説明ルールが働くから。

説明
(c) I met her at a café in Ginza.
説明

話し手はまず I met her と状況を述べてから，それがどこで起こったのかを at a café で説明しています。そして次に a café がどこにあるのかを「銀座の，ね」とさらに説明。in Ginza at a café では Ginza を at a café で説明することになり不自然になってしまうのです。

Chapter 16 副詞

-ly 副詞について

英語には「形容詞＋ ly」で副詞になる語が数多くあり，-ly は副詞であることを示す重要な手がかりとなっています。

(a) **My computer is slow.** 僕のパソコンは遅い。 【形容詞】
(b) **My computer works slowly.** 僕のパソコンはのろのろ動く。 【副詞】

□ **slow / slowly** (ゆっくりな／ゆっくりと)	□ **true / truly** (本当の／本当に)
□ **happy / happily** (幸せな／幸せに)	□ **simple / simply** (単純な／単に)
□ **easy / easily** (簡単な／簡単に)	□ **beautiful / beautifully** (美しい／美しく)

※綴りに注意。単純に -ly を付けるだけではないものもあります。

大変便利な -ly ですが，いくつかの注意点があります。

❶ 常に「-ly ➡副詞」ではない

-ly で終わっていても常に副詞だとは限りません。下の語などは形容詞です。

□ **friendly** (親しみやすい)	□ **lovely** (すてきな)	□ **lonely** (孤独な)

(a) **He is friendly.** 彼はフレンドリーです。

❷ 形容詞・副詞共用

同じ単語が形容詞・副詞共用となる例が数多くあります。

□ **early** (早い／早く)	□ **first** (最初の／最初に)	□ **long** (長い／長く)
□ **fast** ((速度が) 速い／速く)	□ **last** (最後の／最後に)	□ **far** (遠くの／遠くに)
□ **hard** (堅い，難しい，一生懸命な／一生懸命に)		
□ **right** (右の，正しい／右に，正しく) ※ right（正しい）は副詞では rightly（正しく）を使うこともあります。		

(a) **He is an early riser.** 彼は早起き（な人）です。 【形容詞】
(b) **He gets up early.** 彼は早く起きる。 【副詞】

❸ -ly がつくと意味が離れる

-ly がつくと，元の単語から意味が離れることがあります。

- ☐ **hard / hardly** （堅い，難しい／ほとんど〜ない）
- ☐ **late / lately** （遅刻して／最近）
- ☐ **most / mostly** （ほとんどの／たいていの場合）
- ☐ **near / nearly** （近い／ほとんど（しそう））

(a) **Last week's assignment was hard.** 先週の宿題は難しかった。

(b) **We hardly know each other.** 私たちはほとんどお互いを知らない。

Q Think different. って？

みなさんはこうしたフレーズをテレビや広告で見たことがあるかもしれません。アレッ？　不思議ですよね。think（動詞）を修飾するから differently なんじゃないかって。でもこうしたフレーズは口語でしばしば使われます。

(a) **My dog walks so slow.** (うちの犬，歩くのがスッゴク遅いんだ)

(b) **In this business you have to think different.**

（この仕事では，違った視点から考えてみる必要がある）

なぜ本来 slowly, differently になるべきものから -ly が抜け落ちるのでしょうか。それは結局のところ「英語が位置のことばだから」です。説明ルール（後ろに置かれた語句は前を説明する）を思い出しましょう。think の後ろに different があれば当然 different は think の説明であり，副詞ということになります。つまり -ly がなくても十分意味が伝わります。「意味がわかるなら，短くキレのあるほうを使ってみよう」，それがこうしたフレーズの原動力なのです。

先ほど説明した「形容詞・副詞共用」の単語が，実用上何の問題もない理由も同じです。

同じ形をしていても，置く場所で働きがわかる。だからこそ，同じ単語を使い回すことができるのです。

(c) **Use your right hand.** （右手を使いなさい）

(d) **Turn right at the post office.** （郵便局で右に曲がって）

(c) は名詞の前，つまり形容詞。(d) は動詞の後ろ，副詞となります（右に，ね)。英語で大切なのは位置・位置・位置なのです。

FACT 2 前置きの副詞（指定）

❶ さまざまな指定語句

266

(a) **His English is surprisingly good.**
彼の英語は驚くほどいい。

(b) **I ate a chocolate parfait just because I wanted to!**
私はただ食べたかったからチョコレートパフェを食べたのよ！

(c) **I was bad-mouthing my dad and he was standing right behind me!**
お父さんの悪口を言っていたら，本人が私のすぐ後ろに立っていたのよ！

(d) **You can use smartphones only in this area.**
スマートフォンはこのエリアでしか使えません。

前に置かれた語句は後ろを指定します（指定ルール）。ここに挙げた副詞はすべて後ろの語句を指定しています。(a) は単に「よい」ではなく「驚くほどよい」とどんな種類の「よさ」なのかを指定しています。(b) は「～だから」ではなく「ただ～だから」。(c) は単なる「後ろ」ではなく「すぐ後ろ」。(d) も「このエリアだけ」と唯一のエリアに指定しています。

❷ 動詞句指定

267

(a) **He almost [nearly] missed his flight.**
彼はほとんど飛行機に乗り遅れるところだった。

(b) **I kind of like it.** なんとなく好きですよ。

(c) **Tom hardly slept last night.** トムは昨夜ほとんど寝ていなかった。

動詞句の内容を指定する例です。(a) は「乗り遅れた」のではなく「ほとんど乗り遅れた」。(b) の **kind of** は口語でしばしば使われます。「まあまあ・なんとなく～」。like it のレベルを指定しているのです。(c) の **hardly** は「ほとんど～ない」。**slept** のレベルを「0」近くに指定しています。**not**, **never**（決して～ない）など，否定的な語句は常に前置きとなります（→ p.313）。

❸ 程度表現

268

(a) **The noise is so [very / a bit] annoying.**
騒音が，とっても［大変／ちょっと］うっとうしい。

(b) **That is totally [completely] out of the question.**
それはまったく［完全に］問題外ですね。

レベル指定

程度を表す副詞は前が定位置です。程度とはレベルの「指定」だからです。「指定」にはさまざまなタイプのものがありますが，もっともポピュラーなものはこの「レベル指定」です。単に annoying（うっとうしい）なのか，それとも a bit annoying（ちょっとうっとうしい）なのか。はたまた very annoying（大変うっとうしい）なのか，so annoying（とってもうっとうしい）までいってしまうのか。後続表現のレベルを指定する意識で使います。so は感情が乗る単語で，very を上回る強さがあります。

❹ 頻度表現

269

(a) **I usually get up around seven.**
私は普段7時ぐらいに起きる。

(b) **They are always together, everywhere they go.**
どこに行こうが，彼らはいつも一緒だよ。

(c) **We often go out to eat on Friday.**
私たちはよく金曜日に外食する。

(d) **She rarely [hardly ever / seldom] makes the same mistake twice.**
彼女が同じ間違いを２回することはめったにない。

(e) **She never returns my calls.**
彼女は決して折り返しの電話をくれない。

レベル指定

頻度表現は動詞の前が標準の位置です。それは動詞以降の行為がどんな「レベルの頻度で」行われるかを指定するためです。やはりレベル表現なら前置きなのです。なお，(d) の hardly ever（めったに～ない）は１語のように感じられています。まとめて取り扱ってください。

文法用語 準否定語

not（→ p.312）や no，(e) の never といった完全な否定を表す否定語に対し，(d) の rarely，hardly ever，seldom など，弱い否定を表す語を「**準否定語**」といいます。

フレーズで使う副詞は後ろが標準

「程度」「頻度」などレベル表現は前置きです。ただ「程度・頻度」であっても数語にわたるフレーズとなると後ろに置くのが基本です。

His English is improving very much [a great deal / a little].【程度】
彼の英語は大変［大変／少し］進歩しています。

We eat out from time to time [every now and then / once a week].【頻度】
私たちはときどき［ときどき／週に１度］外食します。

動詞の前に置かれる副詞の位置

be 動詞や助動詞がある文では，副詞の置かれる位置に注意が必要です。

❶【be 動詞】 **be動詞副詞～**

My friends are always supportive. 私の友だちはいつも力になってくれる。

動詞前に置かれる副詞は，be 動詞文では be 動詞の後ろとなります。be 動詞に意味がない（→ p.10）からです。内容をもった単語（上の例文では supportive）の直前に置くのです。

❷【助動詞】 **助動詞副詞動詞など～**

助動詞を含んだ文では，副詞は助動詞の後ろが定位置。

(a) **I can hardly imagine it.**（**× I hardly can**）
ほとんど想像できない。

(b) **I have never broken the law.**（**× I never have**）
法律を破ったことがない。

be 動詞を使った文でも助動詞の後ろとなります。

(c) **I have never been to Hawaii.**（**× I never have been ..., × I have been never ...**）

僕はハワイに行ったことがない。

一見複雑に見えますが，以上の語順はみなさんよくご存じの not と同じです。

(d) **I am not a lawyer.**（be 動詞の後ろ）
私は弁護士ではありません。

(e) **I cannot do it.**（助動詞の後ろ）
それをすることはできないよ。

(f) **I cannot be an astronaut.**（助動詞の後ろ）
私は宇宙飛行士になれない。

その理由は簡単です。not も前置き副詞だから同じルールに従っているのです。

みるみる英語が使えるようになるヒント

回数を伴う頻度を表す

We go out once a week.
デートするよ。

「週に１度」など回数を伴う頻度の述べ方を学んでおきましょう。once[twice/three times] a week[month/year]（週［月／年］に１［２／３］度）など回数表現と期間を並べるだけ。書きことばでは per（〜につき）を使いしっかりと述べるほうが好まれます（once per week: １週間につき１度）。また「３週間に１度」「４年に１度」など，期間が複数形になる場合には every 3 weeks, every 4 years など，every（毎）を使います。

5 確信の度合い

270

(a) **We will definitely [surely / probably / perhaps] make it on time.**
私たちは絶対［きっと／おそらく／もしかすると］時間に間に合うよ。

「絶対〜する」「きっと〜する」など，（話し手の）確信の程度を表す副詞は動詞の前に置きます。動詞以降がどれくらいの可能性があるのか，そのレベルを指定するためです。

こういった副詞は文頭に置くことも可能です。

(b) **Perhaps we will make it on time.**

この場合，文全体が示す状況の可能性を指定することになりますが意味は変わりません。日本語でも「私たちはたぶん間に合うよ」と「たぶん，私たちは間に合うよ」は同じように使われます。

❻ 文全体の内容についての話し手の評価

271

(a) **Happily, no one was injured.**
幸運なことに，誰もケガしなかった。

(b) **Clearly, I cannot handle this situation alone.**
明らかに，私だけではこの状況はどうにもならない。

後続文の内容はこうした種類の事柄なんだよと，話し手の評価をあらかじめ述べるタイプの副詞です。文内容の指定であるため，文頭が標準位置となります。

(a) **Happily, no one was injured.**

Vocabulary 「話し手の評価」を表すその他の表現

□ **luckily**（ラッキーにも）	□ **fortunately**（幸運なことに）
□ **curiously**（不思議なことに）	□ **unfortunately**（不運なことに）
□ **strangely**（奇妙なことに）	□ **obviously**（明らかに）
□ **naturally**（当然のことですが）	□ **stupidly**（バカげたことに）

❼ 話し手の発言態度

272

(a) **As far as I know, John is the only one with a key to the safe.**
僕の知る限り，金庫のカギを持ってるのはジョンだけだよ。

(b) **Honestly, I have no idea where she went.**
正直なところ，彼女がどこに行ったのか私にはわかりません。

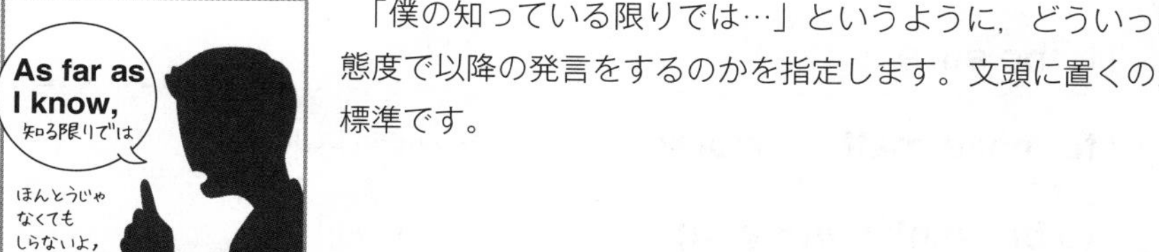

「僕の知っている限りでは…」というように，どういった態度で以降の発言をするのかを指定します。文頭に置くのが標準です。

Vocabulary 「発言態度」を表すその他の表現

❶ frankly (speaking)（率直に言って）など

Frankly (speaking), what he's saying makes no sense.

（率直に言って，彼が言っていることは何の意味もない）

frankly (speaking)（率直に言って）のほかにも次のようなものがあります。

- [ ] **strictly (speaking)** （厳密に言うと）
- [ ] **seriously (speaking)** （真面目な話だけど）
- [ ] **personally (speaking)** （個人的には）
- [ ] **from one's point of view** （～の視点では）
- [ ] **according to** （～によると〈情報の出所〉）
- [ ] **in a sense[way]** （ある意味では）
- [ ] **to the best of my knowledge** （私の知る限りでは）
- [ ] **just between you and me / just between ourselves**
（私たちの間だけの話ですが＝秘密にしてもらいたいのですが）

❷ to tell (you) the truth（本当のことを言うと）など

To tell (you) the truth, I'm not good at math.

（本当のことを言えば，数学が得意じゃないんだよ）

to 不定詞は話し手の評価・発言態度と大変相性のいい形。to tell the truth（本当のことを言うと）のほかにもさまざまな決まり文句があります。

- [ ] **to be honest (with you)** （正直に言うと）

☐ **to be sure** （確かに）

☐ **to make matters worse** （さらに悪いことには）

☐ **to be frank (with you)** （率直に言って）

☐ **to put it bluntly** （単刀直入に言えば）

❸ to ＋ one's ＋感情を表す名詞（～したことには）

To my surprise, he moved to India.

（驚いたことに，彼はインドに引っ越した）

surprise のほかにも，感情を表すさまざまな名詞と自由に組み合わされます。これも「指し示す」から。後続文の内容が，感情とガッチリ結びついていることを表しています。

☐ **to one's disappointment** （がっかりしたことに）

☐ **to one's sorrow** （悲しかったことに）

☐ **to one's delight** （たいへん喜んだことに）

副詞の機能は位置によって決まる

さて，まとめの意味で１つ問題です。次の文の意味の違いを考えてください。

(a) Regretfully, we've run out of time.

(b) "I'm afraid we've run out of time," the speaker said regretfully.

regretfully の機能が大きく異なることに気がつきましたか？ (a) は文全体を指定する位置。「残念なことに，時間切れになってしまいました」と話し手の評価を表しています。一方 (b) は様態の説明。話し手がどんなふうに言ったのかを説明しています。「『時間切れになってしまいました』と残念そうに言った」ということ。

英語は語順のことば。よくよく胸に刻み込んで学習を続けてください。

Chapter 16 ● EXERCISES

1 **[　　] から適切な語句を選びましょう。**

(1) We [always / often / seldom] go to the movies, only once or twice a year.
(2) Lisa arrived [late / lately], and so we missed the train.
(3) He [near / nearly] fell into the pond.
(4) We [hard / hardly] know each other.
(5) I [most / mostly] worked as a cram school teacher.
(6) Last week's assignment was [hard / hardly].

2 **日本語の意味に合うように，[　　] に適語を入れましょう。**

(1) 正直なところ，私はその知らせにショックを受けた。
[H-　　], I was shocked at the news.
(2) 率直に言って，私はこの仕事に向いていない。
[F-　　] [　　], I'm not suitable for this job.
(3) 私が驚いたことに，彼女はコンテストに優勝した。
[　　] my [　　], she won the contest.
(4) 本当のことを言うと，今お金がほとんどありません。
To [　　] [　　] [　　], I have little money now.
(5) ある調査によると，高校生の 8%しかアルバイトをしていない。
[　　] [　　] a survey, only 8% of high school students have a part-time job.
(6) 私が知る限り，ケンは誠実な人だ。
[　　] [　　] [　　] I know, Ken is an honest person.

3 **日本語の意味に合うように，[　　] の語句を並べ替えて英文を完成させましょう。ただし，文頭に来る語句も小文字で始まっています。**

(1) 昨日，私は彼らが教室で楽しそうに話しているのを見た。
I saw them talking [the classroom / happily / yesterday / in].
(2) その日が待ちきれない。
I [for / can / wait / hardly] that day.
(3) 私の観点では，彼の意見は正しい。
From [my / of / view / point], his opinion is right.

Chapter 16 ● EXERCISES ● Answers

1 (1) We [seldom] go to the movies, only once or twice a year.

(2) Lisa arrived [late], and so we missed the train.

(3) He [nearly] fell into the pond.

(4) We [hardly] know each other.

(5) I [mostly] worked as a cram school teacher.

(6) Last week's assignment was [hard].

訳 (1) 私たちはめったに映画に行きません。年に 1，2 回だけです。

(2) リサが遅れて来たので私たちは電車に乗りそこなった。

(3) 彼はもう少しで池に落ちるところだった。

(4) 私たちはお互いにほとんど知らない。

(5) 私はたいてい塾の先生として働いた。

(6) 先週の宿題は大変だった。

2 (1) [Honestly], I was shocked at the news.

(2) [Frankly] [speaking], I'm not suitable for this job.

(3) [To] my [surprise], she won the contest.

(4) To [tell] [the] [truth], I have little money now.

(5) [According] [to] a survey, only 8% of high school students have a part-time job.

(6) [As] [far] [as] I know, Ken is an honest person.

3 (1) I saw them talking [happily in the classroom yesterday] .

(2) I [can hardly wait for] that day.

(3) From [my point of view], his opinion is right.

Chapter 17

前置詞

第20回

「前置詞」には「指定ルール」が働き，名詞（句）の前に置かれます。ただし，その用法はバリエーション豊かで，決まった訳があるわけではないので，日本語だけでマスターすることは困難です。解説動画（第20回）では，前置詞の学習で大切な，「基本的なイメージ」について解説します。これをマスターすれば，「動詞＋前置詞」の句動詞も楽に理解できます。大切なのは「イメージ」ですよ。

前置詞のコア

Chapter 17 で学ぶこと

このchapterで取り上げる前置詞は，in，at，onなど，空間・時間・範囲における「位置関係」を示す比較的短い単語で，名詞（句）の前に置かれます。

(a) **The apple is on the refrigerator.**
リンゴは冷蔵庫の上にあります。

(b) **The apple is in the refrigerator.**
リンゴは冷蔵庫の中にあります。

(c) **The apple is behind the refrigerator.**
リンゴは冷蔵庫の後ろにあります。

(d) **The apple is by the refrigerator.**
リンゴは冷蔵庫のわきにあります。

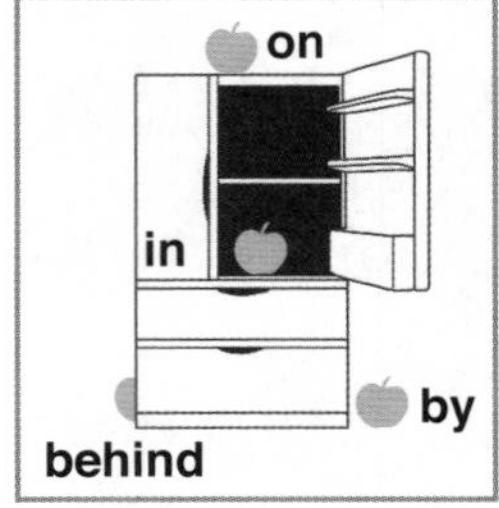

前置詞が名詞（句）の前に置かれるのは「**指定ルール**」が働いているからです。ただ単に「冷蔵庫」ではなく「冷蔵庫の上」「冷蔵庫の中」と，前置詞は冷蔵庫の何が意味されているのかを指定しているからです。

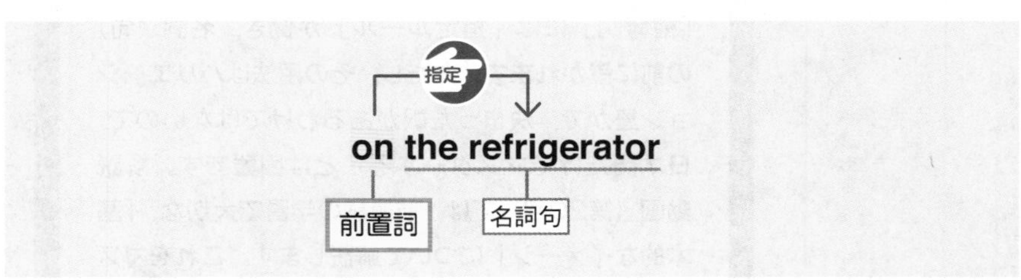

前置詞はさまざまな位置関係を表すだけに，たいへん幅広く使われます。例えば **at** は「**点**」をイメージとしてもつ前置詞ですが，**(e) 時点**，**(f) 地点**，**(g) 価格**など，比喩的に「点」と見なすことができるものにその使い道を広げています。

(e) I woke up at seven.
私は７時に起きた。

(f) My favorite band is playing at the Budokan next week.
私の大好きなバンドは来週，武道館で演奏する予定だ。

(g) I got these jeans at a really good price.
私はこのジーンズをかなりお得な値段で手に入れた。

(h) She is really good at English.
彼女は英語が本当に得意だ。（＝英語という「点」で good だということ）。

前置詞の学習でもっとも避けるべきことは「日本語訳でマスターしよう」とする態度です。上の例文の at は「７時に」「武道館で」「英語が」などとなり，決まった訳があるわけではありません。また，in や on も「に・で」と訳されることを考えれば，訳による使い分けもできないのです。

前置詞の学習で大切なのは日本語訳ではなく，それぞれがもつ**基本的なイメージ**です。この chapter では，主要な前置詞のイメージとその使い方を網羅しています。前置詞のもつバリエーション豊かな用法が，その基本的なイメージに基づいていることを楽しんで理解しながら読み進めてください。

FACT 1 前置詞【基礎】

❶ 前置詞＋名詞

273

(a) There's an apple on the table.
リンゴが１つそのテーブルの上にある。

(b) Come and have some fun with us.
こっちに来て私たちと一緒に楽しみましょう。

前置詞を使ったフレーズ（前置詞句）の基本は「**前置詞＋名詞（句）**」です。**(a)** は「そのテーブル」ではなく，「そのテーブルの上」と，前置詞は名詞の何が問題となっているかを指定します。そのため前置詞は名詞の「前」に置かれるのです。

前置詞の後ろの名詞は「**前置詞の目的語**」と呼ばれ，**代名詞**を置く場合には **(b)** のように**目的格**を使います（with *us*）。

❷ 前置詞句の働き

274

(a) There are a lot of Americans in Japan.
日本にはたくさんのアメリカ人がいる。

(b) I can't sleep at night.
私は夜，眠れない。

(c) The hurricane is going towards New Orleans.
そのハリケーンはニューオリンズに向かっている。

(d) All the students in my class enjoyed the school festival.
私のクラスの全生徒が学園祭を楽しんだ。

文内での前置詞句全体の働きは，主に「**説明**」です。(a) (b) では文全体の場所・時を，(c) では動詞（go）の方向を，(d) では all the students（名詞）を，それぞれ説明しています。「後ろに置けば説明となる」という「**説明ルール**」です。

(a) **There are a lot of Americans in Japan.**

前置詞は助詞（て・に・を・は）とは違う

日本語からの類推で，前置詞を日本語の助詞と同じように考えてしまう学習者が多く見られますが，そうした理解は避けてください。次の in は「に」ではありません。

(a) **There are a lot of Americans in Japan.**

≠ に

英語が語順のことばであり，主語に「～は」という意味が含まれていないことを思い出しましょう。主語の位置に置かれるだけで主語として機能する，それが英語です。

(b) **John ~~(は)~~ loves Nancy.**

(a) の文は，上の関係図のように There are a lot of Americans を in Japan（日本の中）というカタマリが説明していると考えなくてはなりません。**日本語訳の過程で「に」が出てくるだけ**なのです。前置詞句のカタマリを，説明したい語句の後ろに並べる意識が重要ですよ。

FACT プラス +F

前置詞で指定する

実践レベルの英語では次のように前置詞句がハイフン（-）でつながり，形容詞のように「**指定**」として働くケースにもしばしば出会います。

指定

(a) **behind-the-scenes negotiation**　（舞台裏の交渉）

指定

(b) **under-the-table dealings**　（裏取引）

(a) では単なる「交渉」ではなく「舞台裏の交渉」と，その種類を指定していますね。

❸ 前置詞の目的語になる要素

275

(a) **Our situation went from bad to worse.**
我々の状況はさらに悪化した。 【前置詞＋形容詞】

(b) **He lived in Paris until[till] quite recently.**
彼はかなり最近までパリに住んでいた。 【前置詞＋副詞】

(c) **The cat came out from under the sofa.**
その猫はソファの下から出てきた。 【前置詞＋前置詞】

(d) **She insulted me by calling me a liar.**
彼女は私をうそつきと呼んで侮辱した。 【前置詞＋動名詞】

(e) **Your success depends on how you make decisions.**
あなたの成功はどのように決断するかにかかっている。 【前置詞＋疑問詞】

(f) **Humans are different from other animals in that they use fire.**
人間は火を使うという点において，ほかの動物と異なる。 【前置詞＋節】

前置詞の後ろには，名詞だけでなくさまざまな要素が使えます。「**意味さえ通ればどんな要素でもかまわない**」と気楽に考えてください。前置詞の後ろは名詞（句）ですから，どういった要素が来ても名詞的なニュアンスを帯びます。(a) の bad（悪い），worse（さらに悪い）は形容詞ですが「悪い状態からさらに悪い状態へ」と名詞的に扱われ，(c) は「ソファの下（という場所）」とこちらも名詞的になります。また，(d) では「うそつきと呼ぶこと」という動名詞が使われています。

句動詞について

前置詞として使われる単語は，前置詞としてだけではなく動詞と結びついて「**句動詞**（phrasal verbs)」の一部として使われます。

look for（～を探す），think about（～のことを考える）など「**動詞＋前置詞**」からなる句動詞の習熟は，会話の上達を目指す人にとって特に不可欠です。会話では，ネイティブ・スピーカーは難しい動詞１語より，**平易な動詞による句動詞を好む**からです。たとえばcontemplate（熟考する）といった難しいことば，「ビッグ・ワード」は会話にはなじみません。それよりも句動詞のthink aboutのほうが会話でははるかに優先されるのです。

句動詞の種類

句動詞には大きく次の３種類が存在します。

❶ 全体で自動詞

(a) **He didn't** show up **for the meeting.**　(彼はミーティングに現れなかった)

(b) **My car** broke down.　(私の車は壊れてしまった)

「**自動詞＋副詞**」が句動詞を形成し，「単なる動作」を表して目的語はとりません。

He didn't show up（×目的語）**for the meeting.**

❷ 全体で他動詞 ①

(a) **I** ran into **an old friend of mine.**　(昔の友だちにばったり出会った)

(b) **I'm** looking for **my car keys.**　(車の鍵を探しているんだよ)

「**自動詞＋前置詞**」がガッチリとまとまって**他動詞**として振る舞います。目的語が必要です。

(例) I ran into **an old friend of mine.**
（an old friend of mine ＝ 目的語）

Chapter 17 前置詞

❸ 全体で他動詞 ②（分離可能型）

(a) **I think I'll put the green sweater on.**
（私は緑のセーターを着ようと思います）

(b) **They put the decision off until the next meeting.**
（彼らは決定を次のミーティングまで延期した）

❷の例と異なり，動詞と副詞が分離していることに注意しましょう。このタイプの句動詞は分離して使うことも，分離しないで使うことも可能です。

put **the green sweater** on ＝ put on **the green sweater**

ただし，目的語が**代名詞**の場合は常に分離の形で使います。

○ put **it** on　　　× put on **it**

❸のタイプの句動詞は副詞が目的語の説明になっているため分離が基本となります。

説明

put the green sweater on

目的語

「the green sweater が on（身についている）となるように put する」ということです。❷のタイプの **ran into**（ばったり出会う），**look for**（探す）はこうした意味関係にはなりません。×ran an old friend of mine into（×昔の友だちが into［中に入る］となるように run する）では，まったく意味が通りません。❷と❸のタイプでは，まるで性質が異なるのです。

さて，分離が基本の❸のタイプですが，名詞がある程度長くなると動詞と副詞の間に距離が生まれ，まとまった意味であることがわかりづらくなるため，分離しない形も同様に好まれます。

put **the green sweater** on ⟶ put ▢ on **the green sweater**

代名詞の場合には，どれも十分に短い単語であるため，その心配は不要です。したがって**常に分離の形**で使うのです。

put **it** on ⟶̸ put ▢ on **it**

句動詞の種類

句動詞の中には，なぜそうした意味になるのか，その理由がすぐにはわからないものが多数見受けられます。ですが「暗記しかない」と諦めるのではなく「**イメージの合成**」をトライしてみてください。「ああ，なるほど」と合点ができるものも多いのです。

look for（探す）は説明しましたね（→ p.17），**look**「目をやる」と**for**（求めて）の合成で「探す」。**put … off**は，本来の日程から**off**（離れた）ところに**put**（置く）から「延期する」。**find out**は**find**「見つける」と**out**（外に出てくる）で「見つけ出す」。さあ，調子が出てきました。それでは**run into**は？

into（中に）は「衝突」を表す前置詞です。衝突は内部にめり込む（中に入る）ことを想起させるからです。たとえば，A car crashed **into** a tree.（車が木に衝突した）などと使われます。run **into**は「ばったりと出会う」。思いもよらず誰かにドーンと衝突する感触がintoで示されているのです。

句動詞の成り立ちを想像するのは，とても楽しい作業です。そして一度「なるほど」と納得すれば，その表現はずっとみなさんのものになってくれます。ぜひ試してみてくださいね。

FACT 2 主要前置詞のイメージ

それぞれの前置詞がもつ**基本的なイメージ**とその広がりを眺めていきましょう。まず**位置関係**をしっかりと把握し，それがどう広がるのかイマジネーションを使うことが大切です。

276

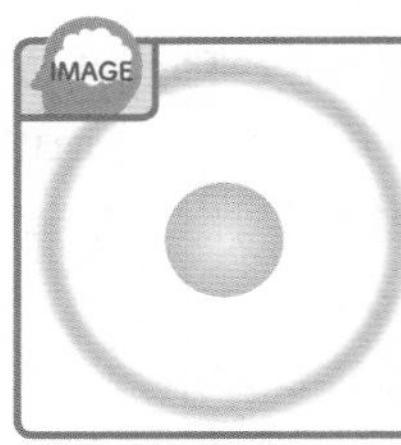

ABOUT

(1) 約・およそ／(2) ～について

aboutのイメージは「**まわり**」。around / roundとほぼ同じイメージですが，それよりもぼんやりと囲んでいます。

(1)【約・およそ】

(a) I weigh about 58 kilos. (私の体重は約58キロです)
(b) It's about time we went home. (そろそろ帰る時間だね)

▶「まわり」から「約・およそ（＝大体そのくらい）」は自然な連想です。

(2)【～について】

(c) He gave a talk about cats. (彼は猫についての話をした)

▶「猫について（いろいろなことを）話した」ということ。猫にまつわるざっくばらんな内容が想像されます。

277

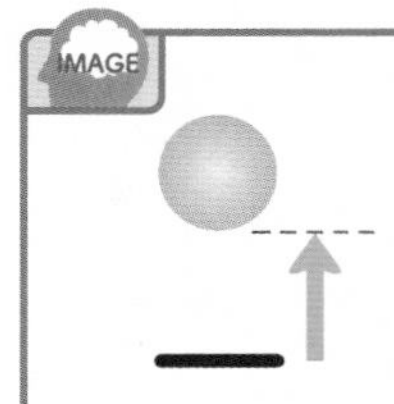

ABOVE

(高さが) ～の上

「**上にある**」というイメージは，物理的な高さだけでなく，たとえば地位・年齢・重要度などの高さにまで広がります。

(a) Mt. Fuji rises 3,776 meters above sea level.
(富士山は海抜3,776メートルの高さがある)

(b) His score on the test was above average.
(彼のそのテストでの得点は平均を超えていた)

このaboveと逆の意味を持つ前置詞がbelow（高さが～の下）です。aboveと同様，位置だけでなく比喩的に数値・地位などさまざまな「下」について使うことができます。

(a) The sun sank below the horizon. (太陽は水平線の下に沈んだ)
(b) The temperature will go down below zero tonight.
(気温は今夜，氷点下になるだろう)

278

ACROSS

(1) ～を横切って／ (2) ～のいたるところに

across は「**横切る**」。十字（cross）を描くように，というイメージ。

(1)【～を横切って】

(a) **They swam across the river.**
（彼らは川を泳いで渡った）

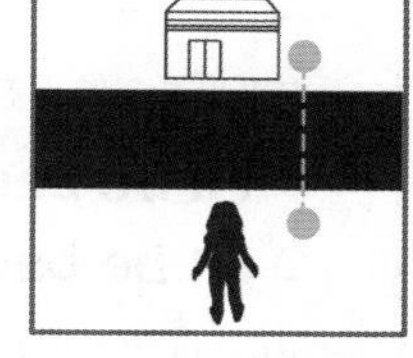

(b) **There's a convenience store just across the street.**
（通りのちょうど向かい側にコンビニがあるよ）

▶ 前置詞はほとんどの場合，「**動き**」と「**位置**」のどちらも表すことができます。(a) は川に対して十字を描くような動き，(b) は通りに対して十字となる位置関係を表しています。

(2)【～のいたるところに】

(c) **I rode my motorcycle across South America.**
（私は南アメリカ中をバイクで走った）

▶ ある地域を「横切る」。隅から隅までということになりますね。

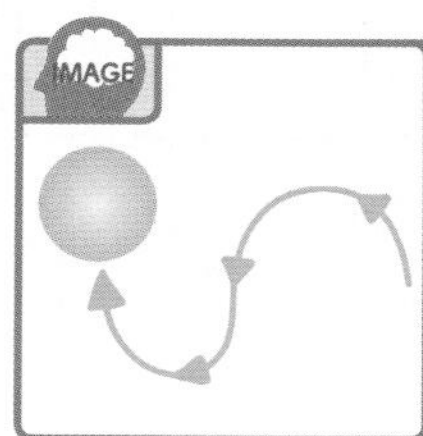

279

AFTER

(1) ～の後ろに続いて／ (2) ～のあと／ (3) ～にならって

「**後ろからついていく**」。「**～のあと**」といった順序関係もここから生まれます。

(1)【～の後ろに続いて】

(a) **The police are after him.** （警察が彼を追いかけている）

(b) **Are you after anything in particular?** （特に何かお探しですか）

▶ 日本語訳はさまざまですが，基本は「後ろからついていく」ということです。

(2)【～のあと】

(c) **How about going to a bookshop after class?**
（授業のあとで書店に行くというのはどうですか）

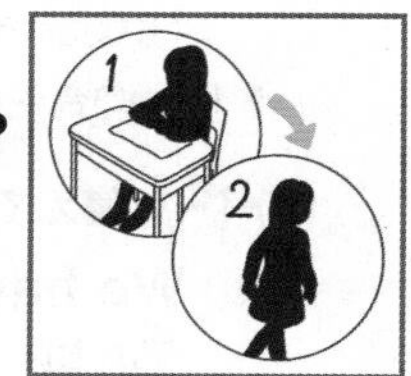

(d) **Shibuya comes after Harajuku, right?**
（渋谷は原宿の次ですよね）

▶「ついていく」から順序関係。

Chapter 17 前置詞

(3)【～にならって】

(e) **This is a painting after Picasso.** （これはピカソを模倣した絵です）

▶「ついていく」から模倣（やり方に従う）は自然なつながり。

afterは「～（時間表現）後に」の意味には使えない

未来のある時点を表わす「～後に」と言う場合にafterは使えません。

× **I'll be back after 10 minutes.** （10分後に戻ります）

○ **I'll be back after lunch.** （昼食後に戻ります）

afterはできごとの「**順序**」を表します。「10分」といった時間指定はできごとの順序ではない，それがafterを使えない理由です。

280

AGAINST

(1) ～にぶつかって／(2) ～に反抗［反対］して／(3) ～に備えて

「**向かい合う力**」。双方からグッと力がかかっています。

(1)【～にぶつかって】

(a) **He tripped and hit his head against a desk.**

（彼は，つまずいて机に頭をぶつけた）

▶頭と机，双方からかかる力を想像してください。ガツッ。それがagainst。

(2)【～に反抗［反対］して】

(b) **He's been against me from the moment we met.**

（彼は出会った最初の頃からずっと私に反抗している）

(c) **Are you for or against the plan?**

（あなたはその計画に賛成ですか，それとも反対ですか）

▶「向かい合う力」からすぐに飛び出すのが「反対」。

(3)【～に備えて】

(d) **We have to save money against a rainy day.**

（私たちは，まさかの時に備えてお金を貯めておかなくてはならない）

▶降りかかってくる災難にagainst。「備える」ということですよ。

281

ALONG

〜に沿って

細長い線状のものに「**沿う**」。

(a) **I took my dog for a walk along the beach.**

（私は海岸沿いに犬を散歩に連れて行った）

(b) **There's an excellent restaurant along this street.**

（この通り沿いにすてきなレストランがある）

▶ along はほかの前置詞同様，「動き・位置」両用です。

282

AMONG

(1) 〜の中で／ (2) 〜の間で

ごちゃごちゃと「**雑然とした集合体**」がイメージされています。

(1)【〜の中で】

(a) **It'll be tough to find her among all these people.**

（この人たちすべての中で彼女を見つけるのは大変だろう）

▶「**人混みの中**」がイメージされています。

(2)【〜の間で】

(b) **Talk among yourselves until I get back.**

（私が戻ってくるまで，あなたたちの間で話し合ってください）

▶「ごちゃごちゃしているもの相互の間で」。

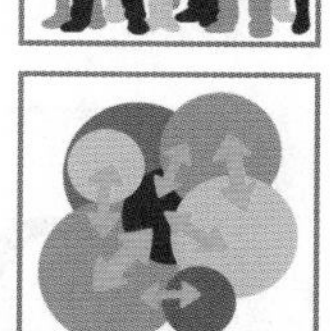

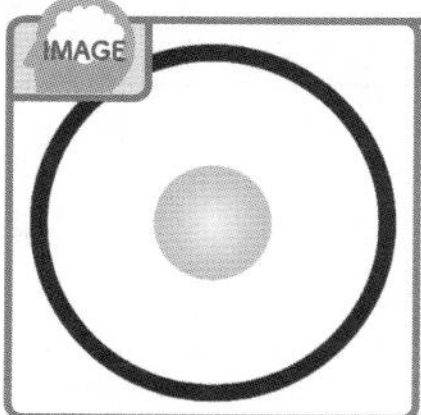

283

AROUND / ROUND

(1) 〜のまわりに／ (2) 約・およそ

「**〜のまわり**」。about よりもグルッと囲む感触が強くハッキリとしています。

(1)【〜のまわりに】

(a) **We sat around the table and talked.**

（私たちはテーブルのまわりに座って話し合った）

(2)【約・およそ】

(b) **We got back around midnight.**
(私たちはおよそ夜中の 12 時に帰った)

▶「まわり」から「約」へはとても自然なつながり。about と同じです。

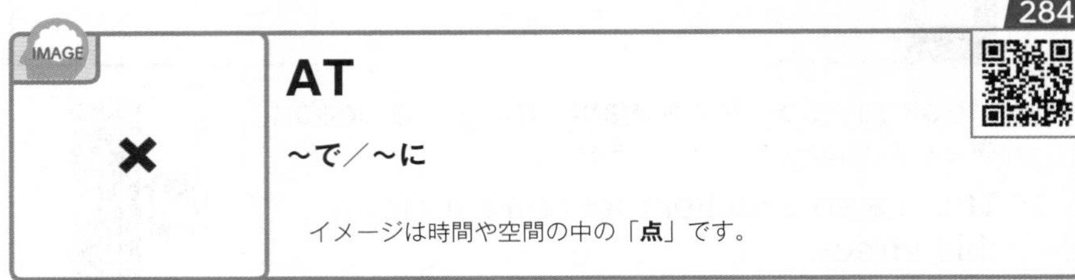

284

AT

～で／～に

イメージは時間や空間の中の「**点**」です。

(a) **My favorite band is playing at the Budokan next week.**
(私の大好きなバンドが来週，武道館で演奏することになっている)

(b) **I got these jeans at a really good price.**
(私はこのジーンズをかなりお得な値段で手に入れた)

(c) **He was driving at 120 km/h when he crashed.**
(彼は衝突したとき時速 120 キロで運転していた)

(d) **You become an adult at 18 in Japan.**
(日本では 18 歳で成人となる)

(e) **I woke up at seven.**
(私は 7 時に起きた)

▶ at の使用頻度が極端に高いのは，ネイティブ・スピーカーが日常いかに多くのものを「点」としてとらえているかを示しています。

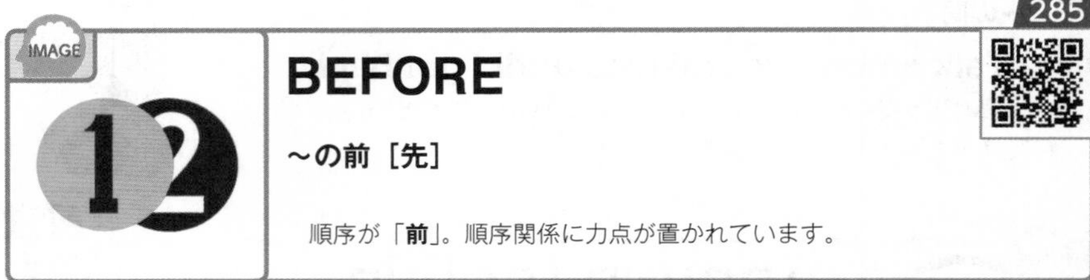

285

BEFORE

～の前［先］

順序が「**前**」。順序関係に力点が置かれています。

(a) **I often go jogging before breakfast.**
(私は朝食の前によくジョギングをしに行く)

(b) **Kyoto comes before Shin-Osaka, right?**
(京都は新大阪の手前ですよね)

(c) **Ladies before gentlemen.**
(男性よりも女性優先)

▶ before の表す順序は，時間の順序だけではありません。配列や序列も含みます。

場所の「前」には通常 in front of を使う

通常，具体的な場所の「**前**」には before ではなく **in front of** を使います。

(a) **Wait for me in front of the theater. (× before)**
(劇場の前で待っていてください)

▶ before が「場所」に使われるのは，Wow! と声が出るような（驚き・壮大など）感情の昂揚が伴うケースです。

(b) **Students have their whole lives before them.**
(学生の前途には人生のすべてが開けている)

(c) **The police officer spoke before the entire school.**
(その警察官は全校生徒の前で話をした)

▶ 目の前に大きく開けた未来。大勢の聴衆の前といったドラマチックな表現効果が生み出されています。

286

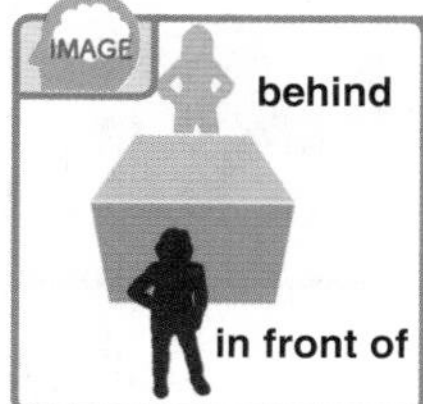

BEHIND

～の後ろに

何かの「**背後**」にいること。in front of（～の前）と逆の位置関係です。

(a) **My cat loves to hide behind the curtains.**
(私の猫はカーテンの後ろに隠れるのが大好きだ)

(b) **I have no idea what's behind his change of attitude.**
(彼の態度の変化の裏に何があるのか私にはわからない)

(c) **The train left 10 minutes behind schedule.**
(列車は定刻より 10 分遅れで出発した)

▶ 標準的な (a)「～の後ろに」のほか，「隠されている／遅れている」も生み出します。

287

BETWEEN

～の間

「**2者間**」の間が典型例ですが，それ以上の間でも使われます。

(1) 【～の間（2者間）】

(a) **The bus runs between Sendai and Tokyo.**

（そのバスは仙台と東京の間を運行している）

(2) 【～の間（2以上の間）】

(b) **Let's share the responsibilities between the six of us.**

（私たち6人で責任を分担しましょう）

between と among

どちらも「間に」と訳されることが多いため，混同されやすいのがこの2つの前置詞です。**between** は個々が明確に意識されたものの間，一方 **among** は雑然としたものの間に使います。

(a) **Look. There is a monkey between the trees.**

（見て。木と木の間にサルがいるよ）

(b) **Look. There is a monkey among the trees.**

（見て。木々の間にサルがいるよ）

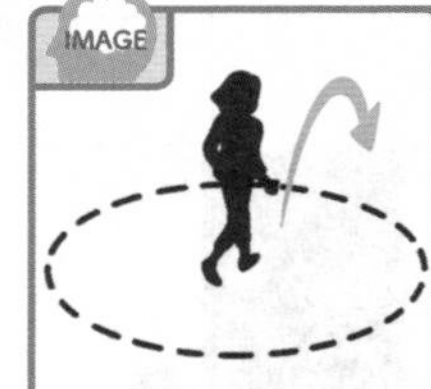

BEYOND

～を超えて

範囲・境界線を「**超えて**」

(a) **The ship disappeared beyond the horizon.**

（その船は水平線の向こうに消えた）

▶ beyond はさまざまな名詞と組み合わせて，「**～の限度・能力を超えて**」という**否定**の意味を含ませることができます。たとえば，beyond description [repair / comprehension / doubt / recognition] で，「筆舌に尽くしがたい／修理不可能な／理解不能な／疑う余地がない／見分けがつかない」という意味になります。

289

BY

(1) ～の近くに／(2) ～によって（手段・方法）／(3) ～によって（受動態での行為者）／(4) ～までに（期限）

byは「**距離が近い（近接）**」。「近い」は豊かな連想を呼び，この単語の用法を多彩にしています。

(1)【～の近くに】

(a) **I know a great bookshop by my school.**
（私の学校の近くにすごくいい書店を知っているよ）

(2)【～によって（手段・方法）】

(b) **I go to school by bicycle.**
（私は自転車で学校に通っています）

(c) **Do not judge a book by its cover.**
（本を表紙で［中身を外見で］判断してはいけない）

▶ ここでのbyはhow（**手段・方法・程度**）に対応する前置詞です。目標は遠くにあっても，それを達成するための手段・方法は「手近」に感じられるため，byが使われるのです。**(b)**は交通・通信手段の例。by car, by bus, by letter, by email（車で／バスで／手紙で／eメールで）など，頻繁に使われます。この場合，名詞に冠詞がついていないことに注意しましょう。たとえば，by bicycleは具体的なモノとしての自転車でなく，形のない「自転車という交通手段」が意識されているためです（→ p.378）。**(c)**は「表紙（＝見た目）という方法で」ということです。

(3)【～によって（受動態での行為者）】

(d) **Ken was attacked by a dog.**
（ケンは犬に襲われた）

▶ byはしばしば受動態に伴って「誰がそれをやったのか」を表します。行為者が「間近」に感じられている，だからbyが用いられているのです。「ケンが襲われた」そのそばに「犬」を想像してください。（受動態で使われる前置詞について詳しくは→ p.147）

(4)【～までに（期限）】

(e) **I need to finish this report by 11:00.**
（私は11時までにこのレポートを終えなければならない）

▶「**～までに**」と期限を切る表現はby。「11時までに終わらせる」というとき，私たちはそのできごとがその「**間際で**」起こるように感じます。この「**近さ**」が，byが使われる理由なのです。

「期限」の by・「継続」の until [till]

until [**till**] も **by** と同様に「～まで」と訳されますが，意味はまったく異なります。by は「～までに（する）」という**期限・締め切り**ですが，until [till] は，「**その時点まで同じ状態でいる**」ことを意味します。

I have my club activity until [till] 6:30.
（私は 6 時半までずっと部活がある）

290

IMAGE

DURING

～の間に

ある期間の「**中で起こった**」。

(a) **I had a part-time job during the holidays.**
（私は休み中にアルバイトをした）

▶ 他に during the summer（夏の間に）, during class（授業中に）など。

291

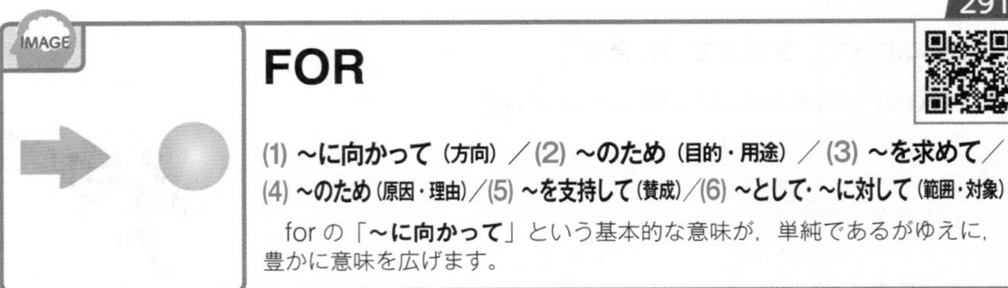

IMAGE

FOR

(1) **～に向かって**（方向）／(2) **～のため**（目的・用途）／(3) **～を求めて**／(4) **～のため**（原因・理由）／(5) **～を支持して**（賛成）／(6) **～として・～に対して**（範囲・対象）

for の「**～に向かって**」という基本的な意味が，単純であるがゆえに，豊かに意味を広げます。

(1)【～に向かって（方向）】

(a) **These chocolates are for you.**
（これらのチョコはあなたにです）

(2)【～のため（目的・用途）】

(b) **This is a special knife for making sashimi.**
（これは刺身用の特別な包丁なんですよ）

▶「向かう」と「目的」はすぐに結びつきますね。

(3)【～を求めて】

(c) **I'm looking for my car keys.** （私は車の鍵を探している）

(d) **I'm waiting for Ken.** （私はケンを待っている）

▶ 何かに向かうという動作は，「～を求めて／～が欲しい」という気持ちにつながります。look（目をやる）と「求めて」が組み合わされて「探す」。誰かを求めて待つから wait for です。

(4)【～のため（原因・理由）】

(e) **I jumped for joy when I passed the entrance exam.**
（私は入試に合格したとき，喜びで飛び上がった）

(f) **We must not waste time, for life is short.**
（私たちは時間をむだにすべきではない。というのは人生は短いからだ）

▶ for の「**～に向かって**」というイメージが「**原因・理由**」につながっています。(e) で「飛び上がった」のはなぜかというと ... for joy というように理由を指し示す感覚で使われています。for は (f) のように接続詞として使って文をつなぐこともできますが，硬く響き，時代遅れの表現です。

(5)【～を支持して（賛成）】

(g) **Are you for or against the plan?**
（あなたはこの計画に賛成ですか，それとも反対ですか）

▶ 何かに背を向ける動作（→ against）は反対・反抗を表します。for の「**向かう**」イメージはその逆。「**賛成**」ということ。

(6)【～として・～に対して（範囲・対象）】

(h) **He is small for a basketball player.**
（彼はバスケットボール選手としては小柄だ）

▶ 彼は一般的に「小柄な」わけではありません。「バスケットボール選手という範囲の中で」小柄なのです。意識が「**向かっている**」範囲を述べる使い方です。

(i) **We are responsible for our own behavior.**
（私たちは自分の行動に関して責任がある）

▶ 何に対して責任がある（responsible）のか，その対象を for our own behavior で表しています。

(j) **I've been at this school for three years.**
（私はこの学校に３年間いる）

(k) **Come out of the station and keep going straight for about 200 meters.**
（駅から出て 200 メートルほどまっすぐ進んでください）

▶「**期間を表す for**」（→ p.83）は，範囲を指定する使い方の一例です。for は「**場所の範囲**」にも使えます。

for と似た意味を持つ前置詞

(1)「期間」を表す for と during

どちらも期間を目的語としてとりますが，意味は大きく異なります。during は「**いつそれが起こったのか**」，for は「**どのくらいそれが続いたのか**」に焦点を当てています。

I did volunteer work during the summer / for three weeks.
（私は夏に／３週間ボランティア活動をした）

(2)「方向」を表す for と to

for と to はいずれも「方向」を表しますが，for は到達点を含んでいません。

(a) **The train left for Osaka.** （その電車は大阪に向けて出発した）
(b) **The train went to Osaka.** （その電車は大阪に行った）

for はあくまで「**向かう**」というイメージ。大阪に向けて出発したというだけで，到着したことまでを含んではいません。一方，to は到達点を指し示す前置詞。この場合は大阪へ到着するまでを含んでいます（→ p.484）。

FROM

～から（分離・原料・原因・根拠・区別）

「**起点から出発する**・**離れていく**」イメージ。

(1)【～から（分離・原料・原因・根拠）】

(a) **Our flight leaves from Terminal 2.**
（私たちの航空便はターミナル２から出る）

(b) **I live far away from my school.**
（私は学校から遠いところに住んでいる）

(c) **Cheese is made from milk.**
（チーズは牛乳から作られる）

(d) **From what I hear, the team is really strong.**
（私が聞くところでは，そのチームは本当に強い）

(2)【～から（区別）】

(e) **Japanese rice is different from Thai rice.**
（日本米はタイ米とは違う）

(f) **I can't tell him from his twin brother.**
（私は彼と彼の双子の兄弟を区別できない）

▶「**起点から離れる**」が生み出す距離感が，「**区別**」につながっています。

293

IN

(1) ～の中／(2) ～後（未来の時点）

何かが容器の「**中に入っている**」イメージ。

(1)【～の中】

(a) **There's ice cream in the fridge.**
（アイスクリームが冷蔵庫の中にある）

(b) **She lives in Kyushu.**
（彼女は九州に住んでいる）

(c) **Doesn't she look cute in the Halloween costume?**
（彼女はハロウィンの衣装を着ると，かわいく見えませんか）

(d) **I'm really interested in physics.**
（私は物理にとても興味がある）

(e) **Suitcases vary in size.**
（スーツケースにはいろいろなサイズがある）

(f) **You can do the test in pen or pencil.**
（そのテストはペンでも鉛筆でもいい）

(g) **I don't know how to say that in English.**
（それを英語でどう言うのかわかりません）

▶ in の用法は (a) のような「**容器の中**」が典型的ですが，「**入っている**」と感じられる場合ならいつでも使えます。(b) の地域のような平面上のほか，(c) の制服やジャケット（jacket）・靴（shoes）など，体の一部が「入っている」と感じられるものも in。さらに，(e) in size といった「サイズという面で」，(f) in pen，(g) in English のような「ペン，英語という手段」など抽象的な「中」にも使うことができます。

(2)【～後（未来の時点）】

(h) **I'll be back in 10 minutes [in 2 hours / in 5 days].**
（私は 10 分後［2 時間後／5 日後］に戻ります）

▶ 未来のある時点のことを「～後」と表すときには **in** を用います。in 10 minutes は「10 分以内に」ではないことに注意しましょう。「～以内」には **within** を使います。

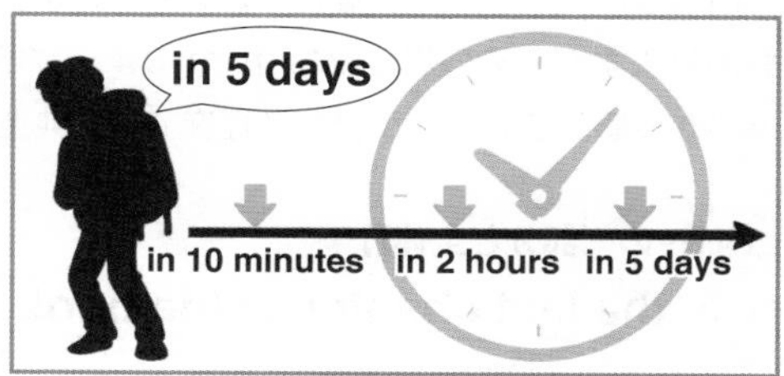

Chapter 17 前置詞

294

INTO

～の中へ

intoは「**in + to**」。「**内部へ**」。

(a) **A bird flew into the coffee shop.**
（1羽の鳥が喫茶店の中に飛び込んだ）

(b) **The kid crashed into the fence, trying to make the catch.** （その子はボールを捕ろうとしてフェンスにぶつかった）

(c) **I'm sure your son will grow into a fine young man.**
（あなたの息子さんはきっと立派な若者に成長すると思いますよ）

▶「**内部へ**」というイメージは，標準的な (a) のほかに，(b)「**衝突**」や (c)「**変化**」を生み出します。めり込む（中に入る）感触が「衝突」へ，「別の状態の中に入る」が「変化」につながっているのです。

このintoと逆のイメージの前置詞が「中から外へ」の動きを表すout ofです。

▶ **It was so cold this morning that I didn't want to get out of bed.**
（今日はとても寒かったので，私はベッドから出たくなかった）

295

OF

～の（部分と全体／分量／説明一般／性質）

ofには他の前置詞のようなハッキリとした位置関係のイメージはありません。「**x of y**」は，単に「**xをy（名詞）で説明する**」意識で使われています。

ofは語源としてoff（離れて）をもつため，「～から」といった意味を帯びることもありますが，その場合でもfromのように明確に「～から」を表すわけではなく，ほのかに感じられるニュアンス程度です。典型的な使い方を挙げていきましょう。

(1)【**～の（部分と全体）**】

(a) **the last chapter of the book** （その本の最終章）
部分　全体

(b) **the captain of the team** （チームのキャプテン）

(c) **a member of the volleyball club** （バレー部のメンバー）

▶「**部分と全体**」は of の用法の典型例ですが，(a) は the last chapter を「その本の，ね」と説明しているにすぎません。

(2)【～の（分量）】

(d) **a cup of tea** （1杯の紅茶）

(e) **a piece of apple pie** （1切れのアップルパイ）

(f) **the number of students** （生徒の数）

▶ 分量を示すフレーズに of は多用されますが，やはり「**説明**」。(a) は a cup だけでは何の1杯なのかがわからないため「紅茶の，ね」。

(3)【～の（説明一般）】

(g) **the invention of the computer** （コンピューターの発明）

▶「発明」を説明して「コンピューターの，ね」

(h) **the problem of how to motivate students**
（いかにして生徒のやる気を高めるかという問題）

(4)【～の（性質）】

(i) **a man of courage** （勇敢な男性）

(j) **a woman of compassion** （情け深い女性）

▶「**of＋（性質を表す）名詞**」はしばしば使われる表現です。(a) はどのような man なのかを「勇気の，ね」と説明。この表現は courageous man といった形容詞を用いた表現よりもインパクトがあります。日本語で「勇敢な人」よりも「勇気の人」と言った方が印象的なのと同じです。「of＋名詞＝性質」という形がよく使われる理由は，名詞に程度を示す修飾語句をつけることによってレベルを自由に調整できる点にあります。

(k) **This is an issue of great [some / little / no] importance.**
（これは，大変重要な［ある程度重要な／ほとんど重要でない／まったく重要ではない］問題だ）

(l) **This class is of no use.** （この授業はまったく役に立たない）

(m) **Such comments are of no help.** （そんな意見は何の助けにもならない）

(5)【It's＋形容詞＋ of you】

(n) **It's so kind of you to help me.**
（手伝ってくださるなんて，あなたはとてもご親切な方ですね）

(o) **It's so generous of you to give up so much of your time.** （そんなにたくさんお時間を使ってくださるなんて，とても寛大な方ですね）

▶ of のもつ「**説明**」の意識はこうした文にも表れています。（→ p.417）

(6)【形容詞や動詞とのコンビネーション】

(p) **Many students are afraid of making mistakes.**
(多くの生徒は間違うことを恐れている)

(q) **I'm sure of our team winning the game.**
(私はチームの勝利を確信しています)

(r) **My brother only thinks of himself!**
(私の兄は自分のことしか考えていない！)

(s) **They informed us of the news.**
(彼らは私たちにそのニュースを知らせてくれた)

▶ 形容詞・動詞とコンビネーションを作る場合も，「**説明**」の意識。(p) は Many students are afraid だけでは何を恐れているのかわかりません。「間違うことを，ね」。(s) の informed us（私たちに知らせた）も of で「何を知らせたのか」を説明しています。

from と of の区別

次の興味深い２つの文を見てみましょう。

(a) **Cheese is made from milk.** (チーズは牛乳から作られている)
(b) **This chair is made of wood.** (この椅子は木でできている)

動詞 **made** はどちらの文でも似かよった意味で使われているように見えますが，なぜ前置詞は異なるのでしょう。それはチーズの原料が何か「**一見してわからないから**」です。チーズと牛乳は見た目が異なるため「ミルクからなんだよ」と，その関係を明確に原料であることを表す **from** で「支えてあげる」必要が感じられているのです。一方，椅子と木材の関係は見ればわかる明らかなもの。「木で，ね」と説明すれば事足りるのです。

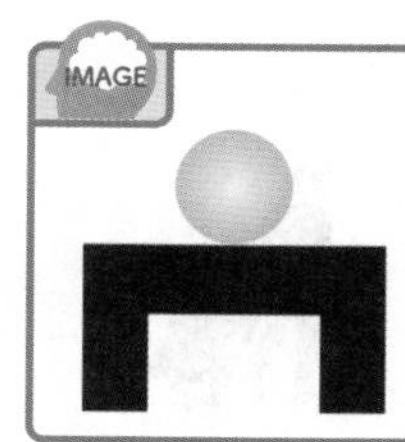

ON

(1) **～の上に（接触）**／(2) **～の上に（線上）**／
(3) **～の最中で**／(4) **～の上に（圧力）**／(5) **～を支えて**

「**上に乗っている**」という単純なイメージから，きわめて多くの使い方が生まれています。

(1)【～の上に（接触）】

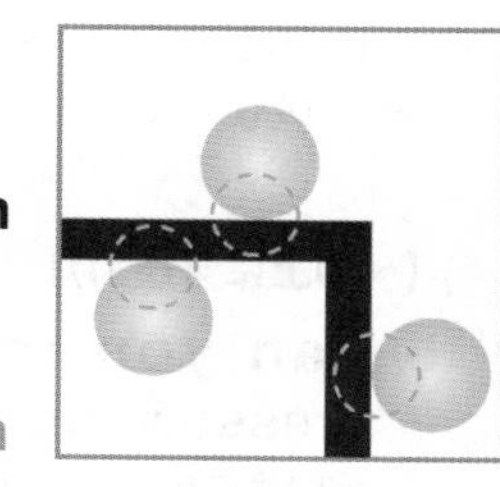

(a) **Put your homework on my desk.**
（宿題は，私の机の上に置いてください）

(b) **There's a big stain on the classroom ceiling.**
（教室の天井には大きなシミがある）

(c) **How much money do you have on you?**
（お金いくらもっていますか）

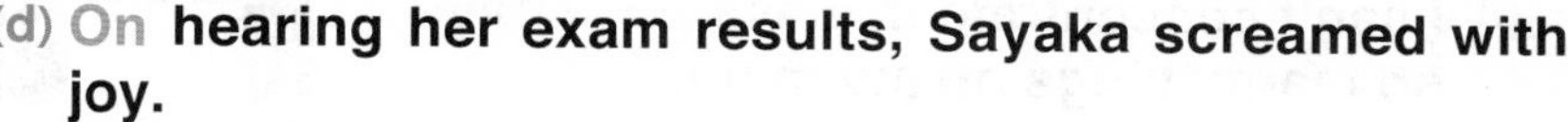

(d) **On hearing her exam results, Sayaka screamed with joy.**
（試験の結果を聞くと，サヤカは喜びで大声を出した）

▶ on の「**上に乗っている**」イメージは，まず「**接触**」の感覚を生み出します。on は「上」に限らず，「横」でも (b) のように「下」でも接触しているなら使うことができます。また，(c) の have ... on は「身につけている」。やはり接触です。「接触の on」はさらに (d)「～するとすぐ（できごとの時間的な接触）」につながります。

(2)【～の上に（線上）】

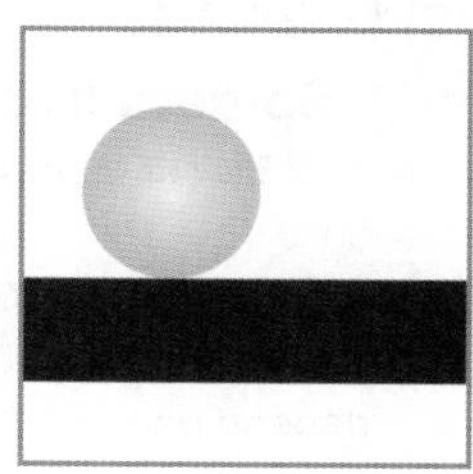

(e) **My school is on the Yamanote line.**
（僕の学校は山手線沿線にある）

(f) **She lives on the river.**
（彼女は川沿いに住んでいる）

▶ 基本となる位置関係をさらにズームしてみましょう。「**線**」の使い方が生まれます。on は「線」を表すのにもっとも適した前置詞です。線は点ではありませんから at は不可。面積をもたないから in も不可。on が必然的に選ばれるのです。

(3)【～の最中で】

(g) **He went to Vietnam on business.**

（彼は仕事でベトナムに行った）

▶ on は「**活動中・進行中・続ける**」を表します。この文は「仕事で」。仕事という活動の「上に乗って」いると考えるといいでしょう。ほかにも **on duty**（勤務中），**on holiday** [**vacation**]（休暇中），**on sale**（売り出し中）など多くの用例があります。on 単独で使われたり，ある活動の「継続」を示したりすることもしばしばあります。なお，副詞としての on にも，The lights in the school gym are on.（体育館の照明がついている）や Life goes on.（人生はずっと続いていく）のように「継続」の意識が含まれています。

(4)【～の上に（圧力）】

(h) **Can you imagine the enormous pressure on politicians?**

（政治家にかかる非常に大きなプレッシャーをあなたは想像できますか）

(i) **I can't concentrate in class —— I have so many things on my mind.**

（私は授業に集中できない —— 気がかりなことがたくさんあって）

▶「**上に乗っている**」という on の位置関係は，テーブルに置かれた球体が下に圧力をかけているように見えるところから「**圧力**」の使い方が生まれています。**(h)** では政治家にプレッシャーが，**(i)** ではたくさんの物事が心にグッと圧力を加えています。**concentrate on**（～に集中する），**emphasis on**（～の強調），**influence on**（～への影響）など，みなさんがよく目にするコンビネーションもこの例です。

(5)【～を支えて】

(j) **Spiders live on flies.**

（クモはハエを食べて生きている）

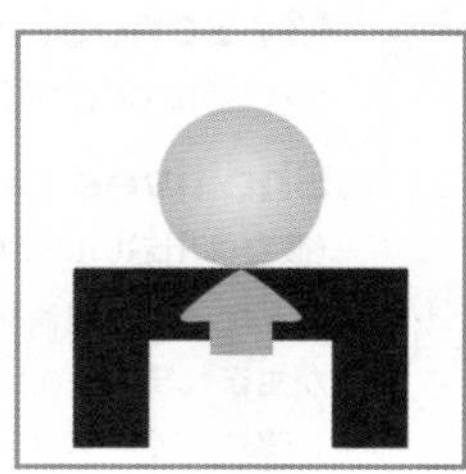

▶ on のイメージは，球体を乗せているテーブルが下から支えているようにも見ることができます。「**支える on**」。クモの命をハエが支えているのです。この on も **be based on**（～に基づく），**depend on**（～に頼る）など，非常に頻繁に用いられます。

「時」と「場所」の前置詞 at, on, in

「時」や「場所」を表す前置詞にはいくつかのバリエーションがあり，at，on，in の選択には特に注意する必要があります。とはいえ，その選択は前置詞の基本的イメージ（位置関係）に基づいており，すぐに慣れることができるはずですよ。

「時」を表す at, on, in の使い分け

❶ AT :「点」が意識される場合

(a) 時刻

at 7:30（7 時 30 分に），at noon（正午に），at midnight（零時に）

▶ 時刻は「点」と感じられるため at が選択されます。

(b)「点」と感じられる時間

at present，at the moment（現在），at that time（その時），
at breakfast [lunch / dinner] time（朝食［昼食／夕食］時），
at night（夜に）

▶ 現実には時間幅がありますが，1 日のスケジュールの中の「点」と感じられています。

(c) 年中行事

at Christmas（クリスマスに），at Easter（イースターに），at New Year's（正月に）

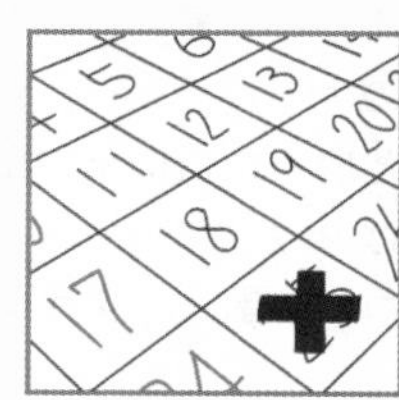

▶ これらも現実には時間幅（クリスマスは 1 日ですよね）がありますが，やはりカレンダー上の「点」として感じられているため at。前置詞の選択は物理的な時間の長さではなく，感じ方の問題なのです。

❷ ON :「日」が意識される場合

(a) ～日

on Monday（月曜日に），on October 13（10 月 13 日に）

▶「日」に on が使われるのは，「日」がある種の「ステージ」として認識されているからです。**I played tennis on Monday.**（月曜日にテニスをした）では「月曜日」というステージでそれが行われたといった感触で使われています。

(b)「朝・昼・晩」でも日が意識される場合は on

on Sunday afternoon（日曜日の午後に），on the following evening（次の夜に）

▶「日曜日」「次の（the following）」によって，日が意識されていることがわかります。

③ IN：「時間幅」が意識される場合

(a) 1日の中の時間幅

in the morning（午前中に），in the afternoon（午後に），in the evening（晩に），in the day（昼間に），in the night（夜間に）

(b) 週・月・季節・年

in the next week（次週に），in February（２月），in (the) spring（春に），in 2009（2009 年に）

▶ 時間幅のある「時」。それが in の守備範囲です。

「場所」を表す at, on, in の使い分け

主要前置詞の at，on，in は「**場所**」も表します。ここでも重要なのは「感じ方」。次の (a) (b) の英文の訳はいずれも「新宿で」ですが，前置詞の選択は異なります。

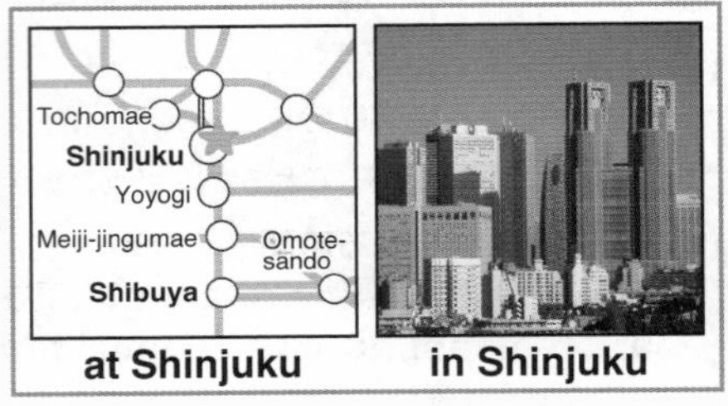

(a) **I changed trains** at **Shinjuku.**
（新宿で電車を乗り換えた）

(b) **I went shopping** in **Shinjuku.**
（新宿で買い物をした）

(a) で at が使われるのは乗り換えの場面では路線図の上の「**点**」が思い起こされるからです。また「買い物」なら新宿の街並みが目に浮かぶはず。そのため「in（その中で）」が最適な選択となるのです。都市（London など）・国（England など）といった広い地域には in が標準，bus stop（バスの停留所）のような狭い場所には at が標準とよく言われますが，それは広い場所を「点」とは考えにくいから。そうした副次的な話なのです。では，もう１つ別の例を見てみましょう。

(a) **My dad often** sits in **his favorite chair and watches TV all night.**
（父はよく，お気に入りの椅子に座って一晩中テレビを見ている）

(b) **My dad usually** sits on **that chair.**
（父は普段あの椅子に座っている）

ここで前置詞が変わるのは想定されている椅子の種類が異なるからです。(a) はふかふかなアームチェア。深く座り，囲まれ感があるため in。そうでない普通の椅子なら上に乗っている感覚の on。前置詞は常にイメージに基づき柔軟に使われているのです。

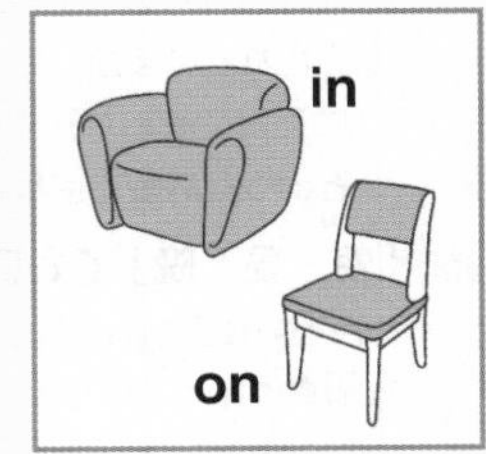

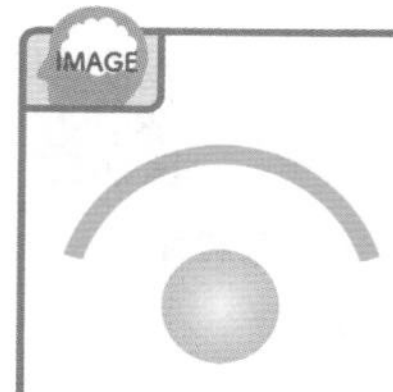

297

OVER

(1) ～の上・乗り越える／ (2) 覆う

「**上に円弧**」。このイメージは多くの意味を生み出します。

(1)【～の上・乗り越える】

(a) **Our school motto can be seen over the main entrance.**
(我が校の校訓は正面玄関の上で見ることができる)

(b) **Most of my teachers are over 40.**
(私の先生たちのほとんどは 40 歳を超えている)

▶ 基本イメージからすぐに出てくる使い方は「**上**」。over は場所や年齢のほか，さまざまな「上」を表します。また乗り越える「動き」も表すことができます。

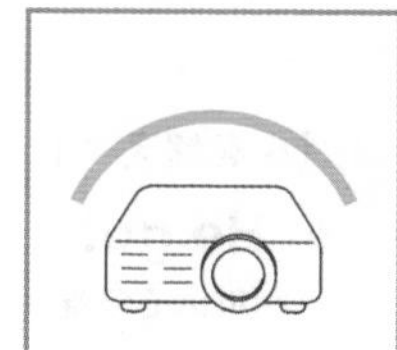

(c) **The thieves climbed over the school wall.**
(泥棒は学校の壁を乗り越えた)

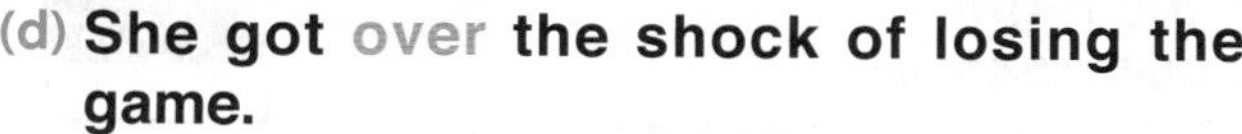

(d) **She got over the shock of losing the game.**
(彼女はその試合に負けたショックを乗り越えた)

(2)【覆う】

(e) **Put the cover over the projector.**
(プロジェクターにカバーをかけておいてください)

▶ over の円弧は，「**覆っている**」ようにも見えます。

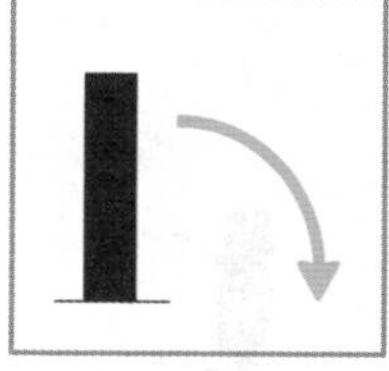

over は**副詞**としての用途も広く，円弧を描くようなイメージから fall と組み合わせて「立っているものがその場で倒れる」という場合で使われたり，二重に繰り返すことで「回転」のイメージが生まれて「**繰り返し／何度も**」という意味に使われたりします。

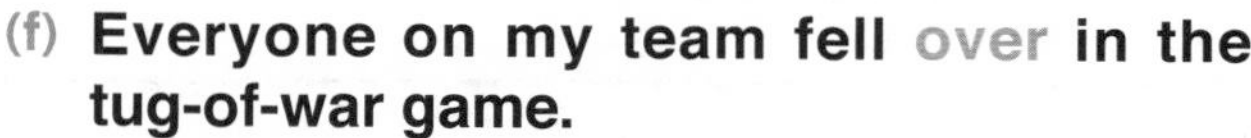

(f) **Everyone on my team fell over in the tug-of-war game.**
(私たちのチームは綱引きで全員倒れた)

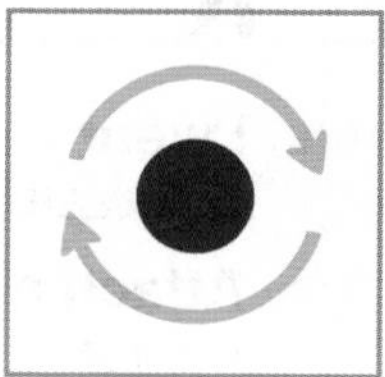

(g) **On the first day of our school ski trip, I fell and rolled over and over down the slope.**
(学校のスキー旅行の初日に，私は転んでスロープを転がり落ちた)

298

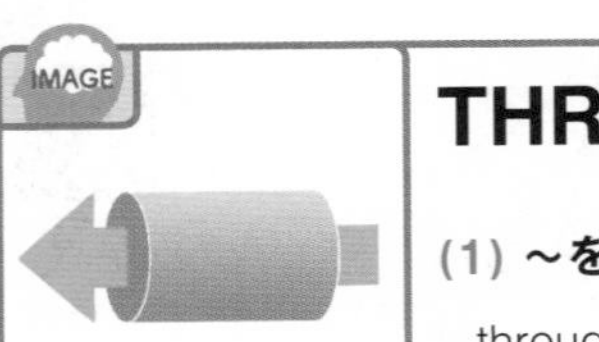

THROUGH

(1) ～を通って／ (2) ～を通して（期間）／ (3) ～を終えて

through は「**～を通って**」。トンネル状のものを通り抜けていくイメージ。

(1)【～を通って】

(a) **The car went through the tunnel.**
（その車はトンネルを通って行った）

(b) **I passed the exam through hard work.**
（私は一生懸命勉強（することを通）して試験に合格した）

(c) **We talked through an interpreter.**
（私たちは通訳を通して話をした）

▶ 物理的に通る (a) 以外にも，さまざまな「**通して**」が射程に入ります。

(2)【～を通して（期間）】

(d) **We prepared for the school festival all through the night.**
（私たちは夜通しで学園祭の準備をした）

▶ トンネルを「**期間**」と見立てれば「**初めから終わりまで**」となります。from April 1 through May 31（4月1日から5月31日まで）という使い方もできますよ。

(3)【～を終えて】

(e) **He got through the difficult exam successfully.**
（彼はその難しい試験をうまくやりとげた）

▶「**通り抜けた**」から「（活動が）終わった」「うまく終えた」。

299

TO

～へ

（到達点を）「**指し示す**」。ある行為がどこに到達するのかを指し示すのが to のイメージです。

(a) **I went to the ball game with my dad.**
（私は父と野球の試合を見に行った）

(b) **Attach a recent photo to the university application form.**
（大学の願書に最近の写真を添付のこと）

▶「私が行ったのは…to the ball game」と指し示す。それが to の基本です。(b) でも「願書に」と到達点が to によって示されています。

(c) I love dancing to hip-hop music.
(私はヒップホップ音楽に合わせて踊るのが大好きだ)

(d) I prefer music to math.
(私は音楽の方が数学より好きだ)

▶ to が指し示すのは場所だけではありません。(c) hip-hop music を指して「ココに向けてダンス」から「ヒップホップ音楽に合わせて」。(d) prefer は「より好む」という動詞です。「音楽を何より好むかというと…」と,「数学 (math)」を指し示しています。

300

IMAGE

TOWARD(S)

~へ

forward（前に），backward（後ろに），homeward（ふるさとへ）など，-ward(s) は「**方向**」を示します。toward は「**~の方向へ**」。進む先の方向を表現する前置詞です。

(a) **I saw Mayu heading towards the library.**
(マユが図書館に向かっているところを私は見た)

301

IMAGE

UNDER

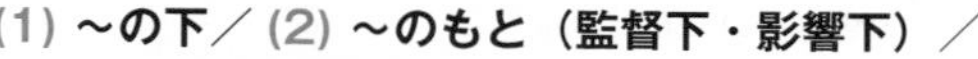
(1) ~の下／(2) ~のもと（監督下・影響下）／

(3) ~の最中で（未完成）

「**下**」がイメージ

(1)【~の下】

(a) **I found my cell phone under my school bag.**
(私は自分の携帯電話を学校かばんの下で見つけた)

(b) **If you're under five, you can't ride this attraction.**
(5歳未満なら，この乗り物には乗れません)

▶ under は場所のほか，年齢，階級などあらゆるものの「**下**」について使えます。

(2)【~のもと（監督下・影響下）】

(c) **I was lucky to study under very good professors.**
(幸運にも，私はとても優れた教授陣のもとで学ぶことができた)

(d) **It's illegal to drive under the influence of alcohol.**
(アルコールの影響を受けたまま車を運転するのは違法だ)

▶ 日本語でも「～のもとで学んだ」「～の影響下」などと言いますね。

(3)【～の最中で（未完成）】

(e) **Our new school gym is now under construction.**
(学校の新しい体育館は今，工事中です)

▶ ある活動の「もと」にあり，完成形に達していないということ。

302

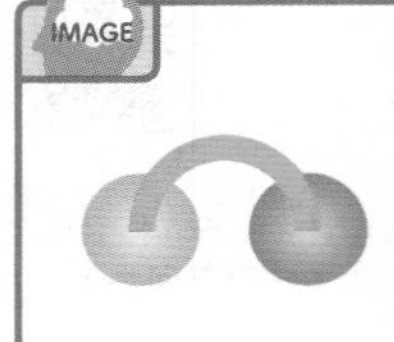

WITH

(1) ～と（物理的なつながり）／(2) ～とともに（時間的なつながり）／(3) ～で（道具・材料）／(4) ～で（原因と結果のつながり）

「**つながり（一緒）**」。さまざまなつながりを表します。

(1)【～と（物理的なつながり）】

(a) **Come and have lunch with us.** (こっちに来て私たちとランチを食べようよ)

(b) **Do you have your passport with you?** (パスポートをお持ちですか)

(c) **I like cats with gray fur.** (私はグレーの毛をした猫が好きだ)

▶ (b) は単に所有を尋ねているわけではなく，「今，身につけているか」を尋ねています。with は，(c) の体の一部を示すように，日本語の「と」よりもバリエーション豊かな使い方ができます。

(2)【～とともに（時間的なつながり）】

(d) **Red wine improves with age.**
(赤ワインは年月とともに上質になっていく)

(e) **She looked at me with a big smile on her face.**
(彼女は満面の笑みを浮かべて私のほうを見た)

▶ (e) は「**付帯状況の with**」(→ p.224)。2つの出来事を with で結びその同時性を表しています。

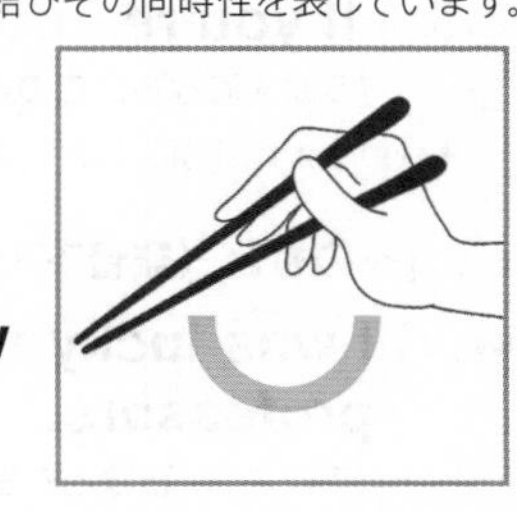

(3)【～で（道具・材料）】

(f) **I ate the fish with chopsticks.**
(私はその魚をはしで食べた)

(g) **I took lots of pictures with my new camera.**
(私は新しいカメラでたくさん写真を撮った)

▶「物理的なつながり」のイメージが「**道具・材料**」という感覚を生み出します。手近な道具・材料で何かを行うということ。

(4)【～で（原因と結果のつながり）】

(h) **I was in bed with the flu.** （私はインフルエンザで寝込んでいた）

▶ 原因（flu）と結果（I was in bed）のつながりが with で示されています。

303

WITHIN

～以内に

「**範囲内**」。in に近いイメージですが，「境界線内」が明確に意識されています。時間・場所などさまざまな「内」に使うことができます。

(a) **If you're not here within 5 minutes, I'm leaving.**
（もしあなたが５分以内に来なければ，私は帰ります）

(b) **There's no smoking within the school grounds.**
（学校の敷地内は禁煙です）

304

WITHOUT

～なしで

with「つながり」が out「なくなって」で「**つながりがない**」。

(a) **I can't believe they went to karaoke without me.**
（彼らが私抜きでカラオケに行ったなんて信じられない）

Vocabulary 前置詞の働きをするその他の語句

主要な前置詞以外にも前置詞の働きをする語句は数多くあります。比較的頻度の高いものを取り上げてみましょう。

□ according to
(～に応じて／～に従って／～によると)

accord（一致する）からさまざまな意味が生まれます。

(a) **Everything went according to plan.** (すべては計画どおり進んだ)

(b) **According to a survey, only 8% of high school students have part-time jobs.** (ある調査によると，高校生の 8% しかアルバイトをしていない)

▶ (a) は計画に「**従って**」。(b) のように「**情報の起点**」を表すことも頻繁にあります。

□ apart from
(～は別にして)

「**～は脇に置いといて**」と，話の主題から外す感覚。

Your essay is very good apart from a few careless grammar mistakes. (君の小論文は数カ所の文法の間違いを別にすれば，とてもよくできている)

□ because of
(～が原因で) (→ p.503)

□ but
(～を除いて)

but は「**打ち消し**」。考えから除外するということ。nothing but ～（～にほかならない）, all but ～（ほとんど～）などのフレーズも作ります。

No one heard it but me. (私以外の誰にもそれは聞こえなかった)

□ but for
(もし～がなかったら)
(→ p.304)

□ by way of
(～経由で)

ある場所を通過して（行く）。ルートを示す表現。

Today I came to school by way of the park. (今日は公園を通って学校に来た)

□ by means of

（～によって）

how（どうやって）は by だけでも表すことができますが，このフレーズは方法（means）を強調しています。

Our school team won the baseball tournament by means of hard training and a fighting spirit.（我が校のチームは厳しい練習と闘志により野球大会で優勝した）

□ due to / owing to

（～が原因で）

多くの場合，否定的な状況で使われ，公的な響きがあります。

(a) Due to train delays, many students were late for classes this morning.（電車の遅延によって，今朝は多くの生徒が授業に遅れた）

▶ due / owe は「借りがある」ということ。これが「原因」につながっています。**(a)** は電車の遅延が，生徒の遅刻の原因を「負っている」ということです。原因を表すフレーズには on account of もあります。

(b) Schools were closed on account of the typhoon.（学校は台風のため休校になった）

□ except

（～を除いて）

「除外」を表します。

(a) We are open every day except Monday.（うちは月曜日を除いて毎日営業している）

▶ except と同様に使うことができる，**except for**（～を除いては）に注意しましょう。「～を除いたなら」と条件節的な意味合いならこちらを使います。

(b) The roads were clear except for (×except) a few cars.（数台の車を除けば，道路は空いていた）

□ for the sake of

（～のために）

sake（目的・利益）を含む，目的に特化したフレーズです。

She works hard for the sake of her family.（彼女は家族のために一生懸命に働いている）

□ in front of

（～の前）（→ p.469）

□ despite / in spite of

(～にもかかわらず)

spite（悪意・意地悪）が「**逆境・逆向きの力**」につながっています。

🔈 **We played soccer despite [in spite of] the rain.**

(私たちは雨にもかかわらずサッカーをやった)

□ instead of

(～の代わりに)

🔈 **You can use margarine instead of butter to make these cookies.**

(これらのクッキーを作るのに，バターの代わりにマーガリンを使うことができる)

□ like

(～のような)

「**類似・比喩**」を示します。

🔈 **I can't believe I'm at the summit of Mt. Fuji. It's like a dream!**

(自分が富士山の頂上にいるなんて信じられない。夢のようだ！)

□ on behalf of

(～を代表して／～のために)

公的な文脈で「誰かに成り代わって（代表して）」。

🔈 **On behalf of all the students, I wish to thank the teachers for their hardwork and dedication.**

(全生徒を代表して，先生方の激務と献身に感謝いたします)

□ opposite

(～の反対側に)

🔈 **There's a bowling alley opposite the city hall.**

(市役所の向かい側にボーリング場がある)

□ thanks to

(～のおかげで)

このフレーズにはThanks.（ありがとう）が入っていますね。

🔈 **I passed the test thanks to all your help.**

(あなたの助けのおかげでテストに合格しました)

□ with regard to / with respect to

(～に関して)

regard, respectはどちらも「**見る**」とつながった単語です。
「～に目をやると＝～に関して」。

🔈 **With regard to this matter, I have no solution.**

(この件に関しては，解決策をもっていません)

Chapter 17 ● EXERCISES

1 [　　] から適切な語句を選びましょう。

(1) There was a beautiful picture [at / on / in] the wall.
(2) Please write your name [by / of / with] a black pen.
(3) He lived in Paris [by / until] quite recently.
(4) I'll finish my homework [after / in] an hour.
(5) Wine is made [of / from] grapes.
(6) Where did you go [in / during] summer vacation?

2 日本語の意味に合うように，[　　] に適語を入れましょう。

(1) これは駅方面へのバスですか。
Is this the bus [　　　] the station?
(2) あなたは彼の考えに賛成ですか，それとも反対ですか。
Are you [　　　] or [　　　] his idea?
(3) その道路は工事中だ。
The road is now [　　　] [　　　].
(4) あの山はほぼ海抜 8,000 メートルの高さがある。
That mountain rises almost 8,000 meters [　　　] [　　　] [　　　].
(5) この古いナイフはまったく役に立たない。
This old knife is [　　　] [　　　] use.
(6) 私はクラスを代表してその会議に出席した。
I attended the meeting [　　　] [　　　] of our class.

3 日本語の意味に合うように，[　　] の語句を並べ替えて英文を完成させましょう。ただし，文頭に来る語句も小文字で始まっています。

(1) 友だちがたくさんいるという点において，私は幸運です。
I'm lucky [that / a lot of / in / have / friends / I].
(2) 運転中，私は時々左と右が区別できなくなる。
I sometimes [tell / from right / can't / left] when driving.
(3) 彼女は目に涙を浮かべて歌っていた。
She was [in / singing / tears / with] her eyes.

Chapter 17 ● EXERCISES ● Answers

1 **(1)** There was a beautiful picture [on] the wall.
(2) Please write your name [with] a black pen.
(3) He lived in Paris [until] quite recently.
(4) I'll finish my homework [in] an hour.
(5) Wine is made [from] grapes.
(6) Where did you go [during] summer vacation?

訳 **(1)** 壁に美しい絵があった。
(2)黒いペンであなたの名前を書いてください。
(3)彼はつい最近までパリに住んでいた。
(4)私は１時間後に宿題を終えます。
(5)ワインはぶどうから作られる。
(6)夏休みの間はどこに行きましたか。

2 **(1)** Is this the bus [for] the station?
(2) Are you [for] or [against] his idea?
(3) The road is now [under] [construction].
(4) That mountain rises almost 8,000 meters [above] [sea] [level].
(5) This old knife is [of] [no] use.
(6) I attended the meeting [on] [behalf] of our class.

3 **(1)** I'm lucky [in that I have a lot of friends].
(2) I sometimes [can't tell left from right] when driving.
(3) She was [singing with tears in] her eyes.

Chapter 18

接続詞

第21回

英語を実践的に使うには,「接続詞」を正しく理解する必要があります。なぜなら，複雑な文を作り，論理展開するためには，接続詞は不可欠だからです。単に日本語で覚えるのではなく，接続詞が示す「イメージ」をしっかりと身につけましょう。どのような「流れ」や「矢印」を表しているのかを意識しながら，解説動画（第21回）を視聴してみましょう。

ここが大切! 接続詞のコア

Chapter 18 で学ぶこと

このchapterでは接続詞を扱います。接続詞はさまざまな要素を結びつける語句ですが，特に文の接続に関わる接続詞の理解は，論理的な発言構築に不可欠な学習事項です。

文の接続には2つのリズムがあります。1つは文を同等の強さで並べていく接続（等位接続）です。and（そして），but（しかし），or（あるいは）がこのリズムをとる典型的な接続詞です。

(a) My brother played the guitar, and I sang.
兄がギターを弾いて，私が歌った。

もう1つは，片方の文に力点を置き，もう一方の文は補助的に働くように接続するものです（**従位接続**）。

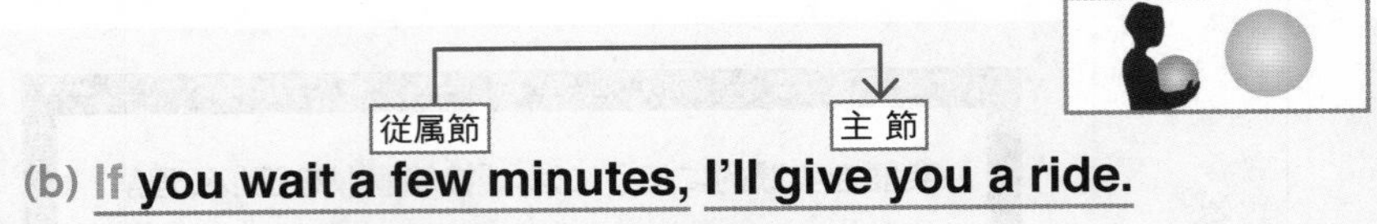

(b) If you wait a few minutes, I'll give you a ride.
少し待ってくれれば，車に乗せて行ってあげますよ。

(b) ではI'll give you a rideに力点が置かれ（**主節**），if you wait a few minutesはその条件を述べる補助的な働きをしています（**従属節**）。**though**（～だが），**when**（～した・するとき），**if**（もし～なら），**because**（～なので）などがこのタイプの接続詞の代表例です。

従属節は主節の前にも後ろにも置くことができます。前置きの際は区切りを示すカンマ (,) を置きます。主たる文が始まる場所が明確になります。

(前)

(b) If you wait a few minutes, I'll give you a ride.

(後)

(b') I'll give you a ride if you wait a few minutes.

接続詞は道路標識に似ています。論理の筋道をきちんと示し，相手を正しく目的地に連れて行く。複雑な会話の必須要素です。しっかり学んでいきましょう。

文の部品（パッケージ表現）として使われる that 節・if / whether 節については，「that 節・if / whether 節・wh 節とその使い方」（→ pp.281-291）を参照。

FACT 1 等位接続

□ and（～と・そして）

305

(a) Jane and Nancy are best friends.
ジェーンとナンシーは親友だ。

(b) I made a sandwich and ate it quickly.
私はサンドイッチを作ってサッと食べた。

(c) It started to rain hard and we got wet.
土砂降りになり，私たちは濡れてしまった。

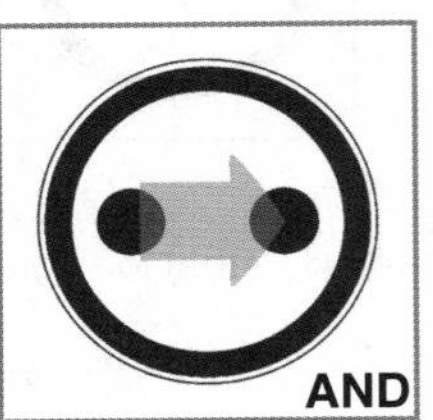

and の基本的な意味は「～と」ですが，そこに「**流れ（➡）**」を感じることが大切です。Jane and Nancy にも，まず Jane に目をやり，次に Nancy といった「流れ」が感じられています。

(b) の文には「**時間的な流れ**」がはっきりと感じられます。まずサンドイッチを作り，そしてそれを食べた，と時間軸に沿って文が作られています。× I ate it quickly and made a sandwich. とすることはできません。(c) は**因果関係**（だから）が and の流れによって「ゆるやかに」表現されています。

□ so（だから）

306

I didn't use sun cream, so I got burned.
私は日焼け止めクリームを使わなかったので，日焼けしてしまった。

so は明らかな矢印（➡）。因果関係が強く感じられます。矢印の語感は，この語に多彩な使い方を与えています。

so の矢印がもたらす使い方

so の矢印は，接続詞に限らずこの単語の特徴的な使い方につながっています。

□ **so ～ that ... / such ～ that ...（とても～なので … だ）**

(a) **I was so tired (that) I couldn't sleep.**（疲れすぎて眠れなかった）

ここで very tired とは言えません。このフレーズは so tired（とても疲れた）に矢印が感じられており，「だから～だ」と that 以下につながっていくからです。矢印に無縁の very ではつながらないのです。「（形容詞＋）名詞」の場合には，such を用います。

(b) **It was such a cold day (that) I didn't go out.**
（あまりに寒い日だったので外出しなかった）

so の矢印は「目的」ともつながっています。（→ p.503）

□ but（しかし・でも）

307

(a) **I like my new teacher but hate his jokes.**
新任の先生は好きだけど，彼の言う冗談はごめんだ。

(b) **She never studies but always easily passes the tests!**
彼女はまったく勉強しないが，テストではいつも簡単に合格するんだ！

but は先行文と相反する内容を導く接続詞。流れを打ち消す力強さを感じてください。「好き」という流れを but で打ち消し「大嫌い」。She never studies なら「テストは落第する」のが当然の流れですが，それを but で打ち消し。流れを打ち消す。それが，but が使われるタイミングです。

みるみる英語が使えるようになるヒント

「打ち消す」を感じること

会話で but を使いこなすためには，「しかし」という日本語訳を思い浮かべることなく，前の文や相手の発言を「打ち消す」キモチと結びつけることが大切です。

A: How about a nice tie for your husband?
B: But I'm not married!
A：（店員が）しゃれたネクタイをだんなさまにいかがですか。
B：でも，私，結婚してないんですけど！
こうしたbutが使えたら合格ですよ！

□ or（～か～・あるいは）

308

(a) You can pay in cash, or you can use a credit card.
現金で支払うことも，あるいはクレジットカードを使うこともできます。

(b) Which color do you want, red or blue?
どちらの色がいいですか，赤それとも青？

(c) Thirty or forty people attended the presentation.
30人か40人がそのプレゼンテーションに参加しました。

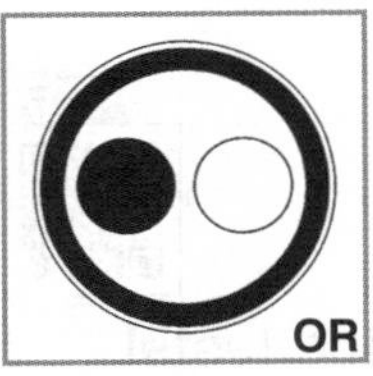

orは「**AかBかの選択**」の接続詞です。選択は時に「よくわからない・適当」を意味することがあります。日本語でも数が定かでないときに「５人か６人来ますよ」などと言うこともあるでしょう。それと同じです。

命令文＋and（～しなさい，そうすれば）と命令文＋or（～しなさい，そうしなければ）

命令文やそれに準じた強制力のある文とandまたはorが組み合わされたフレーズです。

(a) Hurry up, and we'll catch the last train.
（急ぎましょう。そうすれば最終電車に乗れます）

(b) We'd better hurry, or we'll miss the train.
（急いだほうがいいですね，そうしないと電車に乗り遅れるでしょう）

(a)のandは「**流れ（➡）**」です。「急げ➡最終電車に乗れる」から。「そうすれば～」となります。また，(b)のorは「**選択**」。「急ぐか乗り遅れるかだ」と言っています。「急がないと乗り遅れる」となりますね。

FACT 2 従位接続

❶ 条件を表す

□ if を使った文（基本）

309

(a) If you wait a few minutes, I'll give you a ride.
少し待ってくれれば，車に乗せて行ってあげますよ。

(b) I know I can win if I play my best.
ベストを尽くせば私は勝てるとわかっている。

if は「**もし～なら**」。「ある条件を満たしたらこちらに進む」と「**条件**」を表します。if を使った文の基本型を押さえておきましょう。

(a) If you wait a few minutes, I'll give you a ride.

if 節の中は，「起こっている」ことが前提であるため**未来の内容であっても現在形が使われます**（→ p.59）。結びとなる主節には **will**（だろう／～するよ）や **can** など助動詞を使います。「もし～なら」と仮定の話であるため，推測や意志などで結ぶのが標準となるのです。

Q 主節で助動詞を使わないとどうなるの？

if 節に対する主節では助動詞を使うのが標準。もしこれを破るとどういった印象を与えるのでしょうか。

(a) If **you say that again,** I'll go home. 【標準形】
（あなたがもう一度それを言ったら，私は帰りますよ）

(b) If **you say that again,** I go home.

(c) If **you say that again,** I'm going home.

現在形を使った (b) の文は「絶対帰るからね」というニュアンスがあり非常に高圧的で問答無用な発言。現在形は現在起こっている事実を表す形で，意志・推測の域ではなく必ず起こることとして提示しているからです。発音上の違いは [l] 音の有無だけですが，ネイティブ・スピーカーには大きな違いです。誤解を避けるためにしっかり区別してください。進行形を使った (c) も同様に強い口調です。今起こっている（-ing）という形をとることによって，その決意を示しているのです。

□ 2択を表す if ／ whether（～かどうか）

310

(a) **He asked me** if [whether] **I had time to talk.**
彼は私に話をする時間があるか尋ねてきた。

条件を表す if は２択も表します。「ある条件が整えば～となる」は「整わなかった」場合も想定されるため，「分かれ道」が連想されるのです。ただし，似た意味の接続詞 **whether** ほど明確に２択を表すわけではないため，主語として文頭では使えない（→ p.288）という制限があります (b)。(a) の文は asked me の内容を if / whether 節が説明しているレポート文の形でした（→ p.47，290）。

(b) Whether **[× If] you like it or not isn't important.**
あなたがそれを好きかどうかは重要ではありません。

□ 譲歩を表す if ／ whether（たとえ～でも）

311

(a) **I don't care if [whether] she dances with my boyfriend.**
私は彼女が私のボーイフレンドとダンスをしても気にしません。

if と whether には譲歩を表す使い方があります。don't care if [whether] ... は「たとえ～でも気にしない・関係ない」ということ。even if なら，譲歩の意味がさらに強調されます（→ p.504）。

(b) **I don't care even if she dances with my boyfriend.**
たとえ彼女が私のボーイフレンドとダンスをしても気にしません。

□ 条件を表すその他の表現

If 以外にも条件を表すために使われる接続詞があります。

312

(a) **Unless something unexpected happens, the plan will remain unchanged.**
何か不測の事態が起こらない限り，計画は変更しません。

(b) **Bring an umbrella with you just in case it rains.**
雨が降るといけないから，傘を持って行きなさい。

(c) **As long as you don't do anything stupid, you'll be fine.**
あなたがつまらないことをしない限り，大丈夫ですよ。

(d) **As far as I know, it will rain tomorrow.**
私が知っている限り、明日は雨が降るよ。

(a) の **unless** は「～しない限りは」と条件の範囲を示す表現です。(b) の **in case** は「～の場合に備えて」。つまり事前の用心を表します。if（もし～ならば）と同等に使う人もいますが，これがメインの使い方。long（長く）を含む (c)**as long as** は，「あるできごとが続いている間」と時間的な長さを感じさせ，それが「条件」につながります。「つまらないことをしない間は」から「つまらないことをしなければ」というわけですね。「～の限りは」と訳されることが多いため，(d) の **as far as** と混同されがちですが，こちらは「条件」ではなく as far as I know や as far as I remember のように知識や視野などの「程度・範囲」を表します。使い分けに注意しましょう。

❷ 理由・原因を表す

□ because ／ since ／ as（～なので）

313

(a) Because I didn't practice, I didn't play well.
(b) Since I didn't practice, I didn't play well.
(c) As I didn't practice, I didn't play well.
私は練習しなかったので，上手にプレーできなかった。

理由・原因を表す接続詞には強弱の違いがあります。もっとも強く因果関係を表すのは (a) の **because**。この単語は理由・原因専用の単語であるだけに，ガッシリと原因と結果を結びつけます。

(b) の **since** はフォーマルな響きがある表現です。この単語は「起点（～以来：現在完了とともに使われます）」（→ p.506）を表します。イメージに矢印（➡）をもつため，理由・原因を表すこともできるのです。

(c) の **as** はこの中でもっとも軽く，理由・原因をつけ足す意識で使われます。また，等位接続詞の **and** や **so** を使って理由･原因を表すこともできます（→ p.496）。

(d) I didn't practice, and I didn't play well.
(e) I didn't practice, so I didn't play well.
私は練習しなかったので，上手にプレーできなかった。

because の使い方

(1) 節と節を結びつける

because は通常は次の (a) のように２つの節を結びつけて使い，(b) のような**単独の** because 節は不自然に感じられます。意味は通じますが「英語に慣れていないな」という印象を与えます。

(a) I respect my teachers because they work hard and take good care of us.
(先生たちは一生懸命働いて私たちの面倒をよく見てくれるので，私は尊敬している)

(b) I respect my teachers. ×Because they work hard and take good care of us.

単独の because 節は why（なぜ）などが使われた質問に答えるときにのみ用いると考えてください。

(c) Why did you lie? —— Because I was scared.
(何で嘘ついたの？——怖かったからだよ)

(2)「because of ＋名詞」

接続詞の because は後ろに**節**を伴いますが，because of という成句の後ろに「**名詞（句）**」を置いて理由・原因を説明することができます。of は前置詞なので後ろに名詞をとるのは自然なことですね。

(a) We didn't go out because it rained.
(雨が降ったから，私たちは外出しなかった)　節

(b) We didn't go out because of the rain.
(雨のため私たちは外出しなかった)　名詞（句）

❸ 目的を表す

目的（～のために）には中心的な接続詞がありません。目的を表すには to 不定詞を使うのが一般的だからです。

□ so (that) ／ in order that（～のために・～できるように）

314

(a) She stayed at work late so (that) she could complete the report.
彼女はレポートを完成できるよう遅くまで残業した。

(b) Please come early in order that you can get a good seat.
よい席を取れるように，早めに来てください。

(a) の **so** は矢印（➡）をイメージにもつため，「**目的**」を表すことができます。後続節には can など**助動詞**を伴います。「～することができるように」ということ。

(b) の **in order that** は，フォーマルな言い方（それだけに that は省略しません）。order（順序）が「目的」に使われるのは，目的に向かって順序を踏んで進んでいく感覚があるからです。

❹ 譲歩を表す

□ although ／ though（～だが）

315

(a) Although [Though] he was injured, he kept on playing.
彼はケガをしていたが，プレーを続けた。

(b) Colin is a hard worker. He can be a bit cold, though.
コリンは働き者だ。少しよそよそしいところもあるけどね。

「～ということはあっても，…」が「**譲歩**」。**譲歩**で多用されるのは **though**［**although**］。話全体の流れが変わるわけではありません。「～だが…だ」というように，全体の流れに沿わないちょっとした逆流があるということです。

although と though には意味の違いはありませんが，**(b)** のような付加的な使い方は although にはできません。

even though と even if

even though（～にもかかわらず）は although[though] の意味を強めた形で，「事実」を前提とした譲歩を表します。一方，単に「条件」を提示する if（もし～）を even（～さえ）で強調した even if（たとえ～でも）の場合，その内容は事実とは限りません。

(a) Even though he was injured, he kept on playing.
（彼はケガをしているにもかかわらず，プレーを続けた）

(b) I don't care even if she dances with my boyfriend.
（たとえ彼女が私のボーイフレンドとダンスをしても気にしません）

5 コントラスト（対比）を表す

□ while（～の一方）／whereas（～であるのに対して）

316

(a) **I support the Giants, while my girlfriend is a Hanshin Tigers fan.**
僕はジャイアンツのファンで，一方，僕のガールフレンドは阪神タイガースのファンなんだ。

(b) **The old system was complicated, whereas the new system is very simple.**
旧システムは複雑だったのに対し，新システムはとてもシンプルだ。

while は，**時表現**でも使われる接続詞（→ p.506）。そのイメージから「**対比**」にもしばしば使われます。**whereas** は「～であるのに対して」。硬くフォーマルな表現です。

6 時を表す

□ when（～するとき）

317

(a) **When I opened the door, a cat ran out.**
私がドアを開けたとき，猫が飛び出してきた。

(b) **I get nervous when I talk to her.**
私は彼女と話すときには緊張する。

when は「**時間軸上に状況を位置づける**」接続詞です。**(a)** では「猫が飛び出してきた」を「開けたとき」という時に位置づけていますね。when は「**場合**」にも使えることを覚えておきましょう。**(b)** は彼女と話す「場合には」。日本語でもこうした「とき」の使い方がありますね。具体的なできごとではなく，**現在形**が使われ「(～するときはいつも）緊張する」という**習慣（法則）的な意味合い**になっていることに注意しましょう。

□ while（～する間）

318

(a) **Wait here while I buy the tickets.**
私がチケットを買う間，ここで待っていてね。

(b) **Be quiet while you take the test.**
テストを受けている間は静かにしていなさい。

whileでは**2つのできごと**がクッキリと意識されています。典型的には2つのできごとが**同時に進行**していることを示します。主たるできごとを「位置づける」だけのwhenと語感は大きく異なります。

2つのできごとが意識されていることから，whileには**コントラスト**（→ p.505）の使い方も生まれています。

(c) **While my brother likes sports, my sister likes movies and books.**
私の兄はスポーツ好きだが，姉は映画と本が好きだ。

□ since（～以来）

319

(a) **I've felt much better since we had that talk. Thank you!**
君とああして話してからずいぶん気分がよくなったよ。ありがとう！

「**～の時点から**」と起点を表すのが**since**。sinceには矢印（➡）が意識されているため，「**理由（原因）**」にも意味が広がっています（→ p.502）。

(b) **Since it rained hard, I got wet.**
土砂降りだったから濡れてしまった。

as（～するとき・～するにつれて・～なので）

320

(a) **The phone rang as I was leaving the house.** 【同時】
私が家を出ようとしていたときに電話が鳴った。

(b) **As time passed, she felt better.** 【～につれて】
時間が経つにつれて彼女は気分がよくなってきた。

(c) **As it was a sunny day, we went to the beach.** 【理由】
晴れの日だったので，私たちはビーチに出かけた。

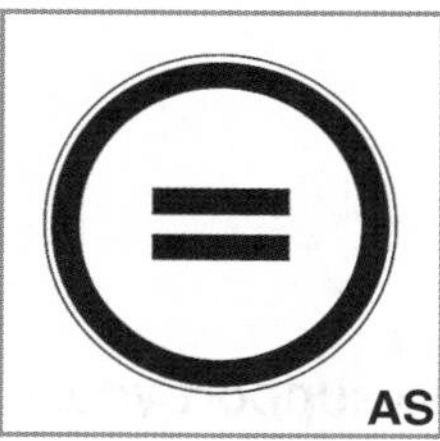

as は「**～なので（理由）**」（→ p.502）以外にも，「**～するとき（同時）**」「**～につれて（変化）**」，また「**～のように**」「**～として**」など，文脈に応じてさまざまに使うことができる，万能接続詞です。as のイメージは「**＝（イコール）**」。この汎用性のあるイメージと極端に短く軽い単語であることが，as の頻度と万能性を生み出しています。

(a) は時間的なイコール，つまり「**同時**」です。**(b)** はできごと A と B が同時進行することから「**～につれて**」。**(c)** の「**理由**」も「同時」の延長線上です。「すばらしい天気」と「ビーチに出かけた」が同時に起こることから，間接的に因果関係（～なので）が想起されているのです。because のように原因と結果をガッシリ結びつける強い意味はありません。

as は文を接続するだけでなく，**文中の語句を修飾**することができます。もちろん「～として」「～のように・とおりに」など，「＝」の意味で修飾するのです。

321

▶～として（前置詞）

(a) **As your doctor, I recommend that you go on a diet.**
あなたの主治医としては，あなたがダイエットするよう勧めます。

(b) **I view the study abroad program as a great challenge.**
私はその留学プログラムを大きな挑戦だと見ている。

▶～のように

(c) **Do as I say.** 私が言うとおりにしなさい。

(d) **I paid my debts, as agreed.** 私は合意したとおりに借金を返した。

(e) **As you know, it's Tom's birthday next week.**
ご存じのように，来週はトムの誕生日です。

(a) では I を「=your doctor だよ」，**(b)** では the study abroad program を「＝ a great challenge」と修飾しています。2つの文を気軽に「＝」で結ぶ，この感覚で使いこなしてください。

前置詞 like

ここで as と似た使い方をする，**類似**を表す前置詞 **like**（～のような）を紹介しましょう。

(a) I can't believe I'm here in Venice. It's like a dream!
（自分がベニスにいるなんて信じられない。夢のようだよ！）

(b) We're looking for someone exactly like you.
（我々はまさに，あなたのような人を探しています）

(c) Fold the paper in half like this.
（紙をこのように半分に折ります）

like はあくまで類似です。イコールの as と区別してくださいね。

(d) Like your parents, we teachers have a duty to support you.
（あなたのご両親のように，私たち教師にはあなたを支援する義務がある）

(e) As your parents, we have a duty to support you.
（あなたの両親として，私たちはあなたを支える義務がある）

□ 時の上に位置づける，その他の表現

322

(a) I'll go to the bathroom before we leave.
私たちが出発する前に，私はトイレに行っておきます。

(b) I couldn't move after I had spent 6 hours planting rice.
田植えを６時間やったあと，私は動けなかった。

(c) I felt sick as soon as I got into the boat.
ボートに乗ったらすぐに私は気分が悪くなった。

(d) Once she makes a few friends, she'll be fine.
何人か友だちができれば，彼女は大丈夫だ。

前置詞としても使われる **(a)** の **before** と **(b)** の **after** は，後ろに文をとって接続詞として使うことができます。２つのできごとの時間的な前後関係を表します。**(c)** は **as** を使った比較表現と考えましょう。「～するのと同じくらいすぐに」。すぐにわかりますね。**(d)** の **once** は接続詞として使われると「ひとたび何かが起これればそれからは」という意味になります。

until[till] と by the time

時の上に位置づける表現，あと２つ足しておきましょう。until[till] と by the time です。どちらも後ろに節を置き「〜までに」を表すことができます。

(a) We often play tennis until it gets dark.
(私たちはよく，暗くなるまでテニスをします)

(b) Hurry up! They'll have eaten all the pizza by the time we arrive.
(急いで！彼らは僕たちが到着するまでにピザを全部食べてしまうよ)

どちらも「〜まで（に)」と訳されますが，意味が異なることに注意をしましょう。until は「ある時点まで同じ状態が続くこと」。(a) では「テニスをその時までずっとしている」ことが意味されています。一方 by the time は「期限」を表す「〜までに」。「ある時点までに出来事が起こること」を表します。(b) では「そのときまでに食べ終わってしまう」と出来事が示されていますね。

Chapter 18 ● EXERCISES

1 [　　] から適切な語句を選びましょう。

(1) As [far / long] as I know, this restaurant is the best around here.
(2) Get up right now, [and / or] you'll be late for school.
(3) Even [if / though] she was sick, she went out shopping.
(4) [Whether / If] you will succeed or not depends on your efforts.
(5) Mr. Smith is a nice person. His jokes are terrible, [although / though].

2 日本語の意味に合うように，[　　] に適語を入れましょう。

(1) 明日は雨でない限り，ピクニックに行く。
We will go on a picnic [　　　] it rains tomorrow.
(2) 私たちがここにいる限り，あなたは安全だ。
You are safe [　　　] [　　　] [　　　] we are here.
(3) 何か起きるといけないから（携帯）電話を持って行きなさい。
Bring your phone with you [　　　] [　　　] something happens.
(4) 彼女は成長するにつれて，動物に興味をもつようになった。
[　　　] she grew up, she became interested in animals.

3 日本語の意味に合うように，[　　] の語句を並べ替えて英文を完成させましょう。ただし，文頭に来る語句も小文字で始まっています。

(1) 私がこの車を運転できるかどうかは不確かだ。
[this car / whether / is / drive / can / uncertain / I / it].
(2) 私はただの一言も聞き逃さないように注意深く聞いた。
I listened [carefully / I / would / miss / not / so / that] a single word.
(3) ひどく急いでいたのでドアに鍵をかけるのを忘れた。
I was [a hurry / forgot / I / in / such / that] to lock the door.
(4) スープを飲むときに音を立てるのは不作法です。
It is [a / bad manners / noise / soup / to make / you eat / while].

1 **(1)** As [far] as I know, this restaurant is the best around here.

(2) Get up right now, [or] you'll be late for school.

(3) Even [though] she was sick, she went out shopping.

(4) [Whether] you will succeed or not depends on your efforts.

(5) Mr. Smith is a nice person. His jokes are terrible, [though].

訳 **(1)** 私の知る限り，このレストランがこのあたりで一番です。

(2) 今すぐ起きて。さもないと学校に遅刻するよ。

(3) 彼女は病気にもかかわらず買い物に出た。

(4) あなたが成功するかどうかは自分の努力にかかっています。

(5) スミスさんはいい人です。彼の冗談は実にひどいけれど。

2 **(1)** We will go on a picnic [unless] it rains tomorrow.

(2) You are safe [as] [long] [as] we are here.

(3) Bring your phone with you [in] [case] something happens.

(4) [As] she grew up, she became interested in animals.

3 **(1)** [It is uncertain whether I can drive this car].

(2) I listened [carefully so that I would not miss] a single word.

(3) I was [in such a hurry that I forgot] to lock the door.

(4) It is [bad manners to make a noise while you eat soup].

Concluding Remarks

この文法が与えた力

第22回

英語を話せるようになるために必要な知識は，本書で既にみなさんにお渡ししました。基本は，「5文型」「指定ルール」「説明ルール」の3つ。解説動画（第22回）では，これらのルールをどう実践に生かすのかについてお伝えします。「英語は配置のことば」，3つの基本ルールを使い回すことができれば，英語は左から右へ順序良く流れます。そう，英語はシンプルなのですよ！

Concluding Remarks

この文法が与えた力

お疲れさまでした。これでみなさんは英文法をひと通りマスターしたことになります。「Concluding Remarks: この文法が与えた力」では，みなさんが本書で身につけた文法を，どう実践に生かすのか，これからの話をすることにしましょう。

1. 英語の語順を遵守する

「英語の語順通り」文を理解し，話す。みなさんが日本語訳ができるだけでなく，英語を話したいと願うなら，どうしても習慣づけなくてはならないのはこのことです。ネイティブ・スピーカーは —— 当たり前のことですが —— 英語の語順通り文を理解し，英語の語順通り文を作り出しています。私たちもそれができなくては，英語を本当の意味でマスターすることはできません。

(1) (a) **Ken doesn't like me.**
(ケンは私が好きではない)

(b) **I think he is right.**
(彼は正しいと思いますよ)

(c) **That is the boy who broke the kitchen window.**
(あれが台所の窓を壊した男の子だよ)

こうした文を見たとき，無意識に英語の語順を無視して理解していませんか？

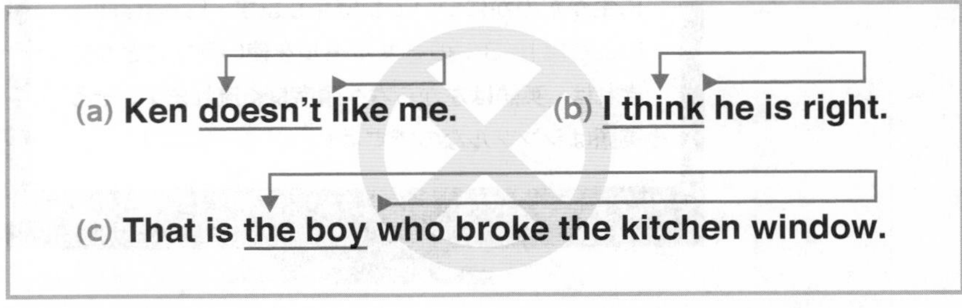

たとえば (a) の否定文を見たときに，doesn't 以降に目をやり，最後に「～ではない」と解釈する。(b) のレポート文を見たときに，「私は」のあとに従属節 he is right から考えて，そのあとに「～と思う」と理解する。(c) の関係詞を含んだ文は，関係代名詞節を先行詞に「かける」ように理解する。こうしたやり方はすべて「日本語の語順で英語を捉え直している」ことを示しています。このような理解の仕方は，半分日本語を練習しているようなもの。英語を日本語に訳すことはできても，英語を「話す」にはつながりません。

本書で学んだ文法を用いれば，こうした悪い習慣から逃れ，**英語を「そのまま」の語順で話す**ことができます。

ポイントとなるのは「**指定ルール**」と「**説明ルール**」。この２つを遵守することによって英語をそのままの形で使いこなすことが可能になります。まずは否定文から。

[否定文]

(ケンは私を好きではない)

not は後続の内容が否定であると「指定」するので，必ず前に出てきます。大切なのは否定の意識を最初に動かすこと。日本語のように全文ができてから否定するのではなく，まずは Ken doesn't（ケンは違うよ）と否定してしまうこと。そのあとに like me でも love me でも，好きなフレーズを続ければいいのです。これなら語順通り否定文を作ることができますね。

［レポート文・関係詞を含む文］

(b) I think he is right.

（私は彼を正しいと思いますよ）

(c) That is the boy who broke the kitchen window.

（あれが台所の窓を壊した男の子だよ）

この２つはどちらも同じ意識に基づいています。そう，「**説明**」の意識。**英語は大切なことをまず言い切り，その説明はあと回し。あとから展開していけばいいことば**です。**(b)** は I think（思うよ）と言い切って，その説明を he is right と節で展開しています。同じように **(c)** は That is the boy（あれがその男の子なんだよ）と中心となるメッセージを言い切って，どんな男の子なのかを who broke the kitchen window と説明しています。これで語順通り文を作ることができます。

指定ルール，説明ルールを使えば，日本語の語順をいっさい気にすることなく，英語の語順通り話すことができます。語順を遵守しながら「英語を英語として」使いこなすことができるのです。

2. 複雑で豊かな文へ

みなさんは，これまで英語文を作るために必要なさまざまな「部品」を学んできました。「副詞」「関係代名詞」「限定詞」など，部品に関する知識はもう十分身につけています。ただ，英語を実践で使いこなすためには，さまざまな部品を思いのままに組み合わせ・つなげ，文の形に完成させなければなりません。「大変だなあ」と思うかもしれませんが，実は必要な知識はすでにみなさんにお渡ししています。**5文型**と**指定ルール・説明ルール**です。この3つを用いることにより，みなさんはいくらでも複雑で内容豊かな文を作ることができます。

2.1 文型の拡張

まずは「文型」から。5文型は英語文の基本設計図でした。実は，ネイティブ・スピーカーが作る一見複雑な文は，すべてこの基本型が拡張されたものです。他動型を例にとりましょう。

他動型は，「主語＋他動詞＋目的語」の形。**(1)** のような文なら，すぐに作ることができますね。さっそく各部を拡張してみましょう。

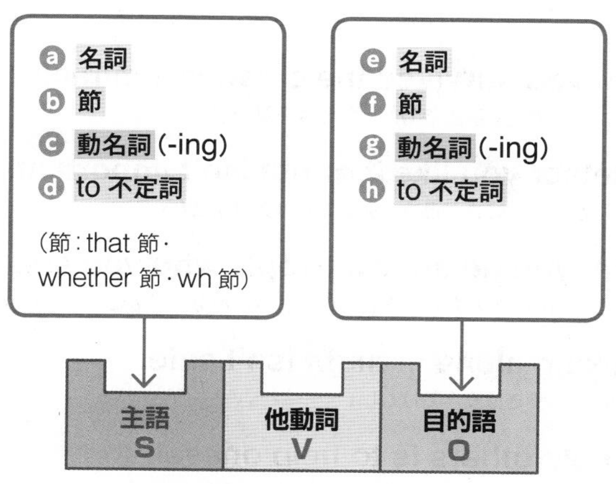

Concluding Remarks この文法が与えた力

［主語の拡張］

(2) ⓐ **Not only the shortage of money, but also the way money is managed in the opera world has led to hardships.** ［名詞］

（センター試験　本試）

（資金不足だけではなく，オペラ界におけるお金の管理方法もまた〈オペラ歌手に〉困難をもたらしてきた）

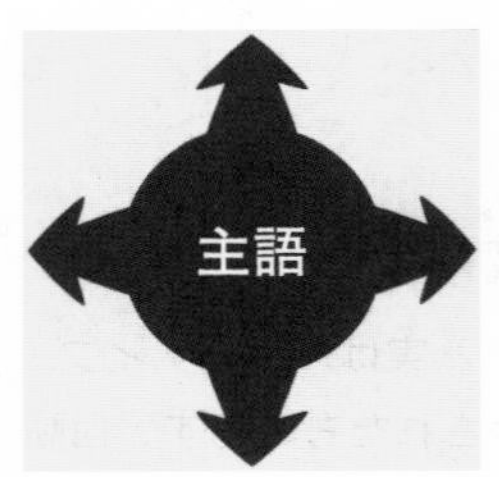

主語にもっとも典型的に使われるのは「名詞」です。**(2)** ⓐの文では，主要な名詞 shortage, way をつなげ，修飾語を重ねることによって，大きな主語が構成されていますが，形の上では **(1)** の文 Ken likes Tokyo. の主語 Ken（名詞）と同じです。

このような「長い主語」は，特に書きことばではよくある形です。話しことばでも，この程度の長さなら使いこなしてもらいたいところです。

もちろん，難しいことではありませんよ。英語は語順のことば。**「文中での位置が意味を決定する**（→ p. xv）**」ことば**でしたね。文頭から（助）動詞（下線部）の前までが主語の位置。「主語を述べている」という意識を強く持ちながら，気がすむまで長く言えばいいのです。そして主語を述べ終わったら（助）動詞を繰り出す，それで聞き手は「主語だ」と理解してくれます。

主語に使われる要素は名詞だけではありません。主語になる主なバリエーションは次のものです。

(3) ⓑ **That you survived the crash is a miracle.** ［節］

（あなたがその衝突事故で助かったのは奇跡です）

Whether you like it or not isn't important.

（あなたがそれを好きかどうかは重要ではありません）

What you do shows people who you are.

（あなたの行い［あなたが何を行うのか］は，あなたの人となりを示すことになります）

ⓒ **Walking alone at night isn't safe.** ［動名詞］

（夜中の一人歩きは安全ではない）

ⓓ **To help others is to help oneself.** ［不定詞］

（他人を助けることは自分を助けることである）

「こんなにいろいろあって暗記するのは大変だ」と思いましたか？　それは大きな誤解です。暗記の必要はありません。**英語は位置が意味を決定する**——それが英語の大きな特徴です。

(4) (a) Google **is an Internet search and advertising company.**
(グーグルはインターネットの検索と広告の会社です)

(b) **I** googled **him.** (僕は彼をググった)

Googleは会社名。もちろん名詞です。ですが**(b)**の文では動詞として使われています。なぜこんなことが可能なのでしょうか。それは表現の最終的な働きを位置が決定しているからです。**(b)**でgoogleは動詞の位置にあるため，当然，動詞として解釈されるのです。

英語のこうした性質がわかれば，**(3)**で「暗記が必要だ」と悩む必要はありません。これらの表現は「主語」の位置にあるため，自動的に主語として名詞的に働いているだけのことです。表現の種類によって主語になりやすい・なりにくいは当然ありますが，みなさんは「主語の位置に置けば基本的に何でも主語になるのだ」と気楽に構えておいて大きく間違うことはありません。

[目的語の拡張]

目的語の位置も同じです。**目的語は行為の対象を示す位置**。この位置に配置されれば，対象物として名詞的に解釈されるため，さまざまな表現を使うことができます。

(5) ⓔ **I like Ken.** **[名詞]**
(私はケンが好きです)

ⓕ **I just did what I had to do.** **[節]**
(私はやらなければならないことをやったまでです)

ⓖ **Our teacher loves giving pop quizzes.** **[動名詞]**
(先生は抜き打ちテストするのが大好きです)

ⓗ **That dog hates to be touched.** **[to 不定詞]**
(その犬は触られるのが大嫌いなんです)

[説明語句（補語）の拡張]

最後に「**説明語句（補語）**」の位置を見てみましょう。この位置が現れるのは「**説明型**」と「**目的語説明型**」です。「説明型」では be 動詞の後ろ，「目的語説明型」では目的語の後ろがその位置となります。

説明型は主語の，目的語説明型は目的語の説明です。名詞の説明であるため形容詞が典型例ですが，それにとどまらずさまざまな要素を使うことができます。be 動詞や目的語の後ろは説明の位置。そこに置かれた要素は何であっても「説明」という役回りを与えられる，それが英語ということばなのです。

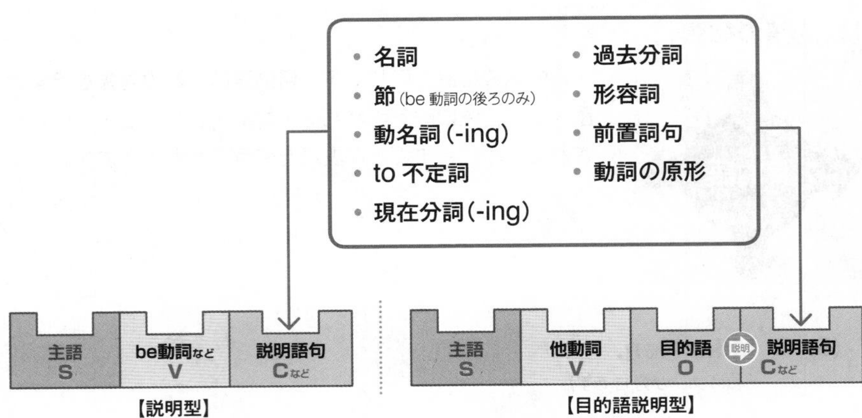

Ken likes Tokyo. といった単純な文だけでなく，あらゆる要素を組み込んだ複雑で豊かな文を作ることは，難しくありません。英語は「文中での位置が意味を決定する」ことばです。**5文型で学んだ各位置に今まで学習したさまざまな「部品」を気軽に放り込んでいく，それができればみなさんの表現力は爆発的に伸びていきます**。逆の言い方をすれば5文型に習熟し，要素の位置関係がわからなければ，英語には手も足も出ないということになります…が，みなさんにその心配はないはずですよね (^^)。

2.2 修飾による拡張

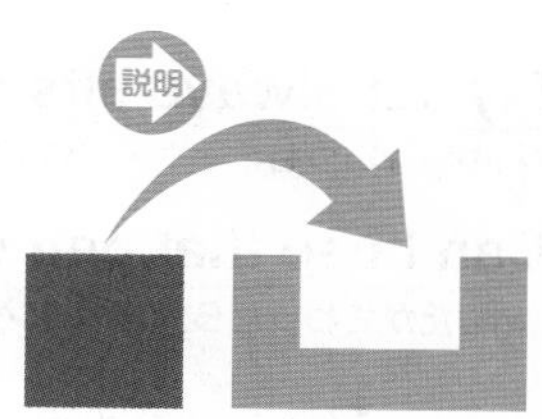

修飾表現についても，気楽に考えていきましょう。「**前は指定（指定ルール）**」「**後ろは説明（説明ルール）**」に従ってさまざまな要素を並べていけば，いくらでも複雑な修飾を行うことができます。説明ルールを例にとりましょう。

たとえば，みなさんが動詞句の内容について「言い足りない」と思ったとしましょう。発言・思考内容を述べる**レポート文**は，その典型です。発言・思考であるため，その内容は**節で述べる**のが自然ですね。それでは説明ルールに従って，節をさっそく並べていきましょう。

(6) (a) **Kate says the meeting starts at 12.**
(ケイトはミーティングが 12 時に始まると言ってますよ)

(b) **Please ask Tim whether or not he wants coffee.**
(ティムにコーヒーを飲むかどうか聞いてみてください)

(c) **Nobody knows what the meaning of life is.**
(誰も人生の意味が何かなんて知らないよ)

言いたいことに応じて節の種類を決め，後ろに配置。これで説明完了です。「～をしながら」という意味で動詞句を説明したければ，現在分詞で説明できます。

(7) (a) **We've spent all morning cleaning up after the school festival.**
(私たちは午前中ずっと，学園祭のあと片づけをしています)

文の内容（できごと）の場所や時を説明したいとき，よく使われるのは前置詞句や接続詞に導かれた節。

(8) (a) **My cat always sits on my keyboard.**
(私の猫はいつもキーボードの上に座ります)

(b) **Can I use that pen when you're done?**
(あなたが終わったら，そのペンを使ってもいいですか)

説明に使うのはどんな要素でもかまいません。みなさんが知っている「部品」から適切なものを選び，後ろに並べるだけです。最後に名詞の説明を見てみましょう。名詞には部品の選択に大きな自由度があります。

(9) (a) **The money in my wallet isn't enough to buy lunch.**
(財布の中のお金では，お昼ご飯を買うのに十分じゃない)

(b) **There's a man waiting to see you in the lobby.**
(あなたを待っている男性が，ロビーにいますよ)

(c) **The lessons taught at that school are all in English.**
(あの学校で行われる授業は，すべて英語です)

(d) **Can I get a fork to eat this with?**
(これを食べるフォークをもらえますか)

(e) **She got the news that she passed the test.**
(彼女はテストに合格したという知らせを受けた)

(f) **That's the man who stole my bag! Stop him!**
(あの男が私のバッグを盗んだの！　止めて！)

(g) **Do you remember the restaurant where we had our first date?**
(私たちが最初にデートしたレストランを覚えていますか)

(a) は場所を示したいから**前置詞句**。(b) は進行中の動作を説明したいから**現在分詞**。受動的な内容で説明したいから (c) は**過去分詞**。(d) は fork の「目的」が頭をかすめるから➡を表す **to 不定詞**。ほら，みなさんの手持ちの「部品」から最適なものを選択して並べているにすぎません。**同格** (e)，**関係代名詞** (f)，**関係副詞** (g) といった節を並べるのも，まったく同じ意識です。複雑に見えますが本質的には (a) の文の in my wallet と変わりません。「説明したい」―― ただこの場合は文の内容での説明になるため，節が使われているだけのことなのです。

本書の文法解説では，各種「部品」について詳しく述べてきましたが，文法の目的は部品への習熟を促すことにはありません。**さまざまな部品を使って，反射的にそして思いのままに複雑な文を作る力，それが文法の最終目標**です。部品の知識を「**5文型**」「**指定ルール**」「**説明ルール**」に基づいて使いこなせば，みなさんはその目標を十二分に達成することができるのです。

最後に1つ，文を眺めてみましょう。

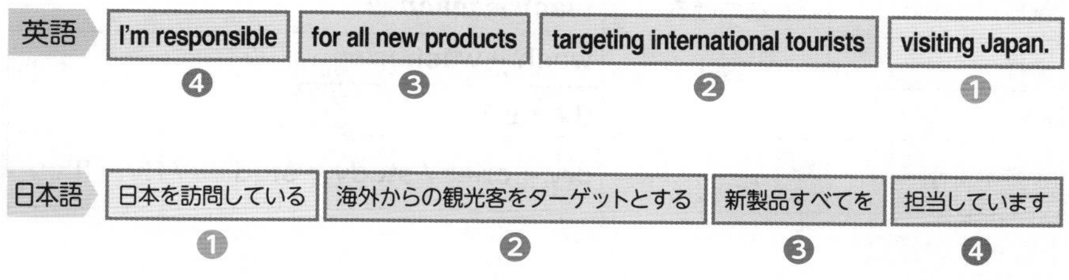

（『しごとの基礎英語』：NHK エデュケーショナル語学番組）

英語と日本語の語順は絶望的に逆転しています。日本語をもとに英語を話すことは，そもそも無理があるのです。だから英語が話せなかったのです。でも，この文法書で学んだみなさんなら，ネイティブ・スピーカーがどうやってこの文を作り出すのか，手に取るようにわかるはずです。そう，説明ルールの繰り返し。

まず文の主要部 I'm responsible（私は担当なのです）を述べ，「範囲の for」を使ってどの範囲に責任があるのか（responsible），その範囲を説明します（新製品すべてに，ね）。さらにどういった all new products なのかを targeting international tourists（海外からの観光客をターゲットとした）で説明し，最後にどういった観光客なのかを visiting Japan（日本を訪問している）で説明する。語順通りいくらでも文を展開していける —— これがネイティブ・スピーカーの力です。

そしてその力は同時に，この文法書で学んだみなさんが手にした力なのです。

付録

1 3人称・単数・現在の -s/-es

語尾の形	-s/-es のつけ方	例
ほとんどの動詞	-s をつける	work ➡ works / stop ➡ stops / play ➡ plays / know ➡ knows
-ss	-es をつける	pass ➡ passes
-x		mix ➡ mixes
-ch		teach ➡ teaches
-sh		wash ➡ washes
-o		go ➡ goes
子音字＋y	y を i に変えて -es をつける	cry ➡ cries / study ➡ studies / fly ➡ flies

【-s, -es の発音】

❶ 無声音で終わる動詞の場合 ➡ [s]

㊀ **works / stops**

❷ 有声音で終わる動詞の場合 ➡ [z]

㊀ **plays / knows**

❸ [s] [z] [ʃ] [tʃ] [dʒ] の音で終わる動詞の場合 ➡ [iz]

㊀ **passes / buzzes / finishes / watches / judges**

2 一般動詞の -ing 形

語尾の形	-ing のつけ方	例
ほとんどの動詞	-ing をつける	look ➡ looking / read ➡ reading / go ➡ going
-e	e を除いて -ing をつける	take ➡ taking / make ➡ making / write ➡ writing
-ie で終わる動詞	ie を y に変えて -ing をつける	die ➡ dying / lie ➡ lying
1 母音字＋1 子音字	最後の子音字を重ねて -ing をつける	stop ➡ stopping / plan ➡ planning / shop ➡ shopping / run ➡ running

注意 ▶〈1 母音字＋1 子音字〉であっても，子音字が y, w のときには子音字を重ねない。

㊀ **play ➡ playing / know ➡ knowing**

▶〈1 母音字＋1 子音字〉であっても，最後の音節が強く発音されない場合は，子音字を重ねない。

㊀ **vis·it ➡ visiting / lis·ten ➡ listening / re·mem·ber ➡ remembering**

3 規則動詞の過去形・過去分詞形

語尾の形	-ed のつけ方	例
ほとんどの動詞	-ed をつける	play — played — played / finish — finished — finished
-e	-d だけをつける	like — liked — liked / phone — phoned — phoned
子音字＋ y	y を i に変えて -ed をつける	carry — carried — carried / study — studied — studied
1 母音字＋ 1 子音字	最後の子音字を重ねて -ed をつける	stop — stopped — stopped / plan — planned — planned
-c	k を加えて -ed をつける	panic — panicked — panicked / picnic — picnicked — picnicked

注意 ▶〈1 母音字＋ 1 子音字〉であっても，子音字が y, w のときには，子音字を重ねない。

例 **stay — stayed — stayed / flow — flowed — flowed**

▶〈1 母音字＋ 1 子音字〉であっても，最後の音節が強く発音されない場合には，子音字を重ねない。

例 **vis·it — visited — visited / lis·ten — listened — listened / re·mem·ber — remembered — remembered**

❶ [t] [d] の音で終わるもの➡ [id]

例 **visited / wanted / ended / recommended**

❷ [t] 以外の無声音で終わるもの➡ [t]

例 **stopped / liked / finished**

❸ [d] 以外の有声音で終わるもの➡ [d]

例 **loved / listened / studied**

4 be, have, do の活用

原形		現在形	過去形
be	I	am	was
	you	are	were
	he / she / it	is	was
	we / you / they	are	were
have	I	have	had
	you	have	
	he / she / it	has	
	we / you / they	have	
do	I	do	did
	you	do	
	he / she / it	does	
	we / you / they	do	

過去分詞形	-ing 形
been	being
had	having
done	doing

付録

5 不規則動詞の活用

型	原形	過去形	過去分詞形	ing 形
AAA 型 原形・過去形・過去分詞が同じ形	burst	burst	burst	bursting
	cost	cost	cost	costing
	cut	cut	cut	cutting
	hit	hit	hit	hitting
	hurt	hurt	hurt	hurting
	let	let	let	letting
	put	put	put	putting
	quit	quit	quit	quitting
	set	set	set	setting
	shut	shut	shut	shutting
	spread	spread	spread	spreading
ABB 型 過去形・過去分詞が同じ形	bring	brought	brought	bringing
	build	built	built	building
	buy	bought	bought	buying
	catch	caught	caught	catching
	feed	fed	fed	feeding
	feel	felt	felt	feeling
	find	found	found	finding
	hang	hung	hung	hanging
	hear	heard	heard	hearing
	hold	held	held	holding
	keep	kept	kept	keeping
	lay	laid	laid	laying
	lead	led	led	leading
	leave	left	left	leaving
	lend	lent	lent	lending
	lose	lost	lost	losing
	make	made	made	making
	mean	meant	meant	meaning
	meet	met	met	meeting
	pay	paid	paid	paying
	read	read [red]	read [red]	reading
	say	said	said	saying
	sell	sold	sold	selling
	send	sent	sent	sending
	shoot	shot	shot	shooting
	sit	sat	sat	sitting
	sleep	slept	slept	sleeping
	spend	spent	spent	spending
	stand	stood	stood	standing
	strike	struck	struck	striking
	teach	taught	taught	teaching
	tell	told	told	telling
	think	thought	thought	thinking

	understand	understood	understood	understanding
	win	won	won	winning
ABA 型 原形・過去分詞が同じ形	become	became	become	becoming
	come	came	come	coming
	run	ran	run	running
ABC 型 原形・過去形・過去分詞がすべて異なる形	begin	began	begun	beginning
	blow	blew	blown	blowing
	break	broke	broken	breaking
	choose	chose	chosen	choosing
	draw	drew	drawn	drawing
	drink	drank	drunk	drinking
	drive	drove	driven	driving
	eat	ate	eaten	eating
	fall	fell	fallen	falling
	fly	flew	flown	flying
	forget	forgot	forgotten / forgot	forgetting
	freeze	froze	frozen	freezing
	get	got	gotten / got	getting
	give	gave	given	giving
	go	went	gone	going
	grow	grew	grown	growing
	hide	hid	hidden	hiding
	know	knew	known	knowing
	lie	lay	lain	lying
	mistake	mistook	mistaken	mistaking
	ride	rode	ridden	riding
	ring	rang	rung	ringing
	rise	rose	risen	rising
	see	saw	seen	seeing
	show	showed	shown / showed	showing
	sing	sang	sung	singing
	sink	sank	sunk	sinking
	speak	spoke	spoken	speaking
	steal	stole	stolen	stealing
	swim	swam	swum	swimming
	take	took	taken	taking
	tear	tore	torn	tearing
	throw	threw	thrown	throwing
	wake	woke	woken	waking
	wear	wore	worn	wearing
	write	wrote	written	writing
AAB 型 原形・過去形が同じ形	beat	beat	beaten / beat	beating

付録

6 文内で用いられる記号

PERIOD / FULL STOP（ピリオド）

.

文の終了を表す。

COMMA（カンマ）

,

読点（、）に相当する。読む際には休止が伴うポイントに置かれる。

I bought eggs, sugar, milk, and coffee.〈リスト表示〉
（卵と砂糖とミルクとコーヒーを買いました）

I love soccer, but I'm not into baseball.〈文の区切り〉
（サッカーは好きですが，野球はそれほどではありません）

Ms. Smith, my English teacher, lost her cool in class today.〈同格〉
（スミス先生は，私の英語の先生ですが，今日の授業中にかっとなりました）

SEMICOLON（セミコロン）

;

カンマよりも長い休止が必要な場合に置かれる。ほとんどピリオドに近い休止であるが，セミコロンによって分けられた２つの文に密接な関係があるときに使われる。

Some of my friends are girls; others are boys.
（私の友だちの何人かは女の子ですが，ほかは男子です）

That's wonderful news; I hope everything works out well for you.
（それはすごいニュースですね。うまくいくとよいですね）

COLON（コロン）

:

セミコロンと同様に，カンマよりも長い休止の箇所に置かれる。最も典型的には付加的な情報や説明を付け加えるときに使われる。

I didn't buy that computer: it was too expensive.
（私はそのコンピューターを買いませんでした。値段が高すぎたからです）

I had a fight with my brother this morning: he really got on my nerves.
（今朝弟とけんかをしました。本当にかんに触ったからです）

QUOTATION MARKS（引用符）

“ ”

The Prime Minister said, “Tough times lie ahead, but we will get through them.”〈人の発言の引用〉
（首相は『今後厳しい状況に直面するが，われわれは必ず乗り越える』と言いました）

Have you read “Eat, Pray, Love”?〈書名〉
（『食べて，祈って，恋をして』は読みましたか）

I don't know what “Entente Cordiale” means.〈外国語〉
（『Entente Cordiale』〔友好協定〕ってどういう意味かわかりません）

Brian skipped class today. He's “sick” again!〈皮肉など特別な意味で〉
（ブライアンは今日授業をさぼりました。また，『病気』だそうです）

7 数の表現

❶基数・序数

基数		序数（～番目）		基数		序数（～番目）	
1	one	1st	first	21	twenty-one	21st	twenty-first
2	two	2nd	second	22	twenty-two	22nd	twenty-second
3	three	3rd	third	23	twenty-three	23rd	twenty-third
4	four	4th	fourth	24	twenty-four	24th	twenty-fourth
5	five	5th	fifth	30	thirty	30th	thirtieth
6	six	6th	sixth	40	forty	40th	fortieth
7	seven	7th	seventh	50	fifty	50th	fiftieth
8	eight	8th	eighth	60	sixty	60th	sixtieth
9	nine	9th	ninth	70	seventy	70th	seventieth
10	ten	10th	tenth	80	eighty	80th	eightieth
11	eleven	11th	eleventh	90	ninety	90th	ninetieth
12	twelve	12th	twelfth	100	a [one] hundred	100th	a [one] hundredth
13	thirteen	13th	thirteenth				
14	fourteen	14th	fourteenth				
15	fifteen	15th	fifteenth				
16	sixteen	16th	sixteenth				
17	seventeen	17th	seventeenth				
18	eighteen	18th	eighteenth				
19	nineteen	19th	nineteenth				
20	twenty	20th	twentieth				

大きな数字（基数）は次のように表現します。

1,000（1 千）	a [one] thousand
10,000（1 万）	ten thousand
100,000（10 万）	a [one] hundred thousand
1,000,000（100 万）	a [one] million
1,000,000,000（10 億）	a [one] billion
1,000,000,000,000（1 兆）	a [one] trillion

❷数の読み方

大きな数字は 3 桁ごとに区切って読む。

million thousand

6,575,305

6×millon 575×thousand

82	eighty-two
139	a [one] hundred (and) thirty-nine
3,683	three thousand, six hundred (and) eighty-three
5,024	five thousand (and) twenty-four
110,048	a [one] hundred ten thousand, (and) forty-eight
6,575,305	six million, five hundred (and) seventy-five thousand, three hundred (and) five

付録

❸小数

小数点は point。小数点以下は 1 文字ずつ読む。小数点以下では 0 を oh と読むことが多い。

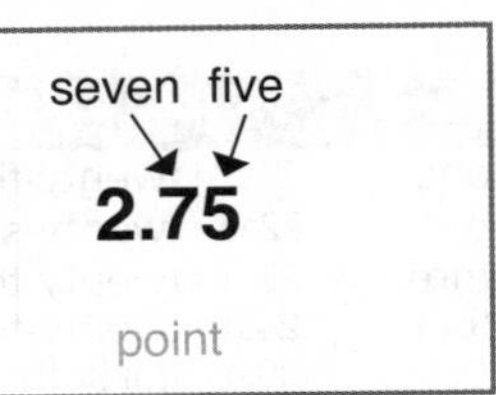

0.41 zero [naught] point four one

8.05 eight point oh [zero] five

❹分数

分子は数字をそのまま，分母は序数を使う。分子が 2 以上の場合は，序数は複数形になる。数字が大きい場合は，ふつう over を使って表す。1/2，1/4 には特に a half, a quarter が用いられる。

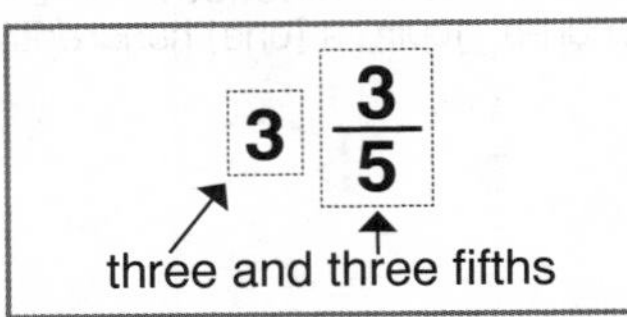

1/8	an [one] eighth
2/7	two sevenths
1/100	a [one] hundredth
456/767	four hundred (and) fifty-six over seven hundred (and) sixty-seven
1/2	a [one] half
1/4	a quarter / a [one] fourth
3/4	three quarters

❺計算式

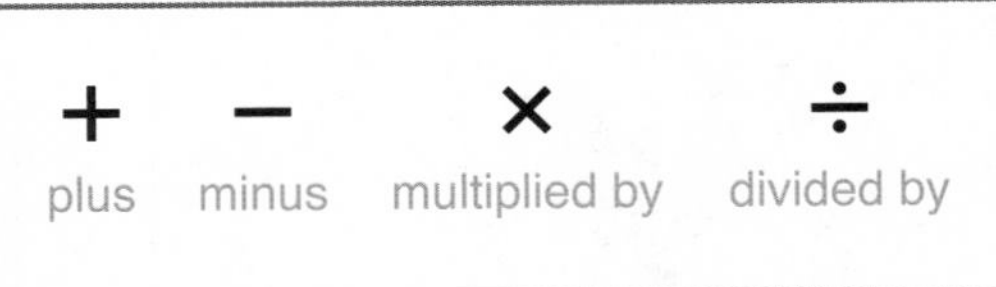

3+3＝6	3 plus 3 equals 6.
10 − 2＝8	10 minus 2 equals 8.
11 × 11 ＝ 121	11 multiplied by 11 equals 121. / 11 times 11 equals 121.
20 ÷ 10 ＝ 2	20 divided by 10 equals 2.

❻面積・体積

$15m^2$ 15 square meters

$45m^3$ 45 cubic meters

❼温度

英米では華氏（Fahrenheit）を使うのが主流であるが，摂氏（Celsius, centigrade）も使える。華氏から摂氏への換算は，「摂氏＝(華氏－32)×5÷9」で計算する。

86° F　eighty-six degrees Fahrenheit
30° C　thirty degrees Celsius

❽身長・体重

身長には foot（約 30cm。複数形は feet）と inch（約 2.5cm）を用いる。体重には pound を用いる。

6' 5"　six feet and five inches
185 lb　a [one] hundred and eighty-five pounds

❾電話番号

1 つずつ数字を読む。

8383-5302　eight three eight three, five three oh [zero] two

❿お金

米国のお金の単位は dollar(s) と cent(s) である。100 セントが 1 ドル。小数点の右側が cent の単位となる。英国では pound(s) と pence（単数は penny）を用いる。

$300（米）　three hundred dollars
$75.20（米）　seventy-five dollars and twenty cents
£2.70（英）　two pounds and seventy pence

⓫時刻・日付・年号

時刻は「時間」「分」の順序で，そのまま数字を読むのが基本。past（過ぎ），to（前），half（半），quarter（15 分）などの語も用いられる。

9 時　nine (o'clock)
9 時 5 分　nine five
9 時 15 分　nine fifteen / quarter past nine
9 時 30 分　nine thirty / half past nine
9 時 50 分　nine fifty / ten to ten

日付（月日）はアメリカとイギリスで順序が異なる。

7 March, 1994（英）　March (the) seventh [March seven / the seventh of March] nineteen ninety-four

October 15, 1999（米）　October (the) fifteenth [October fifteen / the fifteenth of October] nineteen ninety-nine

年号は末尾から 2 桁ずつ分けて数字で読むのがふつう。2000 年以降は，two thousand (and) ... とするのが一般的。

78 年　seventy-eight
827 年　eight (hundred) twenty-seven
1919 年　nineteen (hundred) nineteen
1200 年　twelve hundred
1207 年　twelve oh seven
2006 年　two thousand (and) six
2017 年　two thousand (and) seventeen

8 アメリカ英語とイギリス英語・語いの違い

語句が異なる

意味	アメリカで使う語（句）	イギリスで使う語（句）
アパート	apartment	flat
手荷物	baggage	luggage
動詞 burn（燃える）の過去形・過去分詞	burned	burnt
電話する	call/phone	ring
缶	can	tin
請求書	check	bill
運転免許証	driver's license	driving licence
薬局	drugstore	chemist
小学校	elementary school	primary school
エレベーター	elevator	lift
消しゴム	eraser	rubber
秋	fall	autumn
蛇口	faucet	tap
1 階	first floor	ground floor
2 階	second floor	first floor
ごみ	garbage/ trash	rubbish
ガソリンスタンド	gas station	petrol station
動詞 learn（学ぶ）の過去形・過去分詞	learned	learnt
映画	movie	film
映画館	movie theater	cinema
週末に	on the weekend	at the weekend
小包	package	parcel
ズボン	pants	trousers
校長	principal	head teacher
トイレ	restroom/bathroom	toilet/loo

学期	semester	term
歩道	sidewalk	pavement
サッカー	soccer	football
列に並ぶ	stand in line	queue
地下鉄	subway	underground/tube
持ち帰り用の食べ物	takeout	takeaway
休暇	vacation	holiday
庭	yard	garden

綴り字が異なる

意味	アメリカで使う語（句）	イギリスで使う語（句）
分析する	analyze	analyse
謝罪する	apologize	apologise
ふるまい	behavior	behaviour
中央	center	centre
色	color	colour
お気に入りの	favorite	favourite
灰色の	gray	grey
光栄・名誉	honor	honour
ユーモア	humor	humour
リットル	liter	litre
記憶する	memorize	memorise
メートル	meter	metre
隣の	neighbor	neighbour
プログラム	program	programme
気がつく	realize	realise
要約する	summarize	summarise
劇場	theater	theatre
旅行者	traveler	traveller

日本語 さくいん

数字はページ数を表しています。太字の数字には詳しい説明があります。「意志未来→ will（意志）」のように矢印（→）がある項目は，→の後の項目に該当する説明があることを示しています。

い う

か

き

く

こ

さ

し

す

せ そ

英語 さくいん

数字はページ数を表しています。太字の数字には詳しい説明があります。

A

C

D

E

I

J

K

L

M

N

T

Y

コラム一覧

みるみる
英語の理解が
深まる
ヒント

大西 泰斗（おおにし ひろと）
筑波大学大学院文芸言語研究科博士課程修了。英語学専攻。オックスフォード大学言語研究所客員研究員を経て，現在東洋学園大学教授。NHK 語学番組の人気講師。著書は『ハートで感じる英文法』（NHK 出版），『一億人の英文法』（東進ブックス）など多数。

ポール・マクベイ
オックスフォード大学MA（修士号）を取得後，英国，オーストラリア，スペインで語学教育に携わる。麗澤大学名誉教授。大西との共著多数。

●**英文校閲**　Karl Matsumoto
●**企画協力**　唐澤　博（東京女子学園中学校・高等学校）
中島浩平（愛知県立豊田南高等学校）※アニメーション制作
●**編集協力（敬称略・五十音順）**
井上洋平（東京成徳大学深谷高等学校，東進ハイスクール）
佐々木欣也（東邦大学付属東邦中学・高等学校）
Stephen Howes（東京成徳大学深谷中学校）
高木保欣（明星中学校・高等学校）
辰巳友昭（桐朋中学校・高等学校）
●**写真提供**：Getty Images / PPS (p.126) / Shutterstock.com (p.59, 482)

営業所のご案内

札幌営業所 / 仙台営業所 / 東京営業所	(03) 5302-7010
大阪営業所 / 広島営業所	(06) 6368-8025
福岡営業所	(092) 923-2424

総合英語
FACTBOOK　これからの英文法 [NEW EDITION]

2017年 6月 1日　初　版第1刷発行
2021年 1月 10日　初　版第7刷発行
2022年 1月 20日　第2版第1刷発行
2023年 1月 10日　第2版第4刷発行

著　者　大西泰斗／ポール・マクベイ
発行人　門間 正哉
発行所　株式会社 桐原書店
〒114-0001 東京都北区東十条 3-10-36
TEL：03-5302-7010（販売）
www.kirihara.co.jp
装丁　塙 浩孝（ハナワアンドサンズ）
本文イラスト　小松聖二
本文レイアウト・DTP　川野有佐
印刷・製本　図書印刷株式会社

ISBN978-4-342-20725-9
Printed in Japan

対訳文法用語一覧

語	Word
句	Phrase
節	Clause
文	Sentence
文型	Sentence pattern
主語	Subject
述語	Predicate
動詞	Verb
自動詞	Intransitive verb
他動詞	Transitive verb
目的語	Object
補語	Complement
修飾語	Modifier
肯定文	Affirmative sentence
疑問文	Interrogative sentence
否定文	Negative sentence
命令文	Imperative sentence
感嘆文	Exclamatory sentence
時制	Tense
現在形	Present tense
過去形	Past tense
現在進行形	Present continuous
過去進行形	Past continuous
未来進行形	Future continuous
現在完了形	Present perfect
現在完了進行形	Present perfect continuous
過去完了形	Past perfect
過去完了進行形	Past perfect continuous
未来完了形	Future perfect
助動詞	Modal auxiliary verb
能動態	Active voice
受動態	Passive voice
不定詞	Infinitive
動名詞	Gerund

現在分詞	Present participle
過去分詞	Past participle
分詞構文	Participle construction
比較級	Comparative
最上級	Superlative
関係代名詞	Relative pronoun
関係副詞	Relative adverb
関係節	Relative clause
仮定法	Subjunctive mood
仮定法過去	Subjunctive past
仮定法過去完了	Subjunctive past perfect
否定	Negation
疑問詞	Interrogative words
強調	Emphasis
倒置	Inversion
省略	Ellipsis
同格	Apposition
挿入	Insertion
話法	Speech
直接話法	Direct speech
間接話法	Indirect speech
名詞	Noun
可算名詞	Countable noun
不可算名詞	Uncountable noun
単数形	Singular
複数形	Plural
限定詞	Determiner
冠詞	Article
定冠詞	Definite article
不定冠詞	Indefinite article
代名詞	Pronoun
形容詞	Adjective
副詞	Adverb
前置詞	Preposition
接続詞	Conjunction